Mercedes Caballer Dondarza
LA NARRATIVA ESPAÑOLA
EN LA PRENSA ESTADOUNIDENSE
Hallazgos, promoción, publicación y crítica
(1875-1900)

LA CUESTIÓN PALPITANTE
LOS SIGLOS XVIII Y XIX EN ESPAÑA

Vol. 6

LA NARRATIVA ESPAÑOLA EN LA PRENSA ESTADOUNIDENSE

Hallazgos, promoción, publicación y crítica (1875-1900)

MERCEDES CABALLER DONDARZA

Iberoamericana · Vervuert · 2007

Bibliographic information published by Die Deutsche Bibliothek
Die Deutsche Bibliothek lists this publication in the Deutsche Nationalbibliographie;
detailed bibliographic data are available on the Internet at <http://dnb.ddb.de>.

© Iberoamericana, 2007
Amor de Dios, 1 – E-28014 Madrid
Tel.: +34 91 429 35 22
Fax: +34 91 429 53 97
info@iberoamericanalibros.com
www.ibero-americana.net

© Vervuert, 2007
Wielandstrasse 40 – D-60318 Frankfurt am Main
Tel.: +49 69 597 46 17
Fax: +49 69 597 87 43
info@iberoamericanalibros.com
www.ibero-americana.net

ISBN 978-84-8489-187-1 (Iberoamericana)
ISBN 978-3-86527-193-8 (Vervuert)

Depósito Legal: M. 3.380-2007

Ilustración de cubierta: Joaquín Sorolla. Fith Avenue, Nueva York. © Museo Sorolla
Cubierta: Marcelo Alfaro
Impreso en España por: Imprenta Fareso, S. A.
The paper on which this book is printed meets the requirements of ISO 9706

SUMARIO

*A los Pedros de mi vida
que vivieron conmigo los altibajos
de una labor investigadora*

NOTA INICIAL

Este trabajo hubiera sido imposible sin la desinteresada colaboración en el proyecto, de manera directa o indirecta, de muchas personas, algunas de las cuales aparecen a continuación. Sin la ayuda y servicios de los encargados del departamento de préstamo interbibliotecario de la Universidad de Texas, San Antonio, la realización de la investigación hubiera sido realmente imposible. Eduardo C. Fernández, S. J. de la Escuela Jesuita de Teología en Berkeley, California, me ofreció su conocimiento sobre la *Revista Católica* de Nuevo México en varias ocasiones. Agradezco también su colaboración a Claudia Rivers, del departamento de colecciones especiales de la Universidad de Texas en El Paso; a Austin Hoover y Marah de Meule, de la biblioteca de la Universidad Estatal de Nuevo México; a Yvonne Montoya, de la Biblioteca de Historia Chávez en Nuevo México; a Jo Ann Van Vranken, de la New York State Historical Association, y a la Hispanic Division de la Library of Congress de Washington. Mi agradecimiento a todos ellos y a tantos otros, anónimos, que hacen más agradable la labor de los investigadores, entre ellos los funcionarios de la Hemeroteca Municipal y de la Biblioteca Nacional, ambas en Madrid. La apertura al público de esta última institución, hasta ahora casi «precintada», me emociona especialmente.

El origen de este libro fue una tesis doctoral, leída en la UNED en abril de 2003. El tribunal estaba formado por Pilar Espín Templado, Salvador García Castañeda, M.ª Clemente Millán Jiménez, Marta Palenque Sánchez, y Enrique Rubio Cremades. Agradezco a todos ellos su interés y sus consejos. Asimismo agradezco a Ana M.ª Freire López, mi directora, su sabiduría y apoyo a lo largo de los años. De manera general, quiero también recordar aquí a todos aquellos profesores de literatura de la UNED, de la Universidad Complutense y del Instituto Joaquín Turina, Carmen Latorre en especial, que alimentaron mi atracción por la literatura. Por último, quiero recordar aquí con cariño a mis alumnos de origen latino de la Universidad de Colorado en Boulder cuya herencia cargada de emociones me mostró la continuidad de lo comenzado siglos atrás.

Un artículo basado en este trabajo se publicó como «La narrativa decimonónica española en las revistas estadounidenses 1875-1900: anuncios, publicación y crítica» en *Epos* XIX, 2004. Mi agradecimiento a su director.

INTRODUCCIÓN HISTÓRICO-CULTURAL

El interés del estadounidense por la literatura española se ha ido incrementando desde el primer conocimiento de la obra cervantina hasta la literatura española contemporánea. Pretender descubrir el origen de tal inclinación por nuestra literatura sería una ardua labor, que ya otros han intentado[1]. Me limitaré, en consecuencia, a estudiar la atención que despierta entre cierto número de profesores de universidad, escritores, críticos e hispanistas, gracias a cuya labor de divulgación y estudio se han abierto nuevos caminos a nuestra literatura en el mundo estadounidense durante el último cuarto del siglo XIX.

Durante la primera mitad del siglo XIX, Washington Irving escribe obras relacionadas con España[2]. Otros estadounidenses viven también en nuestro país por razones profesionales y establecen un vínculo con la cultura de la Península Ibérica que irá desarrollándose a medida que ese conocimiento produce curiosidad en otros hispanistas y entre el público lector en general. En la profesión diplomática, a la que la mayor parte de ese grupo de estadounidenses pertenece, se prefiere el traslado a España antes que a otros países de Europa. Como en el caso de Juan Valera, estos escritores recurren a puestos diplomáticos para mejorar su situación financiera. Se crea así un conocimiento de la cultura y la literatura españolas que crece conforme transcurre el siglo XIX, y del que son herederas las siguientes generaciones de hispanistas.

---

[1] Williams, Stanley T., (1957), *La huella española en la literatura norteamericana*, 2 vols., Madrid: Gredos.

[2] *The conquest of Granada* (1829), y la colección de cuentos titulada *The Alhambra* (1832) son algunas de ellas.

El importante auge de la prensa en el ámbito internacional durante la segunda mitad del siglo XIX revierte en la obra literaria de cada país. La prensa establece un vínculo estrecho entre lector y autor; las publicaciones periódicas son plataformas de promoción de las nuevas obras que, en muchos casos, vende la propia empresa editora de la revista Las críticas por parte de autores reconocidos favorecen el conocimiento de las obras y, por supuesto, las ventas. Comienza así una actividad mercantil en torno a la literatura. La sociedad hispanohablante que vive en los Estados Unidos a finales del siglo XIX comparte con la europea el desarrollo de la actividad editorial. Aunque sería difícil establecer el número de personas que hablan nuestra lengua, porque habría que tener en cuenta a los descendientes y a los que participan de la cultura española y su lengua como segundo idioma, aparece en Estados Unidos un cuantioso número de publicaciones en español durante las últimas décadas del siglo XIX. Algunas fuentes hacen referencia a más de doscientas cincuenta publicaciones periódicas[3], mientras que otras reconocen trescientas setenta y dos publicaciones en español. No obstante, esas cifras no tienen en cuenta las publicaciones que aparecen en Nueva York o en Florida. Sería adecuado entonces establecer la cifra en torno a las doscientas publicaciones[4] en español durante el último cuarto del siglo XIX, junto a otras mil que se editan en otros idiomas además del inglés (dirigidas a los indios americanos y a los emigrantes alemanes, chinos, escandinavos e italianos).

---

[3] En la cifra de doscientas cincuenta publicaciones se incluyen publicaciones bilingües y políglotas. Las lenguas más usadas son el inglés y el francés, además del español. James F. Shearer, (1954), «Periódicos españoles en los Estados Unidos», *Revista Hispánica Moderna*, núms. 1-2, enero-abril: 45-57. Chamberlin, en cambio, hace referencia a «250 periodicals» publicados en español en Boston, Nueva York, Washington, Filadelfia, Nueva Orleáns, Cayo Oeste y Tampa, y en otras ciudades. Estas revistas incluyen artículos literarios entre otros y son editadas por cubanos, puertorriqueños y ciudadanos de Centro América. En Chamberlin, V.A. e I.A. Schulman (1976), *La Revista Ilustrada de Nueva York, History, Anthology and Index of Literary Selections*, Missouri: University of Missouri Press.

[4] Se recoge información de 372 publicaciones de las cuales sólo 136 aparecen en el siglo XIX: 52 en Nuevo México, 38 en Texas, 34 en California, 11 en Arizona y una en Colorado. Herminio Ríos y Guadalupe Castillo: «Toward a true chicano bibliography» *El Grito, A Journal of Contemporay Mexican-American Thought*, 3 (verano 1970): 17-24; 5 (verano 1972): 40-47. En Hutton, F. y Reed B. Straus (eds.) (1995), *Outsiders in 19th-century press history: multicultural perspectives*, Ohio: Bowling Green State University Popular Press.

Son conocidas las revistas españolas e hispanoamericanas que atraviesan el océano, en uno y otro sentido, en las que aparecen anuncios, reseñas y críticas de las novedades editoriales, entre otras materias. La labor de divulgación literaria ejercida por las publicaciones decimonónicas es fundamental para el conocimiento y crítica de la literatura de la época, dado que muchas de las obras aparecen por primera vez en este tipo de revistas. En Estados Unidos se produce el mismo fenómeno; la obra *Los europeos* de Henry James, por ejemplo, aparece en *Atlantic Monthly* por primera vez entre julio y octubre de 1878.

En 1830 comienza un período de auge de la prensa periódica, debido a una serie de medidas económicas y postales, entre otras, que favorecen al sector. En España, en cambio, ese avance llega más tarde, cuando en un período de cuatro años (1878-1882) se triplica el número de periódicos, que pasan de casi cuatrocientos a más de novecientos[5]. La prensa española del siglo XIX es el ámbito en el que se da a conocer tanto la literatura española como la extranjera. El caso de Valera, cuya obra, en su mayor parte, se publica en prensa, no es excepcional. Recordemos la opinión de Emilia Pardo Bazán al respecto, expresada en el primer número de su *Revista de Galicia* correspondiente al cuatro de marzo de 1880:

> Las Revistas vienen a ser hoy transacción estipulada entre dos rivales enemigos: el libro y la prensa diaria. En este agitado siglo nuestro, pocas personas disponen de tiempo y constancia suficientes para leer volúmenes: pero, en cambio muchísimas tienen exigencias intelectuales que las publicaciones diarias, al vuelo pensadas y escritas, súbditas de los fugaces intereses e impresiones del momento, no alcanzan a satisfacer. Buena prueba de que el público va pidiendo lecturas más sustanciales que los artículos de fondo y las gacetillas, es el aditamento de hojas semanales a los diarios que más circulan. Va siendo casi tan necesario y grato para la generación actual conocer el juicio de la crítica acerca de los nuevos libros o dramas, ver reseñados los últimos adelantos científicos, leer algún ensayo selecto, alguna bella poesía, como seguir el flujo y reflujo de la política y de las noticias varias. ¡Plegue al cielo que se acentúe y acreciente esta provechosísima tendencia![6]

---

[5] Jesús Timoteo Álvarez: *Restauración y prensa de masas: Los engranajes de un sistema (1875-1883)*, Pamplona, EUNSA, 1992: p. 20, citado en Freire López, Ana M.ª, *La Revista de Galicia de Emilia Pardo Bazán, (1880)* La Coruña: Fundación Pedro Barrié de la Maza.

[6] Apud Freire López, Ana M.ª (1999), *La Revista de Galicia de Emilia Pardo Bazán* (1880), La Coruña: Fundación Pedro Barrié de la Maza, p. 1.

A pesar de una extensa y continuada aparición de la literatura española en la prensa estadounidense, una de las obras más completas de la historia del periodismo, *A history of american magazines 1885-1905*[7], tan sólo menciona los nombres de Armando Palacio Valdés en relación con la crítica de Howells, y de Vicente Blasco Ibáñez, que aparece ya en el siglo XX. Más extenso es, en cambio, el espacio dedicado al conflicto cubano y al sensacionalismo que éste despierta[8].

Aunque el final del siglo XIX representa una etapa turbulenta en la historia entre ambos países, produce, no obstante, unos resultados satisfactorios en lo que a la promoción de nuestra literatura se refiere. A pesar de los acontecimientos, las publicaciones en inglés continúan promocionando obras españolas y trabajos que contribuyen a la enseñanza del español. Ya sea debido a la publicidad producida por el conflicto bélico, o a pesar de ella, lo cierto es que el interés por lo español no decae y las visitas de estadounidenses a nuestro país no dejan de producirse en el último cuarto del siglo XIX, a juzgar por los relatos de viaje publicados.

No obstante, el reflejo de la actualidad literaria decimonónica española en la prensa estadounidense es prácticamente desconocido. Existe un número de obras publicadas en los últimos cinco años que estudian esa otra prensa, denominada con un adjetivo de moda en Estados Unidos, la prensa étnica; si bien en estas etnias no se hace referencia a los distintos grupos de la población hoy considerada hispana, cuyos antepasados provienen, en algunos casos, directamente de la Península Ibérica. Se reconoce por etnias a los mexicanos, a los puertorriqueños o a los cubanos, entre los hispanos. Y, sin embargo, la mayor parte de la población de Nuevo México se considera a sí misma descendiente de españoles, incluso en la actualidad. En buena parte, esta consideración puede deberse a una diferenciación social que pretende distinguirse del grupo de inmigrantes provenientes de otros países latinoamericanos, en su mayor parte de las nacionalidades mencionadas. Por último, el reducido número de obras que sí

[7] Mott, Frank L. (1957), *A history of american magazines 1885-1905*, Cambridge: Harvard University Press.

[8] La historia del periodismo estadounidense más completa tan sólo menciona los artículos en inglés dedicados al conflicto cubano Mott, Frank L. (1962), *American journalism, a history of newspapers in the United States through 250 years 1690 to 1940*, 2 vols. Nueva York: The Macmillan Company, 3a. ed.

reconoce la participación española en las distintas publicaciones del siglo XIX no otorga especial atención al tema literario. Así, Nicolás Kanellos[9] sólo lo menciona como uno más de los temas a tratar por estas publicaciones periódicas.

Por otra parte, la bibliografía española revisada presta atención a la prensa estadounidense únicamente en casos aislados como el de Adolfo Sotelo Vázquez[10], que tiene en cuenta parcialmente la colaboración de Clarín en *Las Novedades* de Nueva York. No se había hecho hasta el momento, por tanto, una revisión exhaustiva de las revistas periódicas estadounidenses del siglo XIX a fin de establecer qué autores españoles se veían representados en ellas, con la contribución al corpus crítico del último cuarto del siglo que esta información pudiera aportar.

Con esta investigación se pretende resolver esa carencia y poner de manifiesto la presencia de la literatura española, concretamente la narrativa, en los Estados Unidos durante el último cuarto del siglo XIX. Como indica el título de este trabajo, me he ceñido primordialmente a la narrativa española porque es ése el género por antonomasia del período que nos ocupa. Es el que goza de mayor desarrollo y el que encuentra su vehículo ideal en la prensa decimonónica, si bien ello no es óbice para que la prensa estadounidense del momento ofrezca también entre sus páginas algún que otro poema, no sólo de autores clásicos sino también de contemporáneos. Por una parte se encuentra una minoría representativa de la poesía clásica y, por otra, de la poesía romántica y religiosa, junto a algún poema satírico. Encontramos, por último, ya una incipiente representación de la poesía modernista con poemas de Rubén Darío y de otros poetas hispanoamericanos en revistas como *Las Novedades* y *La Revista Ilustrada de Nueva York*, con un ámbito más amplio de audiencia. Por su parte, las revistas estadounidenses en inglés se dedican exclusivamente a la poesía en esa lengua, otra de las razones que justifican centrarse en la narrativa.

---

[9] Kanellos, Nicolás y Helvetia Martell, (2000), *Hispanic Periodicals in the United States, Origins to 1960, A Brief History and Comprehensive Bibliography,* Houston: Arte Público Press, Recovering the U.S. Hispanic Literary Heritage.

[10] Sotelo Vázquez, Adolfo (ed.) (1994), *Los artículos de Leopoldo Alas «Clarín» publicados en «Las Novedades», Nueva York, 1894-1897, Cuadernos Hispanoamericanos,* Los Complementarios 13/14, junio 1994.

El material recabado se ha distribuido siguiendo un orden similar al que tiene lugar tras la producción de una obra literaria, es decir: la promoción de la obra, su divulgación por entregas en algunos casos, y su correspondiente crítica. Teniendo en cuenta que Europa en ese mismo período es testigo del auge de la narrativa y que en España, en particular, la novela realista está en pleno apogeo –compartiendo el último decenio del siglo con la debatida novela naturalista española, cuya existencia algunos niegan–, resulta interesante descubrir hacia dónde se dirige la atención por la literatura española en los círculos literarios estadounidenses y cómo la refleja la prensa.

Siempre tendré en consideración que se trata de una etapa difícil, debido a la política de independencia de las colonias españolas y el conflicto entre Estados Unidos y España. Con motivo del pasado centenario del noventa y ocho se volvió a plantear la cuestión política del tema. Como se ha venido haciendo en los últimos años, tanto a uno como al otro lado del Atlántico, se ha considerado tan culpable a la prensa del desencadenamiento bélico como a algunos de los responsables políticos y militares del momento. Y no solamente se señala a la prensa estadounidense –y en especial, al propietario del *Journal* de Nueva York, el famoso William Randolph Hearst[11], sino también a la prensa española, que idealiza la capacidad militar de la Península hasta el final del conflicto. Se trata de un momento delicado en la historia de ambos países que podría haber llevado al final de la cultura española en los Estados Unidos pero que, sin embargo, la promocionó aún más si cabe. No sólo fueron los artículos, ensayos y reportajes sobre la guerra de Cuba los protagonistas de los periódicos más sensacionalistas del momento, sino que los anuncios de libros relacionados con Cuba o con España se editaron profusamente en los últimos años del siglo XIX[12]. Resulta curioso, sin embargo, que aquellos otros ensayos, artícu-

---

[11] Hearst es un periodista ambicioso que inicia su carrera en el *Boston Globe* como redactor y persigue alcanzar la fama de que disfruta el *New York World* cuyo propietario es Joseph Pulitzer. Hearst consigue su propósito gracias a un periodismo sensacionalista denominado «amarillo» tras el conflicto cubano, durante el cual obtiene gran éxito.

[12] Entre decenas de artículos se publican también libros sobre el tema como los siguientes: Ballow, M. H. (1898), *Due south, or Cuba past and present*, Boston: Houghton, Mifflin & Co., en *Atlantic Monthly* v. LXXXII 1898; Richard Davis (1898), *Cuba in war time*, Nueva York: Appleton & Company en *Atlantic Monthly* v. LXXXII 1898; Henry Dane, R. Jr. (1898), *To Cuba and back, a vacation voyage* Boston: Houghton, Mifflin & Co. en *Atlantic Monthly* v. LXXXII 1898; Nelan, Ch. (1898), *Cartoons of our war with Spain,*

los o reseñas relacionados con el español y en particular con los autores españoles y su literatura no vean disminuidas sus ventas debido al conflicto, como podría esperarse. No es menos cierto que el sector liberal y culto de la población estadounidense está en contra de la guerra. Forma parte del mismo una minoría compuesta por personajes conocidos como Mark Twain, el multimillonario Carnegie o el rector de la Universidad de Harvard. Junto a ellos también se oponen a la declaración de guerra, en un principio, algunos empresarios de la costa este que ven amenazados por el conflicto sus intereses en la isla y la estabilidad económica del país. Al sector en contra de la anexión se une el grupo de hispanistas que cultiva el estudio y la enseñanza de la lengua y literatura españolas en la Nueva Inglaterra (constituida por los estados al norte de Nueva York: Connecticut, Maine, Massachusetts, Nueva Hampshire, Rhode Island y Vermont), donde se encuentra uno de los dos focos editoriales más importantes del país. Boston, que aún en la actualidad presume, gracias a la universidad de Harvard, de cuna intelectual, se reparte junto a Nueva York el negocio editorial más importante del momento. Pero la prensa «amarilla» o sensacionalista va dirigida a ese otro sector mayoritario, menos culto, con ánimos imperialistas.

Veamos la explicación que apunta Emilia Pardo Bazán a propósito de dicho adjetivo:

> Ocurriósele a un caricaturista yanqui, en momentos de inspiración, representar por medio de un chicuelo antipático y canijo, vestido de amarillo rabioso, al duendecillo de la indiscreción y de la maledicencia, revelador de intimidades de la vida privada; personaje entre imbécil y maligno que pronto se popularizó bajo el nombre de yellow kid. El amarillito hizo escuela y, desde entonces, con el color amarillo se expresó la idea de la prensa chismográfica, pornográfica y puffista o trapalona. A dos diarios de gran circulación que amarillearon, siguieron infinitos, que pulularon y se extendieron por todos los Estados de la Unión americana (*El Liberal*, 11 de junio de 1898).

Esos dos diarios a los que hace referencia la autora son, en efecto, los ya mencionados *Boston Globe* y el *New York World*, cuyos propieta-

Nueva York: Frederick A. Stokes Company, en *Scribner's Monthly* v. XXIV 1898; Ross, C. (1898), *Heroes of our war with Spain* Nueva York: Frederick A. Stokes Company, en *Scribner's Monthly* v. XXIV, 1898.

rios son Hearst y Pulitzer, respectivamente. Ese tipo de prensa critica duramente la posición moderada del presidente McKinley al comienzo del conflicto. No obstante, resulta exagerada la afirmación de Raymond Carr[13] de que el presidente no tuvo otra alternativa que la declaración de guerra, especialmente cuando Estados Unidos aprovechó la ocasión para invadir al mismo tiempo las Filipinas y anexionarse Hawai y la isla de Guam.

Estados Unidos cumple así un objetivo perseguido a lo largo del siglo XIX. Ya en 1823, recuerda Félix Santos, John Quincy Adams, entonces secretario de estado, escribe a Hugo Nelson, representante estadounidense en Madrid, que Cuba y Puerto Rico son «apéndices naturales del continente norteamericano», y que su anexión «será indispensable para la existencia e integridad de la Unión». Asimismo, los intentos de compra de la isla se suceden durante los mandatos de los presidentes subsiguientes, Polk, Pierce, Buchanan y Grant, hasta llegar al presidente Cleveland en 1896, quien en su discurso de fin de año propone una vez más como solución al problema la compra de la isla. Hay que señalar que ese mismo año el partido republicano, con McKinley como representante, organiza una plataforma en favor de la independencia de Cuba. Y al año siguiente, en 1898, ya como presidente, el mismo McKinley intenta secretamente comprarla en el mes de febrero, algo que España rechaza. Tengamos en cuenta, además, que hacia la mitad del siglo XIX las relaciones de los exiliados cubanos en Nueva York con sectores comerciales estadounidenses favorecen la labor de los independentistas, entre quienes se cuenta José Martí, que fundará junto a Máximo Gómez y Antonio Maceo el Partido Revolucionario Cubano en esa ciudad, en 1892. Esas relaciones, que se estrechan durante los años anteriores a 1898, favorecen la intervención de Estados Unidos y su apoyo al sector independentista cubano. De cualquier forma, y como tendremos ocasión de ver más adelante, el conflicto bélico no interrumpió las relaciones ya establecidas entre los intelectuales de ambos países sino que, al contrario, éstas se vieron fortalecidas.

En anteriores labores de investigación de la prensa decimonónica española, a la búsqueda de relatos de viaje tanto masculinos como femeninos, y últimamente, de extranjeros que hayan escrito sobre la

---

[13] Carr, Raymond (1982), *Spain 1808-1975*, Oxford: Clarendon Press, 2ª ed.

Península Ibérica, tuve ocasión de verificar el número de las fuentes y la extensión de material que queda por revisar. De ahí que en un principio dirigiera esta investigación exclusivamente a las publicaciones en inglés, comenzando con la revisión de la historia de la prensa estadounidense del siglo XIX y, de manera específica, de las revistas periódicas decimonónicas. Parecía lógico hacer un seguimiento de las publicaciones en inglés en las que se incluía la literatura española en varias formas: promoción, divulgación y crítica. Resultó una agradable sorpresa el hallazgo de un buen número de revistas en inglés, cuyo reconocimiento de la narrativa española decimonónica las hacía merecedoras de tal estudio. La sorpresa fue aún mayor cuando la revisión de la escasa y dispersa bibliografía sobre el tema desveló otro conjunto de publicaciones, aquéllas en español. En consecuencia, y dado el importante número de estas últimas, se hizo imprescindible la incorporación de las mismas al cuerpo del trabajo. En ellas participaron personajes del ámbito político como Emilio Castelar y escritores reconocidos como Clarín, Emilia Pardo Bazán, Juan Valera y, más tarde, Vicente Blasco Ibáñez, junto a un buen número de autores menos conocidos por el lector estadounidense y dedicado a la novela por entregas, entre los que se encuentran Manuel Polo y Peyrolón o Luis Taboada, y autoras como Carmen de Burgos, Eva Canel, Josefa Pujol de Collado y Luisa Torralba de Martí. Teniendo en cuenta esa información, diversificamos la trayectoria de la investigación para incorporar ambos grupos de publicaciones, aquéllas en inglés más conocidas en Estados Unidos, e incluso en España durante el siglo XIX, y estas otras en español, prácticamente desconocidas.

En el proceso de selección de las publicaciones he seguido varios criterios. El primero y más importante es el prestigio de que goza cada una de ellas, atendiendo tanto a su presencia en las historias de la prensa estadounidense como a sus colaboradores, ya sea como editores o críticos. En particular he tenido en cuenta su contenido literario, siguiendo las historias del periodismo consultadas. Con el fin de establecer aquéllas de mayor prestigio, hemos revisado la bibliografía pertinente en referencia a los centros literarios y editoriales del momento, localizados en Boston y Nueva York. En el primero se encuentra la Universidad de Harvard, con la que están relacionados de una manera u otra la mayor parte de los hispanistas estadounidenses de la época, algunos de los cuales colaboran y fundan ese tipo de publicación periódica de carácter cultural. En el caso de las publicaciones en español, además de los elementos anteriores, ha sido importante también tener en cuenta otro factor, la accesibilidad de las mismas. Factor que se ha logrado subsanar, siempre que se hallaran disponibles, gracias al estupendo sistema norteamericano de préstamo interbibliotecario.

Junto a publicaciones de mucha tirada se han añadido otras mencionadas en los artículos de la época y que, aunque de tirada más limitada, aportan una visión diferente del panorama literario contemporáneo al ofrecido por las primeras. Éstas han sufrido una lógica desaparición en algunos casos, que, afortunadamente, ha sido sólo parcial en las publicaciones revisadas. Por otra parte, el seguimiento de la trayectoria crítica de cada colaborador, crítico o editor que participa en las publicaciones elegidas completa el conjunto de criterios tenidos en cuenta. De modo que he intentado ofrecer cierta variedad idiomática, geográfica y de ámbito editorial, que consiga representar el interés por la literatura española desde todos y cada uno de esos lugares.

Dado el importante número de publicaciones decimonónicas existentes tanto en inglés como en español fue necesario restringir el número de las mismas, porque las limitaciones espaciales del trabajo así lo imponían. El conjunto lo componen siete revistas en cada caso, con el fin de equilibrar, si cabe, el material en inglés y en español. El equilibrio está siempre descompensado, no obstante, si se tiene en cuenta la mayor influencia y el mayor poder de las casas editoras que publican en inglés. Pero precisamente por ello, por las dificultades de subsistencia por las que atraviesan las publicaciones en español, se debe otorgar un mayor valor testimonial a estas últimas. La escasez de medios, la dificultad de comunicación y la minoría a la que pertenecen sus editores y colaboradores son, tan sólo, algunas de las barreras que tienen que superar para sobrevivir frente al ya entonces gran gigante editorial estadounidense. Datos diversos contribuyeron al análisis de cada una de las publicaciones elegidas para este estudio. Hay que considerar la escasísima bibliografía existente en relación con las revistas en español. La poca información disponible es la que se encuentra en las propias publicaciones y, en algunos casos, en los archivos históricos que dan fe de sus colaboradores, propietarios y otros participantes en la empresa. Recoger la información de cada una de esas publicaciones, en la mayoría de los casos aún dispersas, ha resultado difícil. Para resolver dicha dificultad he intentado reconstruir su trayectoria a través de menciones bibliográficas, escasas en muchos casos, tanto en historias tradicionales del periodismo estadounidense como en obras más recientes que reconocen e incorporan la labor periodística de otros sectores minoritarios de la población como el mexicano, ahora también denominado chicano o latino.

Los elementos considerados para establecer una comparación coherente entre las publicaciones fueron la importancia de la revista o periódico, en función tanto de su tirada como del prestigio de su editorial y de sus colaboradores, en muchos casos escritores consagrados, y la influencia ejercida de manera indirecta por otras publicaciones a través de la mención, comentario o crítica de la revista en cuestión. La ideología política es imprescindible a la hora de establecer la tendencia social y cultural en que se sitúa la prensa del momento. Sin embargo, y a pesar de que sus colaboradores expresen sus ideas políticas llegado el caso, no se trata de publicaciones adscritas a partido político alguno, como sí ocurre con la mayor parte de los periódicos españoles decimonónicos. La postura política depende del autor más que de la publicación, aunque algunas como las neoyorquinas ofrezcan un espacio más liberal que otras, así la *Revista Católica* de Nuevo México.

Los propios artículos que versan sobre literatura y crítica, en general, se han incorporado en el trabajo en la medida en que establecen el contexto en el que se sitúa la literatura española con respecto a la estadounidense. He procurado establecer en cada caso cuál es el poder o la influencia que ejerce cada publicación, para lo cual se tienen en cuenta factores económicos como la tirada y solvencia de la publicación dependiente de la comercialización y promoción de obras literarias o de otros medios. Teniendo en cuenta los criterios mencionados, analizaré el poder que ejerce la propia publicación a través de los métodos de promoción de las obras españolas, en nuestro caso, y el papel objetivo o disuasorio que juega cada uno de los críticos en relación con una obra en concreto. Al iniciar esta investigación surgieron una serie de preguntas. En primer lugar, ¿cómo comienza el interés estadounidense por la literatura española, específicamente durante el siglo XIX, y cuál es el desarrollo y repercusión de ese interés a lo largo del siglo? ¿Coincide el reconocimiento de los autores españoles en la Península Ibérica con aquél de la prensa estadounidense? ¿Con qué criterio cuentan los críticos para examinar las obras españolas? ¿Se trata de escritores o de simples folletineros (como los llamaría Clarín)? ¿Afecta el conflicto de 1898 al interés por la literatura española? Por último, ¿sería posible establecer la repercusión inmediata y a largo plazo de los autores representados en la prensa estadounidense y la repercusión para la narrativa española decimonónica, en general?

Para dar respuesta a esas preguntas, he realizado durante cinco años un rastreo completo de las publicaciones elegidas tanto en inglés como en español, producto del cual es un importante número de anuncios, reseñas, relatos y críticas que conforman el material recogido. En ocasiones acudí a las bibliotecas para revisar las publicaciones *in situ*, en microfilm y en papel, el sueño de cualquier investigador del siglo XIX. La mayoría de bibliotecas y hemerotecas conservan muy protegidas dichas revistas, si bien en ocasiones me sorprendió la falta de protección de revistas y libros del XIX y la conciencia de las propias bibliotecas universitarias de la posesión de estos tesoros. Algo que ha ido cambiando en estos últimos años.

Antes de entrar en materia, es necesario no perder de vista el contexto histórico y social en el que se desarrolla el interés estadounidense por la literatura española con el fin de establecer cierta perspectiva. A él se refiere el segundo capítulo de este trabajo. A continuación, el capítulo tercero ofrece un panorama periodístico y literario de los Estados Unidos durante el último cuarto del siglo XIX y, en particular, de los centros editoriales tanto en inglés como en español, que albergan y producen las revistas decimonónicas. La descripción y contenido de las publicaciones elegidas se incluye también en este capítulo.

El análisis específico de cada una de las colaboraciones en forma de divulgación, reseñas, obras de creación y crítica aparece en los capítulos cuarto, quinto y sexto, respectivamente. Para darle cierta perspectiva a dicho material, los anuncios y reseñas y la publicación de las obras de creación se presentan de manera cronológica siguiendo las fechas de nacimiento de cada autor, que a su vez figuran en la bibliografía.

Para terminar, el capítulo séptimo ofrece una valoración, en la medida de lo posible, de la repercusión que tuvo para los escritores españoles y por consiguiente, para la literatura española, su aparición en la prensa estadounidense. Intento, con ello, examinar el impacto de la narrativa española coetánea principalmente entre la élite intelectual estadounidense y entre el público lector que la consume. Debido al interés del material recogido y al desconocimiento del mismo, incorporo varios apéndices que presentan el vaciado de las publicaciones con el fin de facilitar la labor a futuros investigadores. Contienen los anuncios, reseñas y críticas de autores y de revistas revisados por orden cronológico, para una mejor organización. La bibliografía incluye las ediciones en inglés de los autores españoles estudiados que aparecieron en Estados Unidos durante el período, y que se han mencionado en el trabajo debido al anuncio, publicación o crítica de las mismas. Considero útil esta información por cuanto la bibliografía consultada ofrece una información incompleta, fragmentada y dispersa de dichas ediciones. Le siguen las ediciones de los autores estudiados empleadas para el cotejo de las obras halladas en la prensa estadounidense. Si bien esta relación puede resultar incompleta si se percibe desde la perspectiva bibliográfica, la creo, no obstante, muy útil para los investigadores que en un futuro quisieran comprobar cuáles fueron las obras manejadas en este estudio, y mediante las cuales consideré inéditos algunos de los relatos y novelitas hallados. Para finalizar, aparece una relación de las obras consultadas relacionadas con el contexto periodístico, literario e histórico concerniente a esta investigación. En los extractos de algunos de los artículos encontrados en las publicaciones en español se ha modificado la acentuación como corresponde a las reglas ortográficas actuales; sin embargo, se ha respetado la ortografía del habla del español «nuevomexicano». Creo importante conservarla puesto que refleja la herencia de un español preclásico con elementos arcaicos, de fines del siglo XV, proveniente de los primeros colonos españoles. Por otra parte, se refleja asimismo la influencia léxica primordialmente del español de los nuevos pobladores mexicanos junto a la presión ejercida por el inglés y la cultura estadounidense dominante.

Gracias a mi residencia en Estados Unidos, desde hace ya doce años, he tenido la oportunidad de conocer la opinión del estadounidense acerca del español como antepasado suyo en estados como Texas, donde viví durante cinco años, o Nuevo México, que he tenido la oportunidad de visitar en varias ocasiones, y donde la gente aún se siente directamente descendiente de los españoles que habitaron allí hace siglos y distinta de los mexicanos que atravesaron el río Grande desde México para poblar esas mismas tierras. Aunque aún se conservan algunos cultismos y arcaísmos, especialmente entre los ciudadanos de Nuevo México que hablan español, resulta, no obstante, cuando menos triste observar el deterioro –o el enriquecimiento, depende de la perspectiva– de la lengua española debido a la ausencia del cultivo de la misma en las escuelas. La misma característica se puede observar en buena parte de los llamados «heritage speakers», los descendientes de la población hispana que llegan a las universidades en busca de esa lengua y sus raíces. En mi experiencia, estos estudiantes tienen una gran motivación que subsana la problemática que constituye el conocimiento de una lengua, el español, en una forma que no coincide con la «estándar».

He tenido la gran oportunidad de acudir, cuando ha sido posible, a las fuentes originales; en otros casos, y gracias al maravilloso sistema interbibliotecario y a la apertura al público de las bibliotecas públicas y privadas en ese país, he logrado revisar material microfilmado de las publicaciones periódicas elegidas proveniente de diferentes estados. Al mismo tiempo, he presenciado a lo largo de estos años, y en diferentes zonas del país, el notable incremento de la demanda del aprendizaje del español, que vuelve a estar motivado no sólo por un interés cultural sino por causas comerciales y políticas, como el acuerdo de libre comercio firmado con Canadá y México (NAFTA o North American Free Trade Agreement) y la apertura a Latinoamérica, al igual que ocurrió más de un siglo atrás.

CAPÍTULO I

CONTEXTO E INCREMENTO DEL INTERÉS ESTADOUNIDENSE POR LA LITERATURA ESPAÑOLA

Al tratar de descubrir el origen del interés por la literatura española en los Estados Unidos durante el último cuarto del siglo XIX, se hace obligado un repaso por el contexto en el que se produce ese fenómeno. En particular, resulta útil volver la mirada hacia el principio del siglo, e incluso algunos siglos atrás, para observar su trayectoria. Además, es necesario tener en cuenta el trabajo de una serie de hispanistas estadounidenses que muestran la cultura española a su país, gracias a su labor docente, literaria y crítica. Veremos cuáles son los que favorecen el conocimiento de la literatura española en mayor medida. Tendré en consideración también el papel que juega el relato de viajes en el acercamiento de ambas culturas, algunos de cuyos autores forman parte del grupo de hispanistas mencionado. Para terminar, examinaré el efecto del sensacionalismo en la promoción de lo español en Estados Unidos, producido principalmente por la pérdida de las colonias españolas a finales del siglo XIX.

Desde el descubrimiento del Nuevo Mundo se suceden los contactos eminentemente económicos con el continente americano. Las misiones establecidas en Estados Unidos ejercen su labor de cristianización y enseñanza del español. Regentadas en primer lugar por los jesuitas y después por los franciscanos, son estos últimos los que consiguen establecer las misiones en zonas conflictivas con los indios, como las de Nuevo México. Ya en 1675, el conjunto de misiones franciscanas alcanza el número de sesenta y seis, el cual se triplica un siglo más tarde gracias a la labor de Fray Junípero Serra en California y de otros misioneros en zonas como la Florida o Texas. Con la llegada de la imprenta a algunas de las misiones se editan catecismos, gramáticas y otras obras imprescindibles para impartir una educación primaria.

Durante el siglo XVII la actitud hacia el catolicismo y, por tanto, hacia España es de una hostilidad creciente. Debemos tener en cuenta que en la propia Península Ibérica, ya en el siglo XVI, surgen críticas en torno a la forma en que se lleva a cabo la colonización del Nuevo Mundo. Si algunos comentarios son exagerados en España, aún lo son más en Holanda e Inglaterra, contribuyendo a la *Leyenda Negra* que, como apunta Guillermo Céspedes[1], se cierne sobre la colonización española. Esas críticas favorecen la postura de holandeses e ingleses en los conflictos religiosos y militares entre sus respectivos países y la corona española. Recordemos también que España es una de las mayores potencias coloniales del momento, y que algunas de sus colonias quedan muy cerca de los estadounidenses. La religión católica supone, además, una amenaza para la población protestante que ha huido precisamente de ese tipo de persecuciones en el norte de Europa y se ha establecido en Estados Unidos. La sucesión de conflictos produce esa reacción adversa contra España.

A pesar de la actitud hostil hacia el catolicismo, las colonias españolas mantienen una importante riqueza cultural. Les llegan ediciones de los clásicos griegos y latinos, así como de obras italianas y españolas. Entre las últimas no faltan las de Miguel de Cervantes, Jorge Manrique o Lope de Vega. Salvo casos aislados, el intercambio cultural de los colonos ingleses con lo español procede de lo que llega de México o de Inglaterra, ignorando lo que tienen más cerca, como las Carolinas o la Florida, es decir, la vecina Nueva España. Por esas razones los libros españoles se piden a Inglaterra, donde se lee ya literatura española, se conocen las novelas de Cervantes[2] e incluso algunas anteriores como el *Lazarillo de Tormes* y el *Guzmán de Alfarache*.

En el siglo XVII se habla español en las colonias donde se han establecido misiones, incluso en algunas donde no las hay, como la Nueva

---

[1] Céspedes del Castillo, Guillermo (1983), *América Hispánica (1492-1898)*, Barcelona: Labor, v. VI, pp. 25-26 en Tuñón de Lara, M. (dtor.), *Historia de España*.

[2] Según Williams, Stanley T. su huella se deja ver en dos obras *Modern Chivalry* de H. H. Brackenridge Philadelphia 1792-1797 y *A History of Nueva York* de Washington Irving, Nueva York, 1809.

Inglaterra. Los estudiosos de la lengua española deben su interés a una serie de motivos religiosos, políticos y económicos. Para facilitar un mayor conocimiento de las colonias y su localización, así como del comercio a gran escala, es preciso saber español, indispensable si se quieren leer los libros escritos por los colonizadores. Por otra parte, la traducción al español de los textos protestantes se hace necesaria para conquistar a un mayor número de fieles.

Durante el siglo XVIII el número de personas que estudian el idioma español aumenta. A un interés comercial y religioso hay que añadir otro cultural y literario. La lengua española llega incluso a los altos puestos del gobierno. Así, Thomas Jefferson aprende varios idiomas, mostrando por el español un interés mayor, que comparte con su sobrino Peter Carr. El conocimiento de nuestra lengua le permite leer la historia antigua de su país sin necesidad de traducciones. La labor de este diplomático, luego presidente de los Estados Unidos, en favor de lo español resulta de gran importancia y sería, por sí misma, digna de análisis. Gracias a su interés se promueve la creación de una biblioteca de obras españolas que constituye, en la actualidad, la colección hispánica de la Biblioteca del Congreso en Washington. Benjamin Franklin, otro personaje importante de la época, es el primer elegido en 1784 para formar parte de la Academia Española de la Historia en Estados Unidos. También durante este siglo se publican historias de América y sus descubridores, basadas en las crónicas españolas (*The vision of Columbus* (1787) y *The Columbiad* (1807) por Joel Barlow).

El comercio interamericano e internacional es en el siglo XVIII de gran importancia. De la Nueva Inglaterra parten numerosos barcos a ciudades españolas como Málaga o Cádiz, lo que hace necesario el conocimiento del español por parte de patrones y comerciantes. La necesidad de aprender el idioma lleva a la apertura de lugares de enseñanza de la lengua española, en Nueva York ya desde 1735. La universidad contempla este interés e incorpora al programa académico el español por primera vez en 1766, en la Universidad de Filadelfia. Y la prensa lo refleja publicando anuncios de profesores de español (*New-York Gazette* de 14-21 de julio de 1735).

Por otra parte, aumenta el movimiento de los libros publicados en el idioma original, como *Don Quijote*, *Guzmán de Alfarache* o *La Celestina*. Williams piensa que la obra del propio Cervantes pudo llegar antes a las colonias inglesas en América que la de William Shakespeare. Por tanto, es comprensible su presencia en la literatura posterior de las colonias americanas, donde las alusiones a su obra, e incluso escenas que recuerdan a aquéllas de Don Quijote, aparecen en poesía y novelas de autores norteamericanos (Williams I op. cit. p. 74). Los clásicos teatrales, como Pedro Calderón de la Barca o Lope de Vega también se conocen al otro lado del Atlántico; sin embargo, no pueden superar la influencia cervantina. De la misma forma, se toman episodios y relatos de la conquista de Sudamérica y se romantiza e idealiza al indio salvaje indefenso, al mismo tiempo que se presenta al conquistador español como bárbaro y cruel.

Llegamos al siglo XIX, durante el cual el cultivo de la lengua española continúa creciendo. En un ensayo titulado «La lengua española en los Estados Unidos», hallado por fortuna en *La Revista Ilustrada de Nueva York* (1892), se da buena cuenta de dicho fenómeno. Carlos Bransby, de California (traductor de la novela de *Fernán Caballero Un servilón y un liberalito o tres almas de Dios* para la editorial bostoniana D.C. Heath en 1909), es el autor de dicho ensayo, donde afirma que el castellano no se habla mucho en Estados Unidos, antes se prefiere el francés o el alemán, hasta ese momento. Pero la situación está cambiando y la describe como sigue:

> También recuerdo y muy bien porque ello hasta hería mi patriotismo, que poquísimos anglo-americanos trataban de aprender el castellano. Cierto es que algunos de los mejores prosistas y poetas que el país habría producido hasta aquella época, habían estudiado nuestra lengua y habían explotado con avidez y perseverancia nunca excedidas en igual tarea, los tesoros mas valiosos de las bibliotecas de la Península. Ticknor había dado al mundo la mejor historia de la literatura española; Prescott no sólo había escrito acerca de Fernando e Isabel y de Felipe II, sino que había narrado con maestría muchas de las hazañas de los conquistadores españoles en el Nuevo Mundo; el simpático Washington Irving había historiado la vida y hechos de Colón, había descrito la Alhambra y después de haber hecho dilatadas incursiones en varias literaturas europeas, había dicho que ninguna había que le encantara tanto como la antigua de España; Bryant y Longfellow habían dado a conocer a sus compatriotas, vertiéndolas fielmente en bellísimos versos ingleses, las mejores composiciones de los poetas españoles. Empero, la generalidad de la gente, no se curaba ni de estudiar nuestro idioma ni de conocer nuestros buenos escritores. Muy pocos eran los colegios en que se pretendía dar algunas nociones de Español –en los más ni se le nombraba. La Academia Militar de

West Point era de los primeros; mas es bien sabido que una vez se discu-
tió en pleno Congreso nacional la conveniencia de abolir la cátedra!»
(Carlos Bransby, Los Angeles, California, agosto 1892, op. cit. núm. 9, 15
de setiembre de 1892: 510-11).

A pesar de que en ese momento no hay lugares para el cultivo del
español, se queja el autor, también ese hecho se está subsanando:

> Pero los que hemos permanecido en el país hasta el presente, hemos
> tenido la dicha de observar que en este respecto se ha venido efectuando
> un cambio bastante perceptible, pues los hijos de la Gran República han
> estado tomando más y más interés en el idioma y las letras castellanas.
> Diversas causas han contribuido a producir tan grato resultado. En pri-
> mer lugar, las traducciones que se han publicado de obras como la Pepita
> Jiménez de don Juan Valera, la Marianela de Pérez Galdós y la María de
> Jorge Isaacs, han agradado muchísimo, y las gentes han conjeturado dis-
> cretamente que en la mina de donde tales lingotes de oro se han extraído
> necesariamente ha de haber filones riquísimos que bien han de merecer
> explotarse (loc. cit.).

Carlos Bransby señala como causas posible de ese cambio, añadi-
das a las anteriores, el «cuadrigentésimo aniversario del descubrimiento de las Américas» y el que «los del norte (norteamericanos)
quieran también entrar en contacto con las repúblicas de Hispano
América». A pesar de la transformación que está ocurriendo en la
década de los noventa, el autor expresa resentimiento contra los estadounidenses en general, quienes ignoran a los que hablan español,
como hacen los neoyorquinos. Confía en que esa actitud se disipe:

> Sea de esto lo que fuere, ello es que para mejor tratar con nosotros, la
> juventud de por acá se ponga, con la constancia y el entusiasmo que le
> son geniales, a estudiar nuestra lengua. No sólo se establecen cátedras de
> español, en los planteles de educación donde no las había, sino también
> se solicitan maestros particulares para aprenderlo en su domicilio las
> damas del gran mundo y otras personas que ya no asisten a los colegios.
> En una palabra, el idioma de Cervantes y de Doña Isabel la Católica se
> está haciendo muy de moda por estas tierras. Los educacionistas prolijan
> su cultivo; y la creme de la creme ha tenido la fineza de pronunciar a su
> favor su fallo inapelable, acordando además que es de muy buen tono el
> que se den veladas para leerlo y hablarlo. No ha mucho disfruté del pla-
> cer de asistir a una de esas veladas, y era mi propósito hacer aquí una

reseña de ella, mas como este artículo va ya bien largo y como no queremos abusar de la benevolencia de los lectores de LA REVISTA, reservaré esa tarea para otra ocasión (loc. cit.).

Hay que tener en cuenta, además de la curiosidad intelectual por aprender la lengua, las necesidades creadas por los intereses financieros en América Latina. Relaciones comerciales que, como hemos mencionado, presionan al presidente Mckinley para declarar la guerra a España en 1898. Intereses, no obstante, disfrazados de ayuda humanitaria a los ciudadanos cubanos maltratados por las medidas del general Weyler. Situación que, si bien no tan exagerada como quiso denunciar Estados Unidos, España quiso subsanar con la sustitución del general y la adopción de un sistema con más autonomía para la isla, pero que llegó demasiado tarde. Lo cierto es que el beneficio obtenido por los empresarios estadounidenses y el temor a la independencia de la isla fueron dos de los factores principales que hicieron tomar la decisión de enviar el acorazado Maine a la zona, aduciendo que se hacía tan sólo por cortesía.

También durante el siglo XIX se suceden los libros de viaje que establecen un importante lazo de unión entre la cultura hispana y la americana. Evolucionan desde aquéllos que continúan ofreciendo la imagen negra y cruel del conquistador y la Inquisición[3], pasando por el romanticismo de los bandoleros en la península y la cultura árabe, hasta llegar, en el último tercio de siglo, a una imagen más ajustada a la realidad, que proviene del erudito conocedor de la cultura española. El tema de la Armada Invencible es igualmente blanco de atención durante todo el siglo. Así ocurre con el relato «The spanish armada» que introduce el almirante Alfred T. Mahan y continúa W. F. Tilton (*Century* LVI, junio de 1898: 204-220) o «The defeat of the Spanish Armada», que escribe también Tilton (*Atlantic Monthly* LXXVI, diciembre de 1895: 773-787).

No obstante, la mayor parte de esos libros de viaje reflejan un conocimiento de la Península Ibérica no siempre ajustado a la realidad y preservan la imagen folclórica del país, algo de lo que ya se quejan los autores costumbristas españoles del momento. Tal vez por

---

[3] Los ensayos sobre el tema de la Inquisición continúan apareciendo hasta final de siglo. Un ejemplo es «The inquisition of the Middle Ages» en *North American Review*, v. CXLVI, 1888: 147.

esa razón, por la fantasía que algunos de esos libros ofrecen, se produzca una mayor atracción hacia lo español que lleva, a su vez, a personas instruidas a interesarse por la cultura española, quienes aportarán textos de mayor fiabilidad y calidad literaria.

En el primer tercio del siglo surgen una serie de obras cuyos autores eligen España como marco preferido para desarrollar la acción. Algunos de ellos pertenecen a un grupo de hispanistas que habitan y trabajan en la Nueva Inglaterra, entre los que se encuentran Washington Irving, George Ticknor, Henry W. Longfellow, James R. Lowell y William D. Howells. El trabajo de estos escritores, profesores y críticos se desarrolla a lo largo del siglo XIX. A ellos se une otro grupo de escritores relacionados con lo español por su trabajo o sus viajes, entre los que se hallan William C. Bryant, William H. Prescott y Bret Harte. Sin embargo, su labor resulta menos interesante para este trabajo por cuanto no es ése su principal interés. De modo que me concentraré en la labor realizada por los cinco primeros.

Para examinar la labor de promoción de lo español realizada por estos hispanistas lo más útil resulta agruparlos, al menos, en tres generaciones. Irving (1783-1859) se encuentra a la cabeza de la primera generación, que impulsa la cultura española y su literatura, aunque es Ticknor (1807-1871) quien visita España en primer lugar; Longfellow (1807-1882) continúa la labor comenzada por ambos, llevándola al ámbito docente. A George Ticknor se le ofrece el puesto de profesor de francés y español en Harvard, recientemente creado, en el que le sucederá Longfellow. Lowell (1819-1891), muy unido a Ticknor, se encuentra a caballo entre la segunda generación de hispanistas y una tercera acaparada por el escritor y crítico Howells (1837-1920), quien, al contrario que sus predecesores, rechaza la invitación a la docencia.

Al tratarse de una labor desarrollada durante todo un siglo, se deben tener en cuenta los rasgos característicos de cada uno de los movimientos literarios de los que forman parte estos cinco escritores. Se podrá así establecer un contexto específicamente literario estadounidense y relacionarlo con el que tiene lugar en la Península.

A finales del siglo XVIII y comienzos del XIX tiene lugar en Estados Unidos la llamada etapa federalista, así denominada por la predominancia del partido federalista desde 1790 a 1830, durante la cual nace Washington Irving y comienza a publicarse su obra. En el segundo tercio del siglo XIX comienza la etapa romántica durante la cual aparecen buena parte de las obras de Irving, Ticknor, Longfellow y Lowell.

La crítica actual considera el final de la Guerra Civil, 1865, como el momento de transición del Romanticismo al Realismo, aunque es durante la década de 1880 cuando se publican las principales novelas realistas. Por su parte, en la década posterior y hasta la primera Guerra Mundial aparecen la mayor parte de las obras naturalistas y simbolistas en Estados Unidos.

Las circunstancias sociales y políticas favorecen el desarrollo del movimiento romántico en Estados Unidos aproximadamente treinta años antes que en España, al igual que sucede con el resto de Europa. En cambio, y después de una revisión de la literatura estadounidense, en mi opinión las etapas realista y naturalista aparecen con cierto retraso respecto a las españolas, aunque también circunstancias políticas provocan ese paso del idealismo romántico a la crudeza producida por el industrialismo entre las clases medias y bajas urbanas. De la misma forma, los cambios económicos contribuyen al desarrollo de una burguesía comercial que es la principal protagonista de la novela realista española, al menos en una primera etapa, seguida por otra en la que se desarrolla el interés por las clases más bajas como se puede apreciar en *La desheredada* de Pérez Galdós. En las novelas realistas estadounidenses también se ve reflejada tanto la clase burguesa, como vemos en las obras de Henry James, como la clase más baja, de la que el mismo Huckleberry Finn es un buen ejemplo.

Darío Villanueva[4] en su artículo comparativo ya concluye que «la evolución estética de la Pardo Bazán y de Henry James (le) parecen paralelas y coincidentes», aunque la de la primera se produce «no menos de diez años» antes que la de éste. Y, en efecto, este hecho es ampliable al Realismo en la narrativa estadounidense. En ese país se produce la llamada «guerra del Realismo», que tiene como principal defensor a Howells, al que apoyan compañeros y amigos como Mark Twain o Henry James. En contra suya se sitúan algunos sectores de la crítica periodística como la emitida en la revista *Forum* por William Roscoe, quien se refiere a «the obscene rites of french realism» (los ritos obscenos del realismo francés) acusándolo de «epidermismo» porque reduce la literatura, el arte y la moral a la anarquía. Esa «guerra del Realismo» comienza a finales de la década de 1880, después

---

[4] Villanueva, Darío (1984), «*Los Pazos de Ulloa*, el Naturalismo y Henry James », *Hispanic Review*, v. 52, primavera, n° 2: 121-139.

de haberse publicado (*Century* 1885) las novelas realistas por antonomasia: *Silas Lapham* (1885) de Howells, *The bostonians* (1886) de James y *The adventures of Huckleberry Finn* (1885) de Twain. Junto a las obras de esos tres autores también existe otro grupo de escritores menos conocidos que practican un realismo o «local colorism» regional.

No obstante, durante la década de 1870 salen a la luz obras estadounidenses que incluyen elementos realistas. Así, Howells ya había visto publicada *A foregone conclusion* (1875) y, más tarde, *A modern instance* (1882). Concretamente, en el caso de Henry James, después de mudarse a Inglaterra, publica *Roderick Hudson* (1875) y *The American* (1877), en las que se comparan las costumbres sociales de americanos y europeos. La etapa realista de Henry James oscila entre 1877 y 1889, durante la cual también publica su ensayo «The art of fiction», en el que incluye su opinión sobre la función de la novela. En cierta manera coincide con la que sostiene Valera porque considera que la novela ha de ser interesante y representar la vida misma. Por su parte, Twain después de su éxito como escritor de sátiras para la prensa californiana publica *The gilded age* (1873), donde ataca la hipocresía y la corrupción que existe en torno a la vida burguesa que le rodea.

La década de los ochenta, durante la cual se debate el Realismo, coincide con la incorporación de Howells a *Harper's New Monthly Magazine* en 1886. A su marcha de esa revista, en 1892, decae el fervor en torno a la polémica realista cuando, a la vez, resurge un movimiento neorromántico protagonizado por los «best-sellers» de la nueva novela histórica.

En España, mientras tanto, hace ya una década que se publica la primera novela considerada realista de Pérez Galdós, *La fontana de oro* (1870), a la que siguen otras como *Pepita Jiménez* (1874) de Valera, *Marta y María* (1883) de Palacio Valdés y obras de la Pardo Bazán como *Pascual López* (1879) y *Un viaje de novios* (1881); textos que, como también ocurre con algunas de las novelas del resto de los autores decimonónicos, aún acusan la influencia del folletín romántico, hasta llegar a una nueva etapa inaugurada por *La Tribuna* (1882) o *Los Pazos de Ulloa* (1886), en las que ya se incorporan ciertos elementos naturalistas, siempre a la manera española. Sin olvidarnos de la obra pardobazaniana *La cuestión palpitante* (1883), en la que la autora examina el naturalismo zoliano, además de la novela española y la inglesa, y adopta una postura entonces antinaturalista y en torno a la cual también surge la polémica.

En suma, y tras estas observaciones, puedo extender la afirmación que hiciera Villanueva y afirmar que, en general, se produce así un retraso de la llegada del Realismo a la narrativa estadounidense con respecto a la española entre los diez y los quince años. Cuando en España se comienzan a publicar las primeras obras consideradas, hasta cierto punto, naturalistas, en Estados Unidos se publican las primeras novelas realistas, que conducen a la polémica en torno al Realismo, aunque ya con anterioridad se publicara narrativa denominada «Realismo doméstico», realizada primordialmente por escritoras y de un tono más romántico que realista. Es posible relacionar este retraso con las circunstancias históricas y sociales estadounidenses que acompañan el final de la Guerra Civil en 1865, y tras la cual vuelve a resurgir el interés por la literatura romántica, que ayuda al lector a evadirse de la realidad del momento.

Los cambios sociales vienen, al igual que en otros países, provocados por la revolución industrial y el crecimiento del proletariado en las ciudades donde supera a la clase media estadounidense en la década de 1890. Levantamientos asociados con las condiciones laborales y la economía tienen lugar en 1877, cuando una huelga nacional de los empleados del ferrocarril marca una nueva etapa económica y social en Estados Unidos. Es decir, los sucesos que desencadenan una reestructuración de las clases sociales y de su consiguiente reflejo en la literatura del momento también se producen en aquel país con prácticamente una década de retraso, si tomamos la revolución de 1868 en España como fecha aproximada de inicio del Realismo. Durante la segunda mitad del siglo XIX, al resto de problemas sociales se añade uno que en la actualidad también está acusando Europa, España en particular, y es el de la inmigración y el prejuicio añadido que ese sector de la población recibe al llegar a Estados Unidos.

A finales del siglo XIX, el sector burgués de ese país percibe al inmigrante como un ataque inminente contra la «raza anglosajona», como un ser que tiende al vicio y es incapaz de controlarse, lo que trae como consecuencia la degradación del individuo. Irlandeses e italianos inundan el sector proletario del noreste del país; a unos y otros se les achacan las características señaladas, siendo comparados en ocasiones con los «salvajes» o indios americanos que pueblan «la frontera», es decir, el oeste del país cuya imagen se ha cultivado en la literatura anglosajona, incluso hasta llegar al naturalismo. Así, novelas como *Vandouver and the brute* (1914), escrita entre 1894 y 1895, de Frank Norris, reflejan los instintos más bajos del ser humano frente al hombre que tiene control de sí mismo. Otras obras consideradas naturalistas por la crítica literaria actual son *Sister Carrie* (1900) de Theodore Dreiser y *Maggie: a girl of the streets* (1893) de Stephen Crane. En *Sister Carrie* la protagonista recuerda en cierta forma a Isidora, protagonista de *La desheredada* de Pérez Galdós, por su insatisfacción y condición de ensoñamiento. Así, al igual que aquélla, se para ante los escaparates de las tiendas ansiando lo que no puede poseer. En el caso de Carrie se trata de una aspirante a actriz que se muda a Chicago para conseguir su sueño. También la novela de Crane recurre al deterioro de la protagonista, y recuerda la situación de la protagonista galdosiana por su condición de prostituta. En las obras naturalistas estadounidenses no aparece el elemento de la determinación genética o familiar y sí el del entorno social. El naturalismo en las obras mencionadas reconoce un determinismo pesimista y fatalista como factor principal en el destino de sus personajes, en lugar de tener en cuenta otros elementos como la condición genética, excepto en el caso del «bruto» o «salvaje», que resulta una víctima de la sociedad sin futuro alguno, víctima también del alcohol, de la violencia o del sexo, que lo convierten en un ser peligroso.

Con anterioridad llega a la Península Ibérica el naturalismo zoliano, naturalismo formal al menos, del que observaremos se habla poco en la prensa estadounidense de finales del XIX. No obstante, existe una generación de escritores posterior a la de Howells formada por Frank Norris y Stephen Crane, entre otros, que publican sus obras en torno al siglo XX. Pero debido a la temprana muerte de ambos no se pudo ver la completa evolución de su narrativa.

Es interesante destacar que, a pesar de que el período *antebellum* es considerado como una etapa de renacimiento de la literatura estadounidense, no obstante, buena parte de los escritores del momento viajan a Europa en búsqueda de inspiración y del establecimiento de un vínculo personal con el Viejo Mundo hasta finales del siglo XIX. La opinión de Henry James tras volver a su país, después de pasar seis años en Europa, supone un buen ejemplo de esa situación, en su caso tal vez de manera más exagerada:

> My choice is the old world-my choice, my need, my life. There is no need for me today to argue about this; it is an inestimable blessing to me, and a rare good fortune, that the problem was settled long ago, and that I

have now nothing to do but to act on the settlement... My work lies there-
and with this vast new world, je n'ai que faire. One can't do both-one
must choose. No European writer is called upon to assume that terrible
burden, and it seems hard that I should be. The burden is neccesarily
greater for an American-for he must deal, more or less, even if only by
implication, with Europe; whereas no European is obliged to deal in the
least with America[5].

Como contraposición, precisamente algunos sectores de Estados
Unidos quieren independizarse de sus vínculos con la cultura anglosajona de allende los mares y establecer la propia a finales de siglo.
Además, en 1891 se aprueba la ley del *copyright* internacional que
surge como medida de protección a los autores estadounidenses en
detrimento de los extranjeros, que hasta ese momento se traducen de
manera ilegal. Otra de las medidas en búsqueda de la independencia
es la reforma ortográfica, que diferencia el inglés británico del americano, producida a principios del siglo XX.

Teniendo en cuenta los períodos literarios a los que hemos hecho
alusión, la mayor parte de la labor de promoción de la literatura y
cultura españolas del grupo de hispanistas señalado, con excepción
de Howells, tiene lugar bajo una mentalidad plenamente romántica.
No obstante, todos ellos visitan la Península Ibérica, por razones
diversas, y, al contrario que muchos otros autores de la época, se preocupan por aprender la lengua y la cultura de España, lo que consiguen con ayuda de autores españoles, en algunos casos.

A continuación, repasaremos la obra de cada uno de estos cinco
hispanistas y las consecuencias de la misma en la promoción de nuestra narrativa. Atención especial merece George Ticknor por su contribución al conocimiento de la literatura española, no sólo por su traba-

---

[5] «Mi elección es el Viejo Mundo-mi elección, mi necesidad, mi vida. No necesito
discutirlo; es una bendición inestimable para mí, y una rara suerte, que el problema
quedara resuelto hace mucho, y que ahora no tengo nada que hacer salvo actuar sobre
esa resolución... Mi trabajo está allí ubicado y con este vasto Nuevo Mundo, je n'ai
que faire. Uno no puede hacerlo en ambos-debe escoger. Ningún escritor europeo
necesita asumir esa terrible carga, y parece duro que yo deba hacerlo. La carga es
necesariamente más pesada para un americano porque debe tratar, más o menos,
incluso si sólo lo hace de manera implícita, con Europa; mientras que ningún europeo
está obligado a tratar con América en lo más mínimo.» Edel, Leon (1985), *Henry James,
a life*, New York: Harper & Row, 5ª ed, p. 270.

jo de investigación sino también por la colección de obras españolas que reúne durante toda su vida, así como por su reforma de la enseñanza del español en la Universidad de Harvard. Ticknor nace en Boston en 1807 y desde joven aprende varias lenguas extranjeras, entre ellas la alemana y la española. Obtiene su licenciatura en derecho, pero desde bien temprano dedica su vida a las letras. La lengua y literaturas españolas van a ocupar por entero su vida investigadora. El hábito de coleccionar libros extranjeros, en particular españoles, comienza también en su juventud. Entra en contacto con las culturas europeas en Alemania y París, donde conoce a los representantes de la época: Southey, Chauteaubriand, los Schlegel, Manzoni o Moratín son algunos de ellos. En 1818, durante su estancia de cinco meses en España, entabla relaciones con otros escritores, como el duque de Rivas. Será el primer estadounidense que viaje a España, durante el siglo XIX, con el objetivo de familiarizarse con la literatura española. A lo largo de su vida sus relaciones con españoles cultos, algunos escritores, otros conocedores de la literatura española, le ayudan a formar su buena colección de obras. Concretamente en Londres, son el bibliófilo español Pascual de Gayangos y su mujer quienes le ofrecen su colaboración.

La *Historia de la Literatura Española* de Ticknor contiene tres volúmenes, desde la Edad Media hasta principios del siglo XIX, publicados en 1849 por Harper & Brothers. El propio autor, al regalar un ejemplar de su obra a Sir Charles Lyell, dice lo siguiente sobre la audiencia a la que va dirigida:

> Ya sabe Vd. cuán grande es el número de lectores en Estados Unidos, así como cuán entusiasta y creciente; así, pues, se sorprenderá menos que otros de que haya preparado mi libro tanto para el lector general como para el investigador.

Esta obra tiene un éxito inmediato en Inglaterra y en Europa, pero especialmente en España y en América. Se vuelve a publicar una segunda edición en 1854 por la misma editorial, la tercera de 1866 a cargo de Ticknor & Fields y la cuarta en 1872 por Osgood & Company. Como informa F. Dewey Amner[6], al llegar el año de 1876 se

---

[6] Amner, Dewey F. (1928), «Some influences of George Ticknor upon the study of spanish in the United States», *Hispania*, v. XI, n° 5, noviembre: 377-395.

habían vendido ya en Estados Unidos cinco mil copias. En Inglaterra se hicieron dos ediciones coincidiendo con las estadounidenses en 1849 y 1854. La traducción española realizada por Pascual de Gayangos, conocido de Ticknor, sale a la calle en 1854.

Sin embargo, a pesar de ese éxito editorial, esa obra también recibe críticas, entre ellas la de Menéndez Pelayo, quien, aunque se interesa por su faceta de coleccionista, comenta que esa *Historia de la Literatura Española* «revela una falta de penetración estética de la mente de Ticknor». Así, en las cartas que intercambia con Valera durante su estancia en Washington, expone su interés por la colección de libros españoles de este hispanista, entre los que se encuentran algunos ejemplares que no logra conseguir en la Península Ibérica.

Ticknor se incorpora a su puesto en la Universidad de Harvard en 1819 tras su viaje a España. La enseñanza de la literatura y culturas española y francesa comienza en Harvard gracias a una donación realizada por Abiel Smith, momento desde el cual ese departamento lleva su apellido. Allí llega también tras su recorrido por Europa y, concretamente, su estancia en la Universidad de Götingen donde estudia alemán. Con todo el conocimiento recogido establece en Harvard una serie de reformas entre las que se encuentra la incorporación de asignaturas selectivas al programa de español. De esa forma Harvard es la quinta universidad de Estados Unidos en incorporar la enseñanza de español a sus programas. Entre 1825 y 1832 otras nueve lo harán, algunas de las cuales, Cornell University entre ellas, se verán influenciadas por la relación de Ticknor con algunos de sus profesores.

Aunque mayor que Ticknor, podemos considerar a Washington Irving seguidor de la escuela creada por aquél, que había conocido la literatura y la cultura españolas de primera mano más de una década antes. Las obras de Washington Irving dedicadas a la Alhambra constituyen un buen ejemplo de su conocimiento de nuestro país: *The conquest of Granada* (1829) y *The Alhambra* (1832), una colección de cuentos, de la que se realizan diecinueve ediciones entre 1833 y 1933. Su autor, nace en Nueva York en 1783, y se traslada a Europa todavía siendo joven, adquiriendo en París un buen conocimiento de la lengua española, gracias a una serie de clases privadas. Vive en España entre 1826 y 1829 como agregado a la embajada americana. Resultado de su estancia son las obras señaladas sobre la Alhambra, en cuyo recinto habita, y sobre Colón (*Los viajes de los compañeros de Colón)*. Sus obras tienen éxito tanto en su país natal como en España, mucho más tras su traducción a nuestra lengua.

Nuevamente, en 1842 se le nombra ministro plenipotenciario de Estados Unidos en España. En suma, vive entre los españoles durante siete años, lo cual le otorga un valor fehaciente a su conocimiento, del que carecen otros autores que escriben sobre nuestro país sin haberlo visitado. Durante su estancia en la Península entabla contacto con los escritores de la época. Dice conocer a Leandro Fernández de Moratín y sus obras, y en el Puerto de Santa María establece una relación amistosa y literaria tanto con Fernán Caballero como con su padre, de la cual parecen beneficiarse ambos escritores, informa Williams. Irving toma notas de las historias que ella le cuenta sobre el carácter del pueblo español. En contrapartida, se observa la contribución de Irving a la novela de Fernán Caballero *La familia de Alvareda*, cuya primera versión lee en Sevilla a principios de 1829[7].

En la prensa estadounidense se pueden apreciar las huellas de las obras de este autor hasta llegar incluso a las últimas décadas del siglo XIX, cuando aún aparecen artículos como el de H. C. Chatfield-Taylor titulado «Granada and the Alhambra» (*Cosmopolitan* 21, sept. 1896: 452.). Algunas de sus obras más importantes vuelven a reeditarse oportunamente en 1899.

Durante el primer tercio del siglo XIX y junto a las obras de Irving aparecen otras, también consideradas de viajes, como *Reminiscences of Spain* (1833) de Caleb Cushing, quien conoce muy bien el pasado histórico y literario español, y *Outre-Mer* (1833-1834), relato epistolar y sentimental basado en los ocho meses de estancia de Henry W. Longfellow en España. A la labor de este último dedicaremos el espacio que sigue.

Henry Wadsworth Longfellow (1807-1882), quien sustituirá a Ticknor como profesor de español en Harvard, viaja a nuestro país con veinte años. Es entonces cuando se relaciona con escritores y otros compatriotas que viven en la Península Ibérica, como el mismo Irving. Longfellow comienza su labor docente en la Universidad de Bowdoin (Portland, Maine), donde estudia su carrera. Allí tendrá oportunidad de expresar su preferencia por Cervantes, Calderón y

---

[7] Rubio Cremades, Enrique (2001), *Panorama crítico de la novela realista-naturalista española*, Madrid: Castalia, nota 29.

Lope de Vega. Viaja varias veces a Europa, pero sólo visita España en una ocasión, aunque su pasión por la literatura española se deja entrever en obras dramáticas como *Castillos de España* y *El estudiante español*, así como en sus colaboraciones en la prensa.

En esa época, década de 1830, Longfellow colabora con *North American Review* con ensayos como «Poesía religiosa y moral española» y «Lengua y literatura española». El primero de estos artículos lo revisa e incluye en su obra *Outre*-Mer (mezcla de relato de viajes y crítica literaria), no muy bien recibida por algunos críticos[8], especialmente al compararla con *Cuentos de La Alhambra* de Irving. Y aunque Longfellow hace una presentación dramática de su obra, afirmando que realiza «una peregrinación al otro lado del mar», ésta se acoge sin entusiasmo entre el público, no por falta de publicidad de la *North American Review*, que «alaba el tono poético del libro». Sin embargo, le acusan de faltarle el humor que caracteriza a Irving. Traduce en 1833 las *Coplas* de Jorge Manrique, la primera traducción de una obra medieval española en Estados Unidos. A pesar de esa falta de consideración por algunas de sus obras, en 1877 Longfellow es elegido miembro de honor de la Real Academia Española y a partir de 1880 se le permite emplear el uniforme académico, después de la concesión de la medalla.

Junto a los ya mencionados, aparecen otros relatos de viaje de menor calidad literaria, pero que resultan de gran popularidad, como los dos que escribe Alexander S. Mackenzie, quien viaja a España y escribe biografías de oficiales de Marina, es decir, de su profesión. Su primera obra, *A year in Spain* (1836), obtiene tal popularidad que son necesarias tres ediciones para atender la demanda del lector; aunque obtiene una buena crítica, su publicación le prohíbe la entrada a España por Orden Real. La obra se considera una «indigesta producción llena de falsedades y de groseras calumnias contra el Rey N.S. y su augusta familia». No obstante, al año siguiente hace caso omiso de la Orden y vuelve a nuestro país, tras lo cual publica *Spain revisited*, la continuación del primero, que resulta igualmente popular.

Durante el segundo tercio del siglo XIX, y antes de la guerra civil estadounidense, se suceden una treintena de libros de viaje sobre

---

[8] «Este ensayo tanto en su forma original como en la versión abreviada para el libro de viajes, es una leve definición, no demasiado aguda, del espíritu católico de España y de ciertos escritores religiosos, empezando con el Maestro Gonzalo de Berceo.» Williams, Stanley T., pp. 210-211.

España, cuya calidad literaria ha sido puesta en duda por los propios estadounidenses. Son escasos los autores que prolongan la imagen de un país retrasado y peligrosamente romántico, como S. T. Wallis –quien visita dos veces nuestro país con la intención de desmentir mitos erróneos o exagerados– en su obra *Glimpses of Spain*.

El último tercio del siglo no ve desaparecer el interés por la Península Ibérica, a pesar de que algunas obras ya desmienten los prejuicios y mitos que se nos atribuyen. En la época se hace un estudio más profundo de la literatura española gracias, probablemente, a una serie de relaciones personales y profesionales entabladas entre escritores y críticos de ambos países. Así, William H. Bishop viaja a Madrid en 1890 para entrevistar a Juan Valera y Benito Pérez Galdós. Esa entrevista, que analizaremos con más detalle en el apartado crítico, se publica en *Scribner's Monthly*[9]. Por su parte, William D. Howells se cartea con Armando Palacio Valdés y entra en contacto con Juan Valera, entre otros.

En ese último cuarto de siglo se editan obras como *Vida, cartas y diarios* (1876), de Ticknor, que ponen de manifiesto su amplio conocimiento de la literatura y cultura españolas, ya mostrado en su *Historia de la literatura española*.

Como veremos más adelante, este grupo de escritores de Nueva Inglaterra atrae a lectores, estudiantes y críticos que se interesan por la cultura española, tanto entre los contemporáneos como entre los de futuras generaciones. Así, James Russell Lowell continúa la labor comenzada por Irving, Ticknor y Longfellow.

Hasta su madurez, Lowell (1819-1891) no tiene conocimiento de España, donde será embajador desde 1877 a 1880. Es sucesor de Longfellow en Harvard, como éste lo fuera a su vez de Ticknor. Director de las revistas *Atlantic Monthly* y *North American Review* (después de 1856), comparte con Longfellow su pasión por Calderón y a él dedica su poema «El ruiseñor en el estudio». Si Irving describe la etapa del reinado de Isabel II, Lowell lo hace de la de su hijo Alfonso XII. Es testigo del proceso de enamoramiento entre la futura reina Mercedes y Alfonso XII (señala Williams) y de otros acontecimientos que le inquietan, como el conflicto latente en Cuba y la regencia de Antonio

---

[9] William H. Bishop, «A day in literary Madrid», *Scribner's Monthly* v. VII, 1890: 187-200.

Cánovas del Castillo. Su único ensayo sobre literatura española, «Notas», se ocupa de Cervantes.

El conjunto de cartas que envía desde nuestro país, algunas de las cuales se editan en la obra póstuma *Impresiones de España* (1899), es de gran interés porque reúne sus experiencias en la Península. Su preferencia por la obra de Cervantes y Calderón orienta la obra hacia un conocimiento más restringido, a la par que profundo, de la cultura española. Algunas de estas cartas son editadas en las revistas *Critic* y *Century*, aunque no presentan a los autores españoles contemporáneos como sí lo hará Howells.

Lowell entabla amistad con algunos escritores españoles. Conoce a Gayangos, de cuya biblioteca toma libros prestados, a Manuel Tamayo y Baus, quien le informa del nombramiento de miembro honorífico de su también amigo Longfellow, y a Francisco Giner de los Ríos. Este último le ayuda con su estudios de español, a cuyo aprendizaje dedican una hora diaria de conversación. En sus cartas menciona a Valera, quien secunda la nominación de Longfellow para la Academia Española, a quien se refiere de la forma siguiente:

> When your name was proposed, he says (se refiere a Tamayo y Baus), there was a contest as to who should second the nomination, «porque tiene muchos apasionados aquí el Señor Longfellow», and at last the privilege was conceded to the Excmo. Sñr. D. Juan Valera, whose literary eminence is no doubt known to you (carta fechada en Madrid, 17 de noviembre de 1877)[10].

Dado que Russell Lowell mantiene correspondencia con Howells durante su estancia en Madrid, sería lógico pensar que le mencionara a algunos de esos escritores españoles, Valera entre ellos. En sus cartas a su también amigo Longfellow, expresa su intención de comprar obras españolas, por ejemplo distintas ediciones del Quijote para la biblioteca de la universidad. Probablemente, entre esas compras se encontraran las obras de escritores contemporáneos.

---

[10] (Todas las citas han sido traducidas por mí.) «Cuando se propuso tu nombre, dice él, hubo una contienda para ver quién debería secundar la nominación, "porque tiene muchos apasionados aquí el señor Longfellow", y por fin se concedió el privilegio al Excmo. Sr. D. Juan Valera cuya eminencia literaria seguro conoces». Carta fechada en Madrid, 17 de noviembre de 1877 en Norton, Ch.E. (ed.) (1893), *Letters of James Russell Lowell*, v. II, Nueva York: Harper & Brothers publishers.

Para el final hemos dejado al autor que mayor influencia ejerce en la difusión de la cultura española entre los estadounidenses: William Dean Howells. Aunque insistiremos sobre su labor en el capítulo dedicado a la crítica literaria, describiremos aquí, brevemente, su papel en la divulgación de nuestra literatura en pleno apogeo del movimiento realista en Estados Unidos.

Aunque no acepta el puesto de profesor en Harvard y no es un investigador, Howells encuentra su lugar en el círculo de hispanistas de Nueva Inglaterra. Se dedica a hacer algo que sus otros colegas no han hecho, una campaña de promoción de los autores contemporáneos, entre ellos de Palacio Valdés, Pardo Bazán y Pérez Galdós, a través de su espacio crítico en *Harper's New Monthly* entre 1886 y 1892. Y la realiza a pesar de poseer un conocimiento menor de la literatura y la lengua española que otros hispanistas del momento, en opinión de Williams. Una afirmación ésta que pondremos en duda y revisaremos en relación con su labor crítica. Es interesante destacar su conocimiento temprano no sólo de la narrativa española, sino también del teatro. Ya en 1874, en Ohio, es decir, lejos del mundo intelectual de la costa este, en torno a Boston y Nueva York, Howells nos sorprende con la adaptación de *Un drama nuevo* de Tamayo y Baus, que se representa en esa misma fecha.

La atención que presta Howells a los realistas se debe a su primer amor hacia Cervantes. Algo que justifica con la opinión de Clarín en 1896 de la manera siguiente:

> The very acute and lively Spanish critic who signs himself Clarín, and is known personally as Don Leopoldo Alas, says the present Spanish novel has no yesterday, but only a day-before-yesterday. It does not derive from the romantic novel which immediately preceded it, but it derives from the realistic novel which preceded that: the novel, large or little, as it was with Cervantes, Hurtado de Mendoza, Quevedo, and the masters of picaresque fiction[11].

---

[11] «El crítico español muy agudo y vivo que firma como Clarín, y es conocido personalmente por don Leopoldo Alas, dice que la novela española actual no tiene ayer, sino exclusivamente anteayer. No deriva de la novela romántica, que la precedió inmediatamente, sino de la realista que precedió a ésta: la novela grande o pequeña, tal como era con Cervantes, Hurtado de Mendoza, Quevedo y otros maestros de la novela picaresca.» Cady, Edwin H. & David F. Hiatt (eds.) (1968), Howells, W. D. (1968), *Literary friends and acquaintance, a personal retrospect of american authorship*, Bloomington (Indiana): Indiana University Press, p. 269.

Como tendremos ocasión de analizar en capítulos posteriores la importante labor crítica de Howells, pasaremos a observar la evolución de otro tipo de relato recogido en la prensa estadounidense durante el último cuarto del siglo XIX. Se trata del relato de viajes, que unas veces estrecha los lazos de unión entre varias culturas y otras, en cambio, por la falta de conocimiento de la cultura que se describe, los separa.

El relato de viajes sufre una evolución que recorre un buen camino desde la crónica del conquistador hasta el viaje romántico del primer y segundo tercio del siglo XIX. En ese momento, la demanda del viajero, más numeroso que en épocas anteriores, tiene como consecuencia un relato de viajes más práctico que llega con más asiduidad al lector. Tal vez los movimientos literarios de la época influyan en estos relatos que dejan de ofrecer una visión romántica del país y comienzan a brindar una visión de España más fiel a la realidad. La prensa es el vehículo ideal para ese tipo de relato práctico de viajes, que, en ocasiones, se convierte en guía de viaje. Esta última resulta, no obstante, criticada por los escritores que practican el género.

Las obras informativas de la literatura estadounidense dejan a un lado las obras de escritores de viaje, al igual que ocurre con las historias literarias españolas. Y, sin embargo, como he tenido ocasión de comprobar en mi búsqueda de textos femeninos de viaje, también hay mujeres entre los autores de los mismos. Viajan desde varios puntos de Europa y de América hacia España e informan a su público de su visita. Algunas, como Kate Field, periodista reconocida y fundadora de su propio periódico (*Kate Field's Washington* 1890-1895), acuden a España con una función que cumplir: en el caso de Field, la de entrevistar a Emilio Castelar, en 1873, cuando aún es presidente de la República. Su libro *Ten days in Spain* se publica por vez primera en 1875, seguido de otras dos ediciones en 1886 y 1892, debido a su éxito. Sin embargo, y a pesar del conocimiento de la cultura y políticas españolas del momento que denota esta obra, todavía persisten las alusiones a la Inquisición y al folclore típico que supone la fiesta nacional, junto a otros detalles asiduos en los relatos de viaje como las condiciones de los medios de transporte, el mal estado de la hostelería, las comidas, y las costumbres en general.

Probablemente, esa generalización del lector, en un principio, más que favorecer, perjudique la imagen de lo español, creada a lo largo de los años. Sin embargo, prensa y relatos de viajes mantienen una estrecha relación durante el siglo XIX. Una de las primeras revistas que interviene en la difusión de lo español es *North American Review*. Desde principios de siglo aparecen reseñas de libros de viaje sobre España, así como descripciones, ensayos históricos y políticos sobre nuestro país. En ella participan algunos de los hispanistas mencionados. *North American Review* mantiene una visión unitaria de lo hispano que enlaza España con Hispanoamérica. Allí aparecen temas correspondientes a ambos países, España y Estados Unidos, algo que va a crear ya un paradigma. William C. Bryant, uno de los poetas más respetados del siglo, escribe en la revista sobre el tema de Cuba ya en el primer tercio de siglo. En esa época, Alexander H. Everett, otro personaje conocido y embajador en España, escribe relatos sobre su estancia en nuestro país.

Ese tipo de relatos de viaje se hace muy popular entre 1880 y 1900: «Two main festivals in Madrid»[12], «San Sebastián, the Spanish Newport» de William Henry Bishop[13], «Burgos, the city of the Cid»[14], «Spain of to-day»[15], son algunos ejemplos. Precisamente durante esa década, en cambio, la revista *North American Review*, que se interesa por mostrar la literatura y cultura españolas desde el primer tercio del siglo, ofrece pocos relatos sobre la historia de nuestro país. Ya en 1827 había aparecido allí un artículo sobre el autor de *Gil Blas* seguido por una reseña sobre *Cartas marruecas* en el volumen siguiente. Recordemos que en esa época aparecen en *North American Review* «Poesía religiosa y moral española» y «Lengua y literatura española» (1833) de Longfellow, que sientan una buena base para el futuro investigador del tema. De esa forma se va interesando a una mayor audiencia por el estudio de las lenguas románicas y su literatura y por el hispanismo, en particular.

En otras revistas como *Harper's New Monthly* y *Atlantic Magazine* también se suceden relatos sobre España con mayor o menor conocimiento del país y su cultura. En el último tercio de siglo, sin embargo, el que escribe parece poseer mayor conocimiento. En lugar de describir un simple edificio incorpora ya temas como la política, los carlistas por ejemplo, o características de los españoles. Esta mejora de la cali-

---

[12] Anónimo, en *Catholic World*, v. LIX, 1894: p. 244.
[13] *Scribner's Monthly* v. XXII, 1897: pp. 267-281.
[14] E. C. Vansittart, en *Catholic World* v. LXVIII, 1898: p. 68.
[15] William J. Amstrong, en *The International Review* v. XI, 1881: p. 209.

dad se debe al interés de los periodistas que viajan a Europa y España para buscar las razones de las revoluciones políticas, en particular la de 1868. Por otra parte, obedece también al mayor número de viajeros que se preocupan por conocer la realidad española. Entre estos periodistas y escritores «pseudo-literarios» hallamos a Bayard Taylor, Charles Dudley Warner, Hobart C. Chatfield-Taylor o Poultney Bigelow. Artículos de este tipo se recogen en un libro titulado *Vistas españolas*, que recopila G. Parsons Lathrop en 1882. Bishop, quien logra entrevistarse con Pérez Galdós y Valera, publica en varias ocasiones en *Harper's New Monthly* (1882) sus artículos sobre España y más tarde en *Scribner Magazine* (Scribner v. VII, febrero 1890: p.187-201). Este tipo de relatos, que se detienen a examinar la historia del pueblo español, no es tan popular como aquél que ofrece una visión superficial de las ciudades españolas; no obstante, contribuye a formar una opinión y una reacción más ajustada a la realidad entre la minoría culta.

Un tercio de siglo más tarde, el conflicto con Cuba despierta nuevamente el interés por este tipo de relato histórico político. Antes del mismo, y después de la guerra civil en Estados Unidos, se tiende la mirada hacia una España que despierta de la tiranía monárquica, según los estadounidenses, para comenzar una situación más democrática semejante, en su opinión, a la de su país. Ésta es una de las razones que explican su interés por la política española y sus representantes, como ocurre con Castelar, quien edita sus artículos sucesivamente en varias publicaciones estadounidenses durante el último tercio del siglo.

Durante el conflicto cubano, como señalan fuentes actuales[16], se produce una manipulación por ambas partes, la prensa estadounidense y la española. Esta última hace creer que el poder español en el conflicto es mayor del que realmente se posee. En dicha manipulación de la información colaboran *El Imparcial*, *El Heraldo de Madrid* y *La Época*. Tan sólo periódicos de provincia, en concreto de Barcelona, optan por una postura más comedida y cercana a la realidad: *El Socialista* y *El Nuevo Régimen* de Francisco Pí y Margall. Este último y Pablo Iglesias acusan a la prensa burguesa de lo mismo que la amarilla al otro lado del Atlántico, de querer vender más si la guerra estalla. Igualmente, señalan a los políticos que están a favor de la misma, y que hablan de honor, de

[16] Santos, Félix, (1998), *La prensa y la guerra de Cuba*, Bilbao: Asociación Julián Zugazogoitia.

llevar a la guerra a miles de soldados del pueblo mientras exoneran del servicio militar a los jóvenes burgueses. Finalmente, se acusa a Antonio Cánovas del Castillo y a Mateo Práxedes Sagasta de no haber cedido ante las peticiones de independencia de la isla tres años antes.

En Estados Unidos, cuando en 1895 comienzan las insurgencias cubanas, existen ya dos periódicos que pueden ser calificados de prensa amarilla o sensacionalista: el *New York World,* cuyo dueño es Pulitzer, con una tirada de 500.000 ejemplares diarios, de carácter liberal, en los límites que definen el sensacionalismo, y el *Herald,* que dirige Gordon Bennett Jr., de 150.000 ejemplares diarios. A ellos habrá que añadir el *Journal* dirigido por Hearst. Por otra parte, se encuentra la prensa independiente y moderada representada por el *Evening Post,* el *Tribune* y el *New York Times.* En estos periódicos se sustenta la opinión en contra de la guerra, aunque al final se apoye la intervención. Cambio de opinión debido, tal vez, a la influencia sensacionalista de los periódicos mencionados que logra convencer a la mayoría de la población, ya influida por algunos gobernantes. Por su parte, Pulitzer, veterano de la guerra de Secesión, se inclina por la neutralidad, rindiéndose al final a la opinión inflada y sensacionalista del *Journal* dirigido por Hearst.

En manos de Hearst y Pulitzer la información que llega de la zona progresa a un ritmo vertiginoso. Hearst envía a Cuba, en su propio yate, a dos estrellas de sus periódicos: Richard Harding Davis, especializado en acontecimientos deportivos, y Frederick Remington, dibujante de prensa. Conociendo el sensacionalismo que acompaña a la información de este periodista y para quien trabaja, las autoridades españolas de la isla retienen a los enviados de Hearst en La Habana. El propio Davis, al ver su información manipulada por Hearst con fines sensacionalistas, dimite. A los separatistas cubanos y a los estadounidenses con ánimos belicistas les interesa acogerse a la tendencia radical de la prensa amarilla, en pro de la guerra. Las investigaciones del hundimiento del *Maine* por parte estadounidense, que reconocen el accidente como la verdadera causa del desastre, no impiden que se continúen publicando los ataques contra los españoles. Las investigaciones más recientes, realizadas en 1976 por Estados Unidos, señalan el accidente como única causa.

Sin embargo, y a pesar de que las autoridades estadounidenses desmienten las causas que aduce la prensa como culpables del hundimiento del *Maine* y reconocen que ha sido un accidente, provocado por los materiales altamente explosivos que contienen los buques acorazados como éste, la prensa continúa su camino sensacionalista, apoyada por el sector conservador del gobierno. El día 17 de febrero, tanto el presidente estadounidense William McKinley como los expertos federales del departamento de Marina en Washington manifiestan en privado estar de acuerdo con la causa accidental de la explosión y hundimiento del *Maine*.

Por su parte, la revista *Cosmopolitan* envía en 1895 a Hobart C. Chatfield-Taylor, que participa en la revista y es antiguo cónsul de España en Chicago, a negociar la compra de la independencia cubana por cien millones de dólares. Por supuesto la venta no tiene lugar, pero se crea una expectativa con ese tema que redunda en mayor publicidad para la revista. Antes de que se produzca la guerra con Cuba, la revista predice lo que ocurrirá en los artículos que se publicaron al respecto («A brief history of our war with Spain», en cuatro partes). Durante el conflicto, envía a varios corresponsales (James Creelman, Edward Marshall, Irving Bacheller y Theodore Dreiser). En Octubre de 1897, *Cosmopolitan* comienza una serie de artículos titulada «Our late war with Spain».

Gracias a los datos recogidos, en la actualidad se confirma el importante papel de la prensa en el desencadenamiento de la guerra entre Estados Unidos y España en 1898. Los comentarios realizados por McKinley, presidente de la nación, en el Congreso, pidiendo la declaración de guerra a España, son similares a los realizados con anterioridad por el periodista Taylor en la revista *North American* (v. 166, junio 1898: p. 687).

Ahora bien, la postura contraria a la guerra, compartida por algunos intelectuales como Howells, también se ve reflejada en la prensa. W. H. Thorne escribe lo siguiente en el *Globe*:

> Those brainless, selfish, purchasable, ignorant, unprincipled, bastardly wildcats known as patriotic members of Congress, who forced the Spanish-American War resolutions upon a willing President and a gullible people, when we had no case or cause of war with Spain (Globe, v. 8, p. 463, dec. 1898)[17].

---

[17] «Esos gatos monteses, bastardos, sin principios, ignorantes, sujetos a soborno, egoístas y sin cerebro, conocidos como miembros patrióticos del Congreso, quienes impusieron al presidente y a la gente crédula las decisiones sobre la guerra Hispano-Americana, cuando no teníamos ni caso ni causa de guerra contra España.»

La consecuencia inmediata del interés de los estadounidenses por el tema de Cuba, creado ya antes de la guerra, es la de una ávida curiosidad por lo extranjero que expandirá el espacio que se le dedique en la prensa estadounidense. El conflicto recibe la mayor atención de toda la prensa, tanto en español como en inglés. Hemos hallado decenas de artículos sobre el tema en las publicaciones revisadas.

Los fantasmas, sin embargo, resucitan de nuevo después de esa cándida actitud estadounidense hacia el estado español que, tras una etapa de letargo político, se dirige hacia la democracia. Con el inicio del conflicto cubano a la vista renace un pasado más oscuro y decadente para España, a manos de periodistas y colaboradores de publicaciones como las mencionadas. La Inquisición resurge nuevamente de entre las cenizas, y junto al retraso de la nación, debido al conservadurismo, la prensa aisla a España y a sus colonias. Estados Unidos se ve obligada a salvar a esas «pobres colonias», con Cuba a la cabeza, de las garras del estado español. A finales del siglo, probablemente provocados por la atención que el tema del conflicto con Cuba atrae, se suceden escritos de poca importancia literaria que están basados en obras, viajes u otros elementos españoles como el bandolero o los toreros («La visita del alcalde» en *Atlantic Monthly* nov. 1898). A pesar de su escasa calidad, estos artículos promocionan lo español, que es lo que parece vender por esas fechas, y los editores de esas publicaciones lo incluyen entre sus páginas.

En ese contexto social, político, cultural y literario al que contribuyen los relatos de viaje, junto a otro tipo de relatos orientados al romanticismo y el exotismo que supone lo lejano y en particular, lo español, la atención de una minoría se dirige inicialmente hacia la literatura que aparece en las revistas, ya sea en forma de anuncios, reseñas, traducciones o críticas realizadas por algunos de los hispanistas mencionados.

A mediados del siglo XIX, los autores españoles despiertan el interés de los colaboradores en la prensa estadounidense. La primera novela española allí traducida es *La familia de Alvareda* de Fernán Caballero, conocida de Washington Irving, en una revista católica llamada *Catholic World* (3, julio, agosto, septiembre, 1866: 459-517, 660-79, 787-804), donde aparecen traducciones de otras obras suyas. Como observaremos, la otra revista que publica sus obras, esta vez en español, es también una publicación religiosa de Nuevo México: *La Revista Católica*. Con traducciones como ésas en la década de 1860 y el creciente interés por España y lo español llegamos al último cuarto del siglo, cuando surge la obra crítica de William Dean Howells, absolutamente imprescindible en la promoción de la literatura española del momento.

En las publicaciones revisadas, y en lo que a anuncios y reseñas se refiere, se puede observar una mayor atención dirigida hacia el género del momento, la novela. No obstante, las obras clásicas como *Don Quijote*, la poesía y el teatro de Calderón, especialmente, aún continúan atrayendo la mirada de las publicaciones en inglés.

Mientras tanto, las publicaciones en español atienden a las listas proporcionadas por las editoriales estadounidenses y españolas que continúan imprimiendo las obras clásicas junto a las contemporáneas. Entre las primeras encontramos, por supuesto, la obra maestra de Miguel de Cervantes, antologías de Calderón de la Barca, Lope de Vega, o Fernández de Moratín, junto a los poetas románticos y los novelistas del último tercio del siglo XIX.

La crítica estadounidense (Williams) sugiere que la literatura de ese país debe mucho a la literatura española, incluso más que a otras literaturas europeas. Si bien es cierto que la obra de Cervantes es conocida en todo el mundo, y que de ella beben buena parte de los novelistas de varias centurias, la opinión anterior podría ser tachada de poco menos que exagerada. No hay que despreciar el valor de la literatura española en la obra de algunos autores del siglo XIX, especialmente el de un grupo de hispanistas que contribuyen, de manera especial, no sólo al conocimiento de la cultura y literatura españolas en Estados Unidos sino a la instauración de cátedras dedicadas a su enseñanza en distintas universidades, algunas tan conocidas como la ya mencionada de español y francés en Harvard, Boston, durante el siglo XIX. Se hacía necesaria, por tanto, la revisión de la labor de promoción y estudio del español y su literatura, que realizan tanto Irving como Ticknor, Longfellow, Lowell y Howells, entre otros, para comprender el contexto en el que se recibe la obra de escritores españoles como Valera o Palacio Valdés, que entran en contacto directo con algunos de esos hispanistas.

Asimismo, hay que tener en cuenta otros elementos, sociales y políticos, que podrían haber jugado un rol protagonista en la promoción o desaparición de la literatura española en la prensa de Estados Unidos durante el período que nos ocupa. Considero esencial el papel del relato de viajes, que, a pesar de la falta de un conocimiento profundo de la cultura española de algunos de sus autores, contribuye a una mayor atracción del lector por nuestro país, atracción que revierte, finalmente en un creciente interés por nuestros autores.

Afortunadamente, las circunstancias políticas no incidieron de manera desfavorable en el interés por nuestra cultura, lo cual nos permite hoy analizar la promoción de la narrativa española decimonónica, en sus diversas formas, en las principales publicaciones periódicas del momento.

CAPÍTULO II

DESARROLLO DEL PERIODISMO LITERARIO EN ESTADOS UNIDOS A FINALES DEL SIGLO XIX

Durante el siglo XIX literatura y periodismo van de la mano, tanto a uno como a otro lado del Atlántico, algo que redunda en beneficio de editores y escritores. La literatura favorece al periodismo, especialmente con la narrativa en serie o la novela por entregas en España, a la par que el periodismo ofrece el vehículo perfecto no sólo para probar fortuna en la ficción contemporánea sino para hacerla llegar a un número de lectores mucho mayor que el de un libro. La literatura llega no sólo hasta el lector ilustrado, sino que, gracias a las lecturas en grupos que se realizan en hogares y tertulias, también al analfabeto. El intento de generalizar la educación que realizan instituciones como la ya mencionada que dirige Giner de los Ríos favorecen el consumo de una literatura más asequible a través del formato periodístico.

Como nos recuerda Marta Palenque[1], ya durante el siglo XIX se produce una polémica en torno a la relación entre literatura y periodismo. Algunos de los autores decimonónicos que colaboran en la prensa –es el caso de Valera–, expresan su opinión al respecto. Éste, en su respuesta al discurso de entrada a la Academia del también periodista, y fundador de los suplementos literarios en España, Isidoro Fernández Flórez, no reconoce la existencia de un género periodístico *per se*. Opinión con la que coincido, no sólo en el caso de las publi-

---

[1] Palenque, Marta, (1996), «Entre periodismo y literatura: indefinición genérica y modelos de escritura entre 1875 y 1900» en *Actas del I Coloquio de la Sociedad Española del siglo XIX*, pp. 195-204.

caciones españolas sino también en el de las estadounidenses, donde aparecen obras fragmentadas que después se volverán a publicar en forma de libros para beneficio de editores y escritores. Otros, en cambio, distinguen entre el contenido que aparece en un periódico y en una revista, y conceden a aquel menor profundidad por el apremio que su condición temporal impone; la revista, en cambio, ofrece al autor más tiempo para reflexionar. Lo cual no llega a ser del todo cierto, porque no se tiene la garantía de que la participación en las revistas por parte de escritores reconocidos se haga de manera pausada y reflexiva. Depende, por tanto, de cada escritor y su propio estilo, más que del formato en el que se publique el texto.

En Estados Unidos, concretamente, una serie de hechos puntuales promueven la prensa, siempre amenazada por la que llega de Inglaterra, que contiene su literatura. Así, con la creación de publicaciones periódicas propias, la prensa ayuda a constituir una literatura estadounidense. Como afirman Price y Smith[2], la década de 1840 se considera la época dorada del periodismo en Estados Unidos. En ese momento tan sólo se publican unos cien mil libros anuales, la mitad de los cuales son obras extranjeras. En comparación existen más de mil quinientas publicaciones periódicas, que en la década de 1870 lee aproximadamente un tercio de la población, es decir, unos diez millones de estadounidenses.

En las publicaciones periódicas se pone a prueba, además, la recepción de la obra en cuestión por parte del lector; su reconocimiento lleva a la publicación en entregas consecutivas y, finalmente, a su constitución como libro, que anuncia oportunamente la misma publicación. Otro factor importante del desarrollo de la prensa periódica es lo que supone económicamente para los escritores el poder contar con un ingreso semanal o quincenal gracias a su intervención en un determinado número de publicaciones. Algo similar ocurre al otro lado del océano, en España, donde la mayor parte de los autores de narrativa publican sus obras en la prensa, desde Fernán Caballero a Vicente Blasco Ibáñez. Veremos, pues, en capítulos posteriores, si las obras reconocidas y representadas en la prensa estadounidense coinciden con aquéllas que disfrutan de cierto éxito en la Península, o si,

---

[2] Price, Kenneth M. & Susan Belasco Smith (eds.), (1995), *Periodical literature in nineteenth-century America*. Charlottsville: University Press of Virginia.

por el contrario, se trata tan sólo de unas cuantas obras y autores sin relación con los acontecimientos literarios que tienen lugar en España. Veremos, asimismo, si hay criterios concretos para la selección de obras y si se sigue el mismo que para las obras autóctonas, es decir, si se prueba primero en la prensa el éxito de una obra o si se comprueba el éxito en la prensa de España y sólo luego se publica en Estados Unidos. En la actualidad nos beneficiamos de la información que aportan estas revistas y de las colaboraciones que allí realizan autores españoles, y no sólo los más conocidos como Clarín, Pérez Galdós o Valera, sino también los y las menos reconocidas, al menos en las historias de literatura, que tal vez no en su tiempo, como Carmen de Burgos o Eva Canel.

Volvamos ahora al contexto estadounidense, después de la mención de la importancia de las tendencias religiosas en los grupos literarios de la Nueva Inglaterra, en concreto bostonianos, que surgen durante el primer tercio del siglo. En particular, debemos tomar en cuenta el grupo trascendentalista, porque de él, o de su legado, bebió el más importante promotor de la literatura española: Howells. Sin embargo, el grupo intelectual que surge en la Nueva Inglaterra, donde se encuentran dos de los escritores realistas, Howells y Mark Twain, es muy reducido y excluye otros movimientos locales surgidos en diversos puntos del país. Para evitar esa exclusión, en algunos casos se ha identificado la literatura regionalista estadounidense con la realista. La primera aparece en el sur y oeste del país, reflejando las migraciones y conquistas de la zona. Allí el tema de la esclavitud y las protestas en contra suya se ve reflejado en otro tipo de obras. En las principales ciudades de la costa este del país concurren varios grupos migratorios procedentes de Europa y de colonias españolas como Cuba y Puerto Rico, mientras que en las zonas del oeste son los asiáticos, en California, y los mexicanos, en Arizona, Colorado, Nuevo México y Texas, los protagonistas de las mismas. Las obras que se producen en cada región reflejan cada uno de estos pueblos y sus espacios. Tanto en las obras consideradas regionalistas como en las realistas se muestran verazmente las costumbres de cada sociedad, aunque todavía perdure en algunas de ellas el aspecto idealista y romántico que acompaña al siglo.

William Dean Howells parece ser el único escritor, al menos el único en la prensa revisada, que relaciona el realismo estadounidense con el europeo, cuyo conocimiento se debe a los viajes realizados por este continente y a la información procedente de amigos que han visitado España antes que él, como Russell Lowell, a finales de la década de 1870. El realismo de Howells se dedica a confrontar las diferencias entre las costumbres del ambiente rural y el de la clase media urbana. Pero la actitud taimada y moderada del autor, en lo que a la moral y la política del momento se refieren, no hacen posible que su adscripción a ese movimiento literario sea comparable a la que mantienen autores europeos que Howells admira, como Gustave Flaubert, León Tolstoi y Henrik Ibsen.

Entre aquellos escritores cuya obra es considerada regionalista encontramos a Mark Twain, amigo de Howells. Curiosamente, algunas de las obras que describen la situación del sur estadounidense son creadas por autores del noreste estadounidense como él. Una de sus obras más conocidas, *Las aventuras de Huckleberry Finn,* parece seguir la obra de Charles Dickens, a quien tanto admira.

Como se puede apreciar, en esa forma de clasificar la narrativa realista podríamos encontrar similitudes, aunque con diferencias históricas y espaciales, con la que se produce en España. Entre nuestros autores también encontramos un regionalismo montañés, en las obras de Pereda, o andaluz, en las de Valera y el andaluz adoptivo Palacio Valdés. Éste último cumple con algunas de las características señaladas de los autores del norte estadounidense: escritores provenientes del norte que reflejan, no obstante, un regionalismo muy concreto al que no pertenecen. En este caso se trata de Palacio Valdés, un asturiano que se encuentra fascinado por los personajes y la actitud andaluza, de la que proviene su madre, reflejada en tres de sus novelas.

En lo que al movimiento naturalista se refiere, cabe señalar que tanto Howells como otros escritores estadounidenses del momento lo critican y no aceptan las crudas descripciones y la «amoralidad» que aquél entraña. Aunque a partir de 1890 surgen algunas obras y autores que podrían acercarse al determinismo, como el propio Mark Twain, la palabra naturalismo es raramente empleada en el ámbito periodístico. En su lugar, se hace referencia al realismo extremista de la literatura francesa del momento o del propio Zola.

Durante la segunda mitad del siglo XIX, la prensa va a reflejar esa mezcolanza de tendencias y expresiones literarias que surgen en tan vasto país. Concretamente, como ocurrirá en España, las publicaciones estadounidenses se hacen eco de la polémica en torno al realismo. Artículos sobre el tema comienzan a aparecen en la década de 1880 como «The claim of realism I»[3] y «Realism and romance»[4]. En la década siguiente, durante el segundo semestre de 1892, se publican los artículos siguientes: «The downward of realism»[5], «Tendency of realism»[6] y «Castelar y el naturalismo»[7].

Después de la guerra civil estadounidense, se establece un modelo de empresa en la que participan las principales editoriales del país; cada una adquiere una revista de carácter general, como venía ocurriendo ya en Gran Bretaña. Las revistas de mayor importancia poseen una tirada de unos cien mil ejemplares, de las cuales una cuarta parte se debe a las imprentas de Nueva York seguidas de las de Boston y las de Filadelfia. A pesar de que la ciudad de Nueva York, en opinión de las publicaciones de la época, parece un lugar poco agradable para el visitante debido a la alta criminalidad, como ocurre en Londres, es allí donde se sitúan la mayor parte de las editoriales importantes. Sin embargo, no es precisamente allí donde se encuentra el centro cultural del país. Al contrario, se acusa a Nueva York de carecer de círculos literarios –en oposición a Boston, considerada aún la capital cultural por antonomasia[8].

La tirada de las revistas bostonianas es mucho menor que la de sus compañeras neoyorquinas. Así, en Boston se edita *Atlantic Monthly*, que cuenta con buena reputación literaria y en la que colabora un grupo selecto de escritores que cobra renombre en los años cuarenta, del que forman parte Longfellow y Lowell, ya mencionados. La

---

[3] *North American Review,* v. CXLVIII, agosto 1888: pp. 386-388.

[4] *Littell's Living Age,* v. CLXXV, 1887: pp. 618-623.

[5] *Harper's New Monthly Magazine,* v. LXXXV junio-noviembre 1892: pp. 476-480.

[6] *Harper's New Monthly Magazine,* v. LXXXV junio-noviembre 1892: pp. 962-967.

[7] *Las Novedades,* n° 543 agosto 4 de 1892: p. 1.

[8] «We Boston people are so bright and wide-awake and have really been so much in advance of our fellow-barbarians with our *Monthly Anthologies* and *Atlantic Monthlies* and North American Reviews, that we have been in danger of thinking our local scale was the absolute one of excellence- forgetting that 212 Fahrenheit is but 100 Centigrade.» «Nosotros los bostonianos somos tan brillantes y despiertos y hemos ido siempre por delante de nuestros compañeros los bárbaros con nuestros ejemplares de *Monthly Anthology* y de *Atlantic Monthly* y *North American Review*, que hemos estado en peligro de pensar que nuestro nivel local era el colmo de la excelencia, olvidando que 212 grados Fahrenheit son tan sólo 100 grados centígrados». de John T. Morse: Life and Letters of Oliver Wendell Holmes, Boston 1896, II, 116; citado en Mott, Frank L., (1957), *A history of american magazines volume III: 1865-1885*, Cambridge: Harvard University Press: p. 29.

nueva generación de escritores y críticos, entre los que se encuentra Howells, interesado especialmente por la literatura española, prosigue su labor.

En 1880, Howells describe el ambiente bostoniano en su artículo «Literary and social Boston»[9] y se refiere a la capital de Massachusetts como el centro más antiguo y de más prestigio, culturalmente hablando, del país. En él –en torno a la universidad de Harvard, en la que muchos enseñan– se reúne la flor y nata de la intelectualidad, y a un tiro de piedra, nos dice Howells, viven personajes tan importantes para el mundo intelectual y editorial de la época como Daniel Webster, Edward Everett, Robert C. Winthrop o George Bancroft.

George Ticknor, ya mencionado, es uno de los personajes más distinguidos y respetados de la época. En su función como profesor de Harvard y consejero de escritores jóvenes ilumina la trayectoria de muchos de ellos y les presta generosamente su tiempo y sus libros, convirtiéndose en el «eje alrededor del cual gira la cultura de Boston», a pesar de su frialdad y su ideología conservadora. Diversos clubes sociales y literarios florecen en Boston en los años cuarenta, en los que se congregan escritores de la talla de Longfellow, entonces recién llegado de Alemania, Holmes, Lowell –estudiante en esa época– y Nathaniel Hawthorne. Frente a la actitud moderada y conservadora de un Ticknor o un Everett surgen otros personajes a los que Howells se refiere, en el artículo citado, como «reformadores radicales», que se reúnen en diferentes casas bajo el nombre de «Jacobins'Club».

Las mujeres de personajes como los anteriores, e incluso de políticos contemporáneos, también disfrutan en Boston de sus propios espacios de reunión; en concreto, y durante quince años, el llamado «Ladies social club», que adopta el título de «Brain club» y donde pueden desarrollar actividades culturales, algunas literarias, que las separan de sus hermanas sureñas, donde se mantienen actitudes más conservadoras. Obviamente, hay cierta ironía en denominarse ellas mismas el «club del cerebro», teniendo en cuenta las hipótesis científicas de la época que estiman el tamaño del cerebro femenino de menor tamaño que el masculino.

Hay que recordar que buena parte de la élite bostoniana, entre los que se encuentran muchos liberales, opta por una ideología abolicio-

---

[9] *Harper's New Monthly Magazine* v. LXII diciembre 1880 a mayo 1881: pp. 381-397.

nista ya en ese momento, aunque provengan de tendencias políticas y religiosas más conservadoras como el «unitarismo» o, algo más tarde, el «trascendentalismo», definido de acuerdo con la doctrina de Ralph Waldo Emerson por Charles Mayo Ellis (editor en Boston), como sigue:

> That belief we term Transcendentalism which maintains that man has ideas, that come not through the five senses, or the powers of reasoning; but are either the result of direct revelation from God, his immediate inspiration, or his immanent presence in the spiritual world[10].

La mayor parte de ese grupo de trascendentalistas ha pasado por Harvard y es allí donde estudia o enseña. Entre ellos el propio Emerson, quien por su parte, transforma sus creencias protestantes de los años treinta en lo que se ha denominado «soft determinism», o determinismo ligero, porque sitúa la experiencia por encima de la realidad y establece una relación objetiva con los principios de la naturaleza en su discurso «The method of nature». Enfatiza allí la genialidad de los intelectuales en oposición al materialismo americano, que vislumbra ya durante el primer tercio del siglo XIX. Se predica la relación personal con Dios, en lugar de la establecida mediante la liturgia, algo en lo que coincide con algunos escritores españoles de final de siglo, y, en general con aquéllos que participan de los principios de la Institución Libre de Enseñanza, sabiamente dirigida por Francisco Giner de los Ríos. Institución que sigue, a su vez, la ideología krausista cuya fórmula es la siguiente:

> El conocimiento de Dios es el principio de la ciencia, del amor y de la vida; pero sólo a medida que la ciencia y el amor crecen en claridad, en intimidad y libertad en el hombre, crece también el conocimiento y el amor de Dios[11].

---

[10] «Esa creencia que denominamos Trascendentalismo que considera que el hombre tiene ideas que provienen no de los cinco sentidos, o de los poderes de la razón; sino son el resultado de la revelación directa de Dios o de su inspiración inmediata, o su presencia inmanente en el mundo espiritual.»

[11] Sanz del Río, Julián (trad.), (1860), Ideal de la humanidad para la vida, de Krause, K.Ch.F., Madrid: Imprenta de Manuel Galiano: parte I, p. 76, citado en di Febo, G., (1976), «Orígenes del debate feminista en España», Sistema, Revista de Ciencias Sociales, n° 12, enero: 49-80.

Ese tipo de ideología religiosa, que rige la vida de algunos personajes de la Nueva Inglaterra, se ve ciertamente abatida por los descubrimientos científicos del siglo. Algunos de esos intelectuales adoptan una actitud de desilusión tras la Guerra Civil, que ha dejado resquicios políticos sin resolver, como la esclavitud. Howells se ve sumido en esa herencia trascendentalista a su llegada a Boston, cuando comienza a trabajar en *Atlantic Monthly*, tras su estancia en Italia.

En ese contexto surgen o continúan su labor, dependiendo de los casos, las principales publicaciones periódicas estadounidenses, que se editan trimestral, mensual y semanalmente. Conviene establecer el criterio para la distinción entre el periódico o noticiero, la publicación periódica, la revista y la revista literaria, denominaciones que emplearemos a lo largo del trabajo.

Podemos tener en cuenta la revisión que se traduce de la «revue» francesa, a la que hace alusión Gómez Aparicio[12], que se infiere de la revista en comparación con el periódico o diario. Aquélla comporta una elaboración mayor, gracias al mayor intervalo entre una edición y otra. En contraposición con la noticia, cuya publicación es apremiante en el diario o periódico, el artículo, el editorial, la reseña o la crítica publicados en una revista tienen como objetivo llevar la cultura a un sector, en ese momento minoritario, situado entre clase media alta y alta. El contenido literario que aportan las publicaciones periódicas revisadas, en ambos idiomas, resulta muy variado y ocupa un espacio de diferente porcentaje en cada caso.

Por las razones aludidas anteriormente, no me atrevo a calificar de revistas literarias las elegidas para este trabajo; prefiero hablar de revistas culturales o publicaciones periódicas, términos que emplearemos de forma indiferente. El contenido dependerá, finalmente, de la financiación de la revista, aunque se establezcan en algunos casos, a priori, los objetivos de la publicación.

A pesar de esa distinción, nótese que ni siquiera los mismos editores de las publicaciones, concretamente de aquéllas en español, tienen un claro criterio para la denominación de las mismas. En algunos casos se refieren a ellas como periódicos, pero seguidamente subra-

---

[12] Gomez Aparicio, Pedro, (1971), Historia del periodismo español. De la Revolución de septiembre al desastre colonial. Madrid: Editora Nacional, citado en p. 169, «Las grandes revistas culturales, realismo, naturalismo y crítica literaria» Palomo, M.ª Pilar (ed.), (1997), *Movimientos literarios y periodismo en España*, Madrid: Síntesis.

yan su desvinculación de la noticia. Por eso, y tomando en cuenta la similitud con otras publicaciones de la época, las consideraremos revistas o publicaciones periódicas en lugar de periódicos.

De las consideradas para este trabajo, *Littell's Living Age* es la más antigua. Comienza a editarse en 1844 en Boston y tras muchos cambios continúa hasta mediados del siglo XX desde Nueva York. Entre las trimestrales se encuentra una de las más importantes, la ya mencionada *North American Review,* que sale de las imprentas bostonianas hasta 1877, fecha en que se traslada a Nueva York. Desde entonces se emite de manera bimensual y luego mensual. El escritor e hispanista Lowell es su editor desde 1864, quien ya en ese momento percibe el nuevo ritmo de vida vertiginoso que acusa la sociedad y el papel desfasado que cumple una revista trimestral.

En 1850 comienza a publicarse una de las revistas más importantes de la época, *Harper's New Monthly Magazine,* que cambiará el futuro de las revistas de ese país. Siete años más tarde se crea *Atlantic Monthly;* ambas serán las principales representantes de la categoría mensual durante dos décadas, donde la labor editorial corre a cargo de W. D. Howells, entre otros. En 1870 surge su más fiel competidora, la también mensual *Scribner's Monthly,* antes *The Century,* que entra en competencia directa con *Harper's* y *Atlantic* (a partir de ahora emplearemos esos títulos reducidos).

Catholic World y *The International Review* son publicaciones que llegan a una audiencia menor en Nueva York; la primera mensualmente, desde 1865 hasta 1906, y la segunda bimensualmente entre 1874 y 1878 y mensualmente desde entonces hasta 1883, año final de su existencia. El contrapunto que ofrece una revista católica publicada en inglés con la *Revista Católica* de Nuevo México resulta de interés para nuestro trabajo. Por su parte, *The International Review* es una de las publicaciones mencionadas por Mott que publican a autores europeos.

El contenido literario que muestran esas revistas está acorde con la tendencia del momento, es decir, con la narrativa; en particular con la narrativa breve, que resulta perfecta para el espacio que brinda una publicación periódica. Aunque lo que más se vende, debido a su precio, son las obras seriadas o por entregas y las llamadas «dime novels»[13] que ofrecen un contenido romántico o folletinesco, las revis-

---

[13] Reciben ese nombre por su precio de un «dime» o diez centavos de dólar.

tas de reconocida fama como *Atlantic, Harper's* o *Scribner's* se reservan el derecho de publicar tales novelas y sólo ofrecen su espacio a una sola obra de ficción, a veces dos, de autores reconocidos. Son comunes las historias en dos o tres entregas. Por lo general, el contenido literario ocupa un tercio de la revista en aquéllas de importante tirada, como las tres anteriores.

Entre los autores cuyos textos aparecen en las publicaciones señaladas más arriba se encuentran Charles Dickens, Thomas S. Eliot, William Thackeray, Anthony Trollope, entre los ingleses y William H. Bishop, Richard Davis, Henry James, Everett Hale, Nathaniel Hawthorne, William D. Howells, Harriet B. Stowe, entre los estadounidenses. Sin embargo, autores como Mark Twain raramente publican ficción en publicaciones de este tipo, y otros de menor categoría ven aparecer sus obras en publicaciones familiares semanales de menor importancia. Aunque en menor proporción, las obras de literatura francesa, alemana y rusa, en ese orden de importancia, hallan aquí igualmente su hueco. A pesar del valor de los títulos de los autores mencionados, surgen comentarios relacionados con la falta de calidad de las obras nacionales y la búsqueda de obras extranjeras que ocupen su lugar en las publicaciones estadounidenses[14].

La misma prensa en inglés recoge algunas quejas por la falta de calidad de las críticas:

> We are not well out of the childish age of promiscuous and often silly admiration... the great mischief has always been that whenever our reviewers deviate from the usual and popular course of panegyric, they start from and end in personality, so that the public mind is almost sure to connect unfavorable criticism with personal animosity. Any review thus inspired is worth exactly its weight in Confederate paper (*The Nation* julio 6, 1865)[15].

---

[14] El editor de *Galaxy* ofrece su opinión al respecto: «The narrative faculty is notably lacking among us. Our public has no notion whatever of the poor quality of almost all the writing in this department submitted to American publishers and editors. The defect generally is not in style... but simply in that power of interesting the reader which is the all-important desideratum». «Carecemos de facultad narrativa. Nuestro público no tiene noción alguna de la baja calidad de prácticamente todos los textos de este departamento que se envían a los editores americanos. En general, el defecto no es de estilo... sino simplemente en interesar al lector que es el deseo más importante.» Galaxy, XIX, 288 (February 1875), citado en Mott III, p. 225.

[15] «Aún no hemos salido de la edad infantil de la admiración promiscua y, con frecuencia, tonta... el gran daño ha consistido siempre en que cuando nuestros reviso-

Además de la novela, las revistas estadounidenses admiten igualmente otro tipo de trabajos propios de ese tipo de publicaciones: artículos y editoriales que cubren temas de sociedad, actualidad o crítica literaria, a los que se suman los apartados de promoción y divulgación de obras nuevas con espacios dedicados a las reseñas y anuncios. Los críticos del momento son los mismos escritores ya conocidos por el público y que disponen de una buena reputación, autores como James Rusell Lowell, Thomas Norton, Henry James, o William D. Howells.

La crítica anterior no está muy lejos de la que expresa Clarín en algún momento e incluso la crítica actual (Capellán) con respecto a las amistades entre autores y críticos. Como tendremos ocasión de mostrar, las críticas realizadas por autores como Howells, quien dedica mayor atención a los autores y obras españolas, carecen de profundidad en algunos casos y se ocupan tanto de la obra como del autor, probablemente por establecer cierta conexión con una audiencia que prefiera ese tipo de comentarios o simplemente, en otros casos, por carecer de otra información que aportar. Algunas de las críticas realizadas por autores menos conocidos, o las reseñas que acompañan a los libros nuevos, se acercan más a los anuncios que a las críticas en sí.

Howells es protagonista de otra de las polémicas en torno a los movimientos literarios decimonónicos por excelencia, el romanticismo y el realismo, o la degradación de éste, de la que se culpa principalmente a la literatura francesa y a Zola en particular. El naturalismo carece de protagonismo en esta polémica y es visto simplemente como el extremo inmoral del realismo. Observaremos que, curiosamente, Howells no emplea el término naturalismo al hablar de Emile Zola, y la única vez que lo menciona, ya iniciado el siglo XX y al calificar la obra de Palacio Valdés, Howells se sitúa a favor del realismo. Por contra, las corrientes más conservadoras, a las que pertenecen otros autores, continúan apoyando al romanticismo hasta los últimos años del siglo XIX.

Los suplementos dominicales, que emiten algunos de los periódicos metropolitanos más importantes del momento, perjudican enor-

---

res se desvían del curso de la alabanza de ordinario y popular, ellos empiezan desde y terminan en la personalidad, para estar seguros de que la mente del público establece una conexión entre crítica desfavorable y rencor personal. En consecuencia, cualquier revisión que inspire vale exactamente su peso en papel confederado.»

memente a las publicaciones periódicas. En ellos, además de otros temas, aparece la narrativa de ficción y la crítica literaria. Debido a la competitividad creada por la situación anterior, algunas de las revistas se ven obligadas a rebajar su precio, –que hasta el momento giraba en torno a los treinta y cinco centavos por copia, y que sólo podía permitirse la clase alta– a diez centavos. Sobreviven sólo aquellas de mayor categoría, cuya situación financiera es muy solvente, gracias a los negocios editoriales que sustentan a las grandes empresas.

El año 1850 marca, por varias razones, un nuevo rumbo en el desarrollo de las revistas estadounidenses. Una de ellas es la aprobación del llamado «Post Office Act» en 1852, que transfiere los cargos de envío del suscriptor al editor. La calidad de las principales revistas mejora en la segunda mitad del siglo, debido a una mayor competitividad y a la incorporación de figuras literarias a las mismas. El cambio más importante que se produce a mediados de los años setenta es la independencia en menor o mayor grado de los partidos políticos; en esa década, los periódicos comienzan a denunciar una serie de injusticias sociales y políticas, aunque aún opera cierto poder político en las publicaciones.

En los años noventa se produce otro fenómeno en torno al conflicto con Cuba. Se trata de la prensa sensacionalista, que protagonizan Hearst y Pulitzer, como hemos mencionado con anterioridad. En consecuencia, el interés por lo español durante el último tercio del siglo XIX se manifiesta de forma diferente dependiendo del tipo de publicación.

A continuación aparece la revisión de las principales publicaciones periódicas en inglés y en español del último cuarto del siglo XIX en Estados Unidos. Al referirme a ellas emplearé de forma indiferente el término revista o publicación periódica entendiendo por ambas, y en oposición al periódico, el de una publicación de carácter cultural con un formato, en general, mayor que el de un periódico y un contenido más amplio, no limitado a los acontecimientos diarios. En consecuencia, estas publicaciones no son meramente literarias porque el contenido relacionado con la misma varía entre unas y otras.

Para mantener un criterio uniforme en el estudio de las revistas se tendrán en cuenta los elementos siguientes:

– descripción del contenido
– origen y trayectoria
– principales editores

- propósito de la revista
- valoración según el contenido literario encontrado y la opinión de la época

Teniendo en cuenta la falta de bibliografía relacionada con este tipo de publicaciones, especialmente de aquéllas en español, en algunos casos no será posible examinar todos esos elementos de forma exhaustiva; no obstante, seguir el mismo modelo de análisis contribuye a mantener cierta homogeneidad en la descripción del *corpus*.

1. Descripción de las principales revistas en inglés

Al seleccionar las publicaciones en inglés para este trabajo he tenido en cuenta varios criterios. Como ya anticipé, la investigación comenzó revisando únicamente las publicaciones en inglés ampliándose después con la inclusión de las revistas en español, dado el número e interés de las mismas. El corredor del noreste del país, es decir, desde Boston a Nueva York, es una de las zonas donde más publicaciones se editaron en la época; primero en Boston, capital intelectual del país, y después en Nueva York, donde se trasladan negocios y editoriales en la década de 1880. Por tanto, la mayor parte de nuestras revistas se publican en esa ciudad. Y lo mismo ocurre con las publicaciones en español, dado que en Nueva York se concentra un buen número de hispanohablantes, esta vez emigrantes de primera generación a diferencia de los que encontramos en estados como Nuevo México o Texas, donde los antepasados ya sea españoles o mexicanos han dejado su herencia en las nuevas generaciones.

Boston y Nueva York constituyen, por tanto, el lugar idóneo y se convierten en cuna editorial e intelectual para un buen número de periodistas y escritores decimonónicos. En torno a la Universidad de Harvard en Cambridge, Boston, trabajan algunos de los colaboradores de esas revistas e hispanistas del momento. Y es Nueva York adonde se desplazan algunos de esos colaboradores, como el mismo Howells durante los años ochenta. Allí aparecen las publicaciones de mayor importancia y prestigio, las que acogen las colaboraciones de los escritores y críticos más importantes del momento y se nutren de las obras por entregas que aquéllos les suministran. En este caso, las publicaciones de mayor importancia coinciden con las de mayor tirada y de mayor poder económico, sufragadas por una editorial, Harper's & Brothers o Scribner en el caso de *Harper's New Monthly* o *Scribner's Magazine*, que se ocupa de sacar a la calle buena parte de las obras del momento, algunas de sus mismos colaboradores. La revista además sirve a estos autores de plataforma de lanzamiento para sus obras y allí también, en algunos casos, encuentran las críticas pertinentes. Así, estas publicaciones resultan un negocio redondo.

Junto a las de mayor importancia, también aparecen publicaciones de menor tirada, incluidas en la bibliografía revisada en relación con las obras o colaboraciones de los escritores del momento. Esto ocurre con *Atlantic Monthly,* que surge para cubrir una necesidad expuesta por un grupo de escritores bostonianos. Y lo mismo encontramos en *North American Review*, de la también importante editorial Osgood & Company durante la década de 1870 y Appleton & Company en la década siguiente, donde participan escritores como Washington Irving o James Rusell Lowell, director de la misma en una de sus etapas y primer editor de *Atlantic Monthly*.

La inclusión de *Littell's Living Age*, revista que acoge artículos y obras ya aparecidas en otras, principalmente de Gran Bretaña, incluso de la española *La Época*, se debe a la mención en la bibliografía revisada de la participación o inclusión en ella de narrativa europea, incluida la colaboración de Emilia Pardo Bazán, proveniente, no obstante, de *The Forthnightly Review*. Esto me hizo sospechar, como así sucedió, que cuando menos acogería la narrativa de otros autores españoles.

A la anterior se une *Catholic World*, una revista neoyorquina que resulta un buen contrapunto a la otra revista publicada por una editorial católica en español desde Nuevo México. Por esa misma razón consideré la inclusión de *International Review*.

La revisión de cada una de estas publicaciones ha resultado, más fructífera en unos casos que en otros. Como veremos, resulta mayor el número de anuncios y críticas que el de obras españolas aparecidas en las revistas en inglés.

Atlantic Monthly

El título completo de la revista es *Atlantic Monthly, A Magazine of Literature, Science, Art, and Politics*. Atlantic Monthly Company en Boston publica esta revista mensualmente desde 1857 a 1932, tras lo cual pasa

THE

ATLANTIC MONTHLY

A MAGAZINE OF

Literature, Science, Art, and Politics

VOLUME XXXVI

BOSTON

H. O. HOUGHTON AND COMPANY

NEW YORK: HURD AND HOUGHTON

The Riverside Press, Cambridge

1875

a otras editoriales. Durante el último cuarto del siglo XIX, el precio de suscripción anual es de cuatro dólares y el contenido de entre ciento veinte y ciento cuarenta páginas por ejemplar. El tamaño de la revista es comparable al del resto de publicaciones del momento, al igual que el precio de la suscripción anual.

La idea para la creación de la revista surge como resultado de una reunión convocada en el hotel Parker House de Boston, entre la élite intelectual del momento: Ralph Waldo Emerson, Henry Wadsworth Longfellow, James Russell Lowell y Oliver Weldell Holmes, entre otros. El primer número aparece en noviembre de 1857 y es todo un éxito, consiguiendo en dos años llegar a una tirada de 30.000 ejemplares. El objetivo del primero de sus editores, James Rusell Lowell, es plasmar la calidad literaria estadounidense del momento, a la vez que ofrecer una buena oportunidad de lanzamiento para los escritores más jóvenes. Ya en el primer número de noviembre de 1857 se establecen los principios de la revista como sigue:

> In politics, The Atlantic Monthly will be the organ of no party or clique, but will honestly endeavor to be the exponent of what its conductors believe to be the American idea. It will deal frankly with persons and with parties, endeavoring always to keep in view that moral element which transcends all persons and parties, and which alone makes the basis of a true and lasting prosperity. It will not rank itself with any sect of anties: but with that body of men which is in favor of Freedom, National Progress, and Honor, whether public or private[16].

La figura de James Rusell Lowell resulta particularmente interesante, por cuanto su labor literaria mantiene una estrecha relación con lo español. Hasta su madurez no tiene conocimiento de la Península Ibérica, donde, como ya hemos mencionado, será embajador desde 1877 a 1880. Además de escribir a favor del abolicionismo y de

---

[16] «En política, The Atlantic Monthly no será el órgano de partido o camarilla alguno, sino que tratará honestamente de representar lo que sus directores crean que es la idea americana. Negociará de forma franca con personas y con partidos, intentando siempre mantener ese elemento moral que transciende todas las personas y partidos, y que por sí solo conforma la base de una prosperidad duradera y verdadera. No entrará a formar parte de clasificación alguna que trate con secta de gente en contra: sino con aquélla formada por hombres en favor de la libertad, el progreso nacional, el honor, ya sea pública o privada.»

la educación de las mujeres es editor de *Atlantic Monthly* entre 1857 y 1861. Más tarde, en 1894, también se publican allí sus cartas escritas desde España (v. LXXII y LXXIII) junto a las obras de autores como Mark Twain y Henry James. A partir de 1861, y durante la década siguiente, ocupa su puesto James T. Fields, al que sigue William Dean Howells hasta 1881. La revista continúa editándose en la actualidad.

Los ejemplares revisados desde 1875 a 1900[17] incluyen artículos y ensayos sobre temas de actualidad, entre ellos varios que versan sobre viajes a España y relatos y artículos que contribuyen al conocimiento del país y su cultura. Uno de ellos, «The defeat of the Spanish Armada»[18], muestra la documentación contemporánea sobre el tema, procedente del archivo de Simancas y luego llevada al British Museum. Los autores españoles, además de por sí solos, se reconocen al establecer comparaciones con autores ingleses, como es el caso de Shakespeare y Calderón o Shakespeare y Cervantes. Aún se encuentran recopilaciones de autores de diversas nacionalidades –como el titulado *Half hours with the best foreign authors*[19]– que contiene secciones de literatura griega y romana, alemana, francesa, italiana y española.

A las nuevas publicaciones la revista dedica tres secciones en las que se comentan libros, una principal titulada «Books Reviewed» donde se ofrece mayor espacio a una obra concreta, otra sección dedicada a los libros nuevos o «Comments on new books», en las que éstos se reseñan atendiendo a cada disciplina (literaria, filosófica y científica, entre otras), y por último, un espacio dedicado a los libros del mes o «Books of the month». Esta última sección aparece repetidamente intercalada a lo largo de la revista; aunque se señalan en el índice, sus apariciones son aparentemente arbitrarias. Además aparece, al final de cada número una sección dedicada a la poesía.

Un hecho que se convierte en costumbre, tras la revisión de varios ejemplares, es que si no hay libros en los anuncios de literatura española, tampoco los habrá entre los que aparecen comentados en la sección «Comments on new books»; de lo cual se podría deducir que sólo se comenta lo que interesa vender en cada momento, utilizando

---

[17] La revista *Atlantic Monthly* se encuentra disponible en papel y microfilm en la mayor parte de las bibliotecas estadounidenses. La revisión se realizó en la Public Library de San Antonio, Texas.

[18] Tilton, W. F. (1895), *Atlantic Monthly*, v. LXXVI, diciembre: pp. 773-87.

[19] Morris, Ch. (ed.) (1889)m en *Atlantic Monthly* v. LXIII.

la reseña o la crítica como un elemento de promoción. Sin embargo, hay períodos de inconsistencia, como el que transcurre entre 1896 y 1900, cuando desaparece la sección de «Books Reviewed». Curiosamente, coincide con la etapa bélica cubana, durante la cual la revista ocupa un generoso espacio con los artículos dedicados al tema. En general, éstos aprovechan el incidente para expresar la opinión estadounidense conservadora, no sólo sobre la independencia cubana sino sobre España y sus métodos de conquista. En ellos se defiende la postura de Estados Unidos, que participa en los conflictos por sentirse obligada como nación a defender al débil, en este caso a Cuba, de las garras de la desalmada y medieval España.

Los artículos y anuncios de libros sobre el conflicto son numerosos en esa época; los títulos siguientes se publican en *Atlantic Monthly* durante 1898: «The war with Spain and after»[20], «The decadence of Spain»[21], «Lights and shades of spanish character»[22], «The end of the war and after»[23], «The development of our foreign policy»[24], «Cuba of to-day and to-morrow»[25]. La mayor parte de estos artículos aparecen unos tres meses después del comienzo del conflicto, en abril de 1898 mientras que los libros se anuncian al final de 1898, aprovechando precisamente la revisión del año que termina y la pérdida de Cuba por parte de España. Entre los libros anunciados en *Atlantic Monthly* están *Cuba in war time*[26], *Due south or Cuba past and present*[27], *To Cuba and back, a vacation voyage*[28].

---

[20] Anónimo, «The war with Spain and after» (1898), *Atlantic Monthly*, v. LXXXI, junio: pp. 721-727.

[21] Lea, H.Ch. (1898), «The decadence of Spain», *Atlantic Monthly*, v. LXXXII, julio: pp. 36-46.

[22] Babbit, I. (1898), «Lights and shades of spanish character» *Atlantic Monthly*, v. LXXXII, julio: pp. 190-197.

[23] Anónimo (1898), «The end of the war and after» *Atlantic Monthly*, v. LXXXII, julio: pp. 430-432.

[24] Fisher, H. N. (1898), «The development of our foreign policy» *Atlantic Monthly*, v. LXXXII, julio: pp. 552-559.

[25] Whelpley, J. D. (1898), «Cuba of to-day and to-morrow», *Atlantic Monthly* v. LXXXVI, noviembre: pp. 45-52, 1900.

[26] Davis, R. H. (1898), *Cuba in war time*, *Atlantic Monthly*, v. LXXXII, diciembre, New York: Appleton & Company.

[27] Ballow, M. H. (1898), *Due south, or Cuba past and present*, *Atlantic Monthly* v. LXXXII, diciembre, Boston: Houghton, Mifflin & Co.

[28] Henry Dane, R. Jr. (1898), *To Cuba and back, a vacation voyage*, *Atlantic Monthly*, v. LXXXII, diciembre, Boston: Houghton, Mifflin & Co.

A pesar de la participación de Howells como editor entre 1871 y 1881, tan sólo se han hallado escasos anuncios y algún que otro artículo sobre nuestra literatura. Howells aún no se ha familiarizado con los autores españoles, y, en consecuencia, su falta de conocimiento también se ve reflejada en la revista. Se puede concluir, según esa información, que *Atlantic Monthly* observa una postura más proteccionista de la literatura nacional y está menos expuesta, por tanto, a otras literaturas como la española.

La revisión finaliza en 1900 con un artículo dedicado a Palacio Valdés y titulado «A great modern Spaniard», que veremos en el capítulo dedicado a la crítica. Sorprende el hecho de que ningún otro autor español se vea reflejado en la revista hasta esa fecha. Aún más cuando la polémica que se mantiene sobre el realismo sí se recoge, concretamente en dos artículos aparecidos en 1887 y 1888 respectivamente: «Realism for realism's sake»[29], que continúa en «More remarks on realism»[30]. En ambos se critica el «realismo» de Zola duramente y se elogia en cambio la labor de autoras inglesas como Jane Austen o las hermanas Brönte. El extracto que aparece a continuación sitúa la ideología de la revista en lo que a la tendencia literaria se refiere en el polo opuesto a otras como *Harper's Magazine*:

> There were great novelists before Gogol, Tourguéneff, Dostoievski, and Tolstoi; and there were dirty writers before Zola, whose vaunted realism is to be questioned. Photography has its limitations, and its perspective is invariably false. Zola's pictures of French social life and manners are obviously the grossest exaggerations («Realism for Realism's Sake»)[31].

Catholic World

Aunque las historias del periodismo, como las examinadas para este trabajo, no consideran la labor literaria que puedan ejercer publica-

---

[29] (1887), *Atlantic Monthly*, «The Contributors Club», v. LX, p. 572.

[30] (1888), *Atlantic Monthly*, «The Contributors Club», v. LXII, pp. 846-847.

[31] «Hubo grandes novelistas antes de Gogol, Tourguéneff, Dostoievski, y Tolstoi; y hubo escritores indecentes antes de Zola, cuyo cacareado realismo cabe cuestionar. La fotografía tiene sus límites y su perspectiva es siempre falsa. Las pinturas que hace Zola de la vida social francesa y sus costumbres son obviamente las exageraciones más grandes.»

ciones de carácter católico, es interesante, no obstante, y dado que se tiene en cuenta también una revista católica en español, explorar esta publicación. Fruto de la revisión de los ejemplares publicados entre 1873 y 1900[32] es un buen número de artículos relacionados con España; en conjunto, un número mayor del que se aprecia en otras publicaciones como *Atlantic Monthly* de la que se esperaría un mayor contenido literario.

El título de la revista es *Catholic World Monthly Magazine of General Literature and Science*, y se edita en Nueva York por la «Catholic Publication House». En ella aparecen espacios dedicados a la poesía, a nuevas publicaciones y a otros asuntos históricos, religiosos y sociales. Aunque algunos de ellos estén directamente relacionados con asuntos políticos revelan, no obstante, un tono moderado, en consonancia con el tipo de publicación.

Los padres paulinos publican *Catholic World* mensualmente desde 1865 hasta 1906, con un contenido de unas treinta páginas. Fundada por el padre Isaac T. Hecker, quien también establece la comunidad de la orden de San Vicente de Paúl y la sociedad editorial católica, está lógicamente dirigida a ese sector de la población. Durante los primeros años de su existencia la revista incluye artículos sobre ciencia y arte y comentarios de los libros provenientes de publicaciones inglesas e italianas. Pronto se incrementa el número de artículos escritos para la revista y ésta se hace autosuficiente.

Catholic World cuenta con la participación de J. R. G. Hassard, periodista reconocido, y del padre A. F. Hewit, uno de los más frecuentes colaboradores. También escriben para la revista un buen número de escritoras, cuyos apellidos reconocemos por sus maridos, escritores y editores, como Rose H. Lathrop.

La revista no contiene anuncios, algo que revela la independencia económica de la que disfruta, dado que es ésa precisamente la mayor fuente de ingresos con la que cuentan las publicaciones del momento. El precio de la revista, si es que se cobraba algo por ella, no figura en la portada.

Además de una serie de artículos que tienen en cuenta la obra de autores como Alfonso X El Sabio, Calderón, Lope, o Fray Junípero

---

[32] *Catholic World* no resulta tan accesible como otras publicaciones. La revisión se realizó en la Public Library de Boston, Massachussets.

Serra, también se hallan autoras como Fernán Caballero, a quién volveremos a ver bien representada en la *Revista Católica*.

La mayor parte del contenido literario lo constituyen obras poéticas de autores contemporáneos, tanto estadounidenses como británicos, Tennyson, entre otros. Dante también encuentra aquí su hueco.

Las visitas a diversos puntos de España protagonizan otros artículos durante todo ese cuarto de siglo: «The basques»[33], «A bird's eyeview of Toledo»[34], «The holy cave of Manresa»[35], «St. James of Compostela»[36], «Two main festivals in Madrid»[37], y «Burgos, the city of the Cid»[38] son algunos ejemplos. Los hechos históricos y religiosos relacionados con España también se ven aquí representados en relatos como «A royal spanish crusader»[39] o «The jews in Spain during the Middle Ages»[40].

Firmados por reverendos y sobre el tema del descubrimiento son varios los artículos que se publican en *Catholic World* en torno a 1892, coincidiendo con el aniversario del descubrimiento: «Columbus' ancestry and education»[41], «Columbus in Portugal»[42], «Columbus in Spain»[43], «Columbus and La Rábida»[44] y «Las Casas, narrative of the voyage of discovery»[45].

El conflicto con Cuba y el problema colonial con las Filipinas se ve reflejado también en *Catholic World* a través de artículos como los que

---

[33] Anónimo (1875-1876), «The basques», *Catholic World*, v. XXII, octubre-marzo: pp. 646-655.

[34] Anónimo (1876-1877), «A bird's eyeview of Toledo», *Catholic World*, v. XXIV, octubre-marzo: pp. 786-799.

[35] Anónimo (1877-1878), «The holy cave of Manresa», *Catholic World*, v.XXVI, octubre-marzo: pp. 821-832.

[36] Anónimo (1877-1878), «St. James of Compostela», *Catholic World*, v. XXVI, octubre-marzo: pp. 163-178.

[37] Anónimo (1893-1894), «Two main festivals in Madrid», *Catholic World*, v. LIX, octubre-marzo: p. 244.

[38] Anónimo (1898-1899), «Burgos, the city of the Cid», *Catholic World*, v. LXVIII, octubre-marzo: p. 68.

[39] Casserly, D.A., (1886-1887), *Catholic World*, v. LXIV, octubre-marzo: p. 16.

[40] Pérez Villamil, M. (1891-1892), *Catholic World* v. LV, abril-septiembre: p. 649.

[41] Rev. Dutto, L.A. (1891-1892), v. LIV, octubre-marzo: pp. 815-821.

[42] Anónimo, (1892), v. LV, abril-septiembre: p. 44.

[43] Anónimo (1892), v. LV, abril-septiembre: p. 210.

[44] Rev. Currier, Ch. W. (1892), v. LV, abril-septiembre: p. 639.

[45] Rev. Dutto, L. A. (1892-1893), v. LVI, octubre-marzo: p. 40.

siguen, en su mayoría publicados en 1898: «A sketch of catholicity in the Philippines»[46], «The church in Cuba»[47], «The religious problem of the Philippines»[48], «The religious orders in the Philippines»[49], «A practical view of Cuba»[50], «The philippine insurrection and the voice of the courts»[51]. En todos ellos se contempla el problema religioso y práctico del asunto, en un tono muy diferente del que aparece en otras publicaciones.

A pesar de la atención que se dedica a algunos autores españoles, especialmente a los clásicos, sus obras no aparecen en esta revista, que tampoco las menciona ni las critica.

Harper's New Monthly Magazine

Harper's New Monthly Magazine sale a la luz en 1850 a manos de la compañía editorial Harper & Brothers de Nueva York. Desde el principio estuvo considerada entre las mejores revistas de carácter literario. Con un precio de suscripción anual de cuatro dólares, al igual que *Atlantic Monthly*, ofrece unas ciento sesenta páginas por ejemplar. Como indica su título, se publica cada mes.

En ella participan escritores y colaboradores reconocidos, con un contenido de carácter general, social, histórico, político y cultural, al que siguen apartados más específicos: «Editor's Historical Record», «Editor's Literary Record» y «Editor's Scientific Record». En el apartado dedicado a la literatura y su crítica, «Editor's Study», aparece la información y la crítica tanto de obras en inglés como en otras lenguas. El contenido del índice literario en «Editor's Study» ofrece una lectura difícil, debido a la falta de una clasificación clara del material que ofrece.

He tenido la oportunidad de revisar todos los números entre junio de 1874 y finales de 1900[52]. A partir del volumen LXXVI, que corres-

---

[46] Slane, Ch. (1897-1898), *Catholic World*, v. LXVI, octubre-marzo: p. 695.

[47] Houston, E. S. (1898-1899), *Catholic World*, v. LXVIII, octubre-marzo: p. 794.

[48] Rev. Doyle, A. P., *Catholic World*, v. LXVIII, octubre-marzo: p. 119.

[49] Rev. Jones, W.A., *Catholic World*, v. LXVIII, octubre-marzo: p. 579.

[50] McGinley, J. M., *Catholic World*, v. LXIX, abril-septiembre: p. 72.

[51] Briggs, E. B., *Catholic World*, v. LXIX, abril-septiembre: p. 544.

[52] *Harper's Magazine* fue una revista muy popular en su tiempo y, en consecuencia, fácil de encontrar en papel y microfilm. Nuestra revisión se realizó en la biblioteca de la University of Texas at San Antonio, Texas.

HARPER'S

NEW MONTHLY MAGAZINE.

VOLUME LI.

JUNE TO NOVEMBER, 1875.

NEW YORK:

HARPER & BROTHERS, PUBLISHERS,

327 to 335 PEARL STREET,

FRANKLIN SQUARE.

1875

ponde a los meses entre diciembre de 1886 y mayo de 1887, aparece una sección nueva en la revista llamada «Literary Notes», donde se reseñan los libros nuevos que se promocionan en el apartado de anuncios. Esta sección se inserta a continuación en otra de crítica literaria, denominada «Editor's Drawer». Sin embargo, «Literary Notes» no forma parte del índice y aparece de forma inesperada entre los distintos apartados, por lo cual se hace necesaria una revisión exhaustiva de cada ejemplar. Como ocurre en otros casos, en *Harper's* también son esporádicas algunas de las secciones literarias sin previo aviso para el lector que las espera. Los artículos dedicados al realismo son frecuentes y la publicación de obras tanto de viajes, a España entre otros lugares, como de narrativa de ficción, en relación con lo español, aparecen asiduamente en esta revista.

La casa editora Harper's & Brothers anuncia como suyas, en el último ejemplar de 1896, las publicaciones siguientes: *New York Tribune, Chicago Evening Post, Boston Journal, New York Herald, New York Sun, Watchman, Boston, Outlook, New York*. Este hecho explica el poder de promoción de la empresa editora, que puede hacer aparecer el mismo anuncio en varias publicaciones a la vez, como ocurre con la promoción de la traducción de *Pepita Jiménez*[53].

Como tendremos ocasión de observar, gracias a la participación de Howells como editor de la revista, entre 1886 y 1892 *Harper's* constituye la principal fuente crítica de literatura española entre las publicaciones revisadas. Reciben la opinión de Howells, entre 1886 y 1896, las obras de Armando Palacio Valdés, principalmente, pero también las de Emilia Pardo Bazán, Benito Pérez Galdós y Juan Valera, con tan sólo uno o dos años de diferencia, dependiendo del caso, entre la crítica y la publicación original de las novelas en España.

The International Review

La editorial A.S. Barnes de Nueva York publica *The International Review* cada dos meses desde 1874 hasta 1878. A partir del año

---

[53] Hawthorne, J., *New-York World* (1886), 15 de agosto; *The Critic* (1886), v. VI, 28 de agosto; *Eclectic Magazine* (1886), v. XLIV, 4 de noviembre y *Nation* (1886), v. XLII, 4 de noviembre: p. 377. DeCoster, C. C., «Valera en Washington», p. 160, en Rubio Cremades, E. (ed.) (1990), *Juan Valera*, Madrid: Taurus.

siguiente, sale a la luz cada mes hasta 1883, cuando desaparece. Entre los editores de la misma se encuentra Henry Cabot Lodge, senador republicano. El contenido de la revista es, en su mayor parte, social y económico, con algún que otro espacio dedicado a la historia, la política, los asuntos militares y las artes gráficas. Artículos de educación y viajes aparecen esporádicamente. También en este caso he tenido acceso a todos los ejemplares[54].

Reconocidos escritores británicos y americanos colaboran con la revista, también algunos europeos. Aunque hacia el final de su publicación los escritores europeos desaparecen de la escena.

En la revista se hace referencia a la literatura inglesa y francesa principalmente, en menor medida a la literatura alemana e italiana. Los ensayos encontrados en relación con España son históricos y culturales más que literarios –a modo de ejemplo, véase «The american republic: Spain, and her american possessions»[55] y «Spain of to-day»[56].

En el caso tanto de ésta como del resto de publicaciones en inglés, he seguido la indicación de Mott sobre la participación de escritores europeos. En otros casos, he encontrado también literatura española, pero en éste tan sólo se trata de artículos relacionados con España, no con su literatura.

Littell's Living Age

Aparece por primera vez en 1844 a cargo de la editorial Litell en Boston. Su título varía a lo largo de los años entre *Littell's Living Age* (1844-1896) y *The Living Age* (1897-1919). Eliakim Littell es su fundador, pero la revista pasa por las manos de varios editores: E. Littell (1844-1870) y después R.S. Littell (1870-1896). Las casas editoriales se suceden igualmente: T. H. Carter & Company, los dos primeros años de su existencia, Littell y Son & company de 1846 a 1896; The Living Age company continúa su publicación.

En *Littell's* (nombre con el que la denominaremos a partir de ahora) se recoge semanalmente material ya aparecido en publicacio-

---

[54] De entre las bibliotecas consultadas, *The International Review* se encuentra únicamente en la Public Library de Boston, Massachussets.
[55] Anónimo, *The International Review* (1876), v. III: p. 465.
[56] Amstrong, W. J. (Brooklyn, N. Y.), *The International Review*, (1881), v. XI: p. 209.

nes principalmente de Gran Bretaña: *The Edinburgh, The Quaterly, The Westminster, Blackwood's, Fraser* y *Cornhill,* además de las publicaciones semanales menores como *Dickens'Household Words.* Aunque no es una publicación tan importante como *Atlantic, Harper's,* o *Scribner's,* cumple, no obstante, una gran función al agrupar obras de literatura extranjera, entre ellas poesía y un importante número de narrativa de ficción entre 1875 y 1900[57].

Cuando el fundador muere, Robert, su hijo, continúa su labor como editor de la revista hasta 1896, fecha en que fallece él también. Es entonces cuando se retira el apellido de ambos del título de la publicación y se amplia el contenido de la misma. En 1898 se fusiona con su competidora *Eclectic Magazine* durante siete años. Tras ese período, la revista vuelve a editarse desde Nueva York de manera independiente. En 1919 se produce un nuevo cambio con la compra de la revista por parte de Atlantic Monthly Company, que la edita mensualmente desde 1927. Un año más tarde es absorbida por World Topics Corporation, y termina su existencia en 1941.

El precio de la suscripción anual a la revista es de ocho dólares al año, una cantidad considerable para un contenido de sesenta y cuatro páginas por semana. En el índice de la revista aparecen indicados los artículos y las revistas de las que provienen. Arbitrariamente aparece, dos veces al trimestre, un suplemento en el que se incluyen los apartados siguientes: «Readings from American Magazines», «Readings from New Books» y «Books of the Month». Junto a extractos de obras estadounidenses y europeas aparecen algunas españolas.

Aunque a simple vista podría considerarse que esta publicación vive de la «tijera», puesto que la mayor parte de su información procede de otras fuentes, tanto estadounidenses como europeas, nos interesan las traducciones de obras españolas que se realizan expresamente para la misma. Así ocurre, de manera inusual, con textos de Alarcón y Pardo Bazán. Otros proceden directamente de la prensa española, concretamente de *La Época.*

En un anuncio de la revista que aparece en *Scribner's* (v. VI 1889) se menciona el apoyo a *Littell's,* al comienzo de su existencia, por personajes como el presidente Henry Adams o los historiadores Prescott y

---

[57] Al igual que *Harper's Magazine, Littell's Living Age* fue una revista popular en su tiempo, disponible en microfilm en la mayor parte de las bibliotecas estadounidenses.

Ticknor, entre otros. En cuanto a su contenido, se anuncia de la manera siguiente:

> The best essays, reviews, criticisms, tales, sketches of travel and discovery, poetry, scientific, biographical, historical, and political information, from the entire body of foreign periodical literature, and from the pens of the foremost living writers[58].

En efecto; a pesar del carácter de la revista, que en su mayoría reedita lo ya aparecido en Europa, y tal vez por esa razón, ésta ofrece una buena parte de la narrativa española contemporánea.

La polémica con respecto al método científico en la literatura se ve reflejada aquí en una serie de artículos, como el titulado «About old and new novels»[59], que proviene de la también estadounidense *The Contemporary Review,* y contradice la opinión y el método zoliano de la forma siguiente:

> Now, as the general is only an abstraction of our intellect, and real life manifests itself only in the particular, it follows that art, in one sense, is truer that science. This, however, does not touch our question; what I want to prove is, that the so-called scientific treatment of an object can only be harmful to art, in the same way as the artistic treatment of science on its side can give rise to the monstrosities about which scientists are fond of telling edifying stories[60].

En otro artículo titulado «Realism and romance» y proveniente de la misma revista que el anterior[61], se mantiene una postura similar con respecto al realismo, dentro del cual se incluye a Zola. Aunque

---

[58] «Los mejores ensayos, revisiones, críticas, cuentos, esbozos de viaje y de descubrimiento, poesía, de información política, histórica, biográfica y científica, de la sección entera de literatura periódica extranjera y de las plumas de los escritores contemporáneos principales.»

[59] *Littell's Living Age,* v. CLXI, 1884: pp. 154-161.

[60] «Ahora, como lo general es sólo una abstracción de nuestro intelecto, y la vida real se manifiesta sólo en lo particular, la consecuencia es que el arte, en un sentido, es más verdadero que la ciencia. Aunque esto no está relacionado con nuestra cuestión; lo que yo quiero probar es que el llamado tratamiento científico de un objeto sólo puede resultar dañino para el arte, de la misma manera que el tratamiento artístico de la ciencia puede producir monstruosidades de las que les gusta relatar a los científicos.»

[61] *Littell's Living Age* (1887), v. CLXXV: pp. 618-623.

aquí se intenta reconocer cualquier tendencia literaria siempre que sea buena, también se critica el hecho de que la literatura realista muestra lo real pero siempre lo desagradable:

> I think that the realists, while they certainly show us the truth, are fondest of showing that aspect of it which is really the less common as well as the less desirable. Perhaps mean people are more easily drawn than generous people; at all events from the school of realists we get too many mean people –even from a realist who is as little a realist as the king was a royalist– from M. Zola[62].

En este contexto aparecen un número considerable de artículos cuyo contenido está relacionado de una forma u otra con lo español. Algunos ejemplos son los siguientes: «Spanish proverbs»[63], «A diary at Valladolid in the time of Cervantes»[64], y «The prayer of Cervantes»[65].

De la misma forma, el conflicto con Cuba da lugar a una serie de ensayos, algunos relacionados con el sensacionalismo o «yellow journalism» que el conflicto levanta en la prensa estadounidense, y que se desaprueba desde la revista, a juzgar por la opinión que se ofrece en artículos tales como «Yellow journals and some others»[66] o «American yellow journalism»[67], que aparecen el mismo año del conflicto.

A pesar de la forma en que la revista recoge la información, es decir, tomándola de otras, me encontré con la favorable sorpresa de la incorporación de una serie de traducciones de relatos españoles contemporáneos hechas exclusivamente para *Littell's*. La mayor parte son

---

[62] «Yo creo que los realistas, aunque ciertamente nos muestran la verdad, son aficionados a enseñar ese aspecto de ella que es el menos común a la vez que el menos deseable. Quizás la gente mezquina se deja llevar más fácilmente que la generosa; en cualquier caso la escuela de los realistas nos trae demasiada gente mezquina –incluso de un realista que es tan poco realista como el rey era real– de M. Zola.»

[63] Anónimo (St. James's Gazette) en Littell's Living Age (1881), v. CLI: pp. 699-701.

[64] Ormsby, J. (Blackwood's Magazine), Littell's Living Age (1886), v. CLXVIII: pp. 801-810.

[65] Williams, L. (Macmillan's Magazine), Littell's Living Age (1898), v. CCXIX: pp. 196-199.

[66] «About the War», Peck, H. T. (The Bookman), Littell's Living Age (1898), v. CCXVII: p. 761.

[67] Banks, E. L. (*The Nineteenth Century*), Littell's Living Age (1898), v. CCXVIII: pp. 640-649.

de Alarcón y de Pardo Bazán, aunque también encontramos alguna de Pérez Galdós.

The North American Review

Esta publicación, revisada desde 1875 a 1900[68], se empieza a publicar en 1815 y continúa haciéndolo hasta la actualidad. La editorial bostoniana Wells & Lilly comienza su edición con el título *The North American Review and miscellaneous journal*; luego la traspasa a Oliver Everett, de la misma ciudad, quien en 1820 reduce el título a *The North American Review*. Más tarde, en la década de los setenta, James R. Osgood & Company, también en Boston, se hace cargo de la edición, y pasa finalmente en la década siguiente a la compañía neoyorquina D. Appleton & Company.

Se publica bimestralmente de 1815 a 1818, trimestralmente de 1818 a 1876, de nuevo cada dos meses de 1877 a 1878, mensualmente de 1879 a 1906 y quincenalmente en su última etapa. El precio de suscripción es de cinco dólares al año y ofrece un contenido de entre ciento cincuenta y ciento sesenta páginas en su etapa mensual.

Los primeros artículos de la revista están relacionados con temas legales, religiosos, filosóficos, de educación, historia, viajes y literatura clásica. A partir de 1853, con la incorporación de Andrew P. Peabody como editor, la revista expande sus horizontes, incluyendo entre sus páginas temas de literatura francesa y crítica literaria.

No obstante, la especial atención concedida a la literatura se logra a partir de 1864, cuando James Russell Lowell y Charles Eliot Norton reúnen a un buen equipo de reconocidos periodistas, editores y críticos. George William Curtis, el editor de Harper's, se encuentra entre ellos. Francis A. Palgrave, William Dean Howells y Henry James realizan las críticas literarias.

En 1877, la revista cambia radicalmente al incorporarse a la plantilla Allen Thorndike Rice como editor. En ese momento, los grupos minoritarios en torno al tema de la mujer y de la política efervescente de la época encuentran su forum en *North American Review*. En 1899,

---

[68] Los ejemplares de *The North American Review* se revisaron en la Public Library de Boston y se encuentran en papel y microfilm con facilidad.

NORTH AMERICAN

REVIEW.

VOL. CXXI.

Tros Tyriusque mihi nullo discrimine agetur.

BOSTON:

JAMES R. OSGOOD AND COMPANY,

Late Ticknor & Fields, and Fields, Osgood, & Co.

1875.

con un nuevo editor, George Harvey, la revista admite más espacios dedicados a la política internacional en la sección denominada «World Politics».

Durante el período anterior al conflicto bélico cubano, concretamente desde 1896 hasta un año después del mismo, se produce una invasión de artículos sobre el tema de Cuba y sus consecuencias. «Intervention of the United States in Cuba»[69], «Our work and observation in Cuba»[70] y «Spain's political future»[71] son algunos de los títulos que encontramos en 1898. El tema de la independencia de Filipinas también se ve reflejado aquí en artículos como el titulado «Strategical value of the Philippines»[72], pero se le dedica menor espacio que al anterior.

Aunque, en principio, se trate de una revista de carácter general, tiene mayor contenido literario que otras publicaciones. Un anuncio de la misma refleja bien su objetivo al dirigirse a «teachers, scholars, lawyers, clergymen and all intelligent readers who desire to keep abreast of the intellectual progress of the age». Tiene un índice mejor presentado que *Harper's* con apartados como «Book Reviews and Notices», «Recent European Publications» o «Current American Literature». Como viene siendo el caso en otras publicaciones, ésta tampoco mantiene un formato constante de los apartados que ofrece.

En 1890, a partir del volumen CLI, no aparece ya ninguno de los espacios dedicados a la literatura. Se habla de autores extranjeros, muchos de ellos franceses, entre los que se menciona a Gautier, Chauteaubriand, Lamartine, Hugo, Balzac o Zola, ingleses como Byron y Tennyson e italianos como Dante. No sólo es la literatura francesa la que ocupa las páginas de la revista, también la novela rusa y la literatura europea, en general, encuentran allí su lugar. La polémica entre realismo y naturalismo aparece expresada en ensayos como el titulado «The claim of realism»[73], en el que se critica abiertamente al naturalismo de la forma siguiente:

---

[69] Latane, J. H. Ph. D., *North American Review,* v. CLXVI, 1898: pp. 350-361.

[70] Barton, C. (Presidenta de la Cruz Roja Americana), *North American Review,* v. CLXVI, 1898: pp. 552-569.

[71] Taylor, H. *North American Review,* v. CLXVI, 1898: pp. 686-696.

[72] Beale, T., *North American Review,* v. CLXVI, 1898: pp. 759-760.

[73] *North American Review* v. 148: pp. 386-388.

On the other hand, the 'realist' strives to maintain his exclusive right to the claim that he is the only truth-teller in fiction by drawing a line betwixt himself and the so-called 'naturalist'. The real distinction may be stated in a sentence. The 'realist' keeps to what he deems a middle course. He paints neither the highest good nor the worst evil. He keeps the middle of the street and never sees what is the gutter. This, he says, is true-this is real life and everthing else is false. The naturalist, on the other hand, believes in high lights and deep shadows. He is sometimes in the palace and non in the gutter[74].

A la cabeza del movimiento naturalista se sitúa a Zola y del realista a Howells. Resulta interesante que se haga esa distinción entre realismo y naturalismo ya en 1889; téngase en cuenta que ni siquiera el mismo Howells establece tan clara distinción y tan sólo reconoce el realismo y una rama exagerada e inmoral del mismo, que según él cultivaría Zola.

Con respecto a la literatura española, además de los dedicados al conflicto cubano, aparecen una serie de artículos relacionados con la cultura e historia de nuestro país. Uno de ellos, en torno al tema colonial, es digno de ser destacado. Escrito por Nicolás Estévanez, tiene por título «What Spain can teach America»[75] y aparece en 1899. Reconoce las equivocaciones que ha cometido España en su política colonizadora y pretende que estos hechos atroces enseñen a América precisamente a evitarlos:

It is evident that the Americans, the conquerors of to-day, will not fall into the errors of religious intolerance and commercial monopoly; which are unsuitable to these times. Nevertheless, they may make equally grave mistakes by treating the Porto Ricans and the Filipinos in an overbearing or unsympathetic manner. In general, the Anglo-Saxons of both hemi-

---

[74] «Por otra parte, el realista se esfuerza por mantener su derecho exclusivo a reclamar que él es el único que dice la verdad en la ficción marcando una línea entre él mismo y los llamados naturalistas. La verdadera diferencia puede explicarse con una frase. El realista mantiene lo que considera un término medio. No pinta ni lo más bueno ni lo más malo. Se mantiene en el medio de la calle y nunca ve el alcantarillado. Esto, considera, es verdadero, esto es la vida real y todo lo demás es falso. El naturalista, por otro lado, cree en las luces más altas y las sombras más profundas. Está a veces en el palacio y no en las alcantarillas.»

[75] Estévanez, N. *North American Review*, (1899), v. CLXVIII: pp. 563-569.

spheres told the theory which divides races into superior and inferior, a theory which is as false as it is unjust and dangerous[76].

El ensayo finaliza con la esperanza de que los americanos no cometan los mismos errores que los españoles:

> [...] let it be proved once more that liberty is the atmosphere of life, that all races have a right to it, that the United States is not a plutocracy, as they say in Europe, but a true democracy, a model Republic and a great nation[77].

Se trata de una publicación, como podemos observar, abierta a la opinión contraria, la española en este caso.

A pesar de la opinión expresada en la revista con respecto al naturalismo y de que críticos como Howells consideren a algunos escritores españoles como Pérez Galdós dentro de un círculo amoral, en algunos casos obras consideradas realistas, como *La familia de León Roch* o *Maximina*, aparecen reseñadas en *North American Review*. Además se tiene en cuenta a una autora española, la asturiana Eva Canel, cuyo artículo en 1893 forma parte de un espacio dedicado a la descripción de las mujeres europeas.

Por último, cabe señalar que en esta publicación encontramos ya en 1894 un anuncio para aprender español en casa, anuncio de Polyglot Book Co., Chicago, lo que vendría a confirmar la opinión, expresada por algunos, de que el español se está poniendo de moda en Estados Unidos a finales del siglo XIX.

Scribner's Monthly

Century, a Popular Quaterly es el título original de esta revista, que sale a la luz por primera vez en 1870. A partir de 1881 recibe el nombre de

---

[76] «Es evidente que los americanos, los conquistadores de hoy, no caerán en los errores de la intolerancia religiosa y el monopolio comercial; que son inapropiados en los tiempos que corren. Sin embargo, pueden cometer errores tan graves como tratar a los puertorriqueños o a los filipinos de una manera desagradable y despótica.»

[77] «[...] que se pruebe una vez más que la libertad es la atmósfera de la vida, que todas las razas tienen derecho a ella, que los Estados Unidos no son una plutocracia, como dicen en Europa, sino una democracia verdadera, un modelo de república y una gran nación.»

Scribner's Monthly, al ser comprada por la editorial neoyorquina del mismo nombre. Revisada entre 1875 y 1900[78], cada ejemplar ofrece un contenido de unas ciento treinta páginas a un precio anual de tres dólares. Pronto se convierte en la competidora de otras revistas mensuales como *Harper's* o *Atlantic,*

Su editor y fundador es el Dr. Josiah Gilbert Holland, que trae a la revista una serie de relatos seriados de ficción y ensayos de contenido moral, político, religioso y de actualidad. Entre los autores representados en la revista se encuentran Henry James y Hans Christian Andersen.

Algunas de las secciones de *Scribner's* son «Topics of the Time», «Home and Society», «Nature and Science», y una esporádica dedicada a los anuncios. Los temas relacionados con la literatura aparecen en la sección denominada «Culture and Progress» y en otra dedicada por completo a la poesía, a imitación de otras revistas que también la contienen como *Atlantic.* La literatura francesa hace aquí su aparición y se anuncian las obras del momento junto a las de autores británicos. Entre los primeros encontramos a Balzac, Daudet y entre los segundos a Dickens, Dickinson, Eliot o Tennyson.

La literatura española aparece tan sólo bajo la forma de anuncios de obras, como por ejemplo *Marta y María* de Palacio Valdés. La mayor parte de los artículos relacionados con lo español son de tipo cultural o de viajes, como el titulado «On the trail of D. Quijote»[79], o «San Sebastián, the spanish Newport»[80].

En 1898 surgen oportunamente una serie de artículos como «The spanish manner»[81], que pone en boga el carácter español. El autor no parece conocerlo muy bien y lo contrasta con el estadounidense, proveniente a su vez del inglés. Dice de éste último que se preocupa por lo que opina el resto de la humanidad, mientras que el español no lo hace. Generalidad poco ajustada a la realidad teniendo en cuenta, sin ir más lejos, las cartas de Valera que revelan la extrema importancia otorgada al «qué dirán». Sirve, sin embargo, para ejemplificar lo oportunista del caso.

---

[78] *Scribner's Monthly* es otra publicación popular que se encuentra fácilmente. Revisada en la Public Library de San Antonio, Texas.

[79] Jaccaci, A. J., *Scribner's Monthly* (1896), v. XX: I: pp. 135-147; II: pp. 295-306; III: pp. 481-494.

[80] Bishop, William H., *Scribner's Monthly* (1897), v. XXII: pp. 267-281.

[81] Anónimo, *Scribner's Monthly* (1898), v. XXIV: pp. 637-638.

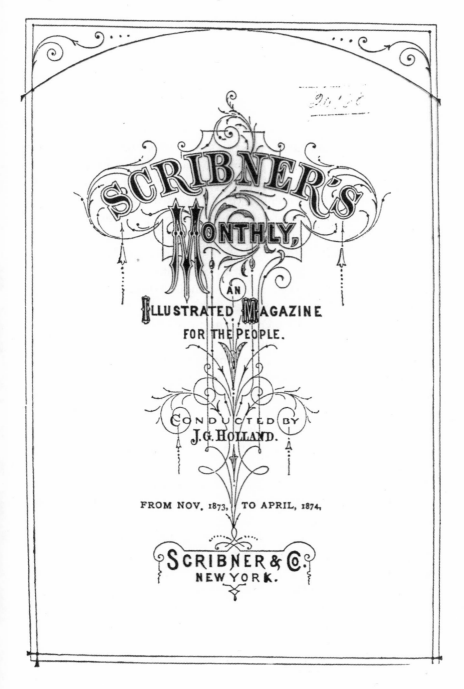

También, en 1898, se aprovecha el momento para reeditar obras relacionadas con España. Se anuncian *La Alhambra* y *The conquest of Granada* de Washington Irving junto a diferentes ediciones de Don *Quijote*.

Aunque el material literario proveniente de *Scribner's* sea escaso, su revisión, no obstante, nos permite la comparación con otras revistas del momento con las que compite, como *Atlantic* y *Harper's*. Su aportación, como en casos anteriores, está más relacionada con los viajes y la cultura española, en general, que con la literatura.

Como se ha podido apreciar, lo español aparece en todas las publicaciones en inglés. La mención de la literatura española también emerge en las publicaciones revisadas, con excepción de *The International Review*. Era previsible que revistas como *Harper's*, que constituyen una autoridad editora, favorecieran la promoción de las obras españolas con sus anuncios y críticas. Éstas últimas corren a cargo del principal promotor de la literatura española: William Dean Howells. Críticas y anuncios parecen ser suficientes para *Harper's*, que, en cambio, no publica entre sus páginas ninguna obra narrativa española.

El caso contrario tiene lugar en revistas de menor poder editor, como *Catholic World*, donde los anuncios no aparecen y, en cambio, sí se mencionan las obras de algunos autores españoles, entre ellos las de algunos clásicos del siglo de Oro y otros de épocas más recientes, como Fernán Caballero.

En situación intermedia se hallan otras publicaciones, como la ya mencionada *The International Review*, donde sólo aparecen artículos relacionados con la cultura española. Y *North American Review*, que además de algunos artículos también sobre España, incluye reseñas de la narrativa galdosiana, junto a un artículo de una autora hoy poco conocida, Eva Canel.

El caso concreto de *Littell's Living Age* resulta sorprendente al incorporar las traducciones, realizadas exclusivamente para la revista, de narrativa española contemporánea, concretamente de Alarcón, Pérez Galdós y Pardo Bazán.

El escaso material encontrado en una publicación de la importancia de *Atlantic Monthly*, que comparte con *Harper's* y *Scribner's* la audiencia del momento, resulta, en cambio, decepcionante. Hecho atribuible, entre otras razones, posiblemente a la actitud conservadora de la publicación.

En conjunto, sin embargo, se puede considerar el material recogido de las publicaciones en inglés de gran interés para el investigador de la literatura española decimonónica. En primer lugar, ayuda a establecer el contexto en el que se recibe la narrativa española de los autores más representativos del momento. En segundo lugar, gracias a la revisión de estas publicaciones, se puede apreciar el reconocimiento, por parte de la prensa y de los críticos estadounidenses, de una serie de obras concretas. Y, finalmente, se observa la absoluta omisión de otros escritores españoles reconocidos en su momento en nuestro país, como Clarín o Pereda.

2. Descripción de las revistas en español más importantes

Con la información obtenida hasta el momento se pueden establecer varios centros editoriales de publicaciones en español en Estados Unidos. Aquéllas dirigidas a una audiencia hispana (española, mexicana, «novomexicana» y sudamericana) surgen en el sur de Estados Unidos en las zonas de mayor herencia y afluencia de este tipo de población: California (San Francisco y Los Angeles), Florida, Nuevo México y Texas. En menor medida, también surgen en la Luisiana, donde aparece en 1808 el primer periódico en español: *El Misisipi*. Como es de esperar, en Nueva York se producen varias publicaciones en nuestra lengua. Recordemos que es el puerto de entrada para refugiados políticos como José Martí, y lugar de reunión para los empresarios hispanos de la época.

Hay una diferencia clara entre la población de habla hispana que llega a refugiarse a Nueva York, o reside ya en ella con anterioridad, y la que se encuentra en Nuevo México. Dado el carácter de puerto de entrada de personas y mercancías, en ella se reúne un buen grupo internacional de intelectuales y comerciantes, que sustentan la labor de aquéllos. Allí la población, en general, está menos preocupada por la comunidad como espacio físico –lo que resulta en cambio un factor importante en Nuevo México–, y, presta más atención al contingente de personas que la componen. De la misma forma, las preocupaciones políticas sobrepasan las fronteras. Este grupo de hispanos posee un sentido más efímero de su paso por Estados Unidos y conserva, por tanto, mayor apego al país de origen, ya sea Cuba, España o Puerto Rico, principales puntos de procedencia. En consecuencia, las publicaciones que se producen en Nueva York mantienen un carácter más internacional y en ellas encuentran cabida no sólo la literatura española o latinoamericana, sino también la francesa y alemana. Los sucesos más relevantes de cada país encuentran hueco entre sus páginas e incluso, en varias ocasiones, se recolectan fondos para labores intelectuales o humanitarias. Se trata de publicaciones cuyas suscripciones llegan a casi todos los países de Latinoamérica y, desde luego, a España, donde se leen revistas como *Las Novedades* o *La Revista Ilustrada*, mencionadas y conocidas por Clarín, Pardo Bazán y Valera.

La prensa de la zona suroeste de Estados Unidos surge a manos de los mexicanos en tierra aún española, mientras se libra la independencia de la misma entre 1810 y 1821. Ya en 1810, se editan periódicos en español como *La Gaceta* y *El Mejicano* en el virreinato de la Nueva España. Para entender mejor la evolución de este territorio, primero perteneciente al estado español, después mexicano y más tarde estadounidense, sería necesario repasar la historia de la zona.

El estado de Nuevo México se convirtió en tal en 1912, mucho después que el resto, para asegurar una mayoría votante anglosajona, en opinión de los historiadores. En 1822, un sector de la población angloamericana se sitúa en la zona noreste de México, que acaba de independizarse de España. En 1836, tras una serie de levantamientos, consiguen establecer la República de Texas. Cuando en 1845 Texas se convierte en estado, ese sector de unos cinco mil mexicanos pasa a ser considerado el mayor grupo de mexicano-americanos en Estados Unidos.

Durante la guerra con México (1846-1848), las tropas estadounidenses ocupan las provincias del norte, de lo que es ahora Nuevo México y California, y asedian la ciudad de México. Como consecuencia se firma el Tratado de Guadalupe Hidalgo en 1848, que concede el territorio del norte mexicano a Estados Unidos, habitado por unos setenta y cinco mil mexicanos. Finalmente, en 1854, mediante el tratado de Gadsden, México vende a Estados Unidos un territorio de treinta mil millas cuadradas en la zona que constituyen la actual Arizona y Nuevo México. Allí continúa publicándose la prensa en español a manos tanto de novomexicanos como de aquellos mismos españoles o de los descendientes de éstos.

A pesar de la anexión del territorio a Estados Unidos, la zona no se convierte en estado de la nación hasta mucho después. Hasta la llegada del ferrocarril en la década de 1880 no se observa gran influencia anglosajona en la cultura novomexicana. La mayor parte de la población continúa hablando en español. Según estudios recientes[82], en el siglo XIX se producen ciento treinta y seis periódicos chicanos en el suroeste estadounidense, de los cuales Nuevo México imprime el mayor número: cincuenta y dos. Lamentablemente, son pocos los que se conservan en su totalidad en las bibliotecas locales u otros organismos, lo que dificulta enormemente la investigación sobre el tema. Cabe resaltar que entre 1850 y 1880 el número de publicaciones en español se duplica cada década en el suroeste estadounidense, hasta llegar a 1890, cuando surgen otros cincuenta periódicos chicanos, de los cuales, la mitad se imprimen en Nuevo México.

En 1834, la prensa hispana llega a California y Nuevo México en forma de pequeñas imprentas, con el fin de promover la campaña política de un diputado de Nuevo México al congreso mexicano. Ya entonces se imprime un periódico semanal llamado *Crepúsculo* y, más tarde, el padre Antonio José Martínez imprime uno de nombre similar en Taos (Nuevo México), a partir de 1835. Oriundo de ese estado, el padre Martínez produce en su imprenta cuadernillos y ortografías para la enseñanza del español a niños y adultos, así como catecismos para facilitar la práctica y conocimiento del catolicismo. Pero hasta 1844 no comienza la edición de *La Verdad*, primer periódico oficial que aparece en Santa Fe (Nuevo México).

En general, desde 1848 esas publicaciones surgen como reacción a la intención hegemónica del inglés en las zonas de herencia hispana. La mayor parte de estas editoriales se encuentran en Santa Fe (hoy capital del estado), Albuquerque y Las Vegas, todas en Nuevo México, y en Colorado y Texas. Un jesuita italiano llamado Gasparri,quien establece la orden en Nuevo México en 1867, es de los primeros en promocionar la prensa en español. Crea *La Revista Católica* en 1875 –continuará apareciendo hasta 1962–, con sede editorial en Las Vegas (Nuevo México), y que más tarde se trasladará a El Paso (Texas). En la imprenta de los jesuitas aparecen además una serie de obras de gramática y literatura como los *Elementos de gramática castellana* de Herrainz y Quiroz (1877).

---

[82] Guadalupe Castillo (1970) «Toward a true chicano bibliography: Mexican American Newspaper 1848-1942» *El Grito* III; Herminio Ríos (1972) «Toward a true chicano bibliography II» *El Grito* V.

En 1891, en un intento por representar un frente poderoso ante la futura invasión de las publicaciones en inglés, la prensa de Nuevo México convoca la primera reunión de «La Prensa Asociada Hispano-Americana» (participan los estados de Arizona, Colorado, Nuevo México y Texas). A esta reunión asisten periodistas de diversas publicaciones: *El Combate* (Albuquerque), *La Lucha* (El Paso, Texas), *El Tiempo* (Las Cruces, Nuevo México), *La Opinión Pública* (Albuquerque), *La Flor del Valle* (Las Cruces), *El Boletín Popular* (Santa Fe), *La Crónica de Valencia* (Socorro, Colorado), *El Cosmopolita* (Eagle Pass, Texas), *El Correo de Laredo* (Laredo, Texas), *El Estandarte de Springer* (bilingüe, Springer, Nuevo México). Aún en 1890, informa Gabriel Meléndez[83], la mayor parte de la población de Nuevo México lee exclusivamente en español (considerando que dos tercios de la población no saben leer).

Aunque las razones del establecimiento de estas publicaciones fueran en un principio políticas, como defensa a la invasión del poder anglo (que en el último tercio del siglo XIX es aún minoritario), se consigue con ellas fortalecer una comunidad que tiende a la desintegración y posterior extinción. Gracias a la asociación de la prensa hispana, se realiza un intercambio de información entre las publicaciones que imprimen y reimprimen artículos, procedentes tanto de otros puntos del sur y suroeste estadounidense como de Hispanoamérica y España.

Entre las revistas que incluyen información literaria española e hispanoamericana se encuentra el *Boletín Popular* de Santa Fe, que ve la luz en 1885 y continúa apareciendo hasta 1910. Esta publicación provee de información local, nacional e internacional a la población de Nuevo México. Entre las obras literarias se incluyen tanto las de escritores locales como las de autores españoles e hispanoamericanos de renombre.

Muchos de los escritores y editores de Nuevo México, como Eusebio Chacón o Camilo Padilla, por ejemplo, pasan por el colegio jesuita, donde reciben una educación de humanidades y letras clásicas acorde con el sistema; algunos van incluso a Europa a estudiar. En la prensa en español del siglo XIX los descendientes de españoles, de mexicanos o de hispanoamericanos se denominan a sí mismos «mexi-

---

[83] Gabriel Meléndez, A. (1997), *So all is not lost, The poetics of print in Nuevomexicano communities, 1834-1958*, Albuquerque: University of New Mexico Press.

cano, nuevomexicano e hispanoamericano». El término «Spanish-American» aparece después de 1900 y el de chicano es un término de acuñación política, aparecido en los años sesenta con los levantamientos en California de esta población principalmente agrícola.

La mayor parte de la plantilla editorial de estas publicaciones es nativa, de Nuevo México en el caso de las dos anteriores; sin embargo, algunos de los periodistas provienen de España, como Oliveros V. Aoy de *La Voz del Pueblo* y José Jordí de *La Bandera Americana*. Otro español, José Montaner, es editor de *La Revista de Taos*, con más de cinco mil suscriptores. Prueba de que la prensa española llega a este lado del océano es un periódico que toma el nombre de otro en Barcelona, *La Hormiga de Oro* (Albuquerque).

Junto a los artículos sobre literatura y noticias locales aparecen los correspondientes a historia. Entre los temas tratados se encuentran los de la conquista española y el descubrimiento de América, temas que también se incluyen en la práctica totalidad de las publicaciones en inglés, como ya vimos.

En los estudios de la prensa en español del período que nos ocupa suele creerse que las voces de las mujeres son minoritarias en las publicaciones del suroeste estadounidense. Sin embargo, como tendré ocasión de señalar, hay un alto número de obras de escritoras reconocidas, como Emilia Pardo Bazán y Fernán Caballero, y de otras menos reconocidas, como Carmen de Burgos o Eva Canel, entre otras.

A principios del siglo XX comienzan a manifestarse dificultades entre los miembros de la asociación de la prensa en español. Motivos políticos por un lado, que protegen al estado como tal adoptando la lengua inglesa y su cultura, benefician económicamente, sin embargo, al pueblo hispano. Por esa y otras razones, el proceso de americanización o de absorción de la cultura anglo y su lengua se va produciendo a lo largo del siglo XX. Se llega, entonces, a una situación en la que los periódicos en español pierden su razón de ser porque las nuevas generaciones han perdido también la lengua española. Tras la segunda guerra mundial, la situación se agrava; en 1958, *El nuevo mejicano*, el único periódico que aún se edita únicamente en español, cierra sus puertas. Más tarde, también lo hace la *Revista Católica*. En la actualidad, sin embargo, y después de una etapa de regresión, se ha producido un auge de la prensa en español tanto de tipo general como específico.

En la prensa española, la publicidad aparece generalmente en las últimas páginas, y a veces en las páginas centrales, junto a las crónicas culturales. La publicidad aparece de forma expresa en recuadros, o de manera subliminal o velada, es decir, en los comentarios o críticas de obras. Los anuncios de la primera página no se pagan tan bien como los de la cuarta, claro está.

En 1984, más de un siglo después de la primera reunión de la prensa hispana, se convoca la primera conferencia anual de los medios de comunicación chicanos, tras lo cual se crea la Asociación Nacional de Periodistas Hispanos en Washington. Aún en esas fechas se publican en Estados Unidos más de doscientos periódicos diarios o semanales, junto a otros doscientos que salen a la calle con menor asiduidad, además de un centenar de revistas. Cuarenta y siete estados, de los cincuenta y dos, imprimen este tipo de publicaciones, con una audiencia de más de cuatro millones de lectores.

Esos datos ofrecen una buena imagen de la situación actual de la prensa en español en Estados Unidos. Desafortunadamente, la mayor parte de estas publicaciones van dirigidas a una población considerada mexicano-americana o chicana, cuyo dominio del español se ha ido degradando a medida que han pasado los años. Tanto es así, que algunas personas, entre las que se encuentran profesores universitarios, han intentado defender hablas como la tejana, reconociendo en ella las características de un «dialecto» del español y no una degradación del mismo. Polémica que crea fuertes tensiones, debido a la identidad que ofrece una lengua. La influencia del inglés, tanto semántica como fonética, ha permeado el español, y algunas palabras simplemente se toman, adaptándolas a la terminación española, del inglés. Algunos ejemplos: la «troca» por *truck*, la «carpeta» por *carpet*, la «lonchera» por el *lunch bag* o expresiones como «dar el cambio pa' trás» por *the change back*. Se constituye así el «spanglish», que en mi opinión podría convertirse en el futuro español de Norteamérica al ser ambos el habla y la lengua españolas de la mayoría de los hablantes. Se ha llegado, incluso, a escribir un Don Quijote en spanglish. Otro bien distinto es el caso de las publicaciones universitarias, donde se cultiva la lengua «estándar».

A continuación, se ofrece la descripción de otras siete publicaciones periódicas, esta vez en español, que se publican en dos puntos de la geografía estadounidense. Dos de ellas, ya mencionadas, aparecen en Nuevo México, una de contenido católico, la *Revista Católica*, y otra seglar, el *Boletín Popular*. Éste último resulta más difícil de clasificar que las revistas o publicaciones periódicas, porque incluye un número mayor de noticias, dado que se imprime cada semana. Además, los propios editores se refieren al boletín como un periódico, algo que hoy identificaríamos con un diario y no con una publicación semanal. Para evitar confusiones, nos referiremos a esta publicación como boletín.

Las revisión de las dos publicaciones novomexicanas ha resultado muy fructífera, por cuanto en ellas aparece un considerable número de relatos de la época, tanto de autores como autoras españolas. Además, se entablan desde sus páginas polémicas entre sus editores y los de las publicaciones neoyorquinas en español. Se puede apreciar así la comunicación que existe entre tan distantes puntos y la importancia que ésta tienen para la promoción de la literatura.

Cinco son las revistas procedentes de Nueva York elegidas para nuestro estudio: *La Llumanera de Nova York, Las Novedades, España y los Pueblos Hispano-Americanos, La Ofrenda de Oro, El Progreso,* y *La Revista Ilustrada de Nueva York.* La primera comparte el catalán y el castellano, pero principalmente aquél. El resto se publican únicamente en español, aunque al final del siglo se incorporan algunos anuncios también en inglés. Se trata de publicaciones de diferente importancia: algunas, como *Las Novedades y La Revista Ilustrada,* mantienen un número de suscriptores considerable en la mayor parte de los países hispanoamericanos y España. En ellas colaboran las principales plumas de habla hispana y se mantienen periódicamente los apartados literarios junto a otros de actualidad, culturales e históricos. En ese sentido, siguen la línea del periodismo ilustrado español, tanto en formato como en contenido. Las otras tres, en cambio, *La Llumanera, La Ofrenda de Oro y El Progreso,* resultan de menor categoría aunque no de menor interés, en tanto en cuanto nos permiten establecer cierto equilibrio entre unas y otras. No dejan de ser ilustradas, pues también ofrecen a sus lectores algunos grabados.

Boletín Popular

El Boletín Popular de Santa Fe ve la luz en 1885 y deja de editarse en 1910. Provee de información local, nacional e internacional a la población de Nuevo México. Entre las obras literarias se incluyen tanto las de escritores locales como las de autores españoles e hispanoamericanos de renombre. Tras algunas dificultades de localización y preservación, he conseguido realizar la revisión de algunos ejemplares desde 1889 a 1892, y de todos aquéllos publicados entre 1892 y 1898, ambos inclusive[84].

El editor de la revista y su propietario es José Segura, nacido en Santa Fe en 1856. Uno de sus ancestros forma parte del contigente militar español enviado a la zona para recuperar el territorio de Nuevo México de manos de los indios. Segura se educa en St. Michael's College, licenciándose en 1870, tras lo cual trabaja como prefecto de policía en la ciudad de Las Vegas (Nuevo México) y viaja por el este de Estados Unidos y México; a su vuelta a Santa Fe, en 1885, funda *El Boletín Popular*. Al mismo tiempo que edita dicha publicación ejerce como agente de los indios de Santa Fe, un puesto que le es otorgado por el presidente de los Estados Unidos y en cuyo desempeño realiza una labor eficiente, proveyéndoles de escuelas y de los medios necesarios para subsistir. A la par, en 1895 se convierte en el bibliotecario territorial. Reconocido por los historiadores[85] como un hombre hábil e inteligente, está bien considerado por los habitantes de la ciudad de Santa Fe. Muere en 1908.

La publicación del boletín se hace desde un lugar céntrico de la ciudad de Santa Fe, junto a la catedral de San Francisco, y mantiene un papel influyente en la comunidad novomexicana. La impresión de estas publicaciones en español prueba la práctica de nuestra lengua en la zona, como indica el comentario siguiente:

> *El Boletín Popular* commenced publication in 1885 and continued to 1910. This gave lie to the theory that New Mexicans did not want Spanish reading, or that they couldn't read Spanish. This latter may be true of the postwar generations of the two world Wars, but up to 1912 many Santa Feans read and wrote in Spanish (F. Stanley 1965, 171)[86].

---

[84] Las revistas en español no tuvieron tanta suerte como las publicadas en inglés y su revisión resulta difícil, a veces imposible, porque no se han conservado todos los ejemplares. He podido revisar *El Boletín Popular* gracias al préstamo en microfilm de la Bancroft Library de la University of California at Berkeley.

[85] (1895), *Illustrated History of New Mexico*, Chicago: The Lewis Publishing Company.

[86] *El Boletín Popular* comenzó su publicación en 1885 y continuó hasta 1910. Esto condujo a la creencia de que los nuevo-mexicanos no querían leer en español, o que no podían leer en español. Lo segundo puede ser cierto de las generaciones posteriores a las dos guerra mundiales, pero hasta 1912 muchos habitantes de Santa Fe leían y escribían en español.

✦ *ESTABLISHED IN 1885.* ✦

✦EL✦

BOLETIN POPULAR.

The Oldest Spanish Paper Published in the
Capital of New Mexico.

SUBSCRIPTION

Only Two Dollars per Annum

The Best Edited and has the Largest Circulation of any Spanish
Paper in New Mexico.

Commends itself to Students of the Spanish Language.

 BEST ADVERTISING MEDIUM
IN THE TERRITORY.

 ADVERTISING RATES MOST
REASONABLE.

La influencia que ejerce esta publicación es apreciada por otros editores, que intentan hacerle la competencia, sin lograrlo, con el lanzamiento de *El Nuevo Mejicano*. Una de las principales razones del éxito del *Boletín Popular* quizás sea la de llegar a una audiencia diversa, que incluye lectores de varias clases sociales. Aún teniendo en cuenta que el porcentaje de analfabetos se situaba entre la mitad y los dos tercios de la población, hay que considerar aquellos otros analfabetos a los que se les leía.

José Segura ofrece su conocimiento en materia literaria, proveniente no sólo de una amplia educación jesuita, sino también de tertulias de la época como la de La Sociedad Literaria y de Debates de Santa Fe. En este territorio, aún sin la categoría de estado de la unión, llegan las noticias y publicaciones tanto del este de los Estados Unidos como de México y del resto de Latinoamérica. Así, se menciona en las páginas del boletín la aparición de la publicación modernista mexicana llamada *La Revista Azul*. Además, Camilo Padilla (1864-1933), primo de Segura, colabora como corresponsal del boletín desde Washington, estableciendo así la comunicación con los sucesos del este del país.

El boletín sale a la venta cada jueves y ofrece cuatro páginas a un precio anual de tres dólares, que desciende a dos en la década de 1890. En esta publicación se entremezclan noticias locales, estatales, nacionales y extranjeras, junto a anuncios de viajes, patentes y otros, siempre en un buen castellano de la época, aunque se dejan entrever los préstamos del español de México en palabras de uso rutinario –como, por ejemplo, «boletos» por billetes–. La mayor parte de la publicación está en español, con excepción de algunos anuncios de compañías estadounidenses –el caso de los del ferrocarril, que son en inglés–. El contenido literario ocupa un buen porcentaje del espacio de la publicación si tenemos en cuenta su tamaño. Consta de relatos, folletines y obras editadas por entregas, junto a una serie de poesías de autores españoles, hispanoamericanos y novomexicanos.

Por lo general, la narrativa breve ocupa la primera página. La segunda y tercera están dedicadas a las noticias políticas del momento, anuncios e información local con secciones fijas (como «arrestos, defunciones, comunicados, alumbramientos, e invitaciones») y otros asuntos sociales y comerciales. La cuarta se deja para los anuncios y la poesía, que figura en la sección de «variedades». En ocasiones, cuando la información política es prioritaria, todas las páginas de la revista se dedican al tema, como cuando se discute, por ejemplo, la conversión de Nuevo México en estado de la unión. Por lo demás, la estructura es prácticamente fija.

Junto a la narrativa española aparecen algunos relatos de procedencia francesa, entre ellos de Zola, Daudet y Guy de Maupassant, o de poesía alemana –Goethe o Heine–, e incluso un cuento traducido de Christian Andersen. La poesía de autores locales como Carlos Luis Padilla o José J. Tablada se une a la de autores de otras procedencias como José Martí o Nicanor Bolet Peraza.

En un anuncio titulado «Bombito» se promociona la revista y se anuncia la pronta caducidad de la suscripción, recomendando a los lectores que la renueven e informen a amigos y conocidos para hacer lo mismo. Señalan que «con toda seguridad, es hoy el periódico de mayor circulación en Nuevo México. Sea porque es el más antiguo periódico de la capital, sea porque ha abogado lealmente, según sus luces, por los verdaderos intereses del pueblo, o porque, sin exageración, ha sido el periódico mexicano más constante, lo cierto es que EL BOLETIN POPULAR se ha granjeado el aprecio de la clase inteligente: prueba de ello el que, desde Noviembre pasado (se refiere a noviembre de 1892) el número de suscriptores se ha duplicado; más que eso, se ha triplicado; razón por qué hemos dicho arriba que nuestro periódico cuenta con la mayor circulación en el territorio» (nº 19 de 23 de febrero de 1893).

La participación de españoles en la revista, a excepción de las colaboraciones originales o adoptadas de otras publicaciones, no queda clara. Tan sólo en una ocasión (hasta ahora 1893) con motivo del suceso ocurrido en El Liceo de Barcelona, donde se colocaron varias bombas de dinamita, escribe un tal Prof. A. Cuyás (director de *La Llumanera de Nova York*), que señala: «Nos ha movido a escribir estos párrafos el deplorable acontecimiento que tuvo lugar en Barcelona (nuestra patria)». *El Imparcial* es una de las fuentes de las que se recogen noticias o sucesos españoles, junto a otras publicaciones como *La Época* o *Las Novedades* de Nueva York y *La Gaceta* de Los Angeles.

El tema de Cuba aparece también aquí, pero con mucha menor profusión que en las publicaciones en inglés, y ofrece datos objetivos como el costo de la guerra para España, datos que recoge del discurso del Cónsul General de España en Nueva York, el señor Baldasano.

En el último cuarto del siglo XIX, y con motivo de la próxima designación de Nuevo México como estado de la Unión surgen polémicas que se ven reflejadas en la prensa local, gracias a artículos como el titulado «Admisión de estado», en el que el autor se declara a favor del mismo como sigue:

¿Puede decirse que un nativo de Nuevo México que ha renunciado su obligación a la república mexicana por más que cuarenta años tenga menos interés en los Estados Unidos, menos devoción a los principios republicanos, o menos aptitud para la ciudadanía americana que un súbdito de los reinos europeos que hace pocos años dejó su lugar patrio? (nº 8 diciembre 7, 1893).

Debido al limitado espacio de la publicación, resulta poco adecuada para incorporar folletines del momento, pero ideal, en cambio, para el artículo de Emilio Castelar y el relato breve y humorístico de Luis Taboada, del que encontramos varios. También resulta apropiada para la impresión de poesías, que se incluyen en prácticamente cada ejemplar. No obstante, tamaño material que consiste en una colección de poesías de clásicos y contemporáneos españoles, así como de autores locales, requeriría por sí mismo una atención especial y otro trabajo específico de poesía.

La Llumanera de Nova York

Esta publicación mensual es fruto de la colonia catalana en Nueva York entre 1874 y 1881; he tenido ocasión de revisar los números entre octubre de 1877 y abril de 1881[87]. El título original es *La Llumanera de Nova York*, *«Patria, Fides, Amor»*. *«Balmes, Aribau, Clavé, Fortuny.»* que se transforma en *La Llumanera de Nova York, revista catalana de novas i gresca* en 1879. Comienza a publicarse en mayo de 1874 y tiene agentes en Estados Unidos, Cuba, Guatemala, México, Puerto Rico, Perú y Venezuela. El director es Artur Cuyàs i Armengol, emigrante catalán.

Presenta un contenido variado en ocho páginas. La misma revista describe ese contenido que incluye, entre otros, noticias, artículos serios y jocosos, disertaciones científicas, críticas de arte, correspondencias de todas partes del mundo y descripciones de costumbres. No obstante, se especifica que cabe todo «excepto discusiones políticas, religiosas o personales». Se publica mensualmente con un precio anual de dos dólares y medio para Estados Unidos, y ejerce un papel similar al ya mencionado de las revistas de Nuevo México: aquí se trata de preservar el catalán y su cultura en la colonia neo-

---

[87] Los ejemplares revisados de *La Llumanera de Nova York* se encuentran en la Hemeroteca Municipal de Madrid.

yorquina –y en otros puntos del mundo a juzgar por los agentes de otros países.

Dado el carácter de la publicación, es lógico que se haga mayor énfasis en la literatura catalana y los juegos florales que allí se celebran, entre otros acontecimientos. No obstante, también se presentan los eventos y celebraciones literarias y culturales que tienen lugar en Nueva York. Estrenos teatrales, tertulias y celebraciones en torno al aniversario cervantino son algunos de los temas de la revista, que cuenta, asimismo, con una galería de personajes catalanes, así como una sección titulada «Cartas de Madrid». Ésta última contiene información sobre los acaecimientos sociales y artísticos de la capital y establece, así, un lazo cultural entre España y Estados Unidos.

Lamentablemente, y a pesar de su interés por ser seguramente la única publicación en catalán fuera de Cataluña, su aportación literaria se limita a los acontecimientos literarios que tienen lugar allí.

Las Novedades, España y los pueblos hispano-americanos

Valera describe al director de esta publicación, J. G. García, como «un pobre diablo», en sus cartas a Menéndez Pelayo[88]. Sin embargo, esta publicación, junto a *La Revista Ilustrada de Nueva York*, resulta de gran importancia: ambas establecen y mantienen una estrecha relación entre los países de uno y otro lado del océano Atlántico, sus culturas y literaturas. El contenido literario de *Las Novedades* es particularmente interesante porque en ella se publican relatos breves y críticas de la mayor parte de los autores españoles contemporáneos, entre ellos Clarín, Pardo Bazán o Valera, y de otros ámbitos como Castelar. Además, sirve de plataforma de lanzamiento de un gran número de obras españolas, más aún cuando mantiene su propia imprenta.

La revista aparece semanal y diariamente en Nueva York, en ambos formatos, desde 1876 hasta 1918, si bien la fecha de fundación de la revista podría ponerse en duda. Las fuentes consultadas apuntan a 1876; no obstante, en el número revisado de 1916 se declara lo siguiente:

---

[88] Artigas Ferrando, Miguel, y Sáinz Rodríguez, Pedro (eds.) (1946), *Epistolario de Valera y Menéndez Pelayo, 1877-1905*, Madrid: Publicaciones de la Sociedad Menéndez Pelayo.

Una historia como la de LAS NOVEDADES, de 41 años de vida azaro-
sa y a las veces cruel por la escasa o mezquina recompensa alcanzada.

Según ese dato la fecha de inicio se retrasaría a 1875. En cualquier
caso, el editor de la revista desde el 1 de junio de 1899 hasta el 31 de
agosto de 1911 es D.J.G. García. Le sustituye G. Hermanos, que des-
empeñará esa función hasta el 11 de junio de 1914. Los números que
siguen, hasta el 20 de agosto del mismo año, corresponden a Las
Novedades Pub. Co. F.J. Peynado y J.B. Vicini, quienes se ocupan de
la revista desde el 27 de agosto de 1914 hasta finales de 1915.

A pesar de las dificultades que entraña la búsqueda de este tipo de
publicaciones dispersas, he logrado revisar los ejemplares aparecidos
entre los años 1890 y 1892 y un ejemplar extraordinario de 1916[89], la
mayor parte de los cuales pertenecen a la categoría semanal. El primer ejemplar revisado es del 16 de enero de 1890, que sale a la calle
con un suplemento literario en el que se incluyen folletines tanto
españoles como franceses, completando un contenido de veinte páginas a un precio anual de ocho dólares. En la portada de ese mismo
número aparece el propósito de la revista como sigue:

> LAS NOVEDADES es el periódico de toda una raza, la voz de veinte
> naciones y para veinte naciones, alzada a altura tal que pueda ser oída
> desde todas ellas y desde cualquier lugar del planeta (16 de enero de
> 1890).

Como se puede apreciar, también en este caso los editores de la
publicación la denominan periódico; no obstante, y más aún en el
caso del ejemplar semanal, su contenido resulta más próximo al de
una revista que al de un diario. Como nos informa M.ª Cruz Seoane[90],
la revista *La América*, que comienza a publicarse quincenalmente en
1857, anuncia en su cabecera que está «destinada a sostener los intereses y legítimas aspiraciones de la raza española en el Nuevo Continente». Se puede apreciar la similitud de intenciones en ambas.

---

[89] La mayor parte de los ejemplares de *Las Novedades* se han encontrado en la
Hemeroteca Municipal de Madrid, a excepción del ejemplar de 1916, en la Hispanic
Society de Nueva York.

[90] Seoane, M.ª Cruz (1983), *Historia del periodismo en España*, v. II El siglo XIX,
Madrid: Alianza, p. 260.

Condiciones de la suscripción
FRANCO DE PORTE.

Por un año $4.00
" seis meses . . . 2.25
" tres meses . . . 1.25
Números sueltos 0.10 cts.

Esta edición saldrá á los todos los jueves.

Las Novedades.

ESPAÑA Y LOS PUEBLOS HISPANO-AMERICANOS.

Entered at the Post Office at N.Y. as second class matter.

OFICINAS
DE LA
Redacción y Administración

Dirigido por Correo:
P. O. Box 1421.

D. JOSÉ G. GARCÍA.

AÑO XVIII.   NUEVA YORK, JUEVES   6 DE ABRIL, 1893   NÚMERO 578

EDICIÓN SEMANAL

Carta de Madrid.

Madrid, 22 de Marzo de 1893.

Sr. Director de LAS NOVEDADES.

Se cumplieron los pronósticos: el Ministro de Marina, general Cervera, presentó anoche su dimisión con carácter de irrevocable, en el consejo que se celebró en el palacio de la [...]

Las noticias que se publican no son las que aparecerían en un diario y, en su mayor parte, están relacionadas con la cultura. Por lo tanto, continuaremos refiriéndonos a esta publicación como una revista.

El sumario aparece en la primera página y las secciones del ejemplar diario también tienen cabida en el semanal, junto al folletín ya mencionado y otras propiamente literarias, como la crítica de obras españolas nuevas, que aparece de forma discontinua. Entre ellas, una sección bibliográfica en la que se reseñan obras nuevas de ficción, históricas y económicas, entre otras. La revista, como también lo hará *La Revista Ilustrada de Nueva York*, incluye grabados, siguiendo la tradición que comienzan las publicaciones de la primera mitad del siglo XIX.

La relación de acontecimientos es lógicamente mayor en la edición semanal, en la que se incluye información de sucesos culturales, estrenos de teatro u otros, como los cambios acontecidos en la Real Academia de la Lengua. Fija es la relación de libros nuevos a la venta, junto a los ya permanentes, en la sección de «Libros nuevos de venta en la administración de Las Novedades a los lectores». De la misma forma, se indica que «este periódico suministrará todos los libros que se le pidan de los publicados por la casa editorial de D. Appleton & Ca., a los precios del catálogo de dicha casa». En las últimas páginas se anuncian negocios y comercios de Nueva York, tanto de españoles como de propietarios de otras nacionalidades.

Anuncios como el de la dirección de la oficina en Francia, a la que se deben dirigir los que quieran adquirir la publicación, aportan información con respecto al alcance del que disfruta la revista. Junto a otras publicaciones dedicadas al comercio, ésta consigue sobrevivir con éxito a más de cuatro décadas de cambios internos y externos, políticos y sociales. El contenido literario es sustancial, comparado con el de otras revistas de la época, aunque en ocasiones se justifique el objetivo informativo frente al propiamente literario. En concreto, con la inclusión de un artículo sobre la novela española, ya editado en el periódico neoyorquino *The Evening Post*, el editor afirma que no publican todo el artículo dado «el carácter noticiero que no se presta a que dediquemos gran parte de nuestro espacio a la reproducción del trabajo» (n° 519, 18 de febrero de 1892). Esa afirmación confirma la consideración de la publicación como revista, y no como «noticiero» o diario.

Es importante señalar el intercambio de información social, política, económica y cultural entre ambos continentes reflejado en *Las Noveda-*

des. Peticiones y recolectas para acontecimientos, a uno y otro lado del océano, manifiestan la labor humanitaria de sus colaboradores. Alzar un monumento en Gijón a Jovellanos requiere de la ayuda de los compatriotas del continente americano, y así se anuncia en abril de 1891. De la misma forma, se extiende a los españoles o ciudadanos del resto del continente americano la participación en concursos como el internacional organizado en conmemoración del «Centenario de Colón», que juzgará la Real Academia de San Fernando, cuyo secretario en 1891 es Juan Valera y cuyo presidente es Antonio Cánovas del Castillo.

Se advierte al lector que parte de la información ofrecida proviene de publicaciones como *El Imparcial* (España), *El Diario de la Marina* (Cuba) y otras europeas e hispanoamericanas, incluso estadounidenses como *Herald, Sun* y *World*. Tendremos ocasión de comprobar que escritores como Clarín emiten quejas con respecto a esa práctica que él denomina de «refrito». Esto ocurre principalmente en secciones mediante las cuales se establece una comunicación constante entre muchos de los países de habla hispana, como las siguientes: «Cartas», «Correo de España», «Correo de Europa», «Correo de Cuba», «Correo de Sud-América» y «Las Novedades».

El número extraordinario que encontramos en la Hispanic Society del domingo 23 de Abril de 1916 (año XLI, n° 1676) prueba que, en efecto, la revista continuó su existencia más allá del siglo XIX. En él se presenta la intención de dicha publicación con la explicación que aparece a continuación:

> LAS NOVEDADES, que es reputado, no por nosotros, sino por sus muchos millares de lectores, el periódico más serio y útil de cuantos se publican en español en este inmenso país, tiene una sana tradición: **Por la patria, por la raza y por la lengua**, que anhela conservar y engrandecer.

Si hacemos caso de esa afirmación, la tirada de *Las Novedades* es considerable, de «muchos millares» nos dice el editor.

Asimismo, se expresa el criterio empleado para comentar los hechos en esta revista:

> Creemos pertinente advertir que, apartándonos de la costumbre perniciosa establecida por algunas publicaciones, nuestras apreciaciones serán estrictamente imparciales en todo orden de cosas, lo mismo al hacer referencia a la administración pública de cada país, como al tratar de las

distintas entidades industriales y comerciales. Los datos dirán elocuentemente la verdad en cada asunto, de suerte que el propio interesado y el lector curioso los aprovechen y deduzcan de ellos lo que lógicamente y en justicia deban deducir.

Con esa declaración pretenden diferenciarse de las publicaciones sensacionalistas surgidas a finales del siglo anterior.

Este ejemplar extraordinario contiene una serie de artículos sobre Cervantes, dado que se conmemora el tercer centenario de su muerte. Entre ellos aparece «La nueva interpretación del Quijote» por Pedro Henríquez Ureña, «Don Quijote ante la estatua de la Libertad» en inglés y español, y un artículo sobre la compra de la casa de Cervantes en Valladolid por Don Alfonso XIII y Archer M. Huntington (fundador de la Hispanic Society de Nueva York). También se menciona la constitución del Instituto Cervantes, como lo indica la Gaceta Oficial de Madrid.

El ejemplar en cuestión trata además de la Hispanic Society y de su fundador, el mencionado Huntington, al que se agradece su viaje a España y la creación de dicha sociedad con las palabras siguientes:

> Su admiración por Cervantes es tan grande que ha contribuido, con Su Majestad el Rey de España, a adquirir la casa de Valladolid, donde vivió el Soberano del idioma. Además, ha gastado más de cuarenta mil dólares en imprimir un facsímil exacto de la primera edición del Quijote, sin contar con otras cantidades importantes que empleó en reeditar distintos libros escritos por el insigne e inmortal don Miguel.

Además Huntington compra cuadros de Velázquez, y Goya, entre otros, y acoge y protege en Estados Unidos a Sorolla, Zuloaga y al compositor Granados. También en este número se incluye el ensayo titulado «El fundador de The Hispanic Society of America», escrito por Francisco Rodríguez Marín, de la Real Academia Española y director de la Biblioteca Nacional de Madrid. En dicho artículo señala la visita que hace a Huntington en Santiponce, Sevilla, donde se llevan a cabo unas excavaciones arqueológicas. Aunque Huntington confiesa que la arqueología es sólo una afición de juventud, el autor, al que acompaña el marqués de Jerez de los Caballeros, queda impresionado. Huntington les revela su pasión por Cervantes y por los libros antiguos españoles, de los que ya posee una buena cantidad. Finalmente, Huntington visita la colección de libros del marqués, que acaba comprando. Termina el ensayo lamentando D. Francisco que esa colección se vaya a Estados Unidos como sigue:

> Pero el generoso hispanista norteamericano ha hecho más, mucho más que juntar cincuenta o sesenta mil libros españoles que reproducir regiamente algunas docenas de los mas raros y solicitados por los curiosos. Compró amplio solar en uno de los mejores sitios de Nueva York, en Audubon Park, y ha edificado a su costa un palacio magnífico para instalar su biblioteca y su museo de preciosidades históricas y artísticas españolas, poniendo toda esta riqueza, en que alienta, viva y admirable, el alma de nuestra raza, a disposición de los estudiosos de allende el gran mar, y bajo la dirección de **The Hispanic Society of America**, que el ha fundado y dotado, y en la cual tiene el cargo de Presidente.

En la actualidad, el magnífico palacio se encuentra en una zona desafortunadamente deteriorada de Nueva York, Harlem para ser exactos. Sin embargo, aún conserva el aire de grandeza que debió ostentar hace más de un siglo y acoge el museo en el que se encuentran numerosas obras de Sorolla pertenecientes a la colección de las provincias de España, encargada por Huntington. Además, el museo y su biblioteca ofrecen al visitante un recorrido por la historia de España desde el descubrimiento del Nuevo Mundo. Retratos de los personajes más representativos del siglo XIX realizados por Sorolla acogen al lector en la biblioteca de la Sociedad.

Esta revista es de gran interés para este estudio no sólo por la colaboración de reconocidos autores españoles e hispanoamericanos sino también por la comunicación que a través de ella se establece con España, Hispanoamérica y otros países europeos.

La Ofrenda de Oro

La Ofrenda de Oro, Repertorio Ilustrado de Artes y Literatura es publicada por A. G. Dickinson, Nueva York. Aparecen ocho números al año de los cuales he revisado el último número de diciembre de 1882 y los ejemplares correspondientes a octubre y diciembre de 1883[91]. No incluye machón en el que figuren los nombres de los editores o el

---

[91] Ejemplares hallados en la Hemeroteca Municipal de Madrid.

director de la publicación, por lo que desconocemos esa información. Esta publicación carece de índice alguno, lo que dificulta su revisión.

Prácticamente toda la revista se dedica a la literatura, en su mayoría a la narrativa, aunque también se inserta algún que otro poema. Consta aproximadamente de treinta páginas, de las cuales un par se dedican a los anuncios de seguros, normalmente al final.

El material literario se presenta entrelazado con una serie de anuncios de empresas de seguro y de listados de siniestros, así como de los beneficiarios de las pólizas de seguros de la compañía «New York Life Insurance Company», que sufraga los gastos de la publicación. Al parecer, la editorial es «Órgano de la Compañía de Seguros de vida "La Nueva York" fundada en 1845», cuya oficina principal en España está ubicada en Madrid.

En el escaso número de ejemplares revisados se encuentra la colaboración de Emilio Castelar, un cuento de Benito Pérez Galdós y otro de Gustavo Adolfo Bécquer, además de sus poesías. Sería interesante examinar un mayor número de ejemplares de esta publicación pero lamentablemente no ha sido posible.

El Progreso

El título completo de esta revista es *El Progreso, Revista Mensual Ilustrada de Todos los Conocimientos Humanos*. Su director es R. Verea, con «la colaboración de varios profesores», y la redacción y administración se lleva a cabo en la imprenta «El Políglota» de Nueva York. Los únicos ejemplares hallados se publican entre enero de 1884 y diciembre de 1885[92].

La revista cuenta con un número considerable de agentes en Colombia, Costa Rica, Cuba, Curaçao, Guatemala, Honduras, México, Nicaragua, Puerto Rico, Santo Domingo y Venezuela, además de varios agentes en California, Florida y Texas. En su contenido mensual, de unas sesenta páginas por ejemplar, se encuentran temas generales dirigidos al público, a la prensa, información de mecánica e invención, temas políticos, religiosos y culturales de Europa y Latinoamérica. Se encuentra además una sección de anuncios de libros nue-

---

[92] Ejemplares disponibles en la Hemeroteca Municipal de Madrid.

vos españoles, a la disposición de los lectores en la misma oficina de la revista.

Los artículos relacionados con la cultura y la literatura se deben a acontecimientos como el estreno de una obra teatral española o algún otro evento cultural en honor a escritores reconocidos. Así, se hace alusión a la «Velada a Cervantes» en abril de 1884, describiéndose brevemente la celebración del tercer centenario de su nacimiento, a cargo de unos jóvenes que preparan dicha velada literaria artística. Se incluye un poema titulado «Una Lágrima a Cervantes» escrito para tal acontecimiento por un tal Ramón de Armas y Colón. Para completar la velada se representan «Para tal Culpa tal Pena», de Echegaray, y «El Loco de la Guardilla», de Larra, en el «Lexington Avenue Opera House» de Nueva York. A completar el ambiente contribuyen el tenor español Sr. Antón y una estudiantina. Otro evento relacionado con Cervantes se celebra el dos de mayo en el que, el poeta, dramaturgo y crítico venezolano y colaborador de *Las Novedades*, Juan A. Pérez Bonalde, recita un soneto escrito por él mismo.

En el número correspondiente al 12 de diciembre de 1884 aparece un artículo en la portada titulado «Primer Aniversario», del cual se deduce que la revista aparece por vez primera en 1883. Allí se señala el objetivo de la misma cuando se afirma que «Nuestro lema fue y será: JUSTICIA PARA TODOS: FAVOR PARA NINGUNO». Más adelante, se afirma que hay «pocos periódicos» que «tengan el valor suficiente para atacar los excesos del poder político y religioso», e igualmente se dice que «coma quien quiera el mendrugo del servile; enriquézcase a costa de su dignidad: nosotros estamos satisfechos con nuestra ruda independencia y con la aprobación de los hombres honrados».

Las afirmaciones anteriores sustentan la idea de independencia de cualquier tendencia política usual en la prensa de años anteriores. Por otra parte, vuelve a aparecer la denominación de periódico para esta publicación que consideramos más similar a una revista, por las razones señaladas con anterioridad, que se ven nuevamente apoyadas por los comentarios expresados a continuación. Se hace referencia a las quejas de los suscriptores a los que les llega tarde el periódico, reproche al que el editor contesta que le gustaría que a todo el mundo le llegara el último día del mes y dado que no es un periódico de noticias, no tendría importancia si llegara más tarde. Apunta, además, el editor que *El Progreso* puede sobrevivir gracias a la impresión de otros trabajos tipográficos sin los cuales no podría subsistir, razones por las cuales se debe retrasar también la edición.

Los comentarios y espacios dedicados al tema de Cuba son frecuentes en los ejemplares revisados. Uno de los periodistas que allí colabora declara haber aprendido a hablar en gallego y comprende la opinión de muchos de los que habitan en la isla. Se sitúa, sin embargo, en completa oposición a los comentarios aparecidos en otras publicaciones sobre Cuba, que aún emplean el gallego como única forma de expresión por la reducción de audiencia que ello conlleva. De igual forma, la opinión de la revista respecto al tema de la independencia se sitúa, igualmente, en contra de aquellas otras publicaciones editadas en Nueva York, cuyos colaboradores son, en su mayoría, cubanos, como *El Avisador Cubano* y *La República*. Estas últimas están a favor de la independencia de Cuba, emitiendo quejas contra el trato español a los cubanos.

En esta revista se hace alusión a la publicación de *Las Novedades*, lo que indica, nuevamente, la existencia de una estrecha relación entre las distintas imprentas y sus colaboradores. Asimismo, sirve de vehículo de comunicación a representantes españoles en Estados Unidos. Un claro ejemplo de este servicio es la nota que Valera inserta en el número correspondiente a octubre de 1884, firmada en la «Legación de España, Washington, 29 de octubre de 1884», «con motivo del fallecimiento del marinero español D. Gumersindo Marino». Valera expresa su intención de hacer lo posible porque se haga justicia a la muerte de este español.

Resulta interesante mencionar la opinión que merece esta revista a los jesuitas de Nuevo México, que publican la *Revista Católica*:

> *El Progreso*, revista mensual ilustrada, dirigida por R. Verea odia y detesta a los jesuitas con todas las veras de su alma; y los jesuitas se lo agradecen de todo corazón. [...] Y diga *El Progreso* cuanto se le antojare sobre las causas de la jesuitofobia antigua y moderna, los jesuitas no le han de tapar la boca en tal asunto. {...} Si los jesuitas son tan buenos y santos como se dice, ¿por qué son tan odiados en todas partes? Lo cual es como si dijéramos: si la verdad es cosa tan buena ¿por qué hay tantos embusteros en el mundo? (op. cit. núms. 15 y 17, respectivamente, de abril 10 y 17 de 1887).

De esta forma comienza un debate entre ambas publicaciones con la pretensión, por parte de los jesuitas, de defender a aquéllos de su orden que se encuentran en Perú y contra los que, al parecer, *El Progreso* de Nueva York ha lanzado una serie de acusaciones. Los jesuitas de Nuevo México acusan a la revista neoyorquina de que «el camino por donde *El Progreso* intenta llegar a destruir los Templos, es el de destruir el Alma»[93]. Esto prueba, una vez más, que varias revistas estadounidenses comparten lectores. Por su parte, los editores y colaboradores no sólo leen las publicaciones de sus competidores sino que se establece un diálogo o discusión entre ellos.

Además de ese tipo de aportación histórica y contextual, *El Progreso* sirve de plataforma anunciadora de muchas de las obras decimonónicas, como veremos en el próximo capítulo.

Revista Católica

La *Revista Católica* de Nuevo México es una de las publicaciones que mayor contenido literario aporta a nuestro estudio. Dada la relación establecida con otras publicaciones estadounidenses en español del momento, en algunos casos no muy favorables como indica la polémica señalada, y la cuantiosa colaboración de escritores del siglo XIX (incluida la aportación de relatos inéditos de algunas autoras decimonónicas), hemos considerado necesario detenernos un poco más en la historia de la publicación y del contexto histórico que la hace posible.

Recordemos que los primeros frailes llegados a Nuevo México durante el siglo XVI fueron de la orden franciscana. Cuando Nuevo México, como parte de México, obtiene la independencia de España en 1821, los frailes españoles son expulsados de la zona en 1828. Desde 1833 a 1850, ese territorio queda bajo la jurisdicción del obispo Zubiría, que no es capaz de enviar suficientes padres a la zona. Uno de los primeros en llegar es el padre Antonio José Martínez de Taos, quien no se conforma con fundar un periódico, sino que crea toda una imprenta. El padre Juan Felipe Ortiz, vicario del obispo, no puede evitar el deterioro de la iglesia, que sirve en ese momento a unos cuarenta mil católicos, cifra que incluye a todos los indios de la zona asistidos por unas cuarenta iglesias. Así, quedan tan sólo tres focos eclesiásticos, Santa Fe, la capital y las ciudades de Las Vegas y Taos.

---

[93] *Revista Católica* (1887), n° 16, 17 de abril.

En 1850, y tras la ocupación del territorio novomexicano por parte de los Estados Unidos, Roma considera la zona una vicaría, nombrando al padre John Baptist Lamy vicario de la misma. Nacido en Francia, vive en América desde 1833. En 1853, Santa Fe se convierte en diócesis y aquél en obispo. Tras este suceso, resurgen cuarenta y cinco nuevas iglesias, cubiertas por treinta y siete padres, junto a cuatro casas de las hermanas de Loreto y otras cuatro de frailes cristianos. La diócesis pasa también a encargarse de Arizona y de algunas zonas de Colorado. En 1867, el obispo consigue llevar a un grupo de jesuitas italianos a esa zona, que fundan una escuela en 1874, luego universidad en Las Vegas. Ellos mismos organizan en 1873 una imprenta denominada Imprenta del Río Grande. En ella surge la *Revista Católica* dos años más tarde, momento en el que Santa Fe se convierte en archidiócesis. Entre 1860 y 1880 Nuevo México posee una población que ronda los cien mil habitantes, de los cuales la mayoría es de ascendencia española. El segundo obispo John Baptist Salpointe (1885-1898) continúa la labor evangelizadora, especialmente de los niños indios.

En su labor educativa, ese grupo de padres jesuitas se enfrenta a la hostilidad proveniente de los habitantes de habla inglesa de la zona, que la consideran suya tras la guerra con México y su adquisición gracias al Tratado de Guadalupe Hidalgo. Los «anglos» llegan tras haber desertado de la guerra, o simplemente trasladándose desde el oeste para establecerse en Nuevo México, trayendo consigo una actitud anticatólica.

La revista se publica en Las Vegas, Nuevo México, desde enero de 1875 hasta 1917, a cargo de padres jesuitas. Aunque comienza su edición en Santa Fe, una inundación hace precisa la mudanza a esa ciudad. Se escoge Las Vegas porque sus habitantes piden a los jesuitas que funden allí una casa tras el éxito de la misión creada por ellos un año antes. Se convierte, así, en una de las colonias de habla española de Nuevo México que más prometen. Se trasladará luego a El Paso, Texas, donde en enero de 1918 los padres de la misma orden continúan su edición, tanto para Texas como para Nuevo México, hasta 1957.

Uno de los jesuitas italianos que trae el obispo Lamy a la zona, el reverendo Donato M. Gasparri, percibe cuán dispersos están los católicos de la zona y la labor que una publicación ejercería entre sus fieles. Con ese objetivo de informar y educar a los fieles en la fe católica comienza a publicarse la revista. El padre Gasparri enseña en España durante algunos años, razón por la cual se le escoge para la zona de Nuevo México. Su colaboración es de gran ayuda en la fundación de la revista, hasta su muerte en 1882. Para el manejo de la imprenta se trae al padre Henry Ferrari, S.J. de la misión de Nuevo México y Colorado; dos años más tarde el padre Alfonso Rossi, S.J. se hace cargo del trabajo editorial. No obstante, el padre Gasparri y el reverendo Lorenzo Fede son los dos primeros escritores de la publicación, que ya se anuncia en la edición dominical del *Las Vegas Diario*, correspondiente al primer domingo de enero de 1875 de la manera siguiente:

> *Today we are publishing the first number of the REVISTA CATÓLICA. The program —we are told- has been received with approval, our subscription now numbers 250. New ones are coming in from day to day...*[94]

Poco después, en marzo del mismo año aparece la siguiente nota:

> *Up-to-date we have printed 400 copies of each number. The subscriptions have increased more than we have expected and we are obliged to bring out more copies*[95].

Debido al éxito de la publicación se requiere la participación de otros padres de la orden y se hace necesaria la adquisición de una imprenta más grande, en 1876, que permita aumentar el tamaño de la publicación de ocho a dieciséis páginas. Esa nueva imprenta es la primera en el estado que se puede manejar tanto manualmente como mediante vapor o electricidad. Además, se hace imprescindible la edición de textos en español para la enseñanza y el catecismo, que en ese momento les llegan desde México o España.

El segundo editor de la revista, desde 1879 a 1892, es el reverendo José Marra, al que sucede, durante los dos años siguientes, el reverendo Rafael Tummola. En 1884 y hasta 1887 vuelve Marra a ocupar el puesto. El reverendo Alfonso Rossi continúa la labor durante veintidós años. De nuevo, vuelve Marra hasta 1915 y le sucede ya en Texas

---

[94] «Hoy publicamos el primer número de *La Revista Católica*. El programa —nos han dicho— ha sido recibido con aprobación, nuestra suscripción asciende ahora a 250. Suscripciones nuevas van llegando día a día...»

[95] «Hasta hoy hemos imprimido 400 copias de cada número. Las suscripciones se han incrementado más de lo que esperábamos y nos vemos obligados a editar más copias.»

el reverendo Cruz M. Garde. Desde 1884 la universidad se muda a Morrison, Colorado, pero el periódico se sigue publicando desde el mismo edificio en Las Vegas, Nuevo México, hasta su traslado a Texas. Otras publicaciones intentan hacerle la competencia en la zona, como *The New Mexico Catholic*, sin conseguirlo. *La Revista Católica* recibe el reconocimiento de su labor apostólica a cargo del papa León XIII en 1892 y en 1905, de nuevo, por el papa Pío IX. El padre Rossi recibe la medalla Pro Ecclesia et Pontífice por su labor.

Tras el extenso contexto histórico, volvamos a la publicación en sí. *La Revista Católica* se publica semanalmente en Las Vegas, Nuevo México, y durante 1875 aparece los domingos, a partir de 1878 los sábados ya partir de 1880 los jueves. Las doce páginas iniciales se convierten en dieciséis en 1876. Al principio, el precio es de tres dólares, que desciende a dos dólares y medio en 1886. Durante el primer año el número de ejemplares editados pasa de los doscientos cincuenta a los ochocientos, cifra que se mantiene hasta 1886, momento en el que se venden unos mil ejemplares. En la década de 1890, el número desciende, de nuevo, a los ochocientos. A finales de siglo la cifra se duplica a dos mil para descender, una vez más, a ochocientos en la primera década del siglo xx.

Entre 1908 y 1914 se editan cinco mil ejemplares. La labor de edición de esta revista continúa en El Paso, Texas, a cargo de jesuitas de la zona de Nueva Orleans. Ya en la década de los años treinta aparece con el subtítulo de *Semanario Internacional Hispano-Americano*, dando cuenta de la amplitud de temas de la publicación. En 1958, debido a la disminución del número de hispanohablantes en la zona, la revista comienza a editarse en inglés, con el título *The Southwestern Catholic Register,* como publicación oficial de la diócesis de El Paso. En nuestra labor de investigación hemos logrado revisar los ejemplares entre 1883 y 1900[96] Mediado el siglo xx, los suscriptores se encuentran en buena parte de los Estados Unidos, aunque la mayoría reside en la zona del suroeste (unos tres mil), de la montaña (unos mil) y de la costa oeste (mil). Los suscriptores en el extranjero ascienden a unos mil seiscientos, la mayor parte en países de habla hispana, de los cuales se pierden aproximadamente la mitad entre 1950 y 1960. Aunque

---

[96] *La Revista Católica* está microfilmada y en posesión de la University of Houston, Texas, gracias a cuyo préstamo pudo ser revisada.

REVISTA CATOLICA.

Se publica todas las semanas, en Las Vegas, N. M.

Año XVIII.   13 de Marzo de 1892.   **Núm. 11.**

DILECTIS FILIIS
SCRIPTORIBUS EPHEMERIDIS "REVISTA CATOLICA"
LAS VEGAS, N. M.
LEO. PAPA XIII.

DILECTI FILII, SALUTEM ET APOSTOLICAM BENEDICTIONEM:

Grata habuimus ea quae ad Nos misistis exemplaria Ephemeridis, quae inscribitur "Revista Catolica"; eoque gratius istud accidit pietatis vestrae officium, quia non sumus nescii eximium in vobis esse quum erga Apostolicam Sedem obsequium, tum rei catholicae pro viribus juvandae studium. De ephemeride vestra, eam profecto, ut novimus, plura commendant; inprimisque diligens et assidua in repellendis erroribus, tuendaque in populo Fidei integritate contentio. Quamobrem paternum ac benevolum animum Nostrum vobis ultro significamus, industriamque a vobismetipsis in rebus tam laudabilibus nec sine fructu positam, gratulamur. Pergite, ut facitis, dilecti Filii, bene de Religione, de communi salute mereri; coelestiumque munerum auspicem, Apostolicam Benedictionem accipite, quam vobis intimo cordis affectu impertimus.

Datum Romae apud S. Petrum, die VIII Februarii An. MDCCCLXXXXII, Pontificatus Nostri decimoquarto.

LEO PP. XIII.

A NUESTROS QUERIDOS HIJOS
LOS ESCRITORES DE LA "REVISTA CATÓLICA"
LAS VEGAS, NUEVO MÉXICO.
LEON PAPA XIII.

AMADOS HIJOS, SALUD Y BENDICION APOSTÓLICA:

Con gusto hemos recibido los ejemplares que nos enviásteis del Semanario que se titula "la Revista Católica;" y este testimonio de vuestro amor filial nos ha sido tanto más agradable, cuanto que conocidos tenemos el sumo rendimiento que profesais á la Silla Apostólica, y el ahinco con que procurais ayudar la causa del Catolicismo. Por lo tocante á vuestro periódico, bien sabemos, á la verdad, que muchas cosas lo recomiendan; pero sobre todo un esfuerzo asíduo y diligente en rechazar los errores, y en mantener en el pueblo la integridad de la fé. Por lo cual espontáneamente os expresamos los sentimientos benévolos y paternales de Nuestro ánimo, y os felicitamos por el empeño que poneis, y no sin fruto, en cosas tan laudables. Proseguid, queridos hijos, como lo haceis, mereciendo bien de la religion y de la salud comun; y recibid cual prenda de los dones celestiales, la bendicion apostólica que con entrañable afecto de Nuestro corazon os otorgamos.

Dado en Roma en San Pedro, el dia 8 de Febrero del año 1892, el décimocuarto de nuestro Pontificado.

LEON PP. XIII.

en la bibliografía consultada no se especifica la suscripción de españoles, suponemos que, al menos, debían recibirla los editores de las revistas católicas de la Península Ibérica, y que los autores españoles debían saber de su existencia. Esto lo prueba el hecho de que en una de las obras de Manuel Polo y Peyrolón[97] aparezcan indicadas ya en 1883 las publicaciones con las que colabora el autor. Entre ellas se menciona la *Revista Católica* de La Habana y la *Revista Católica* de Las Vegas (Nuevo México), aunque no se dan los títulos de las colaboraciones concretas.

En 1883, la carátula y la primera página de la revista son la misma e incluye un pequeño índice, de dos líneas aproximadamente. A partir de 1888, en cambio, aparece una carátula más elaborada seguida del índice, ambos por separado, lo que probablemente indica un presupuesto mayor para la impresión de la revista, y por tanto, una solvencia de la que carecen otras revistas de la zona. Contiene un sumario en la portada con una crónica general, en la que se incluye información de actualidad política, incluso española; una sección piadosa, en la que se recuerdan las festividades religiosas del momento, y otra de actualidades.

El contenido de la revista ocupa aproximadamente unas veinte páginas, de las cuales las dos finales se dedican a la literatura, narrativa o poesía. Ésta última se denomina «Variedades», o a veces simplemente «Poesía», como en el *Boletín Popular*, también publicado en Nuevo México. En la *Revista Católica* vamos a encontrar buena parte de las novelas por entregas españolas, tanto aquéllas aparecidas en décadas anteriores, de Fernán Caballero, como otras posteriores, como las del padre Coloma. Otro tipo de narrativa breve, de obvio contenido religioso y de autoría española, puebla también la revista.

La información recogida en la *Revista Católica* proviene, en algunos casos, de otras publicaciones. Desde España llega material de el *Boletín-Revista de la Juventud Católica de la Ciudad de Valencia*, *La Hormiga de Oro* y *La Revista Popular*, ambas de Barcelona, y *La Semana Católica* de Madrid. Desde Francia llega material de *El Fígaro* de París. De *Las Novedades* de Nueva York se recoge alguna información, así como de otras publicaciones, algunas incluso en inglés, como *The Catholic Universe* de Cleveland, Ohio.

El tipo de periodismo que realiza la revista aparece muy bien descrito en un artículo de 1898 titulado «¿Qué es un periodista católico?»[98]. El objetivo parece ser la «enseñanza y seguridad de los débiles

---

[97] Polo y Peyrolón, Manuel (1883), *Borrones ejemplares, miscelánea de artículos, cuentos, parábolas y sátiras,* Valencia: Imprenta del Alufre.

[98] *Revista Católica* (1898), n° 3, 16 de enero.

e incautos». Asimismo, la descripción del periodista que colabora con este tipo de revistas es la siguiente:

> Entendemos, pues, por periodista católico todo escritor que diaria, semanal o mensualmente presenta su publicación, no sólo con una aparente censura eclesiástica, que esto sería poco, sino fundado en principios genuinamente católicos, no sólo respecto al fondo de sus artículos y polémicas, sino hasta en el modo de apreciar y comunicar las noticias; no dándolas como suele decirse, a granel, sino las que merecen ser conocidas.

Continúa la descripción, ahora dirigiéndose al «otro» tipo de prensa no explícitamente católica, pero que bajo sus principios ejerce como tal:

> Y decimos *principios* genuinamente católicos, porque no hay cosa más dañosa en este género que el periódico hipócrita y oscuro en el modo de decir, y que bajo un catolicismo aparente va sembrando la cizaña de mala doctrina, cual el hombre enemigo de que habla el Evangelio, en el campo de las ideas que han de informar las costumbres individuales y sociales, públicas y privadas.

Artículos como los siguientes ofrecen una buena imagen de la postura literaria de la revista en contra de la literatura contemporánea no sólo naturalista, como vemos, sino también la realista, de autores que por su ideología anticlerical o atea se acercan a ese naturalismo. En «Un devoto de María de nuevo cuño» (1884) se realiza una feroz crítica contra el escritor aragonés Eusebio Blasco, del que se dice que usa del inmoral realismo y es «digno émulo de E. Zola que ha llevado a España el repugnante realismo literario». Otros como el titulado «Todavía el novelista Zola« describen como «el novelista francés tan enemigo y despreciador de lo sobrenatural…» (1892) acude a Lourdes; la revista incluye fragmentos de la entrevista que el corresponsal del *Univers* de París hizo a Zola y que se publica allí el 24 de agosto de 1892. Zola describe la intención de su visita cuando dice que su «pensamiento al venir aquí es hacer un estudio de costumbres». Acaba el corresponsal francés emitiendo su propio juicio, cuando ansía que los médicos que se encuentran en Lourdes pudieran hacer un milagro con el propio Zola y convertirle.

Hay un índice de la revista al final de cada año, organizado por números, no por secciones o temas. Sin embargo, en lo que a contenido literario se refiere, sólo aparecen en el índice los nombres de los autores cuyo relato principal se publica al final de la misma, lo que dificulta la búsqueda del material. Los títulos de las poesías y sus autores, que acompañan a ese relato, tampoco aparecen en el índice. La relación de la revista con otras publicadas en español en Estados Unidos es evidente por su postura en contra de alguna de ellas –en concreto, como vimos, contra *El Progreso*.

En cuanto al tema de la pérdida de las colonias, la revista contiene muy poca información, en comparación con el sensacionalismo de las publicaciones en inglés. Todos los comentarios, salpicados con una ironía prudente en esta revista, proceden de otras como *Las Novedades*.

El contenido literario recogido de la Revista Católica, en cambio, es cuantioso. Novelas y relatos breves de Fernán Caballero y su seguidor el padre Coloma, junto a Manuel Polo y Peyrolón, son frecuentes en sus páginas. Además se publican los relatos de autoras menos conocidas en la actualidad, como Luisa Torralba de Martí, bajo el seudónimo de *Aurora Lista*, y Carmen de Burgos, bajo el de *Raquel*. En el caso de la última se trata además de relatos inéditos, teniendo en cuenta que la bibliografía más reciente sobre su obra no los menciona, como veremos con mayor profundidad en el capítulo quinto.

Por último, la *Revista Católica* permite compararla con la otra publicación de Nuevo México, el *Boletín Popular*, si bien ésta carece de la connotación religiosa que caracteriza a aquélla. A su vez, nos ofrece la continuación de una labor que se lleva ya a cabo en España, en ese momento, a través de otras revistas católicas.

La Revista Ilustrada de Nueva York

Elías de Losada (1848-1896) es el único propietario y fundador de *La Revista Ilustrada de Nueva York*, un americano de tercera generación, que nace en Panamá, pero crece y se educa en Nueva York. Allí forma parte de una empresa de importación y exportación para luego prosperar en otra de mayor envergadura: Thurber-Wyland & Co. Esta última emite una publicación denominada *Thurber-Whayland and Company's Spanish Review*, que Losada dirige. Más tarde, se convierte en *La Revista Mercantil y de Precios Corrientes del Mercado de Nueva York*, y en julio de 1885 se transforma en *La Revista Mercantil de Nueva York*. Las listas de precios de la compañía Thurber-Wyland continúan apareciendo en la revista hasta 1892, incluso cuando ésta es ya *La Revista Ilustrada de Nueva York,* cuyo contenido comercial y mercantil está prácticamente suprimido.

Cuando en 1886 Losada decide convertir una publicación mercantil, que reciben los clientes de forma gratuita, en otra mensual, de contenido eminentemente literario, se hace necesaria una suscripción que contribuya a su financiación. Los ingresos provienen igualmente de los anuncios de negocios de españoles e hispanoamericanos, ambos en Estados Unidos y países latinoamericanos, y de los ingresos que aporta la editorial de la casa Losada. La circulación con la que cuenta en los países hispanoamericanos es de nueve mil ejemplares a un precio de tres dólares para la suscripción anual, con un contenido de unas treinta y cinco páginas.

La impresión se continúa realizando en el edificio de la compañía Thurber-Wyland, en la zona comercial de la ciudad. Como primer editor, Losada contrata al crítico venezolano Nicanor Bolet Peraza, que actúa como tal hasta 1890; le sigue Román Mayorga Rivas, durante ese mismo año, al que sucede Ricardo Becerra. Pero Losada intenta por todos los medios conseguir con anuncios, como el que sigue, que la revista esté a la altura de otras en inglés:

> Desde Enero próximo [se refiere a enero de 1891] LA REVISTA ILUS-TRADA DE NUEVA YORK se transformará notablemente, poniéndola, en cuanto nuestras fuerzas nos lo permitan, a la altura de los magazines ingleses y norte americanos.» (n° 12, 1 de diciembre de 1890: 4).

En 1892 aparece una nota interesante sobre la puesta a la venta de acciones de la misma, debido al crecimiento y éxito obtenidos:

> El crecimiento considerable que la circulación de LA REVISTA ILUS-TRADA ha alcanzado en los dos últimos años, el hecho de haber pasado su período de prueba, estando ya en el séptimo año de su publicación, y el propósito del empresario de continuar haciéndola el órgano representativo de la raza latina del Continente Americano dedicado especialmente a la defensa y servicio de los intereses mas legítimos de ésta y de sus Gobiernos, y al desarrollo de sus fuentes de prosperidad y de cultura intelectual y moral, nos ha sugerido la idea de darle un carácter cooperativo para que LA REVISTA represente fielmente dichos intereses y aspiraciones» (Mayo 15 de 1892: 247).

Losada vuelve a exponer los objetivos de la revista en enero de 1893 como sigue:

> Consagraremos particular atención a los asuntos literarios, que tanto seducen a nuestros pueblos de imaginación lozana y de temperamento apasionado, y así daremos novelas de pequeñas dimensiones, que puedan caber en un sólo número; cuentos ingeniosos y amenos, ya originales ya traducidos, pero que sean de los más distinguidos escritores; críticas literarias, que contribuyan a formar el buen gusto; producciones poéticas de los más renombrados líricos de España y de América, y en general todo cuanto tienda a hacer de esta sección una especialidad que acojan siempre con marcada predilección todos nuestros abonados.

Ese objetivo parece cumplirse, a juzgar por opiniones como la de Rubén Darío, quien compara la calidad literaria y la importancia de *La Revista Ilustrada de Nueva York,* en los Estados Unidos, con la de *La Nación* de Buenos Aires o la *Revue des Deux Mondes* en París. La misión del propietario de esta publicación es, por tanto, la de ofrecer una publicación en español dirigida a Latinoamérica que cubra la información cultural y literaria. Pero también la empresarial, para establecer un mercado en Estados Unidos que beneficie a los pequeños negocios latinoamericanos.

La postura, tanto del propietario Losada como del editor Bolet Peraza, en relación con el sistema estadounidense es de admiración; buscan el mismo bienestar para Latinoamérica, protegiendo, no obstante, la identidad de cada país. A medida que transcurren los últimos años del siglo, sin embargo, la postura de la revista se afirma en su protección de los países latinoamericanos y en contra del proteccionismo estadounidense, que protagoniza la política exterior.

En lo que al objetivo literario respecta, en la revista se indica que «los habitantes del Nuevo Mundo a quienes consume el gusanillo de las letras, viven casi exclusivamente de la producción europea». Así, obras que se publican en algunos países de América del Sur difícilmente se consiguen en otros países del mismo continente, mientras que esas mismas obras cruzan el océano mucho antes. A favorecer ese intercambio puede contribuir la revista:

> A facilitar el advenimiento de este tráfico de las ideas deben contribuir publicaciones que ya tienen fama en el continente, como LA REVIS-

TA ILUSTRADA DE NUEVA YORK». («Literatura Americana (I)» op. cit. núm. 8, 1 de agosto de 1890: 14-15).

La carátula de la revista aparece con una tipografía que se asemeja a la empleada en publicaciones españolas como *La Ilustración Artística de Barcelona* o la *Ilustración Española o Americana*. El adjetivo de ilustrada es explicado por el propietario de la manera siguiente:

> En este género ella realiza admirablemente, en español, el tipo genuino del magazín: es ni más ni menos, el Harper's Magazine nuestro. Sus grabados completan y perfeccionan las impresiones de la lectura, que gracias a ellos, adquiere representación artística, y son tan finos y tan bien ejecutados que por sí solos e independientemente del motivo que ilustran, constituyen otros tantos trabajos de arte (*La Revista Ilustrada*, marzo 1892: 168-69 aparece por primera vez en la Revista de Costa Rica 1, 3 enero 1892: 152-151).

Las mujeres tienen también su espacio en esta publicación, donde, como veremos, colaboran escritoras españolas del renombre de Eva Canel o Emilia Pardo Bazán, junto a otras como Amalia Puga, entre las latinoamericanas. Las lectoras tienen además una sección de moda y de poesía, como suele ocurrir en otras revistas de la época.

La revista cuenta además con la aportación de otros escritores españoles como Pedro Antonio de Alarcón, Ramón de Campoamor, Emilio Castelar, Benito Pérez Galdós, Mariano José de Larra, Gaspar Núñez de Arce, Manuel del Palacio, Joaquín Rubio y Ors, Salvador Rueda, Manuel Tamayo y Baus y Ramón del Valle-Inclán. La colaboración de otro escritor español, Valera, empezó, curiosamente, cinco años después de haber sido embajador en Estados Unidos, desde septiembre de 1891 a marzo de 1892, en una serie titulada «Cartas de España». Al parecer, Valera no tiene por costumbre ser muy productivo cuando trabaja fuera del país, indica Cyrus de Coster[99], ya sea por la cantidad de trabajo o por la melancolía que le produce la falta de la familia, lo cual podría explicar la tardanza en participar en esta revista.

Con la revista colaboran, entre los escritores hispanoamericanos, José Martí y Rubén Darío, entre otros. Obras de novelistas estadounidenses como Mark Twain (2-1889: «Que concierne a las criadas», pp.

---

[99] De Coster, Cyrus C. (1970), *Bibliografía crítica de Juan Valera*, Madrid: CSIC.

19-20; «El gran contrato de Salazón», 2-1889, pp. 23-24) se ven aquí traducidas. Además, se establece una sección dedicada a las autoras de
ese país, titulada «Las Novelistas de los Estados Unidos de América»,
en la que se revisa la obra de Helen Hunt Jackson y Harriet Beecher
Stowe[100], entre otras. La poesía estadounidense también se traduce
para la revista y así aparecen poemas de Longfellow («La flecha y el
canto» en 7-1889 p. 33), o de Walt Whitman. Los autores europeos llegan a *La Revista Ilustrada* con bastante continuidad, traduciéndose obras
del polémico Zola («El amor bajo los tejados»), de Guy de Maupassant
o de Víctor Hugo («El resucitado, versión libre de una contemplación»).

El estudio de Chamberlin[101] es imprescindible para lograr rehacer
la historia de dicha publicación. Aún en la década de 1960 se desconocen muchos datos sobre la misma, cuya búsqueda inicia Chamberlin apoyándose en la fama que Manuel Gutiérrez Nájera[102] atribuye a
la publicación y a la extensión que cubre, teniendo en cuenta que los
agentes que figuran en la misma revista se encuentran en la mayor
parte de los países iberoamericanos (Argentina, Bolivia, Chile,
Colombia, Costa Rica, Cuba, Curaçao, la República Dominicana,
Ecuador, El Salvador, Guatemala, Jamaica, Honduras, las Islas Filipinas, México, Nicaragua, Paraguay, Perú, Puerto Rico, Trinidad, Uru-
guay y Venezuela). Además hay un agente en la zona del sur estadounidense, concretamente en Brownsville, Texas. Ayudados por la
localización que facilita la obra de Chamberlin, encontramos la mayor
parte de los volúmenes correspondientes a los años de 1890 a 1893[103]

---

[100] *La Revista Ilustrada de Nueva York* (1890), n° 11, 1 de noviembre: pp. 17-18.

[101] Chamberlin, Vernon A. & Ivan A. Schulman (1976), *La Revista Ilustrada de Nueva
York, History, Anthology and Index of Literary Selections*, Missouri: University of Missouri
Press.

[102] «Me invita usted a entrar a su palacio, y aunque vengo en traje de calle, cedo a
tan bondadosa instancia y entro a él. No fue hecha para ser pisada por pies de palur-
do, como son los míos, esta soberbia escalinata de mármol.» M. Gutiérrez Nájera,
«Cartas mexicanas», *La Revista Ilustrada de Nueva York*, enero 1891: p. 10.

[103] Ayudados por la información que facilita Chamberlin, encontramos los volúmenes correspondientes a los años de 1891 y 1892 en la Hemeroteca Municipal de
Madrid (1891: v. X: n° 5, n° 10 al n° 12; 1892: v. XI n° 1 y n° 10). Nuestra propia investigación en la Hispanic Society de Nueva York resulta un éxito al encontrar también allí
los números del año 1892 (excepto el 2 y 3 de los meses de febrero y marzo respectivamente): 1892: v. XI: n° 4 al n° 12). La labor se completa con los ejemplares correspondientes a los años de 1890 a 1893 en la colección Benson de Raros en la Universidad de
Texas en Austin (v. IX de 1890 al v. XII DE 1892).

VOL. X.   NUEVA YORK, DICIEMBRE 7 DE 1891.   No. 12.

Editores-Propietarios: E. de Losada & Co., 124, Chambers St.

Circulación en los paises hispano-americanos:
9,000 ejemplares.

PRECIO DE LA SUSCRICIÓN ANUAL:
3,00 oro americano, o su equivalente.
PAGO ADELANTADO.
Precio de un ejemplar: 30 CTVS. oro americano.

ÍNDICE.

LLAMAMOS ESPECIALMENTE LA ATENCIÓN DE LOS QUE deseen adquirir artículos de excelencia incontestable, hacia la interesante lista de precios que publicamos en el presente número de las reputadas casas *Thurber*, ...

DOÑA EMILIA PARDO BAZÁN.

DE HOY más LA REVISTA ILUSTRADA DE NUEVA YORK se honra y enriquece con la colaboración permanente de esta ilustre dama é insigne escritora española, cuyo nombre es ya harto conocido donde quiera que se habla la lengua castellana. Su compatriota Valera no ha vacilado en compararla en estas mismas páginas, con Santa Teresa de Jesús, y, antes que él, otro juez no menos competente, Don Marcelino Menéndez Pelayo en el prólogo que, con destino al público americano escribiera para la "Vida de San Francisco de Asís", obra de intensa fé religiosa y profundo sentido histórico, escrita con angélica pluma, expresó sobre lo que vale el autor y lo que valen sus producciones, los siguientes conceptos, tanto más autorizados cuanto que provienen de quien como crítico se ha mostrado siempre muy parco en los elogios.

"Doña Emilia Pardo Bazán, mujer joven, agradable y discreta, favorecida largamente por los dones del nacimiento y de la fortuna, ha encontrado en su propio impulso y vocación incontrastable los medios de adquirir una prodigiosa cultura intelectual, superior quizá á la de cualquiera otra persona de su sexo, de las que actualmente escriben para el público en Europa, sin excluir país alguno, ni aun aquellos donde cierto género de obras de imaginación está totalmente entregado al ingenio de las mujeres. Lejos de limitarse al cultivo de las bellas letras,

(excepto el 2 y 3 de los meses de febrero y marzo de 1892, respectivamente).

La revista hace un esfuerzo durante 1890 y 1891 por ponerse a la altura de otras publicaciones contemporáneas de gran tirada, para lo cual remunera generosamente a autores conocidos como Emilia Pardo Bazán o Juan Valera[104]. Se intenta sanear la economía y se acude a recursos desesperados como publicar una lista de morosos que deben la suscripción anual en los ejemplares de los últimos tres meses de 1893 (entre los que se encuentran dos en Francia y uno en Tánger), o como ofrecer un 4% de descuento en la compra de la mercancía anunciada a los suscriptores que están al corriente de pago.

La revista y Losada, en particular, cuenta con otros recursos financieros además de los mencionados. Se trata de la venta de libros y la casa editorial que lleva su nombre, como indica en el anuncio aparecido en 1890:

> Aunque por separado enviamos directamente a nuestros amigos y suscriptores el catálogo de los libros que tiene de venta la casa editorial de los señores E. de Losada & Cía., nos tomamos la libertad de particularizar la recomendación que hacemos del excelente compendio de Geografía Universal por don Carlos Martínez Silva y de las bellas novelas inglesas, magistralmente traducidas al español, que llevan por título El Testamento del Señor Messon y Ella, tan aplaudidas e interesantes, con lindos grabados enriquecidas.
>
> Forman parte esas novelas de la serie de obras recreativas que ha empezado a editar dicha casa, y haría bien el lector en seguir nuestro consejo y ordenar que le envíen estas producciones que le recomendamos con todo nuestro entusiasmo (n° 9, 1 de setiembre de 1890: 6).

A pesar de todos los esfuerzos realizados, en 1892 se vende finalmente *La Revista Ilustrada de Nueva York* a Andrés F. Power, que se incorpora al año siguiente, tras lo cual se deteriora y pierde su prestigio literario, a la vez que muchos de sus colaboradores.

Después de febrero de 1893, cuando Losada se despide de los lectores de la revista, aún continúa con su editorial de Nueva York y así se lo confirma a Valera en su carta de 12 de diciembre de 1893 (en posesión de la familia Losada):

> Pues continúo exclusivamente con el negocio de libros en 124 Chambers Street. Y –como creo haberle informado– ajeno por completo a la marcha y coparticipación financiera de *La Revista Ilustrada* (op. cit. p. 7).

---

[104] El mismo Valera reconoce que su colaboración con la revista se debe a su notoria recompensa. En *Epistolario de Valera y Menéndez Pelayo, 1877-1905*, p. 434.

De gran interés resultan algunos artículos relacionados con lo español, su literatura y su lengua. Concretamente, el titulado «El idioma de la patria», donde se hace mención de que el aprendizaje del español está de moda entre las señoras estadounidenses. Se describe a continuación el interés por la lengua española:

> La visita de los Delegados hispano-americanos a los Estados Unidos y los trabajos de la Conferencia Internacional por estrechar las relaciones de nuestros países con esta República hermana, han despertado en los norteamericanos un grande interés por aprender nuestra Hermosa lengua, así en el sexo llamado a aumentar los negocios entre esta nación y las del resto de la América, como también en las damas, que con su fino instinto prevén que ha de llegar un día, no lejano en que gran número de hispano americanos habrán de venir a los Estados Unidos, y en que ellas mismas, aprovechando el ferrocarril continental, habrán de ir a visitar nuestros deliciosos países, cuya majestuosa naturaleza y cultura de sus hijos tienen ya anhelo de conocer (op. cit. núm. 6, junio 16, 1890: 16).

A tal efecto, las damas convocan reuniones de «conversación española» en las que practican la lengua, pero se reservan el derecho de permitir la entrada a hablantes nativos. Allí se recitan «poesías y trozos literarios de poetas y prosistas españoles o hispano-americanos, se representan comeditas de salón, se cantan canciones, se bailan danzas y bailes nacionales de España» y las damas acuden vestidas incluso con mantilla y peineta y acompañadas del abanico, si el calor lo hiciese necesario.

La Revista Ilustrada de Nueva York, a pesar de su corta existencia –tan sólo siete años– y del escaso número de ejemplares encontrados, ofrece, no obstante, una plataforma importante para la literatura española y establece una comunicación abierta tanto con las publicaciones en inglés (algunas de la misma ciudad de Nueva York, como el *Herald* y el *Sun*), como con aquéllas que llegan desde España. En ella figuran los acontecimientos culturales más señalados a ambos lados del Atlántico.

Debido a la escasez de la bibliografía relacionada con el periodismo literario en el siglo XIX, en relación no sólo con las publicaciones en español en Estados Unidos, algo que cabría esperar, sino también en lo que respecta a las publicaciones en inglés, el estudio de la trayectoria de cada publicación ha resultado laborioso. En algunos casos, no ha sido posible conseguir toda la información relacionada con cada una de las publicaciones. Y es que las obras bibliográficas en relación con el periodismo son escasas en Estados Unidos. En una reciente sesión, a la que tuve la fortuna de asistir, de la Research Society for American Periodicals en el congreso de la American Literature Association (Boston, mayo 2005), se concluyó que este tipo de trabajos de investigación no son, en general, apoyados por profesores o comités de tesis debido al largo periodo de tiempo que conlleva llevarlos a cabo, y se propusieron medios futuros para premiarlos en espera de conseguir una mayor motivación de los investigadores.

A pesar de los obstáculos encontrados al revisar publicaciones neoyorquinas como *La Llumanera de Nova York*, *La Ofrenda de Oro* y *El Progreso*, el interés histórico y cultural que aportan requería su presencia en este estudio. El contenido literario que aportan, sin ser cuantioso, no deja por ello de contribuir a la contextualización de los movimientos literarios finiseculares. Encontramos material constituido por anuncios, y artículos relacionados con acontecimientos culturales además de un par de relatos de Gustavo Adolfo Bécquer y Benito Pérez Galdós en *La Ofrenda de Oro*.

Las grandes estrellas neoyorquinas son *Las Novedades* y *La Revista Ilustrada*, que, a pesar de la distancia, mantienen un contacto continuo con los principales representantes contemporáneos de la literatura española e hispanoamericana, algunos de los cuales colaboran con ellas. Anuncios, relatos breves y críticas de la mayor parte de los autores contemporáneos ocupan buena parte de ambas.

Por último, las dos publicaciones de Nuevo México, el *Boletín Popular* y la *Revista Católica*, aun cuando se publican en una zona más aislada de los Estados Unidos, e incluso cuando aún Nuevo México no se ha constituido en estado, ejercen una importante labor de preservación del español y de la cultura hispana. La *Revista Católica* aporta al lector una buena representación de la narrativa breve española del momento, desde Fernán Caballero a Emilia Pardo Bazán. El Boletín Popular publica entre sus páginas literarias principalmente poesía, aunque también comprende el relato breve español contemporáneo, con autores como Emilio Castelar o Luis Taboada.

Producto de la revisión de las publicaciones periódicas elegidas es el hallazgo, en algunos casos, de colaboraciones de autores y autoras españolas, algunas inéditas, además de una importante representación de sus obras. El intercambio de ideas, resultado de la comunicación entre editores, escritores y críticos de España, Hispanoamérica y Estados Unidos a través de esas revistas, enriquece nuestro conocimiento no sólo sobre la promoción, publicación y recepción de la narrativa española decimonónica sino sobre el contexto en el que se articulan esos tres eslabones de la cadena literaria, que examinaremos a continuación.

CAPÍTULO III

EL PRIMER ESLABÓN: ANUNCIOS Y RESEÑAS

La labor de promoción de obras literarias españolas dice mucho en favor de las revistas estadounidenses en inglés, que las incluyen entre sus propias obras y entre aquéllas de autores extranjeros, principalmente franceses o alemanes. Las publicaciones examinadas contienen listas de editoriales que anuncian las novedades del momento, los libros elegidos de cada mes, o los que se pretenden vender en ocasiones especiales como la época de Navidad.

Lo más frecuente es la aparición del anuncio, breve descripción, reseña o crítica en el mismo número, con el fin de informar y atraer la atención del lector y posible comprador. En la mayor parte de las revistas el anuncio aparece al final, en la página o páginas correspondientes a cada editorial o colección, mientras que las descripciones o reseñas se incluyen en un apartado dedicado al comentario sobre obras nuevas. Aquéllas que se pueden permitir una sección de crítica realizada por un escritor conocido son escasas, como se verá más adelante.

Recordemos que *Atlantic Monthly* contiene tres secciones en las que se reseñan libros nuevos: «Books reviewed», «Comments on new books» y «Books of the month». En la primera sección se incluyen reseñas, mientras que en la segunda (que aparece más arbitrariamente en la revista) y en la tercera tan sólo se hallan breves descripciones de las obras. Por último, al final de la revista generalmente aparecen los anuncios de las obras reseñadas en el mismo ejemplar.

Tanto *Atlantic Monthly* como *Harper's* cuentan en plantilla con la pluma de W. D. Howells. En *Harper's*, Howells expresa su opinión en forma de crítica en la sección «Editor's Study». La labor realizada por

Howells en esa sección constituye una importante contribución al realismo estadounidense, pero también lo será, como veremos, al español. Además de esa sección, *Harper's* cuenta también con otra, en la que se reseñan los libros nuevos, denominada «Literary notes», y con un espacio al final de la revista dedicado a los anuncios. De entre las publicaciones en inglés examinadas, son esas dos revistas las que mantienen espacios o secciones que dan lugar a un tipo de reseña de tamaño considerable, aunque no de suficiente profundidad.

El resto de publicaciones en inglés contiene secciones con breves descripciones de las obras, como en *Littell's Living Age,* donde encontramos «Books of the month», y en *North American Review,* donde aparece «Books reviews and notices». Por su parte, *Scribner's* y *Catholic World* carecen de un espacio dedicado a la reseña de obras nuevas. *Catholic World* ni siquiera contiene anuncios, como es también el caso de la revista católica en español.

Las publicaciones en español que incluimos en este trabajo conciben la promoción de las obras literarias de forma diferente. Para empezar, el público que recibe estas revistas, una buena parte en Hispanoamérica, está ya familiarizado con los autores españoles y probablemente con sus obras, de modo que la labor de descripción de las mismas resultaría mucho menos necesaria. Así, los anuncios se reducen a simples listas de ventas, en algunos casos clasificadas por editoriales que se pueden adquirir a través de la propia revista.

Al igual que las publicaciones en inglés, las revistas en español también poseen su propia editorial, que sirve de intermediaria en la compra y envío de obras españolas. Los anuncios de las obras no aparecen precedidos de la reseña o comentario comercial de rigor, como ocurre en las revistas en inglés. Aquí, en cambio, las listas de las obras que se ofrecen se suceden durante varios números, repitiendo la mayor parte de los títulos en un simple índice de autores. Dicho lo cual, se debe tener en cuenta que las obras anunciadas aparecen prácticamente en cada ejemplar, aunque únicamente en una lista, y salvo contadas excepciones, sin comentario alguno. En consecuencia, mencionaré las obras anunciadas, teniendo presente que se repiten prácticamente en cada ejemplar.

La sección que dedican las revistas en español a los comentarios o reseñas difiere en cada una de ellas. La única revista que mantiene secciones fijas con ese fin es la neoyorquina *Las Novedades,* donde aparecen las «Notas bibliográficas» junto a los «Libros Nuevos». En *El Pro-*

greso y *La Revista Ilustrada* tan sólo aparece una lista de libros a la venta. *La Revista Católica* solamente contiene un anuncio, el de una traducción de *El Quijote*, lo que lleva nuevamente a la solvencia económica de que disfruta esta publicación, capaz, a diferencia de la práctica totalidad de las revistas del momento, de prescindir del ingreso que proveen los anuncios. Por último, el *Boletín Popular* y la *Llumanera de Nova York* carecen de anuncios o reseñas de obras literarias.

Para conseguir ofrecer una imagen paralela a la que contienen las revistas, otorgaré mayor importancia, en primer lugar, a aquellos autores cuyas obras son editadas en mayor número, dado que así lo hacen las publicaciones revisadas mediante anuncios y reseñas. Se tendrán en cuenta, de manera especial, aquellas publicaciones en inglés que hacen una labor de promoción importante, educando al público estadounidense, para el que los autores españoles no son conocidos. En suma, las obras literarias tendrán el protagonismo, como así lo hacen las publicaciones de la época, observando la atención diversificada que éstas dedican a cada obra. Con el fin de ofrecer cierta perspectiva temporal con respecto a las obras anunciadas y reseñadas en la prensa estadounidense, que pueda ser comparable a la que se produce en España, resulta necesario establecer una clasificación acorde con el material encontrado. Lo más conveniente es agrupar anuncios y reseñas por autores, teniendo en cuenta la fecha de nacimiento de cada uno de ellos, siguiendo, en cada caso, un orden cronológico de aparición en la prensa. De esa forma, se podrá hacer un seguimiento de la importancia y comercialización de una obra concreta y el creciente o decreciente interés de que disfruta a manos de la prensa estadounidense un autor determinado.

Aquellos autores que atraen mayor atención y espacio publicitario aparecen en primer lugar. Se trata, en su mayor parte, de los novelistas decimonónicos y en particular, de aquéllos que practican el realismo en sus obras, que atraen especialmente a los editores de las publicaciones examinadas. No obstante, similar atracción también se deja sentir por escritores cuya obra se considera más cerca del romanticismo que del realismo, como es el caso de Alarcón. Dada la corriente literaria del momento y el auge de la novela en España, en la que confluyen cierto romanticismo conservador junto al realismo y a un naturalismo propiamente español, es lógico pensar que los autores más destacados sean los representantes de esos movimientos literarios.

Después de examinar la labor de promoción en torno a los autores más representados por la prensa estadounidense, serán protagonistas aquellas otras obras y autores que aparecen anunciados o reseñados de manera esporádica y a los que prácticamente no se dedica espacio alguno. En muchos casos se reduce a una mera lista editorial que, no obstante, resulta interesante mencionar.

Por último, una revisión de *Don Quijote* en la prensa, la obra conocida probablemente por un número mayor de estadounidenses, que a pesar del auge de la novela a finales del siglo XIX o precisamente por esa razón, se reedita y traduce en varias ocasiones en este último cuarto del siglo.

1. Obras de los autores españoles más reconocidos

Juan Valera

Aunque la obra valeriana y el contexto personal en el que se produce vuelven a aparecer tratados con mayor profundidad más adelante, recordemos que el paso por Estados Unidos de Juan Valera entre 1884 y 1886 no deja mayores huellas en la prensa de ese país. Acuciado por circunstancias económicas familiares, Valera acude al cuerpo diplomático como posible solución a su problema, y digo posible porque las quejas en relación con el dinero son continuas durante su estancia en Washington, como se puede observar en las cartas que envía a su mujer y a sus hijos[1]. A Estados Unidos llega casi con sesenta años y la mayor parte de su obra narrativa en su haber. Aunque su estancia en ese país se torne poco fructífera, en cambio, resulta muy productiva en lo que a contactos editoriales y críticos se refiere, como veremos más adelante.

Los anuncios que aparecen en la prensa revisada están relacionados con las traducciones de *Pepita Jiménez* y de *Doña Luz*. No obstante, se tradujeron otras obras, de las que no hemos encontrado promoción alguna: *Pasarse de listo* (1892) (*Don Braulio* en la versión inglesa) y *El comendador Mendoza* (1893). Los anuncios mencionados a continuación aparecen únicamente en la prensa en español, concretamente en

---

[1] Galera Sánchez, Matilde (eds.) (1989), *Juan Valera, cartas a su mujer*, Córdoba: Publicaciones de la Excelentísima Diputación. Galera Sánchez, M., (1991), *Juan Valera, cartas a sus hijos*, Córdoba: Publicaciones de la Excelentísima Diputación.

Las Novedades de Nueva York, algunos años después de que se publicaran las traducciones de dichas obras. En las publicaciones en inglés se encuentran referencias a la obra de Valera pero se trata más de espacios críticos que de promoción.

En «Valera en los Estados Unidos»[2] se hace referencia al éxito de *Pepita Jiménez* en ese país, en particular la traducción al inglés de la casa Appleton, realizada en 1886, doce años después de su publicación en España, que ya ha anunciado una segunda impresión de la misma. Se menciona, asimismo, la traducción de *Doña Luz* de 1891, por la misma traductora de la anterior, Mary Serrano, casi dos décadas después de su publicación en la Península Ibérica. Edición que ya había recibido buena crítica por parte de Howells en *Harper's* (1886), de la que se incluye un extracto aquí.

La reseña titulada «Doña Luz» aparece en la sección «Notas Bibliográficas» de *Las Novedades* en 1891[3]. Como es común en estos círculos, bajo el aspecto de una crítica o aún menos, de una breve reseña, lo que hay es una simple alabanza del autor, de su reconocimiento como ministro de España en Washington, junto al elogio realizado por el crítico del *Sun* de Nueva York, que se traduce también aquí. Se menciona, igualmente, la buena crítica recibida por parte de Howells de la traducción realizada por Mary J. Serrano de esta obra, editada por la casa Appleton. En dicha reseña se hace hincapié en los rasgos de la protagonista y las escenas costumbristas que informan al lector estadounidense de lo que, se supone, es el carácter del pueblo español.

En la «Sección Pública Recibida», también en *Las Novedades*[4], aparece un nuevo comentario a la traducción de «Doña Luz». Se resalta el hecho de que esta obra «sigue mereciendo aplausos de la crítica norteamericana». Se alaba tanto la obra como la traducción realizada por la ya célebre Mary J. Serrano, conocida de Valera y del cículo literario estadounidense. A modo de crítica, se incluye la recibida por la obra en el *Herald* de Nueva York, si bien traducida. En ella se dedica especial atención a la protagonista, cuya descripción típica de la heroína española se considera muy bien realizada por el autor, que ha conseguido plasmar en el papel no sólo a la protagonista sino también al

---

[2] *Las Novedades* nº 468, 26 de febrero, 1891.
[3] *Las Novedades* nº 472, 26 de marzo, 1891.
[4] *Las Novedades*, nº 47, 30 de abril, 1891.

resto de los personajes. En cuanto al papel del narrador se dice que está oculto en la obra denominada cuento o romance. Resulta curiosa esta apreciación, cuando Valera es acusado por algunos de sus contemporáneos, Palacio Valdés y Pardo Bazán entre ellos, precisamente de todo lo contrario: de la falta de independencia de sus personajes, en los que se ve reflejada la voz del autor, incluso de la coincidencia de la voz del narrador con la propia voz del autor[5].

Las reseñas de *Doña Luz* que aparecen en *Las Novedades* en 1891 están relacionadas con la traducción de la obra que aparece ese mismo año en Estados Unidos. También en 1891 los comentarios en torno a *Pepita Jiménez* tras su traducción en 1886 tienen menos sentido, a no ser que el hecho también esté relacionado con la publicación de las colaboraciones de Valera en *Las Novedades* durante el año anterior, 1890.

Pedro Antonio de Alarcón

Las afiliaciones políticas de Alarcón, primero liberal y después conservador, y su puesto de director del periódico *El Látigo*, con tan sólo veintiún años, y más tarde la fundación de *La Política*, en la que se realiza una campaña en contra del ministerio de Miraflores, no le granjearon muchos admiradores, más bien lo contrario. Más tarde, en 1866, Alarcón se ve obligado a exilarse a París, expulsado por el gobierno Narváez-González Bravo, por haber firmado como diputado por Guadix la protesta de los diputados unionistas, producto de la cual es la revolución de septiembre de 1868.

A pesar de tales acontecimientos, a partir de 1874 Alarcón inicia una de sus etapas más fecundas, convirtiéndose al año siguiente en Consejero de Estado para la Restauración y miembro de la Real Academia. Sus principales obras obtienen un éxito considerable en España, que el autor reconoce, no así de su narrativa breve, con respecto a la cual expresa su opinión en su testamento como sigue:

---

[5] El propio Valera se defiende al respecto en varias ocasiones: «En cierto modo, me parece imposible hacer yo hablar a ningún personaje de mi invención ni peor ni mejor de lo que yo hablo. En este sentido don Quijote y Sancho hablan siempre como Cervantes». «Carta de 22 de junio de 1882», en Artigas Ferrando, Miguel y Pedro Sainz Rodríguez (eds.), (1946), *Epistolario de Valera y Menéndez Pelayo, 1877-1905*, Madrid: Publicaciones de la Sociedad Menéndez Pelayo.

Los demás escritos míos que llevan mi firma y que pueden hallarse en tal o cual periódico o colección, no se reimprimirán nunca, pues reniego de ellos absolutamente por insulsos o por demasiado defectuosos. Espero ser obedecido rigurosamente en este punto[6].

Algunas de sus principales obras gozan de la preferencia de autores como Pérez Galdós, quien, aunque reconoce el éxito y la gracia de *El sombrero de tres picos*, prefiere *El escándalo* y *El final de Norma* a aquélla. Pérez Galdós afirma que «el éxito de *El niño de la bola* fue grande y poco menos ruidoso que el de *El escándalo*, pero al dar a luz *La pródiga* hubo de notar el autor en el público cierta frialdad que abatió su ánimo y lastimó su amor propio»[7]. A pesar de reconocer el éxito de las obras alarconianas, acusa Pérez Galdós a Alarcón, no obstante, de «intolerante, atrabiliario, no viendo más allá del conjunto sistemático en que el vivió, y abominando de las mudanzas más de forma que de fondo que trajeron los tiempos.»(ibid., p. 454). A pesar de tratarse de un escritor cuyas obras se publican con anterioridad, concretamente a mediados de la década de 1870, en la prensa estadounidense de finales del siglo XIX vamos a encontrar anuncios, reseñas, incluso traducciones de esos relatos breves de los que él reniega.

Modern ghosts se anuncia como un libro nuevo en *Harper's* en 1890[8] dentro de la sección «Literary Notes». Se trata de una antología de varios autores, entre ellos Alarcón y Bécquer. El anuncio de *Modern ghosts* aparece nuevamente en 1891, esta vez en *Atlantic Monthly*, en la sección «Comments on new Books» (n° LXVI). Se indica brevemente el contenido de este libro editado por Harper's, que traduce y recopila obras de Guy de Maupassant, Pedro Antonio de Alarcón, Alexander L. Kielland, Leopold Kompert, Gustavo Adolfo Bécquer, y Giovanni Magherini-Graziani, con una introducción de George William Curtis, el editor de la revista *Harper's*. Se indica la diferencia entre los fantasmas modernos y los antiguos, que estos autores explican de manera psicológica.

En 1892 aparece en la sección «Publicaciones Recibidas» de la revista neoyorquina *Las Novedades*[9] una breve mención de la traduc-

---

[6] Romano, Julio (1933), *Pedro Antonio de Alarcón, el novelista romántico*, Madrid: Espasa-Calpe, p. 140.

[7] Carta 152 fechada a 31-VIII-91/28-VII-91 en Shoemaker, W. H. (1973), *Las cartas desconocidas de Pérez Galdós en la prensa de Buenos Aires*, Madrid: Ediciones de Cultura Hispánica, p. 454.

[8] *Harper's New Monthly Magazine*, n° LXXXI, junio-noviembre, 1890.

[9] *Las Novedades*, n°.548, 8 de septiembre, 1892.

ción de *El niño de la Bola*, realizada por Mary Serrano para la editorial Cassell Publishing Company. Además de la ya traducida, en *Las Novedades* se ponen a la venta otras obras de Alarcón: *El sombrero de tres picos, El capitán veneno, El escándalo, Amores y amoríos, El final de Norma* y *Últimos escritos*.

En la misma fecha que la obra anterior se anuncia *Brunhilda or The last act of Norma* en la sección «Comments on New Books» de *Atlantic Monthly*[10], obra traducida por Mrs. Frances J.A. Darr.

A pesar de los elementos realistas que Alarcón introduce en su obra, ésta no deja de ser plenamente romántica, y de presentar, además, un tono moral conservador acorde con su propia ideología. Ideología que justifica la moral en el arte, tema de su discurso de entrada en la Real Academia, todo lo contrario de lo que piensan autores como Valera, quien sólo entiende el arte por el arte, aunque no siempre lo cumpla en sus obras.

Aunque las traducciones que se publican de sus obras no son muchas, y la promoción que de ellas se hace tampoco; no obstante, veremos que sus relatos breves se traducen con asiduidad en *Littell's Living Age*. No deja de ser curiosa la coincidencia de la traducción de sus obras con la fecha de su muerte, el año de 1891, acontecimiento del que da cuenta *Las Novedades* de Nueva York.

La muerte de Alarcón da pie a comentarios de autores coetáneos, como el siguiente de Benito Pérez Galdós:

> El sombrero de tres picos, que apareció, si no recuerdo mal, hace unos quince o dieciséis años, tuvo uno de los éxitos más ruidosos que hemos visto en España. Es un cuento incomparable de germen popular, amplificado con encantador ingenio y narrado con toda la gracia del mundo. Numerosas ediciones se han hecho de esta novelita que nunca envejece, que siempre cautiva por su frescura y lozanía.(op. cit.)

Gustavo Adolfo Bécquer

Ya se ha mencionado la obra *Modern Ghosts* que se anuncia tanto en *Harper's* como en *Atlantic Monthly*, en la que aparecen obras de Bécquer y de Alarcón.

[10] *Atlantic Monthly*, nº LXIX, 1892.

La serie de poetas castellanos del siglo XIX de *La Revista Ilustrada* anuncia en 1892 (n° 9, 15 de septiembre) la cuarta edición de las obras de Bécquer, aumentada y corregida, que incluye tres tomos con el retrato del autor, en tela y con dorados. De esta serie, menciona la revista que «publica las más grandes obras del ingenio humano, y será como un archivo donde se conservará lo más sabio, lo más instructivo o lo más sublime de todas las literaturas y contiene obras de E.A. Poe, Lamartine, Lord Byron, Schiller».

Éste es el único anuncio de la obra becqueriana encontrado en la prensa estadounidense revisada. Su obra no parece traducirse y tampoco recibe crítica alguna en la prensa. Tan sólo veremos publicada una de sus leyendas en la revista neoyorquina *La Ofrenda de Oro*, en 1883[11].

Benito Pérez Galdós

La primera obra de Pérez Galdós traducida para el mercado estadounidense es *León Roch: A romance*, y se la comenta en la sección «Books received» de *North American Review* en 1888[12]. La obra está traducida por Clara Bell en dos volúmenes, y editada por la casa neoyorquina William S. Gottsberger. Se trata de un anuncio extenso o una reseña breve; podría considerarse de la dos formas. En cualquier caso, se realiza con fines promocionales, siguiendo la reciente traducción de la obra que se anuncia a pie de página, diez años después de su primera aparición en España. Además de contener la explicación del argumento, se arguye la falta de veracidad del protagonista y de algunas escenas de la novela. Se critica también la sensación del lector al conocer el final, que pareciera no estar terminado porque triunfa, en cierta forma, la racionalidad en lugar del misticismo –que se pone en duda– de María Egipciaca, algo que no es del gusto del que escribe. A pesar de esos pormenores la obra y los personajes se encuentran «reales».

El que reseña desconoce la actitud de Pérez Galdós frente al catolicismo. Pérez Galdós está a favor de un catolicismo verdadero, y, en cambio, critica en ésta y en otras de sus novelas la mojigatería destructiva que tiene lugar en el sistema católico. Se trata, en consecuencia, de una reseña poco acertada.

---

[11] *La Ofrenda de Oro*, v. IX, n° 8, diciembre, 1883: pp. 18-19.
[12] *North American Review*, n° 147, 1888: p. 239.

Al igual que la anterior, en 1878 aparece en España *Marianela*, una novela de temática muy diferente a la anterior, pero en la que también triunfa el racionalismo sobre la religión. *Marianela: a story of spanish love* realizada por Helen W. Lester, aparece anunciada en 1892 por *Atlantic Monthly*[13], incluida en la serie «Tales from Foreign Lands», que realiza la editorial de Chicago A. C. McClurg & Company. Junto al anuncio se encuentra un breve comentario en el que se destaca la exquisitez del autor, que cubre el profundo análisis del ser humano.

En 1895, *North American Review*[14] anuncia, entre las recomendaciones para Navidad, la traducción de *Doña Perfecta*, casi veinte años después de su primera aparición en España, como en el caso de las anteriores.

Nuevamente en ese mismo año de 1895, y antes incluso de que esté preparada la traducción de *Doña Perfecta*, la revista *Harper's*[15] ya la anuncia en el tercer trimestre del año, afirmando que está casi lista. La traductora es la ya conocida señora Serrano y en esta edición se incluye un prólogo de Howells. En el número siguiente, de finales de 1895[16], se reseña la obra en la sección «Literary notes». Se la vuelve a anunciar de nuevo en el segundo número de 1896[17], constituyendo así la novela española que recibe mayor promoción por parte de la prensa en el período señalado.

En la introducción de Howells que acompaña a esa traducción de *Doña Perfecta* se recoge la opinión de Clarín sobre Pérez Galdós, según la cual Galdós es uno de los mejores escritores del momento, no está en contra del dogma católico ni tiene prejuicios políticos o religiosos. Sus novelas protagonizadas por la clase media le resultan populares, al parecer, al lector español tanto como al estadounidense. Se la compara a grandes novelas como *Ana Karenina* o *Vanity Fair* y se describe a su protagonista como a una mujer exaltada por las creencias religiosas, incapaz de tomar decisiones racionales o conscientes. Después de esos breves comentarios, se incorpora una breve biografía de Pérez Galdós en la que se menciona la visita de Mr. William Henry Bishop y la descripción física y profesional que de él hace (que veremos en el capítulo dedicado a la crítica).

---

[13] *Atlantic Monthly*, n° LXX, 1892.

[14] *North American Review*, n° 161, 1895.

[15] *Harper's* New Monthly Magazine, n° 91, junio-noviembre, 1895.

[16] *Harper's* New Monthly Magazine, n° 92, diciembre-mayo, 1895-1896.

[17] *Harper's* New Monthly Magazine, n° 93, junio-noviembre, 1896.

Oportunamente se anuncia en 1899 la traducción de uno de los episodios nacionales, el dedicado al sitio de Zaragoza, que pertenece a la primera serie publicada en España entre 1873 y 1875. La obra es traducida por Minna Caroline Smith y publicada por Little, Brown & Co. como *Saragossa*. Aparece en la sección «Books and Authors» de *Littell's Living Age*[18] (n° CCXXIII de octubre a diciembre). Solamente se indica que la obra está escrita en forma autobiográfica.

Otras obras de Pérez Galdós a la venta se anuncian en *Las Novedades*: *Marianela, Tormento, La de Bringas, El amigo manso, La desheredada, El audaz, Torquemada, La familia de León Roch, Episodios Nacionales, La fontana de oro, Doña Perfecta* y *¡Misericordia!*

Como se puede apreciar, las reseñas de las obras galdosianas son muy breves y superficiales. Es de destacar el orden en el que se traducen sus obras, inverso al que se publican en España, donde aparece *Doña Perfecta*, seguida de *Marianela* y *La familia de León Roch*. Teniendo en cuenta que *Doña Perfecta* tuvo más éxito entre el público español que *La familia de León Roch*, y que aquélla se publicó con anterioridad, uno se pregunta por qué razón tuvo lugar lo contrario al traducirse para el público estadounidense. Las reseñas, no obstante, no apuntan justificación alguna.

Emilia Pardo Bazán

La única obra de esta autora que aparece anunciada con algún comentario al respecto es *Morriña*. Se anuncia su traducción en las «Notas Bibliográficas» de *Las Novedades* en 1891 (n° 501, 15 de octubre), tan sólo dos años después de su primera publicación en España, de modo que es una de las obras que más pronto se traduce, tal vez por mediación de la autora con la editorial Cassell. Aunque no disponemos en la actualidad de una información amplia sobre el tema, sí podemos recoger varios comentarios al respecto. Uno de ellos emitido por la propia Emilia Pardo Bazán:

> Un distinguido extranjero que vino a Madrid a cerrar contratos con los novelistas españoles, para que sus obras se publiquen traducidas en

---

[18] *Littell's Living Age* (1899) n° CCXXIII, octubre-diciembre.

los Estados Unidos, me decía que, en opinión de Zola, nuestra novela actual es la *tercera* en mérito de las que hoy se conocen en Europa: el autor de *Germinal* reservaba, por supuesto, la primicia a la novela francesa y a la rusa, y no estando resuelto cúal de estas dos triunfa, la nuestra vendría a ser la *segunda* realmente[19].

Clarín, por su parte, acusará a doña Emilia de no acordarse de algunos autores españoles cuando de traducir las obras al inglés se trataba (el tema aparece tratado con más extensión en el apartado dedicado a la recepción de la obra clariniana).

En cualquier caso, las relaciones de la autora con la editorial Casell fueron muy fructíferas, logrando la traducción de cinco de sus novelas en ese mismo año de 1891. Las afortunadas fueron *The angular stone, A christian woman, Morriña, The swan of Vilamorta* y *A wedding trip*.

En el comentario que acompaña al anuncio mencionado no se describe la obra, sólo se elogia a la autora y a la traductora, Mary J. Serrano. Se comenta el éxito de la obra entre los españoles y se la describe como «una joya literaria de oro fino, que lleva la marca del fiel contraste y que para nada necesita de nuestros elogios». De la misma forma, se considera a Mary J. Serrano entre las mejores traductoras de lengua española, que ya ha hecho una buena labor al traducir *Un viaje de novios* para los «yankees».

Otros anuncios de obras pardobazanianas aparecen a la venta en *Las Novedades*: *Al pie de la torre Eiffel, Un viaje de novios* y la mencionada *Morriña*.

En *La Revista Ilustrada de Nueva York* se anuncia en 1892 la futura incorporación de *La piedra angular* (n°. 6, 15 de junio). Esa incorporación se produce debido al cese de la publicación de otra novela. La causa de ese cambio se explica como sigue:

> Creyendo interpretar mejor el gusto extremedamente delicado de nuestros numerosos lectores de Hispano-América, y con especialidad el de las damas, que ven con desagrado y rechazan lejos de sí toda obra que se inspire en las repugnantes desnudeces de la moderna escuela naturalista, por mas que la forma literaria sea irreprochable y el asunto intere-

---

[19] «Ángel Guerra» (1891) *Nuevo Teatro Crítico*, agosto, en Sotelo Vázquez, M. (1990), *Ángel Guerra de Benito Pérez Galdós y sus críticos (1891)*, Barcelona: PPV, Literatura y Pensamiento en España (siglos XVIII-XIX-XX).

sante, retiramos la novela Dulce y Sabrosa que empezamos a publicar en nuestro número anterior, y en su lugar daremos una de las mas recientes novelas de nuestra distinguida colaboradora, de la ilustre novelista española señora doña Emilia Pardo Bazán, que ha sabido conciliar el realismo con la discreción, y dice, sin falsear la verdad ni el arte, lo que puede leerse sin rubor en los sencillos hogares americanos.

En cuanto a «los que deseen continuar leyendo la novela *Dulce y Sabrosa*, de cuyo estilo e interesante trama tienen una brillante muestra por lo que ya conocen, pueden pedirla a la Librería de los señores E. de Losada & Co, donde se encuentran ejemplares de ella para su venta». Sin duda, la novela de Jacinto Octavio Picón, que aparece justo un año antes en España, levanta polémicas con respecto a su trato de las escenas amorosas. Más que naturalista, defecto del que se la acusa, esta obra refleja la actitud del autor en contra de las convenciones sociales.

Las revistas neoyorquinas en español son las únicas en anunciar la obra de Emilia Pardo Bazán, aun cuando de su pluma procede el mayor número de obras españolas traducidas en Estados Unidos, junto a las de Armando Palacio Valdés. No obstante, el conocimiento que se tiene de la autora es tardío –por parte de críticos como Howells, por ejemplo, quién comenta su obra sólo a partir de 1890 (antes de que se traduzca, no obstante)–. Sin embargo, *Littell's Living Age*, como veremos más adelante, publica relatos breves y cuentos suyos entre 1889 y 1898.

Armando Palacio Valdés

Como tendremos ocasión de comprobar en el apartado crítico, Palacio Valdés es el primer autor español que ve sus obras traducidas y publicadas en Estados Unidos. En consecuencia, los comentarios en torno a sus obras también son los primeros en producirse. A finales de la década de los ochenta, en 1887, se anuncia *The marquis of Peñalta* en dos de las publicaciones estadounidenses en inglés. En la sección «Books of the Month» de *Atlantic Monthly*[20] aparece junto al anuncio una breve

---

[20] *Atlantic Monthly*, nº LIX, febrero, 1887.

descripción de la obra traducida por Nathan Hakell Dole, que se considera «a realistic social novel». La revista *Scribner's Monthly*[21] también anuncia esa misma traducción, en su sección «New books of positive value and timely interest», como una novela realista social. Probablemente esos calificativos resultan, llegado el momento, *leitmotivs* que acompañan a la obra donde quiera que se anuncie.

Al año siguiente, *North American Review*[22] incluye *Maximina* en su sección de «Book Reviews». Aparece una reseña de la traducción de Nathan Haskell Dole editada por Thomas Y. Crowell de Nueva York. Destacable es la rapidez con la que se traduce la obra, tan sólo un año después de su primera aparición en España. Considerada una obra intensamente realista, se pondera la caracterización de los personajes, que quedan muy bien dibujados y son similares a aquéllos que habitan el país de la Alhambra, aunque la protagonista de esta novela reúna las características de una mujer del norte y del oeste más que del sur. En esa descripción de la obra no se tiene en cuenta que la novela sigue el argumento de *Riverita* y que los personajes pertenecen al ambiente madrileño. Parece, más bien, que el que comenta la obra desconoce las características regionales de la Península Ibérica y compara cualquier ambiente con el que aparece en obras conocidas para él, como pueden ser las ya mencionadas de Washington Irving relacionadas con la Alhambra.

Otros anuncios de las obras de Palacio Valdés a la venta en *Las Novedades* incluyen anuncios de *Maximina*, *José*, *Aguas fuertes* y *El cuarto poder*.

Como ocurre en el caso de Emilia Pardo Bazán, también en el de Armando Palacio Valdés se anuncian muy pocas obras suyas, en proporción con las obras traducidas. Las reseñas que acompañan a esos anuncios son, como se ha podido apreciar, muy pobres y poco acertadas en sus comentarios.

2. Obras de otros autores del siglo XIX

Aunque durante la revisión de la prensa estadounidense elegida para este estudio mencione, por alusiones o comparaciones, las obras o labores críticas de algunos de los autores que consideraremos a conti-

---

[21] *Scribner's Monthly*, v.I, 1887: p. 23.
[22] *North American Review*, nº 147, 1888.

nuación, no obstante, no aparecen anuncios, reseñas o comentarios que las describan. Únicamente las revistas neoyorquinas en español anuncian esas obras, que ponen a la venta.

En esas listas de ventas aparecen autores de generaciones anteriores, como Fernán Caballero y el anuncio de su obra más conocida, *La Gaviota*[23]. Un seguidor de la autora, el padre Coloma, cuyas obras aparecen extensamente publicadas en *La Revista Católica* de Nuevo México, pasa desapercibido sin embargo para la prensa en inglés, con la excepción del anuncio de la traducción de *Currita, countess of Albornoz* en *Littell's Living Age*[24].

Autores conocidos y reconocidos en España, que cuentan con una crítica favorable, aunque no unánime, como Pereda, pasan prácticamente desapercibidos para la prensa de aquel lado del océano, a excepción de las listas de ventas de *Las Novedades*. *La Montálvez, El buey suelto, De tal palo tal astilla, Tipos y paisajes, Esbozos y rasguños, El sabor de la tierruca, Sotileza, La puchera, Don Gonzalo Gonzaléz de la gonzalera, Los hombres de pro* son los títulos de Pereda, que aparecen en un nuevo espacio de anuncios, el de la «Biblioteca Económica de *Las Novedades*, novelas baratas»[25].

Otros escritores con la reputación de Leopoldo Alas «Clarín» son también omitidos por la prensa estadounidense en inglés. En cambio, Clarín colabora en *Las Novedades* con ensayos críticos, como veremos, y allí se anuncian algunas de sus obras. *Mis plagios, Rafael Calvo* y el *Teatro Español*, aparecen en *Las Novedades* en 1890[26]. Dos años más tarde, se anuncian sus obras recopilatorias *Mezclilla* y *Sermón perdido* junto a *La Regenta* en *La Revista Ilustrada de Nueva York*[27]. Obras todas publicadas en España durante la década de 1880 y que se anuncian en Estados Unidos con algunos años de retraso. Como veremos, la crítica estadounidense tampoco reconoce la obra de Clarín, lo que parece lógico teniendo en cuenta que ninguna de sus obras se tradujo en Estados Unidos durante el siglo XIX.

Obras de autoras conocidas durante el último cuarto del siglo XIX y desconocidas hoy para muchos, como Eva Canel y M.ª del Pilar

23 *Las Novedades*, n° 3.365, 2 de enero, 1890.

24 *Littell's Living Age*, n° CCXXV, abril-junio, 1900.

25 *Las Novedades*, n° 3.370, 8 de enero, 1890.

26 *Las Novedades*, n° 3.370, 8 de enero, 1890.

27 *La Revista Ilustrada de Nueva York*, n° 9, 15 de septiembre, 1892.

Sinués, se incluyen también en las listas de *Las Novedades*. De la primera se anuncia una de sus obras de viajes *Cosas del otro mundo*; de la segunda *Como aman las mujeres*, ambas en 1890[28].

La otra revista en español que incluye una lista de obras a la venta es *El Progreso*, donde, además de las ya mencionadas, se ponen a la venta las *Fábulas de Iriarte*[29], las *Obras Completas* de Larra o «Fígaro»[30], las *Obras Completas* de Martínez de la Rosa[31] y las *Fábulas* de Samaniego[32].

3. LA DESTACADA PRESENCIA DE UN CLÁSICO: TRADUCCIONES DE *DON QUIJOTE*

Los anuncios de las distintas ediciones, versiones y traducciones que se realizan de la obra maestra de Cervantes ocupan este último epígrafe. La primera traducción anunciada en la prensa estadounidense, dentro del período revisado, corresponde a la titulada *The ingenious gentleman Don Quixote of La Mancha*. El anuncio y la reseña de dicha traducción aparecen en *Scribner's Monthly* en 1887[33]. John Ormsby es el traductor, y escribe además la introducción y las notas de esta obra en cuatro volúmenes. Se trata de una edición limitada a cincuenta ejemplares editados por Dodd, Mead & Company de Nueva York, realizada para bibliotecas, en papel hecho a mano e inscripciones de oro. La reseña que aparece en el mismo número de la revista considera esta traducción la mejor hasta ese momento.

En 1895 se comenta la nueva edición de la traducción académica de la obra de Cervantes por Mr. Henry Edward Watts. *Don Quixote* aparece en la sección «Comment on New Books», apartado de «Literature and Criticism» en *Atlantic Monthly*[34]. La reseña es muy completa, porque incluye tanto comentarios a las notas dirigidas a los estudiantes como a la propia traducción. Se hace referencia, de igual manera, a algunos de los episodios que aparecen en el primer volu-

---

[28] *Las Novedades*, n° 3.365, 2 de enero, 1890.
[29] *El Progreso*, n° 3, marzo, n° 5, mayo, 1884.
[30] *El Progreso*, n° 5, mayo y n° 8, agosto, 1884.
[31] *El Progreso*, n° 5, mayo y n° 8, agosto, 1884.
[32] *Las Novedades*, n° 3.370, enero 8, 1890.
[33] *Scribner's Monthly*, n° II, 1887.
[34] *Atlantic Monthly*, n° LXXV, 1895.

men y se considera la obra, por el que reseña, como progenitora de *Pickwick* y *Sam Weller*. Ésta es la misma edición que aparece mencionada en *La Revista Católica* ya en 1888[35]. Se señala la preparación de esa edición y se lamenta el hecho de que esté limitada a doscientos cincuenta ejemplares. La otra revista española que anuncia el Quijote en su versión española, en varias ocasiones durante 1884, es *El Progreso*.

Por lo demás, no sólo se editan varias versiones del Quijote, sino que además se escribe un libro de viajes sobre el contexto espacial del protagonista. Así, aparecen extractos de la obra «On the trail of D. Quixote» en *Scribner's Monthly*, en 1896[36]. *On the trail of Don Quixote* está editada por Charles Scribner's Sons' y es producto de la colaboración entre Daniel Vierge, español, y F. Jaccaci, que ha viajado a La Mancha y conoce el país desde niño. Se destacan las cualidades del autor para reflejar lo pintoresco y las ilustraciones de la obra, que Daniel Vierge completó en tres años. El anuncio de la obra aparece en la sección «Books for the Holidays» de *Scribner's Monthly*[37]. Se indica que el libro no pretende seguir los pasos de Don Quijote, sino mostrar su tierra en ese momento. La obra se anuncia también en *Atlantic Monthly* en 1896[38], en la página dedicada a la editorial *Scribner's*.

Al año siguiente, en 1897, aparece otra traducción de *Don Quijote*, esta vez de John Ormsby, en dos volúmenes, para la editorial Thomas Y. Crowell & Co. de Nueva York. La revista *Scribner's Monthly* (nº XXI) la incluye en el apartado de «New Holiday Books». En una pequeña nota se la señala como la mejor traducción en el mercado (algo que ya hemos oído antes decir a Howells) que se puede adquirir en cualquier librería o por correo.

Don Quijote atrae la atención de una serie de intelectuales de la época durante las décadas de 1880 y 1890 –incluido Howells, admirador de la obra–. Prácticamente hasta el final de siglo se suceden las ediciones y traducciones de la obra, que se convierte también durante el siglo XIX en un clásico para el lector estadounidense.

---

[35] *La Revista Católica*, nº 1, 1 de enero, 1888.
[36] *Scribner's Monthly*, nº XX, 1896.
[37] *Scribner's Monthly*, v. XXI, 1897.
[38] *Atlantic Monthly*, nº LXXVIII, 1896.

4. Valoración

Como se ha podido observar, los anuncios y reseñas constituyen un elemento más de la promoción y venta de las obras para las publicaciones en inglés. En cambio, algunas revistas en español como *Las Novedades* ofrecen una labor divulgativa importante a través de las secciones fijas dedicadas a la información del lector, que en muchos casos debe ya conocer a los autores de antemano.

En las publicaciones en inglés, por tanto, las reseñas son, en muchos de los casos, meros anuncios o resúmenes comerciales de la obra. Y teniendo en cuenta que el anuncio acompaña generalmente a la descripción o reseña, las obras raramente son anunciadas más de una vez, a no ser que se trate de una traducción o reedición de la misma. En consecuencia, en la mayor parte de las publicaciones en inglés se trata de una situación más comercial o de promoción que propiamente literaria. No obstante, en las revistas de mayor envergadura como *Atlantic Monthly*, *Harper's New Monthly Magazine* y *Scribner's Monthly* se promocionan las obras de Pedro Antonio de Alarcón, Gustavo Adolfo Bécquer, Benito Pérez Galdós y Armando Palacio Valdés. A excepción de las obras de Bécquer, las obras del resto de autores se promocionan en varias publicaciones en inglés.

Por contra, la mayor parte de las publicaciones en español carecen de una sección dedicada exclusivamente a los anuncios o las reseñas. La única revista en español que incluye secciones fijas es la neoyorquina *Las Novedades*, donde aparecen las «Notas bibliográficas» junto a los «Libros Nuevos». En este caso no parece tratarse de una iniciativa de finalidad exclusivamente mercantil: no se guarda la estrecha relación entre la reseña y el anuncio que suele ser la tónica en algunas de las publicaciones en inglés. Los editores de *Las Novedades* ponen a la venta las obras de la mayoría de los autores contemporáneos y se reseñan algunas. Además de *Las Novedades*, *El Progreso* y *La Revista Ilustrada* también incluyen una lista de libros a la venta aunque no de manera permanente.

Como se ha podido apreciar, no existe coherencia alguna para la selección de obras anunciadas. No se sigue, en general, el mismo orden de aparición que en España. Las obras elegidas por la prensa estadounidense tampoco son las que mayor éxito han alcanzado en nuestro país. La narrativa española que alcanza su momento cumbre en la década de 1880 llega a Estados Unidos, en los mejores casos, como los de Palacio Valdés y Pérez Galdós, a finales de dicha década. Para otros escritores como Alarcón, Bécquer, Pardo Bazán y Valera, los anuncios y traducciones se producen en la década de 1890. Autores reconocidos en España como Clarín y Pereda se omiten por completo de la escena narrativa en la prensa estadounidense, salvo en las listas de ventas de *Las Novedades*. Mención especial merecen los anuncios y reseñas de traducciones de *Don Quijote*, que sí mantiene una presencia continua.

CAPÍTULO IV

NARRATIVA DE AUTORES ESPAÑOLES CONTEMPORÁNEOS

La narrativa publicada en la prensa estadounidense examinada resulta ser de una gran profusión y variedad, lo cual representa fielmente las circunstancias literarias de la época. Después de la revolución de 1868 renace en España la novela como tal, tras haberse ido tejiendo durante el resto del siglo en las distintas variedades del relato: cuadro de costumbres, cuento o novela de folletín; ejemplos de todos ellos se verán reflejados en la prensa estadounidense. Además, la novela del último cuarto del siglo integra un nuevo movimiento literario, el Realismo y, poco a poco, va ensombreciendo los elementos románticos, frecuentes en aquellos otros relatos. Es, precisamente, ese movimiento el que mayor interés suscita entre los críticos literarios estadounidenses, y en uno, concretamente, más que en otros, el ya mencionado William Dean Howells.

Si bien es el Realismo el protagonista de la escena literaria española en los años ochenta, los elementos costumbristas y moralizantes comparten con los románticos e incipientes naturalistas la narrativa del momento. Por un lado, encontramos los elementos costumbristas en las novelas de Fernán Caballero, que aboga por la representación de la verdad gracias a la observación, algo que será primordial para los naturalistas. No obstante, aunque la autora parece huir del folletinismo romántico, en sus obras aún se aprecia el sentimentalismo que caracteriza ese tipo de literatura, junto a un narrador mucho más intervencionista y moralizante del que preconiza el realismo, no digamos ya el naturalismo. De la misma forma, encontramos también esos elementos románticos en las obras de Alarcón, quien además retrocede hacia la narrativa tradicional incorporando en la misma elementos folclóricos. Podría decirse así que Alarcón da un paso atrás en relación con Fernán Caballero, para quien el reflejo de la realidad en sus obras es ya primordial. Y tras ellos, otra serie de novelistas en cuyas obras se dejan entrever aún elementos costumbristas, tanto románticos como naturalistas. Estos últimos siempre al estilo español, es decir, observando un naturalismo poco más que formal en la mayoría de los casos, dada la importante carga moral que contiene la sociedad española decimonónica aún anclada, en su mayor parte, en los cánones tradicionales. Esto no permite al autor decimonónico admitir abiertamente que el medio condicione al ser humano, y sí, en cambio, debe mostrar la conciencia de los personajes debatiéndose con el determinismo.

En la prensa estadounidense se incluyen colaboraciones de escritores conocidos como Pardo Bazán o Valera, o de autores reconocidos por su labor política como Castelar, junto a cuentos de Pérez Galdós o de Bécquer y novelas por entregas. La mayor parte de esas novelas se publican en la prensa en español. Las publicaciones neoyorquinas inclusive se atreven a publicar relatos que se acercan más al naturalismo que al realismo, en los que aparecen temas polémicos como el de la pena de muerte, en *La piedra angular,* de Emilia Pardo Bazán. Por su parte, la prensa en inglés prefiere, en general, el relato breve, acorde con la «short story» de tradición inglesa, y opta por traducir obras de Alarcón, en las que perviven los elementos folclóricos y románticos más que los realistas.

En efecto, la novela española renace durante la segunda mitad del siglo XIX, cuando ya se han publicado la mayor parte de las novelas de Fernán Caballero, no muy bien acogidas por algunos autores de la época, Pérez Galdós, Valera o Pereda, entre ellos. Sin embargo, la novela realista puede considerarse sucesora de la de aquella autora. Aunque ya en este último cuarto del siglo XIX, escritores como Pérez Galdós, Pardo Bazán, y después Blasco Ibáñez, introducen elementos naturalistas en algunas de sus obras, y a pesar del debate en relación con la existencia de un naturalismo puro en la novela española, la prensa estadounidense en inglés no reconoce tal movimiento literario en los autores de nuestro país. Curiosamente, tan sólo se menciona el naturalismo cuando se trata de Zola.

Los textos procatólicos subsisten, aunque en menor grado, hasta el último cuarto del siglo. Las décadas de 1840 y 1860 constituyen su mejor época, cuando la clase obrera que surge con la industria española, y en particular la femenina, los consume. La *Revista Católica* de Santa Fe, Nuevo México, todavía los acoge bajo diversas formas tres y cuatro décadas más tarde. Novelas del Padre Coloma, Polo y Peyrolón, Luis Taboada o Antonio de Trueba y de la Quintana son publicadas asiduamente en la revista. Allí aparecen también un buen número de novelas y relatos breves, que contienen elementos moralizantes e incorporan escenas familiares y de costumbres, como los de Carmen de Burgos, Fernán Caballero y Emilia Pardo Bazán. A su lado, otras autoras no tan conocidas en la actualidad, como Josefa Pujol de Collado o Luisa Torralba de Martí.

En *El Boletín Popular*, revista de Nuevo México más liberal que la anterior, editada por un hombre de educación jesuita, no obstante, se presentan los trabajos de autores y políticos como Castelar, y, de nuevo, Luis Taboada, junto a las obras de autoría local. Al tratarse de una revista de menor extensión no da lugar a la publicación de novelas por entregas; tan sólo hallamos relatos cortos junto a poesías, que encuentran su espacio al final de la publicación. En conjunto, ofrece un contexto más abierto a la crítica, al humor y la sátira de los autores mencionados que *La Revista Católica*.

Las publicaciones neoyorquinas en español ofrecen un panorama más amplio de la literatura del momento e incluyen obras que pueden levantar polémicas –como la mencionada de Emilia Pardo Bazán u otras que se ven incluso obligados a retirar de la revista (el caso de *Dulce y sabrosa* visto anteriormente)–, junto a numerosas cartas que expresan opiniones comprometidas con la política del momento. Tanto en *Las Novedades* como en *La Revista Ilustrada* aparecen las obras de algunos de los mejores novelistas españoles del momento: Pérez Galdós, Pardo Bazán y Valera junto a las colaboraciones de Clarín. Incluso en revistas de menor calibre como *La Ofrenda de Oro* se publican obras de Bécquer y Pérez Galdós.

Resulta curioso comprobar como un autor tan reconocido y leído como Pérez Galdós aparece en menor medida en la prensa estadounidense que autores hoy menos recordados como Palacio Valdés, quien ocupa un papel protagonista en esas mismas publicaciones. En principio, debemos recurrir a las relaciones profesionales y amistosas que se producen entre los escritores y críticos españoles y estadounidenses como primera explicación para tal fenómeno. De nuevo hay que mencionar aquí a Howells, admirador de la obra de Palacio Valdés, y su principal promotor.

En oposición, las publicaciones estadounidenses en inglés apenas publican la narrativa española, a excepción de *Littell's Living Age* que incorpora relatos breves de Alarcón, traducidos exclusivamente para la revista, y algunas colaboraciones de Pardo Bazán. El resto de publicaciones tan sólo esboza breves descripciones de las obras españolas, las anuncia y las critica.

En el intento de comprobar la fiabilidad de las publicaciones estadounidenses, hemos acudido a las obras originales cuando ha sido posible para cotejarlas con las versiones publicadas en la prensa. Se trata de obras de Fernán Caballero, Emilia Pardo Bazán, Benito Pérez Galdós, el padre Coloma o Luisa Torralba de Martí, por citar algunos autores. En todos los casos, las obras revisadas son completamente fieles a las originales. Tan sólo se establecen diferencias, probablemente por motivos de espacio, en el número de citas que se incluyen al principio de cada texto; por ejemplo, en las novelas de Fernán Caballero una de las citas no aparece en las publicaciones periódicas. De la misma forma, hemos observado que las traducciones realizadas de obras españolas son de una gran calidad y están realizadas por autores que conocen muy bien la lengua española con sus giros, dichos y refranes. Labor de traducción nada fácil para obras como las numerosas novelas de Pedro A. de Alarcón publicadas en *Littell's Living Age*.

Únicamente en el caso de los autores menos conocidos esbozaré aquellos datos biográficos pertinentes; se hace necesario incluir esa información, teniendo en cuenta la falta de estudios biobibliográficos sobre algunas autoras.

1. Novelas por entregas

Ya hemos comprobado como las publicaciones estadounidenses, especialmente las editadas en inglés, participan del movimiento comercial de la época, que favorece las obras impresas por la misma editorial de la revista. En general, las descripciones, reseñas críticas y comentarios recogidos emiten juicios superficiales, que desdeñan el aspecto literario de las obras en beneficio de cualquier otro que favorezca las ventas. Sin embargo, las publicaciones en español en ese momento, y no sólo en Estados Unidos, sino tanto en la propia España como en otros lugares de Europa, experimentan también un movimiento comercial basado en las novelas por entregas. Éste supone el negocio editorial del siglo si lo comparamos con la venta de obras o novelas completas. Aunque cada entrega resulte más económica, a la larga la obra se paga con creces y el margen de ganancia que supone es monumental.

En la década de 1840 comienza ese tipo de negocio, dictado por los lectores y editores más que por los autores y su producción, y se extiende hasta finales del siglo XIX, predominantemente hasta la década de 1870, coincidiendo con la etapa de industrialización de la Península Ibérica. De manera exagerada podríamos considerar este fenómeno como una dictadura de la recepción, dado que son ellos mismos, los lectores y lectoras, los que dictan el desarrollo de cada obra, reduciéndose el papel del editor, en algunos casos, al de intermediario entre lector y autor. Por otro lado, los derechos editoriales de la mayor parte de las obras publicadas por entregas se ceden al editor, lo que supone aún un mayor beneficio para éste.

La mayor parte de las novelas publicadas en la prensa estadounidense en español, concretamente en la *Revista Católica*, podrían considerarse novelas publicadas por entregas, lo que no significa necesariamente que se hayan escrito por entregas. El tipo de relatos que escribe Fernán Caballero, el padre Coloma, Manuel Polo y Peyrolón, los principales autores representados en la *Revista Católica*, junto a Carmen de Burgos, Emilia Pardo Bazán o Luisa Torralba de Martí, no se debieron haber escrito por entregas, con la improvisación que ello conlleva y las consecuencias que trae aparejadas en detrimento de la obra, aunque algunas obras sí se publicaran por primera vez de tal manera. No es ya una novela de aventuras, como lo es primordialmente la novela por entregas de la primera mitad de siglo. Pero tampoco es una novela realista donde se recrea un ambiente que favorece la acción de unos personajes que, cuando menos, parecen independientes del narrador. Podríamos considerar esta narrativa de transición entre el cuadro de costumbres popular, que se contrapone al romanticismo idealista, y la realidad de la clase media, representada en las novelas de las últimas décadas del siglo XIX.

Cabe destacar que entre la narrativa incluida en la *Revista Católica* de Nuevo México se halla una serie de relatos breves y novelas de carácter proclerical o religioso que predican la fe católica a través de una serie de virtudes. Obra de los autores ya mencionados, en ellos se esboza el dualismo entre el bien y el mal, representado este último por el ateo o liberal –diferencia que los escritores de la época no establecen–. En todos esos relatos siempre se favorece al que tiene fe y practica las virtudes que predica el catolicismo. Narrativa que continúa la trayectoria de la novela procatólica y antiliberal cuyo mejor representante es José Mariano Riera y Comas y que comienza, en la década de 1840, según Ferreras (1972), con la novela anticlerical de Fernández y González.

A medida que se suceden los acontecimientos de la década de 1860 en España, mucho más después de la Restauración en los setenta, los cambios políticos y las posiciones, ya no tan delimitadas, contribuyen a suavizar los extremos del bien y del mal también en la narrativa del momento. No obstante, ese tipo de obra aún se publica en Estados Unidos en décadas posteriores, concretamente en pleno auge de la novela realista en España, lo que sugiere que el lector de Nuevo México aún consume con agrado esas obras a través de la prensa. Otras publicaciones en español, como las neoyorquinas, no publican ya este tipo de narrativa y prefieren, en cambio, folletines extranjeros o relatos breves y colaboraciones prácticamente contemporáneas, con una diferencia temporal mucho menor entre la publicación original y su aparición en la prensa.

Las obras de autores estadounidenses, por su parte, también se publican por entregas en las revistas en inglés durante el último cuarto del siglo XIX, como ya hemos mencionado. Asimismo, a finales del siglo se consumen las llamadas «dime novels», así denominadas por los diez centavos de su precio, cuyo contenido es semejante al del folletín.

Fernán Caballero

Su bagaje romántico, proveniente en particular del romanticismo alemán y francés que trae consigo al llegar a España, por su enseñanza y la de su propio padre, son características permanentes en la obra de Fernán Caballero. En el romanticismo alemán se considera la naturaleza como el contexto natural para el hombre, mientras que la civilizada sociedad de la época produce en él todo lo contrario, corrupción. Aunque Fernán Caballero consigue representar la sociedad del momento en lo que podrían considerarse cuadros costumbristas, su trato de los personajes y los diálogos están lo suficientemente desarrollados como para considerarlos ya novelas y no cuadros. Además, el hecho de que sus obras sucedan en un determinado lugar, Andalucía, del que se describen las costumbres locales, y en un tiempo concreto, el presente, confirma la tendencia de la autora hacia el movimiento realista a pesar de que el narrador siga haciendo uso de digresiones e intervenciones moralizantes. Otros elementos que confirman esa tendencia son las descripciones detallistas, que se acercan ya a las realistas, además de la insistencia en la semejanza de lo narrado con la verdad, algo que la autora expresa en algunos de sus prólogos. No obstante, su postura ante el folclore español será siempre la romántica, al igual que ocurre en el caso de otros extranjeros que ella negará, como veremos.

Críticos de la época, en cambio, nos ofrecen una nueva denominación para las obras de esta autora, como puede apreciarse en el párrafo siguiente:

> Si ello contribuye, como espero, al acrecentamiento de los prestigios de la insigne restauradora de nuestra novela de costumbres, de quien el gran Pereda se honraba en llamarse continuador y discípulo, y al honor de la memoria de la mujer, modelo de cristianas virtudes, bien podría reclamar con orgullo para mi modesta labor el título de *Deudas pagadas*, que Fernán puso al frente de uno de sus cuadros[1].

El crítico es D. Manuel Cañete, quien nace en Sevilla en 1822 y llega a Madrid en 1843, dándose pronto a conocer con su artículos y poesías, y luego sus críticas. Une a ambos, Cañete y Caballero, una buena amistad, que ésta aprovecha para pedirle opinión sobre sus novelas a él y al otro fundador de la *Revista de Ciencias, Literatura y Artes* (1855-1861) en Sevilla, D. José Fernández Espino, con el fin de publicarlas allí. Esta recopilación de cartas entre ambos amigos, Cañete y Fernán Caballero, se produce entre 1855 y 1871. En una de ellas la autora expresa esa petición:

> Ahora deseo que mis tres amigos, ustedes y Gabriel, la lean, y juzguen si podrá imprimirse en la Revista sin levantar una polvareda contra su autor; creo que sí, porque supongo que las gentes del bronce no leen revistas literarias, ni menos científicas. El título, como ustedes verán es

---

[1] López Argüello (ed.) 1922: XXIV.

Un servilón y un liberalito; éste, por de contado, es necesario trocarlo por el de *Tres almas de Dios*. Además será necesario al fin añadir algunas palabras para amplificar ciertas consecuencias, las que remitiré a ustedes caso que determinen su impresión. He escrito, pues, a mi amigo Fermín Apecechea para que remita a ustedes la dicha novelita, o cuadro de costumbres, con el que está Fermín entusiasmado y lo declara lo mejor que he escrito[2].

La polvareda a la que hace referencia la autora es ni más ni menos que la constituida por los levantamientos carlistas en Castilla, Álava, Navarra y Cataluña tras la revolución de 1854, un año antes de escribir esa carta, y cuyas consecuencias fueron los fusilamientos de Marsal, Pons y otros caudillos en el mes de abril.

En cualquier caso, observamos que Cañete emplea indistintamente «novela de costumbres» o «cuadro» al hacer referencia a la obra de Fernán Caballero, mientras que ésta prefiere «novelita o cuadro de costumbres». En ese momento se identifican ambos términos en referencia a *Un servilón y un liberalito o tres almas de Dios*, una de las novelas escogidas por la *Revista Católica* en 1896[3], cuarenta años después de su primera aparición. En esta novela se contemplan los dos bandos políticos y sociales que aparecerán con frecuencia en muchos de los relatos posteriores de otros autores. Es decir, encontramos a liberales ateos o nada practicantes y a conservadores o absolutistas profundamente religiosos y practicantes, hasta el punto de arriesgar su reputación, como en esta novela, por un refugiado político. Es decir, se representan los dos principales elementos sociales y políticos, el de la modernidad, a cargo de los liberales y ateos, y el de la permanencia del pasado y del conservadurismo, en los profundamente religiosos. O dicho de otra forma, la oposición entre lo moderno y lo que llega desde fuera, como las opiniones de algunos extranjeros y la permanencia de las costumbres españolas que Fernán Caballero quiere proteger, como también lo hicieron otros autores españoles costumbristas, cuando crean, en oposición a esas opiniones, las series de «los españoles pintados por sí mismos».

---

[2] López Argüello (ed.) 1922: 28-29. Carta fechada en Chiclana a 14 de junio de 1855. El Gabriel a quien se menciona es D. Gabriel y Ruiz de Apodaca, que escribe un volumen de poesía.

[3] *Revista Católica*, n° 37, 13 de septiembre al n° 46, 14 de noviembre, 1896.

La aparición de las obras de *Fernán Caballero* en una revista católica no resulta sorprendente, al contrario de lo que ocurrirá con las de Carmen de Burgos; la primera era considerada, ya en su tiempo, una importante defensora del neocatolicismo literario[4].

Fernán Caballero comenta su elección de los personajes como sigue:

> Así he pintado yo un liberal de buena ley. Con los mismos bellos y nobles colores lo he pintado en *Elia*, en *el Servilón y el Liberalito*, en que hace éste un papel tan lucido y tan deslucido el buenísimo Servilón. Creo que no ha existido un escritor más imparcial que yo cuando he pintado un tipo español; pues sin faltar a la verdad he procurado embellecerlos todos, siendo tanto más de agradecer en los extranjeros que me celebran, cuando todo mi afán ha sido combatir y ridiculizar el extranjerismo, hasta en sus individuos. La crítica en España es su baldón, pues casi toda está en manos ineptas, sólo y únicamente guiada por espíritu de partido o camaraderías, no viéndose casi nunca un artículo de ella firmado por hombres de saber, de talento, de imparcialidad y de experiencia. No obstante, el caballerismo de las costumbres españolas había hecho que hasta ahora solo coronas, flores y facilidades más o menos merecidas se hubiesen prodigado en la prensa periodística a las señoras. Sólo para mí se ven en ella esos sarcasmos, esos intencionados olvidos, ese desdén y falta de respeto en las gacetillas, esas historias burlonas de sarcasmos sobre *La Andalucía*, dedicados a mí; esos epítetos de *musa neo-católica*, de *cantor de las glorias fósiles del neo-catolicismo*; ese afán en traducir sólo y únicamente lo que me zahiere. ¡Yo estoy atónita¡ A eso me dirán: '¿por qué se metió usted en política?' No es cierto. No me he metido nunca en política. Para pintar *cuadros de costumbres* de mi época, difícil hubiera sido omitirla. Además, ¿para qué sirve la decantada libertad de imprenta? He hablado contra los vicios de la época, como han hecho todos los escritores oralistas de la suya, así en libros como en teatros. Ningún siglo se ha picado, ni ha perseguido al escritor por eso, sino el amargo y orgulloso siglo presente, y esto en España. Algunas veces llega a mí un consuelo en mi profundo abatimiento. La suerte me colmó de todos sus dones, sin faltar uno; la dicha me rodeó de las personas mejores y más amantes. La desgracia todo, todo, todo me lo arrebató. (ibid., 1861, p. 165-167).

Entre mayo y julio de 1849 se ha publicado ya por entregas *La gaviota* en *El Heraldo*, a la que siguen en el mismo diario *La familia de*

---

[4] En 1861 el periódico *La Andalucía* la llama «musa católica» y «cantor de las glorias fósiles del neocatolicismo» (citado en Jiménez Morell 1992).

Alvareda y *Una en otra*. Esta última se publica en la *Revista Católica* en varias entregas durante 1886[5], diez años antes que la anterior. En *Una en otra* Fernán Caballero muestra su actitud conservadora y crítica en contra de aquellos que pretenden ascender de clase social. En concreto, se trata del comerciante Judas Tadeo Barbo, que consigue ver realizadas sus aspiraciones.

En *Con mal ó con bien a los tuyos te ten* volvemos a encontrar la falta de tolerancia de Fernán Caballero ante el ascenso de clase. En concreto, critica ese tipo de ambición, que se castiga en la obra con una serie de desgracias y, finalmente, con la caída de la protagonista Regla. Se publica durante 1886 como relato principal de la revista[6], cuando en España había hecho su aparición por primera vez en 1851 en el *Semanario Pintoresco Español*. Del éxito de esa obra nos habla en otra carta:

> Mucho ha gustado a los Infantes y a Mr. De Latour el tomo cuarto que contiene la novela *Una en otra*, y la pequeña de *Con mal o con bien*, etc. Dice Dumas que la buena intención conduce a las buenas obras. No es cierto siempre, pero lo que si es cierto siempre es que atrae las simpatías de los buenos (ibid., Carta de Sevilla, 14 de marzo de 1857, p. 77).

Además de las obras anteriores, el nombre de esta autora se menciona en diversos artículos que tienen por protagonistas a otros autores, e incluso se le dedican estudios como el aparecido en *Catholic World*[7] titulado «Fernán Caballero, Cecilia Böhl de Faber, miarchioness de Arco-Hermoso», de Ella F. McMahon, en el que se recuerda la vida sumisa y entregada a los demás que lleva Fernán Caballero; solamente al final del mismo se mencionan algunas de las obras que escribe. El resto es un repaso biográfico de los episodios más importantes de su vida.

Ella misma reconoce los méritos que se le conceden en el extranjero en 1861, cuando justifica las acusaciones que recibe con los elogios que le otorgan, entre ellos el de Ticknor, del que dice que «entre los muchos artículos que se han escrito sobre mí en el extranjero los hay de Mr. De Latour, Mazade, Wolf, el sabio obispo de Paderborn, el ilustrado Vicario de Polonia, de Dickens, de Chambers, y en cuanto a Ticknor, me ha llamado *genio*» (ibid., pp. 161-162).

---

[5] *Revista Católica*, del nº 24, 13 de junio al nº 43, 24 de octubre, 1886.
[6] *Revista Católica*, nº 44, 31 de octubre al nº 51, 19 de diciembre, 1886.
[7] *Catholic World*, v. XXXV: pp. 746-761, 1882.

A excepción de esa alabanza de Ticknor, el resto de las novelas que encontramos en la *Revista Católica* de Nuevo México se publican una vez la autora ya ha muerto, y en una etapa durante la cual la narrativa española ha seguido su curso y evolución, cuando ya se ha hecho una clara distinción entre cuadro de costumbres y novela. No deja, por ello, de tener su interés el hecho de que se represente en la prensa de Estados Unidos la obra de una autora tan importante para la narrativa posterior, aunque la consecuencia sea que se prive a los lectores de esa publicación de la oportunidad de disfrutar de la narrativa contemporánea, que ya ha dejado atrás los elementos románticos para incorporar los correspondientes al Realismo y Naturalismo.

Manuel Polo y Peyrolón

Manuel Polo y Peyrolón es considerado un autor costumbrista y discípulo, junto a Antonio Trueba, de Fernán Caballero. Catedrático político del instituto de Valencia y literato tradicionalista, nace en Cañete (Cuenca) en 1846. Participa en numerosas corporaciones políticas y literarias y es elegido diputado a Cortes de varias legislaturas, además de ser un representante importante del partido carlista. Colabora en el *Boletín Revista de la Juventud Católica de Valencia, La Ilustración Católica* de Madrid y *La Hormiga de Oro* de Barcelona, entre otras publicaciones. Sus intenciones moralizantes son obvias en muchas de sus obras, lo cual las hace perfectas para publicaciones como la *Revista Católica* de Nuevo México. Entre sus obras mejor consideradas se encuentran *Los Mayos* (1879), novela de costumbres aragonesas, y *Costumbres populares de la sierra de Albarracín* (1873), a la que siguió una segunda parte en 1910. En 1891 aparece *Seis novelas cortas* y más tarde colecciones de cuentos y otras novelas cortas.

Menéndez Pelayo elogia la labor de Polo y Peyrolón en el prólogo a la recopilación de varias obras suyas en 1916[8] de la forma siguiente:

> Por grandes que sean la injusticia y el desdén con que la flamante generación literaria trata a los escritores católicos y tradicionalistas, el mérito del Sr. Polo y Peyrolón es de aquellos que saltan a la vista y por sí

---

[8] Menéndez Pelayo (ed.) 1916.

mismos se imponen. No ha sido obstáculo para la fama de sus libros el versar sobre costumbres locales, ni el ser escritos desde el fondo de una provincia, ni el aparecer inspirados por el más sano criterio moral y religioso, cosa que en estos tiempos (¡miseria grande!) antes daña que favorece (5).

Al comparar su obra con la de Fernán Caballero y la de Antonio Trueba, no entiende Menéndez Pelayo el éxito del que disfrutan éstos dos últimos allende los mares y se pregunta lo siguiente:

> ¿Es por sus intrínsecos méritos literarios? A decir verdad, y sin hacerles ofensa, yo no lo creo. Conozco novelistas españoles modernos que en la contextura y trabazón de la fábula, en el vigor e individualidad de los caracteres, en la soltura y gracia del diálogo, vencen o igualan a los citados. El interés del asunto, en las novelas de Fernán Caballero suele ser bien escaso; el estilo es flojo y descosido: cuando el novelista diserta, lo hace bastante mal... ¿En qué estriba, pues, su mérito y nombradía? En que la hija de Böhl de Faber era española de alma (a pesar de su oriundez alemana), y como española, católica, y de tal manera supo trasladar a sus cuadros, por otra parte desiguales e incorrectos, el espíritu, el color y el sabor de nuestro pueblo, y tan fiel fue a su esencia íntima y a su vida tradicional, que los extranjeros, amantes, sobre todo, de lo nacional y castizo en las literaturas, no pueden menos de asombrarse de libros tan *nacionales* y ponerlos sobre su cabeza. Algo de esto acontece asimismo con Trueba, a pesar de su falso idealismo y de su amaneramiento (6).

Como se puede apreciar, Menéndez Pelayo considera las obras de Fernán Caballero cuadros, no novelas, y no la tiene en mucha estima. Incluso, en esta edición se incluye una carta de Manuel Polo y Peyrolón a Fernán Caballero, fechada en Vallehermoso en agosto de 1870, en la que aquél elogia el estilo de ésta como sigue:

> Yo, a quien nadie dé vela en este entierro, me la tomo porque me place, y por mi cuenta y riesgo digo a esos señores que *Fernán Caballero* podrá ser seudónimo y no nombre propio; pero acá la conocemos, sin embargo, hasta la médula de los huesos, que los hijos de su inteligencia nos han dicho muchas y muy buenas cosas del padre que los engendró (267).

La devoción del autor va más allá, como muestra la despedida de dicha carta:

Y en tanto que con los naipes se entretiene, cuídate mucho, memorias de los amigos, y, para concluir, permite que te dedique LA TÍA LEVÍTICO, modesto parto de su humilde pluma, tu admirador apasionado,
Manuel Polo y Peyrolón (274).

Una despedida muy sugerente, sin duda, que indica la admiración de Polo y Peyrolón por la obra y por la autora. Aunque la edición de esta recopilación es de 1916, el prólogo de Menéndez Pelayo corresponde al incluido en la edición de *Los Mayos,* realizada en 1879, y esa carta del autor debió aparecer en la edición realizada en 1876 titulada *Costumbres populares de la sierra de Albarracín,* en la que se incluyen *El sí de una serrana,* y *La tía Levítico,* entre otras obras[9].

En la obra *Borrones ejemplares, miscelánea de artículos, cuentos, parábolas y sátiras* (1883), en la que se reúnen numerosos relatos breves del autor, encontramos una nota de los editores al final en la que se indica lo siguiente:

> Muchos son los periódicos y revistas, tanto nacionales como extranjeros, que han publicado bibliografías encomiásticas de los libros arriba nombrados. En nuestro poder obran algunas, tales como las publicadas por [...] la Revista Popular, [...] la Revista Católica de La Habana, [...] la Revista Católica de Las Vegas (Nuevo México)...

Esa información confirma el conocimiento de los editores, y suponemos que, por tanto, también del autor, de la publicación de sus obras en las publicaciones mencionadas tan pronto como 1883.

En la *Revista Católica,* Manuel Polo y Peyrolón participa con un número similar de obras que el padre Coloma. Además de la publicación por entregas de varias novelas cortas, veremos que sus relatos breves son también numerosos. *Tres en uno*[10], *Elocuencia de un cadáver*[11] y *El sí de una serrana* son las tres novelas cortas que se publican como relato principal en esa revista, ocupando las páginas finales en tres, cuatro y cinco entregas respectivamente.

En *Tres en uno* el autor aprovecha la analogía de la Trinidad para representar el sentimiento de una familia que celebra la conversión,

---

[9] Polo y Peyrolón, Manuel (1876), *Costumbres populares de la sierra de Albarracín,* Barcelona: Tipología Católica de Casals.

[10] *Revista Católica* (1892), nº 1, 3 de enero al nº 3, 17 de enero.

[11] *Revista Católica,* nº 10, 7 de marzo al nº 13, 28 de marzo, 1897.

por segunda vez, del hijo que se recupera después de haber estado al borde la muerte. Los padres, un ingeniero ateo también convertido y una mujer católica y beata, envían a su hijo a un colegio jesuita, considerado «del mal el menos», para que «allí adquiera el muchacho la ciencia sólida, fina educación y buenas relaciones aristocráticas». El símil es de nuevo empleado cuando se compara la enfermedad «constitucional» que sufre Juanito, tras haber ingresado en la universidad madrileña, con el «mismo oficio corruptor que las constituciones liberales (ejercen) en las sociedades políticas». La intervención del narrador se hace evidente al comparar la situación de Juanito y la de Gabriel, el protagonista de «Platillo», un cuadro del padre Coloma. La enfermedad que sufre Juanito le desfigura por completo y sólo se transforma con «la inocencia y hermosura del alma en gracia de Dios, que con ninguna otra hermosura terrena puede compararse». Como se puede apreciar, la intención moralizante no puede ser más explícita. *Tres en uno* aparece en 1891 junto a otras novelas en *Seis novelas cortas*[12].

La *Elocuencia de un cadáver* transcurre en Valencia y es definido por el narrador como un «boceto». Las vidas de una mujer ciega y su hija, ambas católicas, se ven amenazadas por un rico que se hace pasar por «chulo» para divertirse con mujeres de clase baja. Pero la tentación de Inés se transforma gracias a la «casualidad» de ver a un cura embalsamado frente al casino donde baila en brazos de Diego, el personaje rico. Al final de la novelita se incluye una advertencia del autor a forma de moraleja católica. Esta obra se incluye en la recopilación de doce bocetos o cuentos titulada *Bocetos de brocha gorda* publicada en 1886[13].

Por último, *El sí de una serrana* se acerca más a una novela de folletín que a un cuadro de costumbres. Aquí la intervención del narrador es aún más prolongada que en las dos novelitas anteriores, se producen más digresiones, y se narra la historia de amor entre una serrana y su enamorado al que mandan a la guerra desde un pueblo llamado Vallehermoso. La historia termina con la boda de ambos y final feliz. En sus cartas al autor[14], Pereda menciona entre sus obras los *Cuentos originales*[15], editados en su tercera edición en 1876, que contienen, esta

---

[12] Polo y Peyrolón, Manuel (1891), *Seis novelas cortas*, Valencia: Imprenta del Alufre.
[13] Polo y Peyrolón, Manuel (1886), *Bocetos de brocha gorda*, Valencia: Imprenta del Alufre.
[14] Lanzuela Corella (ed.) 1990.
[15] Polo y Peyrolón, Manuel (1876), *Cuentos originales*, Barcelona: Tip. Católica.

obra, entre otras. En 1916 vuelve a publicarse en la citada recopilación de Menéndez Pelayo.

Aunque a algunos como Menéndez Pelayo no les parezca evidente, la admiración hacia Fernán Caballero de Manuel Polo y Peyrolón y su profundo sentido católico confirman la influencia de aquélla sobre este autor. Sus obras narrativas, en sus diversas formas, se publican en la *Revista Católica* con una diferencia temporal mucho menor con respecto a la publicación española que las de Fernán Caballero.

Luisa Torralba de Martí (Aurora Lista)

Luisa Torralba de Martí nace en Barcelona en 1850 y se casa con Joaquín Martí, un gerundense. Colabora en *La Defensa de la sociedad* (1876), *La Lira española, La Semana Católica, Miscelánea literaria, La Revista Popular, Las hijas de María, La Sagrada Familia, El mensajero del Niño Jesús, El Tibidabo, Kolnische Volkeitung* (Berlín, 1917) e *Illustrierte Frauenblatt* (Benziger, 1911). Es una de las autoras catalanas que podría formar parte de lo que se ha denominado *Renaixença*, movimiento cultural gracias al cual se recupera la identidad del pueblo catalán, cuyo líder femenino sería Josefa Massanés. Otras autoras catalanas o mallorquinas como Victoria Peña de Amer o Trinidad Aldrich formarían parte de este grupo que, junto al de autores como José Coll y Vehí, Luis Carlos Viada y Lluch y Jacinto Verdaguer –el más conocido de todos–, componen otro elemento a tener en cuenta en la lírica romántico-realista del siglo XIX.

La publicación de varias novelas y relatos cortos en *La Revista Católica* de Nuevo México es tan sólo una continuidad de la estrecha relación con las publicaciones españolas de carácter católico de Luisa Torralba de Martí o *Aurora Lista*, pseudónimo con el que firma las novelas y relatos encontrados.

Cruz y corona, páginas íntimas de una pobre huérfana es una novela que se publica en la *Revista Católica*[16] tan sólo un año después de aparecer en España, lo cual resulta una excepción. Está escrita en forma autobiográfica, concretamente en forma de diario. Al principio de la obra aparece la siguiente confesión:

---

[16] *Revista Católica*, n° 10, 10 de marzo al n° 28, 14 de julio, 1889.

No pretendo hacer una obra literaria, para la cual carezco por completo de condiciones, ni siquiera una cosa que agrade e interese; nada más lejos de mi ánimo, nada más opuesto a mi modo de ser que conquistarme el título de heroína; por el contrario, los vivos anhelos de mi corazón, las ardientes inspiraciones de mi alma se dirigen a merecer el dictado de mujer buena, de mujer cristiana, y esas mujeres no tienen historias.

Tras esa humilde confesión típica del momento, se relata la historia de una joven que queda huérfana con sus dos hermanos. Como vemos, aún se emplean los elementos románticos de la orfandad, junto a numerosas alusiones a la práctica de la fe católica y su cumplimiento. Los personajes son aún meros elementos descriptivos y carecen, por tanto, de independencia. A la huérfana le espera un final feliz tras sufrir una serie de sucesos en su vida que, gracias a su constancia religiosa, se ven transformados y acaban con un matrimonio que le trae amor y fortuna.

Las novelas siguientes también incluyen personajes beatos; mujeres, junto a unos maridos liberales y ateos, que padecen el mal de la época y a quienes ellas lograrán convertir. En el caso de *Fe, esperanza y caridad* se trata de una marquesa y un general. El elemento folletinesco del hijo al que quieren casar con una joven honrada y católica da lugar a una serie de historias amorosas siempre inocentes. Esta obra se publica por primera vez en Barcelona en 1887[17] y en la *Revista Católica* en 1890[18]. Su éxito en España lo prueban las ediciones realizadas en 1889, por la misma editorial que la anterior, y en 1911 y 1950 por la Imprenta Salesiana, también de Barcelona. Es interesante destacar que ya en 1850 Antonio Flores publica una novela por entregas con ese mismo título. Las intenciones de ese autor parecen ser otras si tenemos en cuenta que critica la beatería de algunos de sus personajes, como indica Enrique Rubio Cremades (1978).

En Cadena de oro la autora elige la forma epistolar para relatar, también en forma autobiográfica, la historia de una escritora cuya vida, en cierta forma fuera de lo normal, la castiga con la muerte de su hija. El contexto es el de una clase media que la ahoga, como expresa en el relato, pues no puede pedir limosna porque no es pobre y se encuen-

---

[17] Torralba de Martí, Luisa (1887), *Fe, esperanza y caridad*, Barcelona: Tipología Católica.
[18] Revista Católica, n° 1, 5 de enero al n° 18, 4 de mayo, 1890.

tra atrapada por esa situación de la incipiente clase media, que tampoco le permite trabajar. De esta obra no se conserva edición original alguna que nos haya permitido el cotejo, si es que la hubo alguna vez. Tan sólo se cita en otra de sus obras, *Maricielo*, publicada en 1899, como nos informa Carmen Simón Palmer (1991), y por lo tanto, resultaría hoy una novela inédita. Este hallazgo se encuentra en la *Revista Católica* en 1893[19].

La firma del banquero expone el pecado de un hombre de clase baja que aspira a casarse con una joven adinerada, lo cual consigue padeciendo el sufrimiento de haber asesinado a un hombre antes del matrimonio. La conversión y arrepentimiento son una vez más protagonistas de esta novelita que aparece en la *Revista Católica* en 1898[20], tres años después de su aparición en España[21].

Por último, *La caridad de cristo* se publica en la *Revista Católica* durante el último trimestre de 1900[22] se trata también de un relato inédito, porque no nos consta su publicación en España. Aquí se vuelve a tratar el tema de la importancia de la fe en Dios y se sugieren las malas consecuencias que el no tenerla trae consigo, en forma de pobreza o sufrimiento, entre otros males.

Luisa Torralba de Martí publica sus obras a finales de la década de 1880 y, sin embargo, continúa en la misma línea que los autores anteriormente examinados. La oposición entre los personajes liberales, hombres generalmente, culpables de los males del siglo, y las mujeres, beatas que intentan transformar a los primeros, protagoniza este tipo de novelitas o novelas cortas con fines moralizantes. Aún se perciben también rasgos románticos y folletinescos de la primera mitad del siglo.

Emilia Pardo Bazán

Sobran las presentaciones para una autora como Emilia Pardo Bazán, una de las más prolíficas del siglo XIX, a quien veremos protagonizar varios apartados en nuestro estudio. Sus obras, relatos breves y cola-

---

[19] Revista Católica, n° 28, 9 de julio al n° 49, 3 de diciembre, 1893.
[20] *Revista Católica*, n° 37, 9 de septiembre al n° 43, 23 de octubre, 1898.
[21] Torralba de Martí, L. (1895), *La firma del banquero*, Barcelona: Tipología Católica.
[22] *Revista Católica*, n° 47, 25 de noviembre al n° 51, 23 de diciembre, 1900.

boraciones, en su mayoría, aparecen en varias publicaciones estadounidenses, tanto en inglés (traducidas exclusivamente para la revista,
en el caso de *Littell's Living Age*) como en español.

No obstante, *La piedra angular* es la única novela de Pardo Bazán
que aparece en la prensa examinada. Comienza a publicarse en *La
Revista Ilustrada de Nueva York* en junio de 1892[23] (un año después de
su primera aparición en España) y se completa en abril de 1893[24]. Es
considerada una de las últimas novelas naturalistas de la autora, en
la que se trata un tema polémico en ese momento, el de la pena de
muerte.

La obra recibe el calificativo de naturalista principalmente por la
intensidad de sus descripciones, tanto de los ambientes como de las
crudas circunstancias que acompañan a la muerte del protagonista
Juan Rojo, que decide suicidarse. Este personaje representa la brutali-
dad de la sociedad y, en particular, la debatida pena de muerte, contra la que Pardo Bazán pretende convencer al lector.

De esta obra se realizan dos ediciones en Estados Unidos, ambas
traducidas por Mary J. Serrano en 1891[25] y 1892[26], pero por dos editoriales neoyorquinas diferentes. Como ocurre con otras obras traducidas de la autora, éstas se realizan con mucha rapidez desde el momento de su publicación en España. Más adelante, en el capítulo séptimo
(epígrafe 7.2.5.), tendremos ocasión de justificar este fenómeno.

Carmen de Burgos (Raquel)

La fecha de nacimiento de esta autora se ha conseguido aclarar recientemente. Hasta hace poco se debatía entre 1878 y 1867, pero la verifi-
cación de la partida de bautismo que se encuentra en su expediente
de maestra ha confirmado la segunda, según nos cuenta Concepción

[23] *La Revista Ilustrada de Nueva York*, n° 6, 1892: pp. 353-358; n° 12, 1892: pp. 706-
709; n° 1, 1893: pp. 47-51 y n° 4, 1893: pp. 204-208.

[24] En el espacio dedicado a la narrativa breve, predominante en la revista mencionada a manos de la autora, explicaremos con mayor detalle su colaboración en *La
Revista Ilustrada de Nueva York*.

[25] Pardo Bazán, Emilia (1891), *The angular stone*, Mary J. Serrano (trad.) Nueva
York: Cassell publishing company.

[26] Pardo Bazán, Emilia (1892), *The angular stone*, Serrano, Mary Jane Christie
(trad.), Nueva York: Mershon Company.

Núñez Rey[27]. Carmen de Burgos es gran viajera y maestra. Sus artículos la hacen popular en España bajo el seudónimo de «Colombine», que, como veremos no es el único que emplea.

La participación de Carmen de Burgos o *Raquel*, nombre con el que firma todos sus escritos en *La Revista Católica*, resulta ciertamente sorprendente por el hecho de tratarse de una revista de este calibre. No así su participación en la prensa cuando afirma que «el periódico es la cátedra para la multitud... es una tribuna desde la que se dirige y enseña»[28].

Conociendo su biografía resulta poco menos que curioso leer sus colaboraciones, en las que predica la religión cristiana y sus relatos en los que castiga a aquéllos que no la practican. Relatos escritos por una mujer que abandona a su marido tras morir uno de sus hijos, consigue tras muchos esfuerzos licenciarse y se dedica a la enseñanza, colaborando a la vez en numerosas publicaciones para poder salir adelante. Es la primera mujer redactora jefe de un periódico, ejerciendo como tal en el *Diario Universal*, *Heraldo de Madrid*, y *Nuevo Mundo* de Madrid. Fundadora y directora de la *Revista Crítica*, colabora además en *Solidaridad Obrera*. La crítica actual coincide en el carácter idealista de muchos de sus escritos, en los que incluye tanto el tema de la educación de la mujer como la política liberal. Muere en 1932, justo después de ofrecer una conferencia en el Círculo Radical Socialista.

En la prensa estadounidense en español, en concreto en la *Revista Católica*, se encuentran diversos textos suyos firmados bajo el seudónimo *Raquel*. La misma Carmen de Burgos nos informa del origen de este seudónimo:

> Augusto Suárez de Figueroa me dijo el primer día de *Diario Universal*:
> Usted se llamará *Raquel* en el periódico. Lo dijo en voz alta en la redacción y el seudónimo se discutió, se varió [...]
> Apareció aquel primer número de *Diario Universal* [...]. Mi artículo apareció con el seudónimo de *Raquel*, pero a Figueroa, por lo mismo que el seudónimo puede ser cualquiera antes de ser «uno», movido, propagado y hermanado, se le ocurrió que en el número definitivo del día siguiente me llamase *Colombine*[29].

[27] Véase Núñez Rey 1989.

[28] Colombine. Lecturas para la mujer. «El periodismo femenino en Cuba». *Diario Universal*, Sábado 23 de julio de 1904. Citado en Ballarín Domingo 1996.

[29] «Colombine y Pierrot», pp. 95-100, en de Burgos, C. (1913), *Al balcón*, Valencia: imprenta de F. Sampere y Compañía.

La autora continúa tratando el tema y se pregunta por qué el seudónimo de Colombine, sin encontrarle explicación –tan sólo recuerda que Colombine era la hija graciosa de Casandra en la comedia italiana, que tuvo amores con Pierrot–. En cualquier caso, el de *Raquel* será el elegido para firmar sus obras en la prensa estadounidense, probablemente debido al talante católico de la revista, y no lo emplea en otros lugares de España.

Además de varios relatos breves que examinaremos más adelante, en *La Revista Católica* se halla la novela *Sin Dios*, editada en quince entregas durante 1900[30], es decir, publicada durante la primera fase creadora de la autora. Según Concepción Núñez Rey es ésa una etapa de «búsqueda y eclecticismo» de Carmen de Burgos, que transcurre entre 1900 y 1915[31]. Para Rita Catrina, no obstante, Carmen de Burgos «fue una escritora popularísima en su época» y «da a la luz su primera novela corta en la colección *El Cuento Semanal*» en 1907. Sin embargo, siete años antes, como vemos, se había publicado esta novela, inédita aún como lo serán todos sus relatos breves[32], en la prensa católica en español de Estados Unidos.

Sin Dios es una novela corta que conserva aún rasgos folletinescos, como buena parte de su obra narrativa. En ella se intercalan, como ocurre en otras de sus obras aparecidas en la *Revista Católica*, las personas de bien, es decir, las que hacen obras de caridad y acuden a la iglesia junto a las que viven «sin Dios». Éstas están siempre entre las personas de la clase adinerada. En este caso se produce la situación contraria. Una de ellas, una joven rica y perezosa, que lee mucho y ha recibido, nos asegura el narrador, una educación protestante aspira a ser correspondida en su amor. Pero al competir con otra joven que sí es católica y practicante y proviene de una situación menos privilegiada, se ve en desventaja. Decide suicidarse, yéndose de este mundo sin haberse arrepentido de vivir «sin Dios».

Aunque aquí el narrador no haga un uso excesivo de su voz y únicamente muestre su opinión en alguna que otra frase reveladora, el

---

[30] *Revista Católica*, n° 1, 7 de enero al n° 15, 15 de abril, 1900.

[31] Núñez Rey 1991.

[32] Nos atrevemos a calificar de inéditos todos los relatos de Carmen de Burgos que aparecen en *La Revista Católica* dado que no se menciona ninguno ni en la tesis realizada por Concepción Núñez Rey, ni en las obras más recientes de otras autoras, también dedicadas a examinar el corpus narrativo de la autora, que pueden consultarse en la bibliografía.

entramado de la novela es aún romántico, tanto como lo es su desenlace. No se llega a describir el espacio en el que se desenvuelven los personajes, más bien parece evitarse con frases sucintas que permitan pasar al argumento en sí. Recordemos la opinión de la autora con respecto al movimiento literario al que se adscribe cuando se pregunta «¿tendencias? yo soy *naturalista romántica*, variable como *mis yoes*. Me gusta todo lo bello y la libertad de hacerlo sin afiliarme a escuelas»[33]. Claramente lo acaba de hacer con esa denominación, que resultaría absurda si no tuviéramos en cuenta que, tanto en la obra de Carmen de Burgos como en la de otros autores de la época, aún se dejan entrever rasgos románticos cuando ya están atravesando las corrientes realistas, naturalistas y novecentistas hacia el siglo XX.

En la novela *Sin Dios*, como en otras de la autora, aparece desglosado el personaje femenino entre aquél tradicional, que en este caso coincide con el que sigue la religión católica, y aquél otro progresista, que aquí ha recibido una educación diferente, en este caso protestante. Lo esperado, teniendo en cuenta la trayectoria de la autora, es que hubiera prevalecido la protagonista que lee mucho y ha recibido una educación progresista, protestante en este caso. Y, sin embargo, esa educación no parece representar más que problemas que acaban en un suicidio. Esta situación se transforma por completo en una etapa posterior de la narrativa de la autora, como nos informa Rita Catrina Imboden al describir sus personajes femeninos:

> El narrador critica abiertamente las leyes y costumbres de la vieja España, anclada en valores como el honor, la fe católica y la sumisión de la mujer, y ofrece una pintura de tonos oscuros, angulosos y duros de esta sociedad tradicional (2001: 29).

Al describir el espacio en el que se desarrolla su infancia en el prólogo a su obra *Al balcón*, donde reúne algunos de sus artículos, Carmen de Burgos emplea una frase que viene muy al caso:

> Me crié en un lindo valle de la provincia de Almería, oculto en las últimas estribaciones de la cordillera de Sierra Nevada a la orilla del mar frente a la costa africana. En esa tierra mora, en mi inolvidable Rodalqui-

---

[33] Burgos, Carmen de (1913), *Al balcón*, Valencia: imprenta de F. Sampere y Compañía, p. XII.

lar, se formó libremente mi espíritu y se desarrolló mi cuerpo. Nadie me habló de Dios ni de leyes; y yo me hice mis leyes y me pasé sin Dios. Allí sentí la adoración al panteísmo, el ansia ruda de los afectos nobles, la repugnancia a la mentira y los convencionalismos[34].

Me «pasé sin Dios», nos dice, título de la novela que publica *La Revista Católica*. A la protagonista de esta novela le ocurre como a la autora, que muere como ha vivido, «sin Dios», aunque de las dos mujeres es ésta la que termina con su vida y la sacrifica por sus principios. Una clara identificación biográfica con Carmen de Burgos, que se rebela contra la sociedad al expresar su opinión en torno a temas polémicos como el del divorcio y los derechos de la mujer. La crítica la ha llegado a considerar feminista, a pesar de que ella misma confiesa no saber muy bien si lo es. Así lo afirma en *La misión social de la mujer*:

> Así es que en realidad yo no sé si soy feminista. Me da miedo un feminismo que tiende a masculinizar a la mujer, que viene acompañado de los delirios y desequilibrios de las que no supieron entender su verdadero siginificado; y en cambio la idea de la libertad y dignificación de nuestro sexo tiene en mí un paladín apasionado, romántico e idealista... porque nada he de pedirle que sin necesidad de estar afiliada a ningún partido no haya sabido yo conquistarme.
>
> [...] Seréis todas maestras. Pero para cuidar sólo de vuestros hijos; para tener un hogar feliz; para serlo vosotras mismas con la intensidad de vida que la cultura os aporte; y si algún día la desgracia os obliga a trabajar, seréis aptas para poder hacerlo y no sufrir la humillación de la mendicidad (pp. 7, 14 y 15)[35].

Con el hallazgo de esta novela y de los relatos breves de Carmen de Burgos, que veremos a continuación, se abre un nuevo apartado, hasta ahora desconocido, el de sus obras publicadas en la prensa de Estados Unidos. También en su caso, y a pesar de una actitud marcadamente diferente a la de autoras anteriores, aún incorpora en sus obras rasgos folletinescos y románticos. No obstante, encontramos

---

[34] En Catrina Imboden 2001: 16.

[35] Citado por Elisa Martínez Garrido «Amor y feminidad en la escritoras de principios de siglo», p. 32, en Naveros, Miguel y Ramón Navarrete-Galiano (eds.), *Carmen de Burgos: aproximación a la obra de una escritora comprometida*, Diputación de Almería: Instituto de Estudios Almerienses.

una diferencia notable, la incorporación de la mujer a roles liberales, algo que hasta ahora sólo protagonizaban los hombres.

2. Narrativa breve

La prensa estadounidense tanto en inglés como en español ofrece el espacio ideal para incorporar todos esos otros relatos que hemos agrupado bajo la denominación de narrativa breve. En algunos casos es difícil establecer los límites entre escenas o cuadros, cuentos y novelitas cortas. Si nos atenemos a la definición que aporta Montesinos en referencia a la obra de Estébanez Calderón, reconoceríamos en las escenas o cuadros «circunstancias contemporáneas» en las que predominan los rasgos descriptivos, mientras que los cuentos y novelas tienen un carácter histórico y fantástico que aquéllos no poseen, junto a la tendencia hacia elementos más argumentativos que descriptivos.

Si partimos de esas características para uno y otro tipo de relatos veremos que, en principio, son fácilmente identificables en las obras de los autores que aparecen a continuación. Es difícil, sin embargo, delimitar las características de unos y otros porque se entremezclan. En algunos cuentos aparecen circunstancias contemporáneas, como algunos datos políticos de la época, o personajes que se muestran conocidos del autor, como ocurre en «Remordimiento» de Pardo Bazán; por otra parte, en las escenas o cuadros puede incorporarse cierta fantasía que dé lugar a una moraleja.

La mayoría de los autores decimonónicos complican aún más la clasificación de la novelita o novela corta, el cuento y la historieta, algunos de los términos con los que se designa a la narrativa breve de finales de siglo. A partir de los años ochenta parece que el término de mayor uso es el de «novela corta», como confima el estudio de M.ª Ángeles Ezama Gil[36], aunque se emplean indistintamente tanto «cuento» como «novela corta». Tan sólo algunos escritores, como Clarín, parecen tener clara la distinción entre ambos:

> Entre nosotros se reduce en rigor la diferencia de la novela y del cuento a las dimensiones, y en Alemania no es así [...]. En España no usamos

---

[36] Ezama Gil 1993: 143.

para todo esto más que dos palabras: cuento, novela, y en otros países, como en Francia, v.gr., tienen «roman», «conte», «nouvelle» u otras equivalentes. Y sin embargo, el cuento y la «nouvelle» no son lo mismo (147).

En general, y teniendo en cuenta los relatos encontrados en la prensa estadounidense, se puede concluir que se denomina novela corta o novelita a un relato de mayores dimensiones que a un cuento. La primera aparece publicada en varias entregas mientras que el segundo ocupa por lo general una única entrega. Pero no siempre es tan clara la distinción entre ambos, y a veces un cuento o cuadro, según la denominación empleada por el autor o autora, constituye más de una entrega.

Una de las principales características del cuento creado por las plumas españolas decimonónicas y publicado en la prensa estadounidense es la insistencia en la veracidad de las fuentes de las que proviene el también llamado relato o historieta. En unos casos es la tradición, en otros el pueblo, pero en todos se insiste en este elemento realista que se filtra desde la novela contemporánea. Por tanto, en cada caso justificaré la clasificación empleada teniendo en cuenta, en primer lugar, la terminología empleada por cada autor, además del tratamiento de los personajes, del contexto y del argumento del relato.

Podemos decir que los relatos de carácter religioso editados en la *Revista Católica* a manos de autoras como Fernán Caballero o Luisa Torralba de Martí estarían, en su mayor parte, más cerca de ser cuadros que cuentos. Se trata de meras excusas para desarrollar un tema religioso, carente de argumento, donde el ambiente es pobremente descrito y los personajes son simples elementos decorativos. Autores como el padre Coloma, que también tiene una pretensión moralizante en sus obras, ofrece, sin embargo, una descripción de las costumbres del contexto mucho más rica, en la que los personajes, aunque no se desenvuelven con la suficiente independencia para ser considerados parte de una novela, participan en mayor medida que en las obras de las autoras mencionadas.

Corresponde a otras publicaciones la edición de la mayor parte de los cuentos y relatos breves, ya sean los numerosos ensayos de Castelar o los artículos críticos de Clarín, Pardo Bazán y Valera. Algunas de esas revistas se editan en español y son de carácter más liberal, como *El Boletín Popular* o las revistas de Nueva York (*Las Novedades, La Revista Ilustrada de Nueva York*). Aunque no en todas las revistas en inglés, también encontramos relatos españoles traducidos en alguna como *Littell's Living Age.*

Como se podrá apreciar, abundan los cuentos de autores españoles en la prensa estadounidense. Se produce una situación similar a la que expresa Clarín en su artículo de 1892 «La prensa y los cuentos»[37]: según su opinión, los cuentos son los que relegan al folletín a un segundo puesto en la prensa española. Si bien éste no es un estudio de la prensa estadounidense que tenga en cuenta el desarrollo de la narrativa española durante todo el siglo XIX, sí conviene destacar el hecho de que los cuentos se publican en las revistas que se mantienen al corriente de la actualidad literaria española, mientras que otras como la *Revista Católica* de Nuevo México aún incluyen folletines hasta finales del siglo, a la vez que inserta algún que otro cuento de carácter religioso como los de Fernán Caballero, de su seguidor el Padre Coloma y de Emilia Pardo Bazán.

A pesar de las quejas que esgrimen algunas escritoras en diversos momentos del siglo XIX, la prensa ofrece un espacio inigualable tanto para este tipo de relato como para el resto de relatos breves, mucho más económico que las colecciones posteriores en las que se recogen cuentos y novelitas. En 1851 Fernán Caballero ya se lamenta de que «no todos (o, por mejor decir, muy pocos) conocen o aprecian el mérito de esas cosas populares –¡paciencia!–. Lo popular no dará aquí popularidad»[38].

Pasados unos setenta años, y a pesar del importante número de cuentos publicados (unos seiscientos según Paredes Núñez), volveremos a oír los lamentos de Emilia Pardo Bazán al respecto, cuando se queja de la preferencia de los editores por las novelas en detrimento del cuento. Así, afirma que dadas las circunstancias «se exigen novelas enteras, y vamos camino de que se publique al año un millar. Tal fecundidad, y el apremio de los lectores, demandando novela fresca, como demandaría besugo fresco, son los principales enemigos del género, desde el punto de vista artístico»[39].

En la prensa estadounidense no parece suceder este fenómeno, y los cuentos y relatos breves superan a las novelas.

---

[37] Baquero Goyanes 1992.

[38] En Baquero Goyanes 1944, carta n° 14.

[39] «Un poco de crítica: cuentistas», A.B.C. 11 de agosto de 1920 (en Paredes Núñez (ed.) 1990).

Fernán Caballero

Los relatos breves de Fernán Caballero se caracterizan por seguir la tradición del cuento popular, algo que ella misma especifica (como en el que comentamos a continuación), para asegurarse la confianza del lector. Aunque en sus sucesores y admiradores como el padre Coloma o Antonio de Trueba veremos, especialmente en el primero, un mayor desarrollo de los personajes y la trama, también adolece aquél de la espontaneidad que caracteriza a los cuentos populares. Se han comparado las versiones de Fernán Caballero con las de los autores mencionados, habiéndose verificado esa distancia entre lo popular y lo manipulado con pretensiones moralizantes. Éste último elemento es el que aparece en los cuentos del padre Coloma.

«La limosna» aparece en la sección de «Historia» de la *Revista Católica*[40]. La autora lo denomina uno de esos «ejemplos» que le oye contar a una «pobre campesina» y que ella, por supuesto, narra tal como lo ha oído. El énfasis sobre la veracidad del relato responde a la necesidad, acusada con la llegada del Realismo, de atenerse a la verdad de los hechos.

La historia es una suerte de parábola en la que hay un hermano pobre y otro rico. El primero es bendecido por su fe, y el segundo arruinado por su codicia y castigado al final del «ejemplo». Se trata de un relato que podría ser considerado un cuento, dado que posee cierto argumento.

La autora se lo dedica «a los Serenísimos Señores Infantes», explicando el por qué de la obra «por mandato de Vuestras Altezas Reales se está ejecutando»; aunque carezca de mérito literario espera le sea útil a las madres de familia. Se incluyó en su *Colección de artículos religiosos y morales* en 1862[41].

Antonio de Trueba y de la Quintana

Antonio de Trueba y de la Quintana posee una actitud acorde con el movimiento realista, aunque mantiene cierto carácter moralizante en

---

[40] *Revista Católica*, nº 7, 18 de febrero, 1894.
[41] Caballero, Fernán (1862), *Colección de artículos religiosos y morales*, Cádiz: Eduardo Gautier.

sus obras como Fernán Caballero y Manuel Polo y Peyrolón. Este autor vasco, nacido en 1819, es reconocido sobre todo por su obra poética de carácter popular *Libro de los cantares* (1852), elogiada por autores de la época como Valera. Más tarde, recoge diversas colecciones de cuentos, también de carácter popular, con los que pretende llegar al pueblo llano. Para ello emplea un lenguaje vulgar lleno de locuciones y modismos, incluso en personajes de una clase superior, sin olvidar el ánimo conservador y moralizante.

Sus relatos se publican en *La Revista Católica* probablemente unos treinta años después de su primera aparición, teniendo en cuenta las fechas de publicación de sus otras obras. El primero que encontramos es «Pedernal y oro (leyenda)»[42]. En realidad, se trata de una parábola en la que Jesús demuestra a Judas y a Simón el valor verdadero de una piedra, que puede dar luz y fuego, y el valor del oro que sirve para poco en medio del desierto o del bosque.

«El tío Interés (cuento popular)»[43] es recogido por el autor durante un viaje por la provincia de Valladolid. Su interés por este tipo de relatos queda explícito en la narración de la forma siguiente:

> Y yo, que doy a los cuentos populares la importancia que se les da en todos los países cultos, donde se los recoge, imprime y estudia profundamente como documentos preciosos para conocer la historia y el espíritu popular, uní mis ruegos a los de mis compañeros para que el labrador contase el cuento del tío Interés, que en efecto nos contó substancialmente en estos términos...

Se enfatiza también, como vemos, la veracidad del cuento al proponer al labrador como su fuente principal, un rasgo marcadamente realista. Tres personajes representan tres cualidades en este cuento: la avaricia del «tío Interés», la justicia del «tío Justicia», que le lleva a cometer el asesinato, y la confianza del «tío Buenafe», que conducen al primero a aprovecharse de los otros dos, incluso a matar al tercero y herir en un ojo al segundo. El final lo impone el párroco del pueblo, que simboliza las virtudes y vicios del «pueblo cristiano de Castilla». A pesar de esos vicios no se produce un castigo para el que los posee como sí ocurre en relatos moralizantes de este tipo de autores.

---

[42] *Revista Católica*, n° 11, 15 de marzo, 1896.
[43] *Revista Católica*, n° 32, 8 de agosto, 1897.

No hemos podido localizar estos dos relatos entre sus colecciones de cuentos, por lo que se trata de textos inéditos.

Pedro Antonio de Alarcón

Se considera a Alarcón uno de los predecesores del Realismo, gracias a una narrativa que contempla tanto el personaje popular como el culto y los respectivos registros de habla. La mezcla de ambos y la gracia del autor consiguen aunar las escenas del momento con rasgos más románticos que realistas. Tal vez debido a la formación periodística del autor el género consigue en sus manos un gran éxito. Si bien es difícil recoger en tan poco espacio un relato completo, Alarcón dibuja un escenario en una época determinada y da la impresión, si no fuera por el ánimo moralizante de un narrador omnisciente, tan cultivado en la época, de permitir a sus personajes una vida casi independiente. Alarcón continúa la labor comenzada por autores de generaciones anteriores como Fernán Caballero quien, como hemos observado, con una carga romántica importante en sus temas y técnicas narrativas, preconiza la novela realista en algunas de sus obras. La principal diferencia entre ambos es la observación de la realidad de ésta, que se traduce en descripciones detalladas, frente a la falta de precisión de aquél, que tan sólo afirma haber presenciado algunas de las historias que relata, sin justificar muchos de los datos de la misma.

Con las obras de Alarcón se presenta en *Littell's Living Age* la primicia de una obra española traducida exclusivamente para la publicación. Es el caso de las «Las dos Glorias» (The two Glories)[44] y «El carbonero alcalde» («The alcalde who was a charcoal-burner»), dos «historietas nacionales» o cuentos, que forman parte de un grupo de diecinueve, escritos durante la juventud del autor y basados todos, según él afirma, en hechos reales. También Alarcón hace hincapié en el elemento realista. En su mayor parte, se tiene en cuenta el tema de la Guerra de la Independencia. En «Las dos Glorias», no obstante, se vuelve la vista al pasado del pintor Rubens.

«El carbonero alcalde» es, probablemente, el mejor de este grupo de relatos. Escrito en 1859, narra la heroica acción del alcalde Manuel

---

[44] «The two glories», *Littell's Living Age,* v. CCXII, enero-marzo, 1897: pp. 407-409.

Atienza contra los franceses. Las consecuencias de esos ataques se narran con cierta crudeza, algo que la traducción reproduce con bastante fidelidad. «El carbonero alcalde» es uno de los relatos más conocidos del autor y abre la colección de las historietas. Publicado por vez primera en *El Museo Universal* en 1859, tenemos que esperar hasta 1899 para encontrarlo en esta revista. «Las dos glorias» se gesta ya en 1854 con el título de «Un cuadro anónimo» en *El Eco de Occidente*, y aparece ya con el título que hoy conocemos en 1859. Primero lo hace en *La Época* y luego en *El Museo Universal*, pasando a la colección durante ese mismo año; aquí lo encontramos en 1897[45].

También en 1897 se traduce «La corneta de llaves» («The cornet player») para la misma revista[46], continuando la serie de esas «historietas nacionales» en la que el protagonista tiene que aprender a tocar la corneta para escapar a la muerte. Se mantiene el drama hasta el final del relato con frases cortas, exclamaciones y esos recursos de que hace uso Alarcón para lograr llevar el drama a su fin. *El Eco de Occidente* lo publica en 1854.

Durante el mismo año que los anteriores aparece «The record book: a rural story»[47], también traducido como «The account book». Ambos son la traducción de «El libro talonario, historia rural», publicado en *La Época* en 1878.

«What the gypsy foretold» o «The gypsy's prophecy»[48] es la traducción de «La buenaventura», aparecido en *El Eco de Occidente* en 1853. Aquí se ha creado una antología en la que se han seleccionado cinco relatos pertenecientes a las «national stories» o historietas nacionales. Entre los cuentos fantásticos se escogen dos, «Moors and christians» y «The tall woman», y entre los cuentos amatorios «The nail». Se explica el origen de los relatos de la manera siguiente:

> The translations in this collection are from various sources, and have been extensively revised and corrected. Our versions of «Moors and christians», «A fine haul», and «The account book» are based on the trans-

---

[45] «The alcalde who was a charcoal-burner», *Littell's Living Age*, v.CCXXIII, octubre-diciembre, 1899: pp. 514-520.

[46] «The cornet player», *Littell's Living Age*, v. CCXII, enero-marzo, 1897: pp. 651-655.

[47] *Littell's Living Age*, v. CCXII, enero-marzo, 1897: pp. 269-273.

[48] Rodale, J. I. (ed.) (1948): *Tales from the spanish of Alarcón*, Pennsylvania: Story Classics.

lations by Mary J. Serrano in Moors and christians and other tales (Casell Publishing Co.). «The tall woman», «The cornet player», and «The patriot traitor», translated by Alberta Gore Cuthbert, are from The Masterpiece Library of Short Stories (Educational Book Co., Ltd.), «The nail» is a revision of the translation by George F. Duyster in The Lock and Key Library of Mediterranean Stories (Review of Reviews Co.). The anonymous translation of «The gypsy's prophecy» has been amended by comparison with a version by Mrs. Serrano[49].

Incidiré en el hecho de que todos estos relatos de Alarcón se traducen *ex profeso* para la revista *Littell's Living Age*, siendo su traductor Jean Raymond Bidwell, lo que resulta insólito en la prensa estadounidense en inglés hasta la década de 1890. Tan sólo se vuelve a producir en el caso de Benito Pérez Galdós, también con la traducción de uno de sus cuentos, como tendremos ocasión de comprobar más adelante.

Cabe resaltar que todos los relatos de Alarcón se publican en esa revista pasados más de una decena de años desde su primera aparición y después de la muerte del autor, que tiene lugar en 1891. Se trata de un momento literario español en el que prima la aparición y edición de las obras de otros autores como Pérez Galdós, Pereda, Valera o la propia Pardo Bazán, y el cultivo de otros movimientos literarios como el realismo y el naturalismo en la década de los noventa. Sería lógico pensar, entonces, que el lector estadounidense de esa revista aún disfruta de los rasgos románticos y moralizantes del autor y, por tanto, que disfruta aún de ese tipo de literatura, como por otra parte también ocurre en España, a juzgar por las reediciones que se realizan de algunas de sus obras después de 1891.

Gustavo Adolfo Bécquer

Al igual que Alarcón, Bécquer es también periodista; algunos dicen incluso que un periodista que escribe poemas, ya que en ocasiones su trabajo se debe a las necesidades del periódico para el que trabaja, e igual escribe un ensayo que una reseña. Más conocido por sus rimas, encontramos en la prensa estadounidense en español una de sus leyendas. Bécquer incorpora tanto en su obra en verso como en prosa

---

[49] Rafael A. Soto, *Littell's Living Age*, n° CCXXI, abril-junio, 1899: pp. 821-826.

la tradición popular, de la que provienen estas últimas leyendas, a las que él incorpora su propia creación.

«La ajorca de oro», cuyo subtítulo es «leyenda toledana», se publica en 1883 en una revista neyorquina prácticamente desconocida y extinguida en la actualidad, *La Ofrenda de Oro*[50]. La encontramos con el resto de las leyendas en sus obras completas, publicadas en 1871[51]. En este caso, como en tantos otros vistos hasta ahora, Bécquer justifica la fuente de la leyenda diciendo que «la tradición que refiere esta maravillosa historia, acaecida hace muchos años, no dice nada más acerca de los personajes que fueron sus héroes». Recurso realista empleado también por otros autores, poniendo al pueblo como testigo y transmisor del folclore, al que el autor hace responsable de la información.

El contenido gira en torno a la locura, aunque se ha relacionado con el tema de la «mujer fatal», si atendemos a la clasificación en Pedraza Jiménez[52]. El tema de la mujer como personaje diabólico aparece en la literatura a lo largo del siglo XIX, tanto en la literatura española como en la inglesa. Debido a la temática, podríamos clasificar esta obra dentro de la categoría de cuento fantástico, ya que Bécquer reúne realidad y ficción con un gran dominio de los recursos entre lo que parece real y lo fantástico.

Benito Pérez Galdós

A pesar del éxito que las novelas de Pérez Galdós obtienen en España, éstas no reciben gran acogida en la prensa estadounidense. La crítica tan sólo tiene en cuenta dos de ellas, *La familia de León Roch* y *Doña Perfecta*, que llegan al lector estadounidense traducidas con más de diez años de retraso. Pero lo que encontramos publicado en la prensa no son sus novelas sino dos de sus cuentos.

«La conjuración de las palabras» aparece en *La Ofrenda de Oro*[53], quince años después de ser publicado por primera vez en *La Nación*,

---

[50] *La Ofrenda de Oro*, v. IX nº 8, diciembre, 1883: pp. 18-19.

[51] Rodríguez Correa, Ramón (ed.) (1871), *Obras completas de Gustavo Adolfo Bécquer*, Madrid: Fortanet.

[52] Pedraza Jiménez 1983.

[53] *La Ofrenda de Oro*, v. IX, nº 6, octubre, 1883: pp. 2-4.

en 1868. Es una alegoría en la que las palabras del diccionario se rebelan contra los escritores. La narración breve no es el mejor espacio en el que se desenvuelve Pérez Galdós, sea por el reducido contenido al que el autor tiene que adaptarse, sea porque se hace brusco el paso entre la realidad de sus novelas y la fantasía de sus cuentos.

Con respecto a estos relatos breves que publica a veces por separado y otras en recopilaciones o como relleno en libros que contienen novelas cortas, nos dice el autor:

> Algunas (de estas composiciones) podrían nombrarse cuentos, más que por su brevedad, por el sello de infancia que sus páginas llevan; otras son como ensayos narrativos o descriptivos, con un desarrollo artificioso que oculta la escasez de asunto... y en todas ellas el estudio de la realidad apenas se manifiesta en contados pasajes, como tentativa realizada con desconfianza y timidez[54].

Justifica así ese desliz de fantasía al crear esas breves composiciones que poco tienen que ver con el realismo de sus novelas.

En *Littell's Living Age* encontramos «In praise of June», publicado en 1900[55] y traducido expresamente para la revista por J. R. Bidwell. Con él, Pérez Galdós hace un recorrido por los diversos aspectos de la vida y la sociedad que supone la llegada del mes de junio, desde la vida orgánica del jardín donde admira las flores del mes, pasando por los frutos que se disfrutan de ese jardín y del campo, hasta llegar al aspecto social de la escuela y la temporada de exámenes y la religión. Se recuerdan los santos del mes y los acontecimientos que tienen lugar alrededor de esas fiestas de San Antonio y San Juan. Por último, se ocupa de conmemorar las fechas de nacimiento de personajes históricos, no sólo españoles sino de todo el mundo. Este cuento aparece por primera vez en el almanaque de la *Ilustración Española y Americana* en 1877, aunque ya el año anterior la revista *La Tertulia* de Santander incluye un fragmento titulado *En un jardín* y, lo publica Ghiraldo de nuevo con el título *Junio simbólico*, como nos informa Montesinos[56].

---

[54] En Torquemada en la hoguera, p. 1, citado en Montesinos, J. F. (1968), *Pérez Galdós*, Madrid: Castalia, 2ª ed., v.I, p. 40.

[55] *Littell's Living Age*, v. CCXXV, abril-junio, 1900: pp. 741-749.

[56] Montesinos 1968: 39.

Como ocurrirá con sus novelas, los cuentos de Pérez Galdós llegan con gran retraso a la prensa estadounidense, y es que estos relatos breves, como diría la crítica actual, no eran su fuerte.

Manuel Polo y Peyrolón

Los relatos siguientes aparecen publicados en *La Revista Católica* y constituyen, una vez más, una prueba del ánimo moralizante del autor. «Restituciones de ultratumba»[57] es un cuento religioso en el que se narra la muerte de un personaje que posee buena reputación, pero quien al verse morir confiesa sus pecados. El cuento termina con el comentario siguiente del autor que, una vez más, confirma su fervor religioso:

> Digan lo que quieran los libre-pensadores y enemigos de la confesión sacramental: únicamente el Catolicismo ofrece espectáculos de esta índole, que llenan de alegría a los ángeles y de admiración a los hombres.

«Restituciones de ultratumba» se incluye, junto a otros relatos, en *Páginas edificantes, lecturas morales*, en 1898. Se trata de un libro empleado en las escuelas de primera enseñanza como textos de lectura[58].

A continuación, nos topamos con «Moscas protestantes», una fábula en la que tres moscas no hacen caso de los consejos del máximo representante de la «tribu», el «rabino Moscardón», y mueren atrapadas en una serie de manjares adulterados. La moraleja hace alusión a «esos sabios imberbes que empapados en el ambiente de racionalismo y de protesta que todos respiramos, abandónanse a su propio impulso, prescinden de su educación religiosa, y desoyen los sabios y prudentes consejos de la Religión, de la ciencia y de la experiencia». Esta fábula trae a la *Revista Católica*[59] un sentido del humor que pocas veces hace allí su aparición. Aparece publicado por primera vez, junto a «Las tres Gracias» y «El hombre cero», en *Pepinillos*

---

[57] *Revista Católica*, n° 8 febrero 21, 1897.

[58] Polo y Peyrolón, Manuel (1898), *Páginas edificantes, lecturas morales*, Valencia: Imprenta de M. Alufre, citado en Lanzuela, Marisa (1988), *Vida y obra de Manuel Polo y Peyrolón*, Madrid: Escolar, A.G., p. 99.

[59] *Revista Católica*, n° 46, 1897.

en vinagre[60], un recopilatorio de los relatos satíricos de *Borrones ejemplares*.

«Las tres Gracias»[61] –un cuento, en palabras de su autor–, narra la historia de tres hermanas llamadas Piedad, Casta y Pulquérrima, que a falta de dotes físicas, dedican su vida a la preparación y embalsamamiento de niños.

«El árbol y el fruto»[62] es otro cuento, esta vez de un radicalismo religioso notable, en el que un joven resulta muerto tras una serie de motines. Se le compara al fruto caído de un árbol donde el árbol, según el autor, «se llama laicismo». Una analogía muy en boga, que separa claramente el bien y el mal, atendiendo a las ideologías políticas y posturas religiosas. Éste es el único relato del que no hemos encontrado referencia o mención alguna, por lo que podemos considerarlo inédito.

«Sermón al aire libre»[63] es el único que puede considerarse cuadro y no cuento. Transcurre, de nuevo, en el pueblo de nombre ficticio empleado para la novela «El sí de la serrana», es decir, en Vallehermoso, en cuya plaza tiene lugar la tertulia del pueblo a la que es invitado el párroco, quién aprovecha para ofrecer un sermón o explicación de cómo se debe amar a Dios sin conocerle. Pertenece a una serie titulada *Sermones al aire libre, las malas lecturas, diálogos entre el Sr. cura Párroco y D. Homobono*[64], que se publica entre 1868 y 1900.

En 1900, ya al final del siglo XIX, en la *Revista Católica* aparece «El hombre cero», que hace alusión a aquellos individuos de la sociedad que no participan de ella, es decir, que no tienen opinión religiosa, política ni de ningún otro tipo y sólo se aprovechan del resto de los ciudadanos para su propio beneficio. El autor muestra abiertamente su indignación ante este tipo de individuos cuando afirma que «es, por tanto, el hombre cero una verdadera calamidad social, contra cuya egoísta existencia nunca se predicará bastante».

---

[60] Polo y Peyrolón, Manuel (1891), *Pepinillos en vinagre*, Valencia: Imprenta de M. Alufre, en Lanzuela, Marisa (1988), *Vida y obra de Manuel Polo y Peyrolón*, Madrid: Escolar, A.G., p. 99.

[61] *Revista Católica*, n° 6, 11 de febrero, 1900.

[62] *Revista Católica*, n° 28, 15 de julio, 1900.

[63] *Revista Católica*, n° 30, 24 de julio, 1897.

[64] Citado en Lanzuela 1988: 95.

Luis Taboada

Nacido en Vigo, Luis Taboada trabaja en los ministerios de la Gober-
nación y de Fomento y ejerce como secretario de varios políticos de la
época, si bien su verdadera vocación es la literatura. Colabora durante años con numerosos artículos de costumbres y de humor en periódicos y revistas como *Nuevo Mundo, Madrid Cómico, El Imparcial, El
duende de la Coruña, La Gran Vía, ABC, Blanco y Negro, Actualidades,
Vida Galante, Barcelona Cómica, La Ilustración Española y Americana, El
Meteoro,* y *La Ilustración Ibérica,* entre otros. Escribe en tono ligero, bus-
cando lo gracioso, incluso lo grotesco o morboso, como veremos en
uno de sus cuadros, en los que representa y ridiculiza las costumbres
de la clase media madrileña. Quince años antes de su muerte dice de
él Emilia Pardo Bazán que es «el escritor archi-regocijante entre los
que hoy manejan la péñola... el hombre más gracioso de España» y se
pregunta «¿es grano de anís escribir en familiar pero genuino castellano, poseer un estilo, apoderarse de un género, escribir diariamente
un artículo sazonado?»[65].

Intimidades y recuerdos de un autor festivo, en la que recoge, junto a
los principales sucesos de su vida, los acontecimientos políticos mas
importantes del último tercio del siglo XIX, está considerada entre sus
mejores obras.

En el *Boletín Popular* de Nuevo México se publican dos de sus relatos: «Historia triste»[66] y «La hora de comer»[67]. En el primero, proveniente de *El Madrid Cómico,* el autor relata la historia de amor entre
Secundino, un muchacho tímido y de clase baja, y Mariquita, una
chica rica que le declara estar enamorada de otro de su clase, un
teniente de caballería. El sentido del humor, un tanto macabro, hace
que Secundino declare su amor hasta la tumba y haga eso mismo,
morirse tras caer desde una ventana al saber los sentimientos de la
amada.

«La hora de comer» es un cuadro en el que se muestra y critica una
molesta costumbre española, la de visitar a la gente en sus casas a la
hora de comer para pedir favores varios. Se ridiculiza el quiero y no

---

[65] Potter, Murray Anthony (ed.) (1907), *Cuentos alegres,* Boston: Heath & Co., p. iii.
[66] *Boletín Popular,* n° 45, 22 de agosto, 1889.
[67] *Boletín Popular,* n° 15, 26 de enero, 1893.

puedo de la clase media que quiere ocultar ante la visita lo que se come sin lograrlo, debido a los inocentes comentarios de los niños.

Estos dos relatos ofrecen un gran sentido del humor que revelan una postura mucho más relajada ante la vida que la de autores como Polo y Peyrolón. El carácter de la publicación, más liberal que el de la *Revista Católica*, permite ese otro punto de vista.

Concepción Jimeno de Flaquer

Concepción Jimeno y Gil nace en Alcañiz, Teruel. Pronto se traslada a la corte y se casa con Francisco de Paula Flaquer y Fraise, quien dirige una publicación en Matanzas y otra en Madrid, *El Álbum Ibero-Americano*. Allí podrá la autora incluir sus escritos, dirigiendo la publicación a partir de 1890. En 1883, Concepción Gimeno de Flaquer funda y dirige *El álbum de la mujer*. Algunas de sus obras, como *La mujer juzgada por otra mujer*, que agota un buen número de ediciones, reciben una buena acogida por el público. Colabora en un sin fin de publicaciones españolas como *El Correo de la Moda* y *Flores y Perlas* de Madrid, *El Mundo Ilustrado* y *La Ilustración* de Barcelona, entre otras muchas.

En la prensa estadounidense, a pesar de sus viajes y de dedicar varios relatos a temas de las Américas, tan sólo hemos localizado uno de sus relatos. Se encuentra en *La Revista Ilustrada de Nueva York* en 1890[68] y lleva por título «El Quetzal». La prensa española lo incluye entre sus páginas nueve años más tarde en *El Álbum Ibero-Americano*[69]. Debido a sus viajes y estancias en Hispanoamérica, la autora posee la información necesaria para escribir un artículo en torno al vistoso pájaro, que se encuentra en diversas zonas del continente americano. De su nombre, quetzal, provienen otros muchos de autoridades y dioses de la cultura azteca. Se incluyen leyendas sobre éste y otros pájaros con descripciones excesivas, que producen una lectura lenta del texto.

---

[68] *La Revista Ilustrada*, n° 5, 1890: pp. 11-12.

[69] *El Álbum Ibero-Americano* (1899), 14 de septiembre, pp. 400-401, en Simón Palmer, M.ª Carmen (1991), *Escritoras españolas del siglo XIX, manual bio-bibliográfico*, Madrid: Castalia, p. 372.

Luisa Torralba de Martí (Aurora Lista)

Los relatos de Luisa Torralba de Martí que aparecen publicados en *La Revista Católica* no pueden ser calificados de cuentos, porque muestran únicamente una serie de escenas con la excusa de impartir la religión católica. Podríamos considerar estos relatos como cuadros, pero tampoco cuadros costumbristas; aunque de vez en cuando se muestra a algún personaje recreando una costumbre, las descripciones del contexto y la vida del momento. Son escasas y abundantes, en cambio, la predicación religiosa y la moralización.

La enseñanza se imparte gracias a la intervención de un cura en «Perdonar las injurias»[70]. En «Honra por honra»[71] es gracias a una carta publicada en un periódico, para redimir la falta de un caballero que no cree en la virtud de la Virgen María y, obligado, la escribe a su madre para honrar a ambas. «No hurtarás»[72] y «No codiciarás los bienes ajenos»[73], con el mismo objetivo que relatos anteriores, escenifican esos mandamientos.

«Las alas del ángel»[74] incluye, de nuevo, una pareja de hermanos en su relato. La niña queda ciega tras una tormenta, lo que resulta para ella casi una bendición. Su intensa fe despierta también en el hermano buenos sentimientos hacia su familia, y eso le hace arrepentirse de sus malas acciones. Un argumento muy simple con rasgos románticos para representar las virtudes.

La idea de reconciliar a un padre con su familia es la de Teresita, la hija enferma que quiere unos zapatitos blancos[75] –título del cuento– para entrar en el cielo porque se sabe enferma; «Un favor de S. Antonio»[76] relata la historia de un joven que no cree en los milagros del santo hasta que es protagonista de uno de ellos.

Por último, y por primera vez en tercera persona, el narrador del relato «No habéis de ser menos»[77] expresa la conformidad con el estu-

---

[70] *Revista Católica*, n° 24, 14 de junio al n° 26, 28 de junio, 1891.
[71] *Revista Católica*, n° 50, 13 de diciembre, 1891.
[72] *Revista Católica*, n° 21, 25 de mayo al n° 23, 9 de junio, 1895.
[73] *Revista Católica*, n° 24, 16 de junio al n° 26, 30 de junio, 1895.
[74] *Revista Católica*, n° 41, 8 de octubre al n° 52, 15 de octubre, 1899.
[75] *Revista Católica*, n° 41, 14 de octubre al n° 42, 21 de octubre, 1894.
[76] *Revista Católica*, n° 28, 15 de julio al n° 29, 22 de julio, 1900.
[77] *Revista Católica*, n° 45, 6 de noviembre, 1898.

dio de la niñas, porque «el saber no ocupa lugar», teniendo siempre en cuenta que el objetivo final es el de ser buenas cristianas. El que narra aquí podría ser un párroco y el relato, en realidad, un sermón dirigido a las niñas.

Desgraciadamente, no se han hecho estudios sobre la obra de esta autora, por lo que resulta difícil confirmar si se trata de relatos inéditos. Tan sólo podemos señalar que éstos no aparecen en las colaboraciones que realiza para la prensa en España[78]. En cualquier caso, siguen la línea moralizante de autores anteriores, si bien se trata en su caso de escenas más que de cuentos o novelitas.

Josefa Pujol de Collado

Josefa Pujol y Babillón de Collado nace en Barcelona. Casada con un militar, enviuda pronto y se dedica a escribir sobre el feminismo y la civilización greco-romana. Publica la revista *El Parthenon*, en la que colaboran entre otros Alarcón, Núñez de Arce o Pérez Galdós. Más tarde, funda *La Moda Europea* y dirige *Flores y Perlas*. Al parecer, con los textos enviados a América consigue un dinero extra para mantener a sus dos hermanas[79].

El relato encontrado, «Filia Luminis», es un cuento publicado en *La Revista Católica en* dos entregas[80], algo que sorprende, al igual que en el caso de Carmen de Burgos, por el carácter feminista de ambas. Aquí la autora elige un contexto que conoce muy bien, el grecolatino. La fe cristina toma forma de virgen griega, en un valle «no lejos de Messenia», donde el príncipe se acaba de convertir al cristianismo. Les nace una hija a la que bautizan con el nombre de *Filomena* o *Hija de la Luz*, que se convierte en mártir ante el emperador romano Diocleciano, al que ha acudido en defensa de su pueblo. Al negarse a contraer matrimonio con un pagano, Diocleciano manda acabar con su vida, pero no lo consigue tras varios tormentos, produciéndose el milagro que da lugar a la conversión de «muchos gentiles».

---

[78] Simón Palmer: 692-695.

[79] «Con sus trabajos enviados a América con el seudónimo de Evelio del Valle llegó a ganar 1.000 pesetas al mes, cantidad que empleó en mantener a sus dos hermanas» (Simón Palmer 1991: 563).

[80] *Revista* Católica, nº 1, 1 de enero al nº 2, 8 de enero, 1899.

Como vemos, un contexto diferente, donde también en el caso de esta autora se presenta un milagro cristiano. Como en el caso anterior, no se ha podido identificar este cuento con ninguna de sus colaboraciones, escasas, en la prensa en español[81].

Luis Coloma, S.J.

La obra del padre Coloma publicada en la *Revista Católica* es una de las más abundantes, debido a su condición de jesuita y al carácter de su obra, que sigue la línea de la de Fernán Caballero, de quien es considerado discípulo. Aunque su obra aparece bastantes años más tarde que la de aquélla, y aún conserva el carácter moralizante, su técnica narrativa ya ha evolucionado. El romanticismo se torna en cierto realismo, en el que se incluyen algunos rasgos que podrían ser denominados naturalistas, como la dura descripción de escenas y personajes en su obra más conocida, *Pequeñeces*. No obstante, esos rasgos se quedan en meras formalidades, dado que el fondo teórico del movimiento resultaría una completa paradoja con sus creencias.

El mismo autor expresa en la edición de sus obras publicadas en *El mensajero del Corazón de Jesús* el objetivo de su narrativa breve, cuando espera que «sean, pues, estas Lecturas Recreativas el primer paso que aleje de las malas novelas a tantas almas que pudieran y debieran encontrar solaz provecho en obras como la *Guía de pecadores* y la *imitación de Cristo*»[82].

Cabe señalar que *Pequeñeces*, su novela de mayor éxito, no se publica en *La Revista Católica* de Nuevo México, a pesar de que hubiera aparecido por primera vez, como hemos indicado, también en la revista de la Compañía. Hay dos probables explicaciones al hecho: la primera, y más probable, sería que la obra se tachase de naturalista por la crítica del momento, levantando una polémica en su día, algo, que como hemos observado, no toleraría esta publicación. Una segunda explicación sería la falta de conocimiento de los personajes aristocráticos que protagonizan la novela, causa probable de un éxito tan rotundo en España pero, que, sin embargo, no lo sería tanto para una

---

[81] Simón Palmer 1991: 563-564.
[82] Firmado en Bilbao, 24 de septiembre de 1884 en Coloma, L., S.J. (1952), *Obras completas*, Real Academia Española, Madrid: Editorial Razón y Fe.

población novomexicana que los desconoce o no está familiarizada con ellos.

El primer relato de todos los que encontramos en la *Revista Católica*[83] es «Juan Miseria», que pertenece al primer grupo de lecturas recreativas denominado «Cuadros de costumbres populares», protagonizadas por los personajes del campo andaluz, en este caso un zapatero. «El Viernes de Dolores» forma parte del mismo grupo, en el que se incluyen algunos cuadros religiosos como éste. En él aparece la figura de una mujer rezando, que podría ser la viva descripción de su admirada Fernán Caballero. Se publica en cuatro entregas durante 1885[84].

En su estudio sobre el autor[85], Emilia Pardo Bazán nos asegura que ésta y otras narraciones «parecen caídas de la pluma de Fernán en sus días mejores, cuando aún no la hicieran temblar los años». Este conjunto de «Lecturas recreativas» se publica por primera vez en la revista *El mensajero del Corazón de Jesús* en 1884, y se reúnen poco después en una recopilación en cuyo prólogo nos explica el autor lo siguiente:

> Cuadros son éstos en que se hace reflejar la purísima luz de nuestra Religión sacrosanta para producir efectos *estéticos* y no para inculcar santas enseñanzas; para despertar en el lector *agradables impresiones*, en vez de moverle a santos impulsos, capaces de engendrar las buenas obras que preserven la inocencia y despiertan el arrepentimiento[86].

«¿Qué sería...?»[87] corresponde al segundo grupo de este tipo de lecturas bajo la clasificación de *Historias varias*[88], en la que el padre Coloma aprovecha la oportunidad para poner en evidencia la historia de la Compañía y las persecuciones de que es objeto, tomándolas como un regalo divino para aprender a afrontar mejor las dificultades.

---

[83] *Revista Católica*, n° 22, 2 de junio al n° 41, 12 de octubre, 1890.

[84] *Revista Católica*, n° 10 y 11, 8 y 15 de marzo respectivamente, 1885.

[85] Pardo Bazán, Emilia, *Españoles Ilustres, El P. Luis Coloma, Biografía y estudio crítico*, Madrid: Imprenta de Antonio Pérez Dubrull.

[86] Coloma, Luis, S.J. (1947), *Obras completas*, Madrid: Sucesores de Rivadeneyra. v. II *Lecturas recreativas*, p. 5.

[87] *Revista Católica*, n° 16, 19 de abril al n° 18, 3 de mayo, 1891.

[88] Coloma, Luis, S.J. (1952), *Obras completas*, Real Academia Española, Madrid: Editorial Razón y Fe, v. II. *Historias varias*.

«Platillo» se publica en 1887[89], «La almohadita del Niño Jesús» en 1891[90] y «Miguel» en 1885[91]. Los tres forman parte de la serie *Pinceladas al natural*[92], cuentos en los que se satiriza la vida de la aristocracia, atendiendo, de nuevo, a su falta de religiosidad.

En los tres relatos siguientes se incide satíricamente en la falta de virtud religiosa por parte de la burguesía española del momento. En concreto, la trama aparecida en «Por un piojo»[93] está protagonizada por dos primas: una rica y egoísta y otra pobre y huérfana; ésta última acoje a la primera en su casa. La trama es muy similar a la que vimos en la novela *Sin Dios* de Carmen de Burgos. En otros dos relatos, «La Gorriona»[94] y «¡Era un Santo!»[95], vuelve a aparecer el mismo tema de la falta de principios y creencias religiosas en las familias. Los tres pertenecen a la serie de *Nuevas pinceladas*[96].

¡Porrita componte!»[97] pertenece al quinto volumen en sus obras completas y al último grupo de lecturas recreativas, el denominado *Cuentos para niños*. Aunque éste, en concreto, por la seriedad del tema, es un cuento para y por adultos, cuya ambición les lleva al castigo divino.

Coincido con doña Emilia en considerar la narrativa del padre Coloma más avanzada que la de su «maestra» Fernán Caballero, debido a un mejor tratamiento de los personajes y de las descripciones, si bien aún pervive en algunos relatos la lentitud y, por supuesto, el carácter moralizante de todas sus obras. En palabras de doña Emilia «a nadie he visto penetrado del espíritu de Fernán; si este jesuita quisiese y pudiese, facultades le sobran para dejarse atrás el modelo».

Valera es más duro con el padre Coloma, como puede apreciarse en el siguiente comentario a *Pequeñeces:*

---

[89] *Revista Católica,* nº 36, 2 de octubre al nº 41, 7 de noviembre, 1887.

[90] *Revista Católica,* nº 1, 4 de enero 4 al nº 3, 18 de enero, 1891.

[91] *Revista Católica,* nº 9, 1 de marzo, 1885.

[92] Coloma, L., S.J. (1952), *Obras completas*, Real Academia Española, Madrid: Editorial Razón y Fe, v. II. *Pinceladas al natural.*

[93] *Revista Católica,* nº 41, 13 de octubre, 1885.

[94] *Revista Católica,* nº 28, 10 de junio al nº 35, 25 de septiembre, 1887.

[95] *Revista Católica,* nº 29, 21 de julio al nº 36, 8 de septiembre, 1889.

[96] Coloma, Luis, S.J. (1952), *Obras completas*, Real Academia Española, Madrid: Editorial Razón y Fe, v. IV. *Nuevas pinceladas.*

[97] *Revista Católica,* nº 20, 17 de mayo al nº 21, 25 de mayo, 1890.

El capital error de usted, es que ha querido usted crear algo del género epiceno, y ha salido del género neutro. Ha pensado usted novelista y misionero a la vez, divertir y aterrar; escribir un libro de pasatiempo que fuera sermón también; una novela sátira; y las extraordinarias facultades de usted se han neutralizado; y ha resultado que la novela hubiera sido mejor sin ser sátira; y la sátira mejor sin ser novela; y el sermón retemejor si no hubiera sido ni novela ni sátira[98].

Valera no está a favor de las enseñanzas moralizantes en las novelas que él considera obras de arte, aunque en sus propias obras se deslice, de una forma más sutil, la opinión del narrador.

Emilia Pardo Bazán

Emilia Pardo Bazán es una de las escritoras decimonónicas más favorecidas por la prensa en inglés y en español en Estados Unidos. Además de traducirse un número considerable de sus novelas, se publican y traducen sus cuentos, relatos breves y colaboraciones en la *Revista Católica, la Revista Ilustrada, Las Novedades* y *Littell's Living Age*.

Los primeros dos cuentos encontrados corresponden a la clasificación de la autora de *Cuentos Nuevos*, reunidos en 1894 y aparecidos en la prensa española entre 1890 y 1894 sin denominador común alguno. El primero es «La hierba milagrosa»; publicado en *Las Novedades* en noviembre de 1892[99], aparece en *El Liberal* el 24 de agosto del mismo, nos comunica el editor[100], y también lo encontramos en su *Nuevo Teatro Crítico* en 1891[101]. La propia autora lo describe al principio del mismo de la manera siguiente:

Y la heroína de este cuento, la virgen Albaflor, se parecía, de seguro –aunque yo no he visto su retrato– a las santas que acarició el pincel de

---

[98] Valera, Juan (1958), Obras completas, v. XXVIII, pp. 182-183, Madrid: Aguilar. Vid. Relieves y críticas, p. 161. En p. XXVI del prólogo de Constancio Eguía Ruiz, Coloma, L., S.J. (1952), *Obras completas*, Real Academia Española, Madrid: Editorial Razón y Fe.

[99] *Las Novedades*, nº 558, 17 de noviembre, 1892.

[100] Véase Clèmessy 1981. aparece publicado el 24 de octubre de 1892.

[101] *Nuevo Teatro Crítico* (1891), Madrid: La España Editorial. VI. La hierba milagrosa, pp. 36-45, Simón Palmer, M.ª Carmen (1991), *Escritoras españolas del siglo XIX, manual bio-bibliográfico*, Madrid: Castalia, p. 503.

los mismos grandes artistas: alta y de gráciles formas, de prolongado cor-selete y onduloso y fino cuello, de seno reducido, preso en el jubón de brocado, de cara oval y cándidos y grandes ojos verdes, que protegían con dulzura melancólica tupidas pestañas, de pelo dorado pálido, suelto en simétricas conchas hasta el borde del ampuloso traje (ibid.).

Una larga descripción para acercarnos más al personaje de Alba-flor. De la misma forma se dibuja la ciudad en la que debió ocurrir el acontecimiento, en algún lugar de esos que aparecen en «las tablas de los pintores místicos flamencos». En manos de la tradición que «ase-gura» lo relatado pone doña Emilia el origen del cuento, la justifica-ción realista que emplean casi todos los autores del momento. La don-cella Albaflor consigue salvar una planta que ella adora: «su simbólico lirio blanco» que representa, entendemos, su virginidad, ofreciendo su vida a un desalmado que ataca su ciudad. Haciendo ver al invasor que la hierba es milagrosa le pide que le corte el cuello para demostrárselo. Lógicamente, Albaflor muere a sus manos pero salva su más preciado «lirio blanco». Es, por tanto, la historia de una mártir, y podría incluirse entre sus cuentos sacroprofanos.

La última colaboración en español en *La Revista Ilustrada de Nueva York* se realiza en octubre de 1893[102] con el segundo de los cuentos nuevos, «Sédano», cuyo protagonista, del mismo nombre, es uno de los muchos funcionarios de la época que le cuenta su historia a otro compañero. Se menciona «la Gloriosa», las Filipinas, y otra serie de detalles que dan contexto al relato. Es este mismo contexto el que nos recuerda a tantas otras escenas aparecidas en las novelas galdosianas. Había aparecido en España por vez primera en *El Liberal*, en abril de 1893 (24 de abril de 1893).

«Remordimiento»[103], incluido entre los *Cuentos de amor*, se publica en *Las Novedades* en noviembre de 1892, a escasamente un mes de su primera publicación en *El Imparcial* (17 octubre de 1892). No obstante, el cuento no se integra en la colección, establecida originalmente en 1898, hasta la edición de 1911. Se relata la historia del vizconde de Tresmes, a quien por supuesto la condesa ha conocido en persona, y cuya actitud e historia familiar critica por haberse quedado con la for-tuna de todos ellos y por ser un donjuán. A la pregunta de la condesa

---

[102] *La Revista Ilustrada de Nueva York*, n° 10, 1893: 482-483.
[103] *Las Novedades*, n° 56, 3 de noviembre, 1892.

de si no tiene remordimientos contesta él con la historia de su sobrina, que constituye su único remordimiento.

«Los huevos pasados» forma parte de la serie «La comedia piadosa» de *Cuentos sacroprofanos* publicados en 1899. Los otros tres que la completan son I. Casuística, II. Cuaresmal, y III. La conciencia de «Malvita». En España aparece en la colección *Arco Iris* en 1896[104]. Encontramos «Los huevos pasados» en la *Revista Católica* en octubre de 1896[105]; presenta una escena de la familia López, una familia burguesa en la que la madre y las hijas son creyentes. El padre suele disfrutar un desayuno consistente en huevos cocidos, hechos a su gusto hasta que despiden a la cocinera. Entonces pide a sus hijas que se los hagan y que, recen tres credos para que estén a punto. Él mismo comienza a rezar mientras ellas los cocinan y de repente se da cuenta de que no se acuerda del credo, convirtiéndose en el hazmerreír de las niñas. Volvemos a ver aquí a la familia burguesa por excelencia, donde la mujer es la beata y el marido ateo o simplemente no practicante; eso sí, en este caso con la habilidad que caracteriza a doña Emilia para hacer esbozar una sonrisa al lector.

Por último, descubrimos «The grand prize», traducido expresamente por J. Raymond Bidwell para *Littell's Living Age* en el ejemplar correspondiente al último trimestre de 1897[106]. Este cuento se publica como «El premio gordo» por primera vez en *La Ilustración Ibérica* en 1883 (Paredes Núñez), y aparece luego en la colección de *Cuentos Escogidos*, en 1891. El marqués de Torres-Nobles, quien poseía la tierra más productiva e importante del país, compra un boleto de lotería y decide repartir el premio si es que toca. Pero al oír la intención de sus sirvientes de abandonarlo para llevar una vida mejor si eso llegara a ocurrir, el marqués se enfurece. Aún más si cabe, cuando, en efecto, les toca el premio gordo. Todos le abandonan excepto el pastor del pueblo, al que recuerda en su testamento cuando muere, probablemente debido a las comidas del buen cocinero que se ha buscado en su palacio de Madrid, moraleja final que contempla con humor doña Emilia.

Como se puede apreciar, la proximidad temporal que guardan las publicaciones de estos cuentos en las revistas y periódicos españoles

---

[104] Dato recogido de Paredes Núñez –(ed.) 1979–, quien desafortunadamente no indica la fecha exacta.

[105] *Revista Católica*, nº 43, 24 de octubre, 1896.

[106] *Littell's Living Age* (1897), v. CCXV, octubre-diciembre, 1897: 459-462.

y en las estadounidenses es, cuanto menos, sorprendente, si bien algo similar ocurre entre la creación de las obras por parte de la autora y su publicación (Paredes Núñez 1979). El ejemplo de *Las Novedades*, que publica un texto suyo tan sólo quince días después de aparecer en España es digno de resaltarse, y apunta al conocimiento de la literatura española por las revistas estadounidenses en español.

El caso de la traducción en la única revista en inglés en la que encontramos una obra de Emilia Pardo Bazán es muy distinto. Transcurren más de una decena de años entre una publicación y otra, lo que indicaría que *Littell's Living Age* no sigue la trayectoria de los autores españoles tan de cerca.

Armando Palacio Valdés

El nombre de Palacio Valdés aparece con frecuencia en la prensa estadounidense, primordialmente en inglés. Sus novelas comienzan a conocerse tras las favorables críticas que realiza Howells, en la revista *Harper's* principalmente. Se crea entre ambos cierta amistad que produce un efecto muy positivo para la obra de este autor.

En *Littell's Living Age*[107] aparece, de manera única, un relato suyo traducido exclusivamente para la revista. «In the National Library at Madrid»[108] describe el día de un estudiante en la Biblioteca Nacional, un relato lleno de críticas agudas e hirientes al sistema burocrático del lugar, donde los funcionarios parecen molestos porque la gente solicite su ayuda. Cuando por fin el estudiante consigue sentarse a leer Don Quijote, después de haber intentado sin éxito obtener otros títulos, no tarda en oír el anuncio sonoro de que la biblioteca va a cerrar.

A la descripción del edificio, que se encuentra en obras se unen las conversaciones que –ignorando al estudiante, que ya ni se atreve a interrumpirlas– mantienen los funcionarios sobre temas del momento como los toros. El agudo sentido del humor que practica Palacio Valdés en este texto pareciera proveniente de la pluma valeriana, más ácida, en ocasiones, que la suya.

---

[107] *Littell's Living Age*, v. CCXXII, julio-septiembre, 1899: 720-723.
[108] Este relato aparece en primer lugar publicado en la *Revista de Asturias* y luego pasa a formar parte de las *Aguafuertes* (p. 239).

Eva Infanzón Canel

Eva Infanzón Canel nace en Asturias en 1857 y tras casarse con Eloy Perillán Buxó se ve obligada a exilarse a Hispanoamérica, debido a una obra escrita por el marido. Allí, ambos fundan una serie de publicaciones en las que ella inserta sus escritos. Al enviudar decide volver a América con su hijo, para que éste se eduque en Estados Unidos. Instala su residencia en Cuba durante algunos años y desde allí acude, como corresponsal de la Cámara de Comercio de Cuba, a la Exposición Universal de Chicago, desde donde envía sus escritos a publicaciones españolas y extranjeras.

Es asidua colaboradora de *La Ilustración Artística* y *El Día* de Madrid y actúa como corresponsal europeo en periódicos de Hispanoamérica como *El Ferrocarril* de Montevideo, *La Estrella*, de Panamá, o *El Pueblo* de Puerto Rico. Tras el comienzo del conflicto cubano y dada su tendencia antiindependentista y en contra de Estados Unidos, se le recomienda su salida de Cuba. Se dirige entonces a Buenos Aires donde vivirá la mayor parte del tiempo hasta su vuelta a Cuba, donde muere en 1932. Debido al establecimiento de su residencia en esos dos países algunos la consideran cubana, y otros, como Carmen de Burgos, argentina. Como tal la menciona en su artículo «Las españolas en América»: «con el título de «Otro y van mil» escribe la espiritual literata argentina Eva Canel un precioso artículo, cuyos párrafos trascribo»[109].

Además de sus novelas, entre las que destacan *Oremus*, *Trapitos al sol* y *Manolín*, y de alguna obra de teatro, la mayor parte de su obra está dispersa en publicaciones periódicas en forma de relatos de viaje, colaboraciones y cuentos o «novelitas cortas», como ella las llama. Al igual que ocurre en las obras de otras autoras de la época, en las de Eva Canel se dejan entrever elementos pertenecientes a distintas corrientes literarias decimonónicas, a sus herencias y a los elementos de futuros movimientos. Los elementos románticos y moralizantes que aún permanecen en sus obras se unen a aquellos otros más realistas, que incluyen en ocasiones cuadros de costumbres o incluso folclore y tradiciones de los pueblos americanos. Los relatos de viaje constituyen el marco ideal para incorporar este tipo de elementos costumbristas[110].

---

[109] de Burgos, Carmen (1913), *Al balcón*, Valencia: F. Sampere y Compañía, p. 49.
[110] Para más información véase Caballer 2005.

El relato que presentamos a continuación es clasificado por la autora como «historieta» en el prólogo a la obra de la que forma parte. Aparece por primera vez junto a otras «historietas» en el primer libro de viajes que escribe Canel dedicado a las Américas. El objetivo de *Cosas del otro mundo, viajes, historias y cuentos americanos* es mostrar la cultura del continente a los españoles que lo desconocen[111]. Se publica solamente tres años antes de la aparición de esta historia en la prensa estadounidense.

Encontramos «La Virgen herida» en *La Revista Ilustrada de Nueva York* en 1891[112]. La autora recuerda en los malos momentos a su patria, a la que piensa entonces que nunca podrá volver: «Yo la he visto, no lo dudéis: la he visto allá en Bolivia; en la Paz de Ayacucho...» Se refiere a la «Virgen de los Remedios». Comienza diciendo que «allí he aprendido la tradición que voy a referir...», un elemento asiduo en este tipo de relatos. La acompaña a ver esta virgen con cara de «niña india», que está en la iglesia de San Juan de Dios, un tal sr. D. Isaac Escobari (cura y filólogo). Cuenta la historia del milagro que consiste en la aparición de la Virgen en el hospital, tras ser apuñalada por un jugador vicioso llamado Pedro. La imagen se ilumina y Pedro desaparece.

Como sucede con los autores anteriormente representados en este epígrafe, el uso del folclore es empleado con frecuencia por Eva Canel, y resulta aún más importante si cabe en la narración de una escritora que traspasa la responsabilidad de la verosimilitud de la narración al pueblo, a aquellos personajes de los que ha oído las historias en diversos puntos del continente americano. Para confirmar la certeza de la historia, Canel termina contestando afirmativamente a la pregunta de si ella lo cree: «Las bolivianas son una legión de ángeles adorables, y yo digo que los ángeles no pueden equivocarse».

De nuevo, habría que considerar este relato más cercano a un cuento o cuadro que a una historieta o historia, si entendemos hoy

---

[111] No cumpliría con un deber sagrado si en el primer libro que sobre América doy a la estampa no echase una rápida ojeada por aquel continente vastísimo, tan digno de investigaciones minuciosas y de fallos concienzudos, como desconocido para los españoles, que apenas pueden creer en los adelantos de países que fueron hijos suyos. Canel, Eva (1889), en el prólogo de *Cosas del otro mundo, viajes, historias y cuentos americanos*. Primera Serie. Madrid: Manuel Minuesa de los Ríos.

[112] *La Revista Ilustrada de Nueva York*, n° 11, 1891: 712-714.

por historia un relato similar a una novelita corta, en la que los personajes son independientes de la voz del narrador, algo que raramente sucede en el siglo XIX. No obstante, en ese momento los términos se confunden y se emplean indistintamente cuento, historieta, novela corta y novelita, como ya comentamos.

Carmen de Burgos (Raquel)

A continuación, revisaremos cinco relatos breves de esta autora que se publican en la *Revista Católica* de Nuevo México entre 1895 y 1898. Ninguno de ellos ha podido ser localizado en los estudios sobre su obra empleados para este trabajo, que consideran el comienzo de la etapa creativa de Carmen de Burgos a principios del siglo XX. Por esta razón, al igual que nos ocurrió con su novela, es de suponer que sean inéditos.

El primero es «Los ángeles se van, historia para niños... y mamás»[113], que no puede ser considerada una novela, sería más bien una novelita que consta de cinco capítulos, con una obvia función moralizante, que la autora narra en tercera persona. Transcurre entre dos primas, una beata y responsable, otra un poco ligera de cascos, que desatiende su casa y sus hijos por ir a la moda. El castigo de la Providencia convierte a esta última en una mujer «de bien», tras perder a un hijo y estar a punto de perder al otro. La historia transcurre en la Cuba de 1874 y presenta un ambiente similar al que encontramos en las novelas escritas por otras autoras, aunque se trate de un lugar extranjero. No obstante, aquí se produce una intervención menor del narrador, a la vez que un mayor dominio de la voz de los personajes y sus diálogos que en los relatos de sus colegas.

«La vanidad»[114], «El silencio»[115] y «La abnegación»[116] son tres relatos cortos en los que Carmen de Burgos se dirige a su hija explicándole el beneficio de practicar esas tres virtudes y las malas consecuencias si no lo hiciere. Forman parte de la serie «Las florecitas dedicadas a mi hija», en la que probablemente se debieron incluir otros relatos,

---

[113] *Revista Católica*, nº 17, 28 de abril al nº 19, 12 de mayo, 1895.
[114] *Revista Católica*, nº 17, 25 de abril, 1897.
[115] *Revista Católica*, nº 32, 8 de agosto, 1897.
[116] *Revista Católica*, nº 3, 16 de enero, 1897.

algo que no podemos confirmar por no haber encontrado referencia alguna a los mismos. Como ya anunciaba, se trata, entonces, de relatos inéditos. Los dos primeros se publican durante 1897 y el tercero al año siguiente. Sorprende, en el caso de la autora, y debido a su trayectoria personal y política, que sean estos relatos los que salen de su pluma; en particular el tercero, dedicado a la abnegación, cuando parece que su personalidad muestra una actitud activa social y políticamente. Consciente de la necesidad económica en la que se ve sumida tras abandonar a su marido e ir a buscar trabajo a Madrid, es posible que esa fuera motivación suficiente para suscitar este tipo de relatos.

En 1898 se publica «Obras vacías...»[117], un breve relato en el que de nuevo se muestra la exageración de la beatería, transformándose para llegar a un término medio. Doña Clara representa el extremo con una agenda que está completa, oyendo varias misas a la vez y representando presidencias de diversas asociaciones. Y lo que parecería bien a «alguna lectora inocente» demuestra ser algo vacío, sin buena intención de fondo. Vemos aquí un punto de vista diferente al que nos tienen acostumbrados la mayoría de los relatos publicados en la *Revista Católica*.

Por último, aparece «Las bodas», publicado en 1899[118]. Con este relato, Carmen de Burgos prosigue su labor de crítica de la sociedad, a la que califica de frívola y demasiado preocupada del resto de las personas. Se sirve de una boda concertada entre dos miembros de la sociedad con cierto poder económico para mostrar la capacidad que tiene la gente de crear mentiras y fantasías. Aquí se percibe un narrador más cómodo y cercano al lector, al que se dirige en varias ocasiones, como al final, cuando dice: «Creedme, lectoras mías; compadezco de veras a los que se casan si son de elevada posición social, porque durante un par de meses están en la picota».

En el conjunto de relatos de Carmen de Burgos que se publican en la *Revista Católica* se puede apreciar una evolución. El narrador se encuentra más cómodo con el lector en los más tardíos, incluso a veces parece desaparecer, y la racionalización de las tendencias que acusa la sociedad reciben unas críticas más duras también al final del

---

[117] *Revista Católica*, n° 17, 23 de abril, 1897.
[118] *Revista Católica*, n° 31, 31 de julio, 1899.

siglo XIX. A partir del siglo XX comenzarán a publicarse en España los relatos y novelas de una autora que pronto empezará a ser reconocida y, por tanto, podrá expresar su opinión sobre la sociedad sin peligro de censura. El hallazgo de estos relatos tiene un gran valor en tanto presenta la evolución de la narrativa de la autora.

3. COLABORACIONES DE CARÁCTER MISCELÁNEO

Como indica el título de este apartado, se trata de colaboraciones muy variadas las que aquí presentamos. Desde aquellas de las que se tiene pruebas de su petición y correspondiente remuneración, como las de Juan Valera y Emilia Pardo Bazán en *La Revista Ilustrada de Nueva York*, hasta esas otras de las que desconocemos su historia, como nos ocurrirá con las de Emilio Castelar y Eva Canel.

Son de temática y frecuencia también diversas. El mayor número de colaboraciones lo encontramos a manos de Emilia Pardo Bazán, en varias publicaciones estadounidenses, en ambos idiomas, inglés y español, y del político y orador Emilio Castelar, que es quien publica en el mayor número de publicaciones, también en ambos idiomas. Juan Valera tan sólo contribuye con sus textos a las dos principales publicaciones neoyorquinas, *Las Novedades* y *La Revista Ilustrada de Nueva York*, y de Eva Canel, aunque gracias al estudio de Jean Kenmogne (1990) sabemos de su colaboración con más de veinte publicaciones durante su estancia en Chicago como corresponsal de la Cámara de Comercio de La Habana, de las que tan sólo he encontrado una en la neoyorquina *North American Review*.

He incluido aquí estas colaboraciones para distinguirlas de aquellas de marcado carácter crítico, que incluiremos en el capítulo siguiente, y de los relatos breves que aparecen esporádicamente en algunas publicaciones a manos de nuestros autores. Aunque en el caso de Eva Canel tan sólo he localizado una de estas colaboraciones, nos consta, como ya hemos mencionado, que son más las que realizó para la prensa estadounidense, por lo que su inclusión en este apartado nos parece justificada.

Como veremos, los temas a tratar ocupan un amplio espectro desde la historia en los textos de Emilio Castelar hasta el papel de la mujer a finales del siglo XIX, a cargo de Emilia Pardo Bazán. Algunos incluyen comentarios de los acontecimientos sociales y culturales del momento, pero no son esencialmente críticos como para incluirlos en el apartado siguiente.

Juan Valera

Veremos en el apartado crítico el importante papel que juega Valera en la promoción de las obras españolas. Suena extraño, por tanto, reconocer que la prensa en español no publique nada suyo durante su estancia en Washington y haya que esperar cuatro años más para encontrar sus relatos en *Las Novedades*, cinco años en el caso de *La Revista Ilustrada de Nueva York*.

A pesar de la opinión desfavorable, ya mencionada, que le merece el Sr. García, director de *Las Novedades*, Valera ve dos de sus cartas publicadas en esa revista, ambas en septiembre de 1890. A la primera precede una introducción, del editor suponemos, en la que tras rendir muestras de admiración al autor, explica la impresión de dichas cartas en *La España Moderna* y su aparición «que acaba de ver la luz» en un segundo tomo de cartas. De ellas dice que «no se concretan a dar a conocer obras de literatos y pensadores hispano-americanos: presenta también al lector, de perfil e incidentalmente, algunos personajes de la América sajona, como por ejemplo el famoso Ingersoll y la señorita Rosa Isabel Cleveland, hermana del anterior Presidente de esta república». Sin embargo, el mismo Valera en el prólogo de esa edición, que dedica al presidente del Ecuador, confirma lo siguiente:

> Aunque mi propósito al escribirlas es puramente literario, todavía, sin proponérmelo yo, lo literario trasciende en estos asuntos a la mas alta esfera política.

Esa primera entrega[119], «Nuevas cartas americanas I», incluye realmente el prólogo en su totalidad, en el que termina adoptando un papel unificador entre España y los países latinoamericanos. Señala que «los españoles fueron a América para extender en ella la civilización europea, por cuya virtud alcanzó América la potencia de igualarse con Europa y acaso de superarla en lo futuro». En concreto,

---

[119] *Las Novedades*, n° 445, 18 de septiembre, 1890: 1.

admira la postura del escritor ecuatoriano León Mera ante los españoles.

En la segunda entrega, «Nuevas Cartas Americanas II»[120], anuncia el editor la crítica de Valera a dos obras de León Mera que se acaban de publicar en Barcelona, gracias a la intervención de José Trajano Mera, hijo del autor y Cónsul General del Ecuador en aquella ciudad española. Cabe destacar que el editor mencionara a León Mera como «nuestro ilustrado colaborador». Las dos obras son *Entre dos tías y un tío* y *Cumandá*. Comienza con la crítica de la primera, admirando la segunda. Realiza una crítica con conocimiento de causa, a diferencia de las que veremos en los críticos estadounidenses, en la que alaba el estilo del autor «natural» y el «teatro» de la acción que se huele, se oye y se visualiza en la mente del lector con gran facilidad. Sin embargo, no todo son buenas palabras para León Mera por parte de Valera, quien mantiene objeciones ante la belleza y la educación moral de la protagonista Cumandá, porque no le resultan creíbles dado el origen indígena de esa educación. Nos parecen, por tanto, exagerados los comentarios que realiza Clarín al respecto en varias ocasiones considerando que Valera es demasiado unánime al alabar la obra de los autores americanos, y utiliza, en cambio, una medida más dura para con los autores españoles.

En tercer lugar, se publica, casi en su totalidad, con el título de «Un artículo de D. Juan Valera», «una introducción escrita por el insigne estilista» y aparecida en el primer número de la «revista ilustrada *El Centenario*», indica el editor. *Las Novedades* la incluye en mayo de 1892[121], y con motivo precisamente del centenario que da título a esa revista recién inaugurada, recuerda Valera la historia del descubrimiento, la opinión que los españoles merecen a los extranjeros de la época, no siempre favorable, y la situación contemporánea de los españoles en el resto del mundo. Lamenta que la celebración de tal acontecimiento se quede tan sólo en eso, una celebración, y que no se aproveche la ocasión para «que se reanuden o se afirmen los lazos fraternales entre España y las Repúblicas que fueron sus colonias». Al final, menciona el papel que juega la *Revista Ilustrada* (de Nueva York suponemos) en conservar y reforzar los lazos de todas esas Repúblicas.

---

[120] *Las Novedades*, n° 446, 25 de septiembre, 1890: 8.
[121] *Las Novedades*, n° 530, 5 de mayo, 1892: 11-12.

Es precisamente en *La Revista Ilustrada de Nueva York* donde colabora Valera con siete entregas entre los años 1891 y 1892. Las primeras seis corresponden a las conocidas «Cartas de España»[122] y la última a «El naturalismo»[123], al que desafortunadamente no hemos podido tener acceso. La colaboración con esta revista se inicia, como hemos apuntado, cinco años después de su estancia en Washington (1883-1886) y Bruselas (1886-1888) como diplomático, habiendo ya regresado a Madrid. Tal vez debido a la distancia, a la falta de la familia y de los amigos, o a otras razones, el hecho es que Valera no es muy prolífico durante esos años de estancia en el extranjero. A pesar de que inicia algunas relaciones y establece buenos contactos con editores estadounidenses, lo cierto es que hasta su vuelta a España no comienzan a verse los frutos de esas relaciones con la prensa, aunque sí comienzan a editarse sus obras en Estados Unidos a partir de 1891, como veremos en el capítulo séptimo.

Comienza su colaboración con estas cartas, que se reeditan en sus obras completas en 1916, con una carta que dirige al director de la revista en la que se compromete a «escribir cada mes y en forma de carta, un artículo para su interesante REVISTA. El asunto exige usted que sea literario, si bien deja a mi arbitrio el determinarle singularmente. Usando yo de esta libertad, me decido a escribir, considerándolo mejor, una reseña de cuanto vaya ocurriendo, con lo cual pondré al corriente a los lectores de América, aunque sea de modo somero, del actual movimiento intelectual de la antigua patria mía».

En estas cartas o reseñas, según indica él mismo, se propone dar noticia de los acontecimientos literarios y sus protagonistas. Una de ellas, la segunda, la dedica enteramente a Alarcón, que acaba de morir. Los discursos inaugurales de la Universidad por parte de autores como Clarín protagonizan otras cartas, mientras que los escritores y personajes ilustres americanos también encuentran allí su espacio. El regionalismo, que hoy llamaríamos nacionalismo, causa sorpresa a Valera en aquella época, de lo que trata en la quinta carta. Ya en 1892 y tras lamentarse de la situación económica que sufre el país, dedica su carta séptima y última al célebre padre Blanco García.

---

[122] *La Revista Ilustrada de Nueva York* (1891), n° 9, septiembre, 1891: 531-535; n° 12, diciembre, 1891: 726-732; n° 2, febrero, 1892: 64-70 y 70-75; n° 3, marzo, 1892: 120-126.
[123] *La Revista Ilustrada de Nueva York* (1887), n° 9, septiembre.

En suma, se trata de un repaso histórico muy valioso de las obras de sus contemporáneos, sus autores y los movimientos literarios a los que pertenecen. Este repaso, no obstante, se interrumpe sin causa aparente tras la cuarta carta. La revista se ve obligada a disculpar al autor por causa de enfermedad, incluyendo en su lugar un artículo que firma Ricardo Becerra, uno de los editores, sobre la persona de Valera, titulado «Don Juan Valera y Antonio Alcalá Galiano»[124]. Allí se destaca el papel de Valera como unificador de las Repúblicas Americanas con la Madre Patria. El autor de este artículo se confiesa ignorante de la obra de Valera hasta que la conoce en la *Revista de España*. Tras lo cual dice «hacer conocer en Chile, donde a la sazón redactaba un diario político, su popular novela Pepita Jiménez, que fue por muchos días el muy aplaudido folletín de El Deber». Después, Becerra se une a Valera en Washington, también con un cargo diplomático, y destaca el tratamiento ecuánime del español para con los diplomáticos latinoamericanos.

Emilio Castelar

Conocido y recordado por su capacidad oratoria, Castelar ocupa buen espacio en la prensa estadounidense con numerosos artículos, crónicas e historias cortas. Su labor como Presidente de la República es reconocida en el continente americano; tanto es así que incluso una escritora y periodista estadounidense acude a la Península Ibérica en búsqueda de una entrevista con él cuando ocupa ese cargo[125]. Su legado forma parte de la prosa intelectual del siglo XIX, por lo que se ha incluido aquí con otros escritores de la época.

Temas diversos son los protagonistas de estas colaboraciones donde el autor exhibe su dominio de la lengua, con un frecuente empleo de términos muy clásicos que hacen en ocasiones muy denso el texto. Personajes literarios como en «Castelar on de Goncourt», procedente de *La España Moderna*, se publica en *Littell's Living Age* en 1896[126], temas sociales como en «La libertad y el trabajo», en *El Boletín*

---

[124] *La Revista Ilustrada de Nueva York*, n° 1, enero, 1892.
[125] Kate Field describe la entrevista a Emilio Castelar en su casa en *Ten days in Spain* (1898) Cambridge: Mifflin & Company, the Riverside Press.
[126] *Littell's Living Age*, v. CCVIII, 1896: 725-726.

Popular en 1895[127], «Crónica internacional» en 1892 en *Las Novedades*[128], o «La infancia» en la misma publicación en 1892[129].

Otras colaboraciones, como «Castelar y el centenario de Colón« en *Las Novedades* en 1891[130], «La última epopeya, Colón visto por Castelar», en la misma publicación[131], «The republican movement in Europe» y «The germanic peoples (continued)» en *Harper's New Monthly Magazine*[132], abordan temas históricos. A personajes contemporáneos dedica también algunos artículos, como el aparecido en *Littell's Living Age* en 1897[133] y titulado «The career and character of Cánovas«, también procedente de *La España Moderna*.

No tratándose de un autor que se dedica únicamente a la narrativa, no me parece adecuado otorgarle la misma importancia que a los escritores de la época, por lo que hago únicamente mención de algunas de sus colaboraciones. No obstante, en los apéndices se encuentran todas aquellas localizadas en la prensa estadounidense.

Emilia Pardo Bazán

Con «The women of Spain» comienza la revisión del grupo de colaboraciones que Emilia Pardo Bazán dedica a la mujer. Este ensayo recogido de la revista *The Forthnightly Review* por *Littell's Living Age*, se publica en 1889[134]. La autora se refiere a esa colaboración como sigue:

> El pasado año de 1889 la Fortnightly Review, importante publicación que ve la luz en Londres, pidió a Julio Simón un estudio sobre la mujer francesa y a mí otro sobre la mujer española. El original español de mi trabajo se encontraba inédito, y yo me resistía a publicarlo, comprendiendo que para España un estudio de tal índole y sobre todo tan delicado

---

[127] *El Boletín Popular*, n° 15, 24 de enero, 1895.
[128] *Las Novedades*, n° 557, 10 de noviembre, 1892 y por segunda vez, procedente de *La España Moderna*, n° 562, 15 de diciembre, 1892.
[129] *El Boletín Popular*, n° 10, 7 de enero, 1892.
[130] *Las Novedades*, n° 475, 16 de abril, 1891: 2-3.
[131] *Las Novedades*, n° 555, 27 de octubre, 1892.
[132] *Harper's New Monthly Magazine*, vol L, diciembre-mayo, 1875-1875.
[133] *Littell's Living Age*, v. CCXV oct-dec., 1897: 368-371.
[134] *Littell's Living Age*, v. CLXXXII, 1889: 153-168.

asunto pedía mayor desarrollo y extensión, al par que requería prescindir de ciertos detalles necesarios para el lector inglés, y acaso triviales entre nosotros. Por último, me he resuelto a entregarlo a la prensa tal como salió de la pluma, aunque sin quedar curada de mis recelos, y deseando que esta advertencia me valga la tolerancia del público[135].

Con ese comentario, doña Emilia justifica la publicación de estos artículos en España; como vemos, aún no está segura de la aceptación de los mismos en nuestro país. En ese artículo es de la opinión de que el carácter de la mujer es moldeado por el hombre, y que ésta le obedece en todas las sugerencias que aquél hace. Para hallar una descripción justa de la mujer del momento, se recurre a la historia del último siglo y la influencia de los diferentes conflictos de la época que marcan el carácter del español y su cónyuge. Hace un repaso por el siglo y la literatura que lo refleja, arrancando desde la sátira de la mujer que aparece en Moratín y recordando así la época del siglo anterior en la Corte de Carlos IV, donde algunas mujeres de poder celebran la compañía de sus favoritos y protegidos.

A pesar de todo, doña Emilia ve el ideal femenino un siglo atrás. Su opinión es comprensible cuando expresa que entonces, antes de la invasión napoleónica, el hombre y la mujer parecían estar a un mismo nivel. Sin embargo, con la llegada del liberalismo el hombre ha ido adoptando una serie de derechos y privilegios de los que la mujer carece, produciéndose «una distancia social» mayor entre ambos. Esa distancia se acentúa por la obligación de las mujeres de mantener una actividad religiosa considerable cuando los maridos tan sólo se acercan a la puerta de la iglesia pero reconocen en el confesor un aliado. Motivo éste recurrente en las novelas y novelitas españolas por entregas publicadas durante el último cuarto del siglo XIX en la prensa estadounidense, como se ha podido apreciar.

Todas las clases sociales se ven reflejadas en «The women of Spain», comenzando con la aristocracia, de la que doña Emilia admite su frivolidad, si bien reconoce que hay bastantes personas que pertenecen a ella y no lo son tanto. Describe después a la burguesía, que sufre la falta de poder y pretende seguir, en cambio, las costumbres aristocráticas, como vemos que ocurre a muchos de los personajes

---

[135] «La mujer española», p. 25, en Schiavo 1976.

galdosianos. Por último, dedica su atención a la clase trabajadora, a la que describe favorablemente, desde la obrera catalana a la chula madrileña. Se traslada después a las provincias vascas donde el nivel moral es el más alto de España y donde los rasgos duros que caracterizan a la mujer vasca contrastan con aquellos más suaves de la mujer celta de Asturias y Galicia. Encuentra tres tipos generales en los que se puede agrupar a la mujer española, a pesar de sus diferencias: la madrileña, más cercana a la andaluza, la castellana, donde se entremezclan los caracteres celtas e iberos, y la catalana, cercana en el carácter a la vasca y a las celtas.

En 1890 se publican tres artículos de doña Emilia en *La Época* sobre la mujer: «La mujer de la aristocracia», «La mujer española: la clase media» y «La mujer española: el pueblo»[136]. Tras el cotejo de todos ellos puedo afirmar que se corresponden con lo publicado un año antes en *The Fortnightly Review* y en *Littell's Living Age*. También en 1890 se publica en *La España Moderna* el mismo artículo al completo de doña Emilia, ya aparecido en la prensa estadounidense. Existen tan sólo pequeñas diferencias entre el original publicado en *The Forthnightly Review* y los que aparecen en la prensa española. En la revista inglesa se incluye una frase introductoria que no aparece en las versiones en español. Dice doña Emilia «the subject of this study would be a most embarrasing one if it were intended for a Spanish review»[137]. A pesar de ese comentario, la prensa española se verá favorecida un año después con la publicación de los mismos. Además, la versión en español incluye la descripción de la mujer castellana, de la provincia de Toledo, que no aparecía en la versión original inglesa.

Una vez más, y con el título de «La mujer española», se publica en *Las Novedades*[138], también en 1890, esta vez en septiembre, un resumen de este artículo o colaboración. No obstante, el editor nos advierte que efectivamente proviene de lo ya publicado en *La España Moderna* en mayo de 1890 y que supone la continuación del que «ya conocen

---

[136] *La Época*, 24 de junio, 16 de julio y 3 de agosto, 1890, respectivamente. Datos consultados en Clèmessy, N. (1981), *Emilia Pardo Bazán como novelista (de la teoría a la práctica)*, trad. I. Gambra, Madrid: Imprenta Universitaria, p. 840.

[137] «El tema de este estudio sería de lo más vergonzante si estuviera pensado para una revista española». *Littell's Living Age*, v. CLXXXII, 1889: 153.

[138] Las Novedades, nº 443, 4 de septiembre, 1890: 14.

los lectores» sobre la «dama aristocrática», que, por tanto, debió publicarse en un número anterior, que no he podido localizar. Aquí se omite la introducción histórica y se llega sin más a la descripción de la mujer de clase baja y trabajadora, en concreto de la catalana y la madrileña, aunque la mayor parte describe a la segunda. Recordando los rasgos descritos por Pérez Galdós en *Fortunata y Jacinta*, Pardo Bazán describe a un personaje pasional y trabajador pero deslenguado y atrevido, la chula madrileña. Para la trabajadora catalana, en cambio, todo parecen ser virtudes de una clase comerciante que emerge, comparable a la parisina.

Dos años después se publica también en *Las Novedades*[139] «Para la mujer», que continúa con el tema de la mujer española. Esta vez, la autora emplea un símil marinero para asegurar que las turbulencias con respecto a la emancipación de la mujer son sólo eso, turbulencias del momento, y que no hay que darles mayor importancia. Hace referencia a dos obras y las relaciona con el socialismo y el comunismo para demostrar que los derechos de la mujer, en su opinión, poco tienen que ver con aquellas tendencias políticas. La obra es *La esclavitud femenina*, traducción de la de John Stuart Mill, con un prólogo de la misma doña Emilia[140].

«A los gallegos residentes en Sud-América» es la copia de una llamada de ayuda escrita por Emilia Pardo Bazán a petición del gobernador de Toledo para contrarrestar los daños provocados por las inundaciones en el pueblo de Consuegra. Aparece primero en *El Imparcial* y se publica en *Las Novedades*[141], con la esperanza de que también colaboren los españoles del otro lado del océano, como doña Emilia confirma que lo han hecho en ocasiones anteriores.

En el artículo dedicado a los políticos españoles, «The statesmen of Spain, political silhouettes», doña Emilia describe a las personas más que a los políticos: su forma de vestir, su físico, la vida que llevan y sus mujeres. También aparece algún comentario criticando la política, pero es escaso. La falta de poder del gobierno de Sagasta y de él mismo es una de las causas que provocan la crítica de la autora, quien piensa que se hubiera requerido mayor fuerza en el poder para controlar los conflictos en Melilla y Madrid, en ese momento. Deducimos

---

[139] Las Novedades, n° 532, 19 de mayo, 1892: 1.
[140] Pardo Bazán, Emilia (1892), *La esclavitud femenina*, Madrid: Agustín Avrial.
[141] *Las Novedades*, n° 501, 15 de octubre, 1891: 2.

por los acontecimientos a que hace referencia la autora que este texto se escribió en 1893 y, sin embargo, se publica en *Littell's Living Age* ya en 1897, cuando esos conflictos no son ya de actualidad. A falta de otros datos y teniendo en cuenta la personalidad de la autora, que gusta de puntualizar los hechos, es de extrañar que no lo hiciera en esta ocasión. Lo que nos lleva a asumir que este tipo de relatos recogidos de otras publicaciones debieron ser publicados sin su permiso o conocimiento.

Se hace referencia igualmente a las personalidades opuestas de Pí y Margall y Nicolás Salmerón y a la capacidad de trabajo de Vázquez de Mella, líder del partido carlista. La distinción es la principal particularidad que destaca la autora de Francisco Silvela («the leader of the malcontents in the Conservative party»). Lo extremo de la posición de los «integristas» dirigidos por Don Ramón Nocedal encuentran la mayor parte de las críticas de doña Emilia, por llevar al fanatismo a los montañeros de las provincias Vascongadas. En último lugar, aparece la figura de Castelar, para quien todo son elogios.

«The spanish dynasty and the queen Regent» describe a la persona de la reina regente María Cristina y los acontecimientos políticos a los que se tiene que enfrentar. La situación es grave, apunta la Pardo Bazán, teniendo en cuenta el comienzo de la guerra con Estados Unidos. De esa mención deducimos, igualmente, que este relato se debió escribir el mismo año en el que aquí aparece, es decir, en 1898.

Si bien es difícil con autoras desconocidas, es aún más difícil hallar obras inéditas de autoras tan conocidas como doña Emilia. Sin embargo, tuve la fortuna de hallar textos inéditos para el lector español. Ambos, «The statesmen of Spain, political silhouettes» y «The spanish dynasty and the queen Regent», se publican en *Deutsche Revue* de donde los recoge *Littell's Living Age* y se traducen exclusivamente para la revista por Mary J. Safford. Ésta es la única referencia localizada que remite a una aparición previa de ambos artículos. Las obras bibliográficas consultadas no los mencionan, por lo que se trata de artículos inéditos en España, como ya anunciaba.

Desafortunadamente, no hay constancia de la participación directa de doña Emilia en las revistas anteriores, mucho menor en el caso de la revista *Littell's Living Age*, que recoge buena parte de su material de revistas inglesas, entre otras. Sin embargo, he podido comprobar que su colaboración en *La Revista Ilustrada* está bien documentada, no sólo por sus propias cartas, comentarios y textos, sino además por los de otros autores como Valera y los propios editores de la revista, que anuncian su colaboración a bombo y platillo.

Esta publicación tiene un especial interés por ser la única en español y en inglés (de las revisadas para este trabajo) que acoge entre sus páginas una obra considerada de carácter naturalista y escrita además por una mujer. Se trata del único contacto que tiene este movimiento literario con la prensa estadounidense. Si bien, ya en las primeras colaboraciones la revista expresamente confirma de la autora, que en sus obras «la tendencia naturalista se ostenta sin rebozo» y que doña Emilia tiene asimismo «nombre imperecedero en las letras castellanas, por muchas novelas naturalistas que escriba, y eso que serán buenas siendo suyas»[142]. Por otra parte, estas colaboraciones de doña Emilia no figuran en sus obras completas, lo que las hace doblemente interesantes.

La Revista Ilustrada de Nueva York anuncia en su número 12 de 7 de diciembre de 1891 que «de hoy... se honra y enriquece con la colaboración permanente de esta ilustre dama e insigne escritora española». A continuación, se incorpora una buena parte del prólogo que Valera realiza a la edición americana de la *Vida de San Francisco de Asís* de doña Emilia, en el que sólo le dedica elogios a su persona y su formación no sólo en la literatura sino «en las ciencias más desemejantes, más abstrusas y áridas». Impresionan las alabanzas de Valera sabiendo que eran escasas para sus contemporáneos. Y, sin embargo, aquí confirma que ha venido observando la trayectoria de la Pardo Bazán desde sus colaboraciones en la Revista de España «siguiéndola desde entonces con interés creciente, mezclado de verdadero asombro». Del estilo y obra de la autora afirma que es «artista de encantador y riquísimo estilo, [...] asegurado tiene nombre imperecedero en las letras castellanas, por muchas novelas naturalistas que escriba, y eso que serán buenas siendo suyas».

El editor de la revista confirma la opinión, tanto de Valera como la de Menéndez Pelayo, al igual que la de otros autores extranjeros, como Zola, del que afirma que «no ha mucho que Emilio Zola, talento superior lastimosamente encorvado sobre las miserias y suciedades del realismo, al pisar la tierra de España y deleitarse con la rique-

[142] Chamberlin, Vernon, A. e Ivan, A. Schulman (1976), *La Revista Ilustrada de Nueva York, History, Anthology and Index of Literary Selections,* Missouri: University of Missouri Press, p. 716.

za e ingenuidad de sentimientos peculiares del pueblo español, preguntaba con avidez por la ilustre escritora, cuyas férvidas páginas rebosando de idealismo y de fe, habían herido su espíritu escéptico, y hecho en su alma helada por el análisis benéfica irrupción». Después de una larga lista de elogios para su persona y su obra, el editor confirma que no es su intención «emitir formal juicio sobre la eminente escritora». Sea cual fuere la intención, el caso es que los juicios y opiniones quedan reseñados.

El objetivo de la revista con la publicación de la obra de Emilia Pardo Bazán, y en general de otros autores renombrados, es el de «hacer de sus páginas poderoso tornavoz para los más escogidos miembros de la gran familia hispano-americana [...] En presencia de la anglosajona, que por superioridad industrial indiscutible nos menosprecia, y por cálculo nos espía en cada una de nuestras lamentables caídas, españoles de España y de América deben aparecer unidos, siquiera sea en el terreno literario». Para conseguir ese objetivo, la revista se ha sacrificado monetariamente con las colaboraciones de esta autora y pide apoyo al público.

A continuación se inserta una carta de la autora a la revista, explicando el contenido de sus colaboraciones que, para no coincidir con las de Valera, que ya conoce y que versan sobre temas generales, va a «remitir artículos de asunto especial, que amplíen y completen lo rápidamente indicado por Valera« y, concretamente, «como hay asuntos literarios que despiertan sumo interés y en que complacen los pormenores, yo tomo a mi cargo el tratarlos, y doy principio a mi tarea con La novela española en 1891». Después de todos esos comentarios y anuncios dan comienzo estos artículos.

En primer lugar, aparece el ya mencionado sobre la novela española en el último número de diciembre de 1891[143], en el que se hace un repaso de la actualidad de la novela española, comparándola con la de otros países como la francesa o la rusa. Doña Emilia llega a la conclusión de que nuestra novela «puede recomendarse por su realismo equilibrado y sano, por su alegre vitalidad, por su variedad amenísima y por otras circunstancias que la hacen especialmente encantadora». A continuación, hace un repaso por los autores y novelas más importantes del año 1891, mencionando como primer autor de las

---

[143] *La Revista Ilustrada*, n° 12, diciembre, 1891: 718-723.

mismas a Pérez Galdós. En sus obras encuentra semejanzas a las novelas rusas, aunque hace especial énfasis en aquellas novelas dedicadas al tema religioso porque «nunca desatendió en sus novelas cuestión tan seria y tan estrechamente enlazada hasta con el arte, en un pueblo como el español, más creyente de lo que parece, aun en esta edad racionalista». *Angel Guerra*, publicada ese año, ocupa su atención. De Pérez Galdós pasa la autora a defender al padre Coloma, a quien Valera, en el número de septiembre de la misma revista, «sacude un recio guantazo al famoso Jesuita y a su obra». Defiende la novela de éste que tanto éxito ha tenido, *Pequeñeces*, en la que encuentra rasgos pesimistas y naturalistas y elogia el hecho de que el padre Coloma escriba «con sinceridad y sin ambajes, ya que desde principios del siglo la escuela católica se había dejado llevar en demasía de un idealismo empalagoso y amerengado, pareciendo como si el toque de ser escritor católico consistiese en no llamar a las cosas por su nombre y en mojar la pluma en agua bendita, en vez de tinta». Como vemos, no falta el sentido del humor de la autora, incluso en temas de ese calibre.

Pereda también merece su atención, pero sólo para criticar la falta de conocimiento del autor al retratar la sociedad madrileña en *La Montálvez*. Armando Palacio Valdés y su obra *La Espuma* tampoco se libra de la hiriente opinión de doña Emilia. Considera su estilo «lánguido y apagado; sus faltas gramaticales numerosas, y probablemente escriba aprisa y con descuido, hasta el extremo de confundir, en el prólogo de *La Hermana San Sulpicio*, al abate Prevost, autor de *Manon Lescaut*, nada menos que con Prevost Pardol». Del resto de los autores tan sólo indica que «cumplieron» y menciona, entre ellos, a Jacinto Octavio Picón. Tiene palabras amables para «la única novedad de la temporada», que supone la obra *Capullos de novela* de Antonio de Valbuena, a pesar de que sea «católico a macha martillo, muy reaccionario en política, y en estética jurado enemigo del naturalismo». Por último, menciona con tristeza a Alarcón, que acaba de morir.

La colaboración siguiente de doña Emilia, «El descubrimiento de América ante la ciencia peninsular y americana», se incluye en varios números de la revista durante 1892[144], en forma epistolar[145]. En estas

---

[144] *La Revista Ilustrada* (1892), n° 1, enero, pp. 6-10; n° 4, abril, pp. 185-190.

[145] Recordemos que en ese primer número de 1892 aparecen ya anunciadas y promocionadas sus obras a la venta en la librería del mismo editor de la revista, la librería

colaboraciones, se encarga de transmitir al público de la revista las conferencias que tienen lugar en el Ateneo de Madrid con motivo del cuarto centenario del descubrimiento de América. Menciona la intervención de Castelar con su conferencia sobre «La civilización en los cinco primeros siglos del cristianismo» y de otros autores y poetas como Campoamor y Zorrilla, que recitan sus poemas.

Hay que resaltar el hecho de que esta primera carta está fechada en Madrid el nueve de noviembre de 1891, incluso antes que la primera aportación a la revista, y sin embargo se publica en 1892, que es el año del centenario. Repasa la historia de esta idea y de las conferencias comenzadas en febrero de 1891 por Cánovas, seguidas de una monótona lista de conferencias y sus correspondientes descripciones. Para cerrar, menciona que la próxima conferencia es la suya con título «Los franciscanos y su influencia en el descubrimiento de América». A título de curiosidad recordemos el comentario que esboza Clarín sobre dicha conferencia pardobazaniana:

No podía menos. Doña emilia Pardo Bazán *necesitaba* tener su opinión particular en eso del descubrimiento de América. *Al efecto*, vestida de raso blanco, lo dicen los periódicos, y ceñida la rubia cabellera por cinta de oro sembrada, o como se diga, de diamantes, se presentó en la cátedra del Ateneo, desde la cual demostró que el Nuevo Mundo lo habían descubierto, o poco menos, los frailes franciscanos[146].

En febrero fecha doña Emilia la segunda carta, que se publica en abril en *La Revista Ilustrada de Nueva York*. Allí menciona que se han dado ya quince conferencias y quedan otras tantas, de las cuales una, en particular, merece mayor atención. Se trata de la realizada por Luis Vidart, «oficial retirado del cuerpo de artillería, y escritor o más bien polígrafo muy respetable, conocido y apreciado en toda España». Ella querría que las conferencias se imprimieran el mismo día que se ofrecen, pero dado que no es así presume de su capacidad de taquígrafa y envía así a los lectores de la revista un extracto de la tan polémica conferencia, que «ha producido una especie de motín ateneísteco-social».

española de E. de Losada y Compañía, consiguiendo un beneficio doble para el editor y la autora.

[146] «¿Quién descubrió América?», Martínez Cachero, José M.ª (ed.) (1973), *Leopoldo Alas «Clarín»*, *Palique*, Barcelona: Labor, colección Textos hispánicos.

En dicha conferencia, titulada «Colón y Bobadilla», se destruyen los mitos y leyendas sobre la figura de Colón y se le atribuyen una serie de delitos, por los cuales se envía al Comendador Francisco de Bobadilla a que le sustituya en el gobierno de la Isla Española. Los delitos mencionados de maltrato a los españoles, tanto como a los indígenas, provocan en la sociedad española una reacción de indignación contra Vidart, al que acusan de difamador. Al final de esta segunda carta se despide la autora, prometiendo hablar en la siguiente de las conferencias realizadas por americanos en el Ateneo. Sin embargo, ésta será la última que *La Revista Ilustrada* publique, sin razones aparentes que lo expliquen. No obstante, se publican otras obras suyas, como hemos tenido ocasión de comprobar: la aún considerada novela naturalista *La piedra angular* entre junio de 1892 y abril de 1893 y su cuento *Sédano* en octubre de 1893. En ninguna de esas dos ocasiones, se hace comentario alguno al cese de las colaboraciones de doña Emilia.

Como se ha podido apreciar, la riqueza y abundancia de las colaboraciones pardobazanianas ofrecen una buena muestra de su obra en la prensa estadounidense. Algunas ya aparecidas en la prensa española, otras con variaciones que ha sido necesario cotejar y, por último, dos inéditas recogidas de *Deutsche Revue* por *Littell's Living Age*.

Eva Infanzón Canel

Los numerosos relatos de viaje escritos por extranjeros, con o sin conocimiento de causa, provocan una serie de reacciones en los escritores españoles. Se dice que ese es, precisamente, el motivo de las obras costumbristas. Entre las mujeres escritoras del momento también se produce esa tendencia a crear relatos que hagan justicia a la mujer española, siguiendo la línea de los que aparecen sobre los españoles «pintados por sí mismos». Eva Canel[147] recuerda y admira siempre a la mujer asturiana en sus obras de viaje y la compara con la mujer americana, a la que va conociendo en sus diferentes recorridos por ese continente.

---

[147] A partir de aquí usaremos este nombre de Eva Canel que incluye el apellido materno porque es con el que ella firma los textos encontrados en la prensa estadounidense.

Aprovechando la estancia de Eva Canel en Chicago, con motivo de su corresponsalía de la Exposición Universal[148], escribe el ensayo «La mujer española» algunos años después que su compatriota, que envia a *El Día de Madrid* publicándose allí el 20 de septiembre de 1893. «The spanish woman», el mismo ensayo traducido, aparece en *North American Review*, en el volumen correspondiente a la última mitad de ese mismo año[149]. En él, Canel adopta una postura defensora del papel de la mujer española, particularmente de aquella culta que ejercita sus dones como escritora, escultora o pintora.

Reconoce la falta de una buena representación de ese tipo de mujer y su trabajo en dicha exposición. Niega los comentarios realizados por esos «escritores nada escrupulosos» que consideran a la mujer española una esclava del marido. Canel explica cuáles son las costumbres de la mujer española desde que nace ante la protección materna hasta que es entregada en mano a su esposo con la consiguiente libertad que el nuevo estado otorga. Reconoce la labor de mujeres conocidas y respetadas por su labor científica como Concepción Arenal y Emilia Pardo Bazán por su labor crítica.

En esta colaboración, Eva Canel adopta una postura similar a la de Emilia Pardo Bazán sobre el tema femenino. Ninguna de las dos participa en las filas feministas. No obstante, a ellas se refiere doña Emilia en varias ocasiones a lo largo de su obra sin encontrar razón alguna para unirse a ellas.

4. Valoración

La prensa estadounidense publica un repertorio variado de narrativa decimonónica. Son, casi con exclusividad, las publicaciones en español las que incluyen novelas y novelitas por entregas, cuadros, historietas, cuentos y leyendas y colaboraciones por parte de los escritores españoles.

---

[148] Eva Canel es enviada por la Cámara de Comercio de La Habana y escribe para una veintena de revistas y periódicos españoles y americanos, según afirma Jean Kenmogne (1990) en su tesis *La obra narrativa de Eva Canel (1857-1932)*, Madrid: Universidad Complutense.

[149] *North American Review*, v. CLVII, 1893: 566-570.

La mayor parte de las novelas por entregas se publican en la *Revista Católica* y, en consecuencia, contienen una intención moralizante importante. Allí aparecen entre 1886 y 1900 un buen número de las novelas de *Fernán Caballero*, Manuel Polo y Peyrolón, Luisa Torralba de Martí o *Aurora Lista* y Carmen de Burgos o *Raquel*. Lógicamente, las novelas de *Fernán Caballero* son las que se publican en esa revista con una diferencia temporal mayor desde su primera aparición en España, de aproximadamente cuarenta años. En el caso de Polo y Peyrolón la diferencia temporal oscila entre un año y una decena y lo mismo en el caso de Luisa Torralba, de las obras que tenemos noticias.

Al no disponer de datos temporales sobre la novela inédita *Sin Dios*, de Carmen de Burgos, no podemos establecer relación alguna con una edición española, si es que la hubo –algo que hasta el momento ponemos en duda–. Pero si se publica en la *Revista Católica* en 1900, y teniendo en cuenta que los otros relatos que allí se muestran lo hacen durante los últimos cinco años del siglo XIX, lo más probable es que los escribiera en una fecha cercana a aquélla en la que se publican en Estados Unidos. Se puede concluir, por tanto, que esta revista está al día de lo que se publica en España en ese momento, pero aún tiene en consideración las obras de autores cuyas obras se publicaron mucho antes, como es el caso de la autora alemana.

Además de las anteriores, únicamente otra novela se publica por entregas en la prensa estadounidense, también en español. Se trata de *La piedra angular* de Emilia Pardo Bazán, que aparece en su totalidad en *Las Novedades* entre 1892 y 1893, tan sólo un año más tarde que en España. Algo que sólo ocurre en el caso de otras dos novelas que aparecen en la *Revista Católica*: *Tres en uno* de Polo y Peyrolón y *Cruz y corona* de Luisa Torralba. No parece que este hecho esté relacionado con el éxito particular de estas obras en España, por lo que habría que adjudicarlo a una simple elección de cada una de las publicaciones.

Los relatos breves encuentran su espacio en la mayor parte de las publicaciones en español examinadas, con predominio de la *Revista Católica*, una vez más, y la *Revista Ilustrada de Nueva York*, aunque también aparece alguno en el *Boletín Popular* y en *La Ofrenda de Oro*. La única publicación en inglés que inserta este tipo de relatos es *Littell's Living Age*, donde se hallan los cuentos e historietas alarconianos, un cuento de Pérez Galdós y un artículo de Palacio Valdés.

De nuevo, la mayor diferencia temporal entre la publicación original y la aparición en la prensa corre a cargo del autor que se podría considerar de transición, es decir, de Alarcón. La mayoría de sus historietas y cuentos se publican en los años cincuenta, mientras que se publican en *Littell's Living Age* entre 1897 y 1899. En el resto de los casos, esos relatos breves ven la luz en la prensa estadounidense tan sólo unos cuantos años después de su aparición en España. Únicamente nos encontramos con unas cuantas excepciones al respecto, y todas se producen con las obras de Emilia Pardo Bazán. La primera de ellas la protagoniza el cuento «Remordimiento», que se publica en *Las Novedades* en noviembre de 1892, tan sólo un mes escaso después de su aparición en *El Imparcial*. Lo que sugiere el probable envío de ambos al mismo tiempo, dado el retraso del transporte, aunque los barcos tardan ya menos de dos semanas en cruzar el océano Atlántico. En el caso de «Sédano», un cuento que se publica en *El Liberal* en abril de 1893 (24 de abril de 1893) y aparece en *La Revista Ilustrada* en octubre del mismo año[150], tan sólo transcurren unos cuantos meses, algo también digno de mención.

Se puede concluir, también en el caso de la narrativa breve examinada, y teniendo en cuenta la información anterior, que la *Revista Católica*, *La Revista Ilustrada* y *Las Novedades* ejercen una labor considerable de transmisión de la literatura española contemporánea durante las dos últimas décadas del siglo XIX.

Las colaboraciones en la prensa estadounidense corren a cargo de sólo unos cuantos autores: Canel, Castelar, Clarín, Pardo Bazán y Valera. Como en los casos anteriores, la mayor parte de ellas también aparecen en las publicaciones neoyorquinas en español, *La Revista Ilustrada* y *Las Novedades*, aunque en dos casos se encuentran en *Littell's Living Age* y *North American Review*. En general, se incluyen en las revistas en fechas muy aproximadas a las de la publicación original, con la excepción de «The women of Spain» de Emilia Pardo Bazán, que no considera aún apropiado para el lector español. Así aparece primero en Estados Unidos, en *Littell's Living Age* en 1889[151] y un año después en *La Época*[152].

En suma, la prensa estadounidense ofrece una buena representación de los autores decimonónicos españoles más importantes, excep-

---

[150] *La Revista Ilustrada de Nueva York*, n° 10, 1893: 482-483.

[151] *Littell's Living Age*, v. CLXXXII, 1889: 153-168.

[152] *La Época*, 24 de junio, 16 de julio y 3 de agosto, 1890, respectivamente. Datos consultados en Clèmessy, Nelly (1981), *Emilia Pardo Bazán como novelista (de la teoría a la práctica)*, trad. I. Gambra, Madrid: Imprenta Universitaria, p. 840.

to Clarín y Pereda, de los que apenas se tiene constancia en esas publicaciones. Cuanto más se acerca el final de siglo, las diferencias temporales entre la publicación de las obras en España y en Estados Unidos van disminuyendo, lo que indica que los editores estadounidenses están cada vez más al corriente de la actualidad literaria española. No obstante, excepto en el caso de *Pepita Jiménez* y de las obras de Palacio Valdés, que tuvieron buena acogida en España en su momento, no se produce una completa coincidencia de la preferencia del lector estadounidense con el del lector español. Con más precisión, no se produce una completa coincidencia del crítico estadounidense con el español en la elección de la narrativa decimonónica. Se desconocen las preferencias del lector, ya que las obras se leían en español antes de ser traducidas, como bien nos indica Valera. Así, las obras que obtienen un mayor éxito en España, como *Pequeñeces* del padre Coloma, junto a algunas de las obras galdosianas y pardobazanianas, no siempre se ven publicadas o traducidas en aquel país.

Por último, no olvidemos el gran hallazgo que supone, aún en la actualidad, toparse en la investigación del siglo XIX con obras inéditas de autoras menos conocidas como Carmen de Burgos y tan conocidas como Emilia Pardo Bazán.

CAPÍTULO V

LA NARRATIVA ESPAÑOLA COETÁNEA
ANTE LA CRÍTICA PERIODÍSTICA

En torno a 1840 las publicaciones estadounidenses subsisten gracias a tres tipos de ingreso: los anuncios, las ventas y las suscripciones; en capítulos anteriores se pudo observar la tradición del negocio publicitario en ese país. El incremento de obras publicadas en la segunda mitad del siglo XIX produce, probablemente a nivel internacional, una demanda de información que viene a cubrir la crítica aparecida en las revistas estadounidenses, como también ocurre con las españolas. No obstante, una crítica profunda no parece existir en ninguno de los dos países. La que se publica en las revistas tiene como fin promocionar o, por el contrario, menospreciar una obra o un autor, algo más normal entre los críticos españoles y en especial, algo que vemos con frecuencia en Clarín.

En este capítulo tendré en cuenta en primer lugar algunas críticas de autoría española, aparecidas todas en *Las Novedades*. Las primeras corren a cargo de Clarín, quien colabora con la revista en repetidas ocasiones. En ellas trata de varios acontecimientos literarios, como el estreno del drama *Realidad* de Pérez Galdós, y otras obras recientemente publicadas. A continuación veremos las críticas realizadas por colaboradores de *Las Novedades* en relación con la obra de Clarín, del padre Coloma, de Pardo Bazán y, de nuevo, otra de la misma obra de Pérez Galdós. Por último, revisaré una crítica realizada por Pereda en torno a una obra de otro colaborador de la publicación, León Mera.

En todos los casos, las críticas aparecidas en *Las Novedades* guardan relación con acontecimientos literarios recientes y publicaciones de nuevos libros. Se trata de críticas que dejan entrever un mayor conocimiento del que nos sugieren las críticas a cargo de autores estadounidenses. Aunque la revista dispone de una editorial también y vende un buen número de obras españolas, no se acusa esa intención de promoción que vemos en las publicaciones como *Harper's*.

Por su parte, la mayor parte de las críticas halladas en publicaciones en inglés se deben a una casa editorial propietaria no sólo de una publicación, o a veces de más, sino de muchos de los libros que también anuncia y critica. Ya en el siglo xix surge la duda por parte de los críticos contemporáneos en torno a la verosimilitud de las críticas y el conocimiento, o la falta del mismo, en el que se basan. Y señalan como culpables de esa falta de seriedad crítica a la economía de la casa editorial, dueña no sólo de la publicación sino de la opinión de sus críticos. No hay que olvidar, finalmente, que muchos de esos anuncios financian a la publicación, en buena parte.

Así ocurre con las críticas a cargo de Howells publicadas en *Harper's*, donde muestra su opinión sobre una serie de obras españolas, algunas recientemente traducidas y otras incluso sin traducir aún. Armando Palacio Valdés es el principal autor a tener en cuenta en el espacio «Editor's Study» de Howells, seguido de Benito Pérez Galdós, Emilia Pardo Bazán y Juan Valera. Se trata, como tendremos ocasión de observar, de una crítica más bien superficial de un número de obras muy reducido en cada caso, excepto en el de Palacio Valdés, y no ofrece, por tanto, la contextualización de cada obra dentro de la trayectoria del autor en cuestión.

1. Los españoles juzgados por sí mismos en la prensa estadounidense

Con este título, si se me permite utilizarlo –que proviene del antecedente francés *Les Français peints par eux mêmes*, hacia la mitad del siglo xix, y que dio origen al nombre del apartado correspondiente en la prensa de la época–, recordamos una serie de obras de la literatura costumbrista y retratista en los autores españoles. A partir de la primera serie se crea el resto: «Las mujeres pintadas por sí mismas», «Las españolas pintadas por los españoles», entre otras. Agrupo aquí la crítica que realizan Clarín, Pereda y otros colaboradores de *Las Novedades*. Se trata de una crítica, como ya hemos señalado, que denota mayor y más profundo conocimiento de la obra de cada autor del que disponen los colaboradores de la prensa en inglés.

Dado el particular carácter de este apartado, y con el objetivo de conseguir una panorámica de la crítica de las obras españolas, resultaría conveniente ordenarla atendiendo a la fecha de aparición en las publicaciones. No obstante, muchas de ellas se producen durante la última década del siglo, algunas en el mismo año, por lo que en ocasiones resultaría difícil determinar un orden. El orden alfabético de autores constituye un método mejor que ofrecerá una consulta más rápida del material.

Cartas literarias de Leopoldo Alas «Clarín»

La revista *Las Novedades* publicada en Nueva York entre los años 1876-1918[1] es mencionada en varias ocasiones por escritores españoles como Valera, quién no tiene en muy buena consideración a su director, y por el propio Clarín, quien afirma que ésta es la única revista americana para la que escribe, a pesar de las más de una decena en América que reeditan los mismos artículos sin su consentimiento.

Con motivo de una copia de uno de sus artículos allí publicados emite Clarín el comentario siguiente, que nos informa de la remuneración que recibe por su colaboración con esta revista neoyorquina:

> Yo agradezco el honor aunque sienta que no prefieran una colaboración directa, pagada; pero lamento que al copiar a Las Novedades, que es quien me paga, no declaren de dónde toman los artículos. Yo los escribo para el periódico de Nueva York exclusivamente, cónstele así a quien hace el correspondiente desembolso[2].

En las intervenciones que contempla Sotelo Vázquez, se percibe una actitud clariniana opuesta a la consideración de los escritores

---

[1] La única mención en inglés de la bibliografía consultada es la que aparece en el CRL que informa de la aparición semanal y diaria de la publicación desde 1876 hasta 1918 en Nueva York. Sotelo Vázquez en su estudio sobre la colaboración de Clarín, «Clarín y América», menciona que la revista se edita entre 1877-1905. Para este trabajo he revisado los números correspondientes a los años 1890-1892.

[2] Las Novedades 22-X-1896, en Sotelo Vázquez, Adolfo (ed.) (1994), Los artículos de Leopoldo Alas «Clarín» publicados en «Las Novedades», Nueva York, 1894-1897, Cuadernos Hispanoamericanos, Los Complementarios 13/14, junio 1994.

americanos, poniéndoles el listón mucho más bajo y flexible de lo que se hace para los escritores españoles, a pesar de que considera la labor de Valera, entre otros, necesaria para la información y conocimiento de esos autores.

El estudio mencionado indica, con referencia a la colaboración de Clarín con Las Novedades de Nueva York, que «aunque Clarín había publicado con anterioridad al 20 de septiembre de 1894, y en el intervalo que media entre esta fecha y el anterior anuncio de colaboración (26-X-1893), algún artículo –por ejemplo, «El veraneo en Asturias» (30-VIII-1894), encargado por *El Imparcial*– lo cierto es que la serie de «Revistas literarias» originales y en exclusiva se inicia en esa fecha, y concluye, tras treinta y tres entregas, el 18 de septiembre de 1897, es decir, tres años más tarde». Después de la revisión de dicha publicación, debo adelantar en un par de años la fecha de inicio de sus colaboraciones en exclusiva con la revista.

El primer artículo, o «carta literaria» como él las llama, hallada en *Las Novedades*, corresponde al número 535 del 31 de marzo de 1892 (recordemos que nos ceñimos aquí al periodo comprendido entre el 2 de enero de 1890 y el 13 de enero de 1892, ambos inclusive), donde aparece una crítica del estreno teatral del drama «Realidad»[3]. Al parecer, *Realidad*, proveniente de la novela de la etapa espiritualista galdosiana del mismo título, y cuyo estreno tuvo lugar el 15 de marzo de 1892 en el Teatro de la Comedia –a cargo de Emilio Mario y María Guerrero–, obtuvo un gran éxito, como nos informa Pedraza Jiménez (1983: 695). Si bien es posible que ese artículo crítico fuera copiado, como afirma Clarín en la siguiente entrega, de título «Como gustéis» (mayo de 1892):

> Ya es tarde para tratar de las novedades más notables de nuestros escritores en el mes pasado; además, de estas novedades, que pertenecen al teatro, ya ha hablado ese periódico por boca del corresponsal M Terio –a quien agradezco las lisonjeras frases que me dedica– y después copiado un artículo mío. De *Realidad* nada podría decir aquí sin repetirme a no ser que ampliara mucho mis consideraciones.

[3] «Leopoldo Alas asistió al estreno de *Realidad* la noche del 15 de marzo; la víspera de este día visitó, acompañándole Rafael Altamira, a Pérez Galdós en la casita del paseo de Santa Engracia, donde el novelista vivía por entonces.» Véase Martínez Cachero (ed.) 1973.

Podemos deducir de ese comentario que Clarín lamenta que le hayan copiado el artículo (más adelante analizaremos la mencionada alusión a Terio en la crítica dedicada a Pérez Galdós, que se publica dos meses después del estreno y, por consiguiente, fuera de contexto).

Dado que no se produce presentación alguna de la colaboración de Clarín en la revista, sino que se incluye esa crítica como si se tratara de una asidua colaboración, sugerimos que ésa de 1892 no sea la primera que Clarín envía a *Las Novedades*.

En efecto, su colaboración *Realidad* se debe al estreno teatral de esa novela galdosiana, publicada en 1889 y llevada al escenario tres años más tarde; la obra recibe de Clarín, como en general de otros escritores, una crítica más benevolente de la esperada. Recordemos que en *Realidad* se descubre un entramado de amores, sucesos violentos y aspiraciones de clases, y que se descubre la espiritualidad de los personajes mediante el diálogo y el monólogo, en oposición a los recursos empleados en la novela, que relata los mismos hechos tan sólo desde el punto de vista de uno de los protagonistas. Se trata de dos perspectivas diferentes en la búsqueda de la verdad de los hechos.

Clarín se sirve del tantas veces empleado recurso de acudir a la opinión de otros autores y críticos anteponiéndola a la suya propia. Así muestra las reacciones y opiniones de Valera, Menéndez Pelayo y Balart, quienes aplauden de manera entusiasta la obra de Pérez Galdós, y en especial el quinto acto. Al final del estreno emiten una serie de testimonios que Clarín se limita a recoger. Así, afirma que Valera reconoce que «el final del cuarto acto de *Realidad* era de gran fuerza dramática y el lenguaje de la obra, en general, más saludable novedad y un adelanto de la verosimilitud escénica sobre antiguos y gastados procedimientos de convencional estilo».

La opinión de Menéndez Pelayo, por su parte, es más enérgica y entusiasta:

> ¡Este es nuestro Ibsen! exclamaba Menéndez Pelayo y asentía a lo que alguien exponía a su lado con parecidas palabras: –Sí, porque Ibsen logra efectos poéticos y profundos con atrevimientos éticos, al vez con alambicamientos y paradojas morales, y Pérez Galdós canas, con no menos novedad (relativa), no menores delicias estéticas, sin más asunto que la moral de nuestras tradiciones, la del sacrificio, la de la comparación sublime de la nada de lo transitorio de la santa grandeza de lo eterno y lo absoluto... (op. cit.).

Clarín no sólo tiene en cuenta las opiniones de escritores contemporáneos, sino también la del público:

> De propósito insisto en referirme al testimonio de insignes autoridades, porque conviene señalar el fenómeno de que coincidieran en apreciar el grandísimo mérito de *Realidad*, los más insignes críticos (Valera, a su modo, Balart, y Menéndez Pelayo) con el público *grande*, el sincero, el que no es bachiller, el que no tiene las preocupaciones del trivio y el cuadrivio (ibid.).

Por fin, expone Clarín su opinión tras todos esos preámbulos, que consiste en confirmar lo ya anunciado:

> Por mi parte, confieso lo que ya han indicado algunos críticos: en el final de *Realidad*, novela, había, a pesar de la psicología y de los símbolos, más drama, más *plasticidad* escénica que muchos creíamos. Al trasportar Pérez Galdós la situación y los caracteres al teatro, si algo ha perdido en el pormenor analítico, ha ganado en verdad y en vigor; el elemento real humano, la virtud patética han adquirido intensidad, relieve (ibid.).

Una vez comparados los personajes escénicos con los de la novela, concluye Clarín esta primera parte de su ensayo crítico con ánimo de que Pérez Galdós vuelva a llevar a las tablas otra de sus obras, teniendo en cuenta el éxito de ésta, estrenada tan sólo un día antes de haber escrito él su crítica.

A continuación, reanuda el diálogo con el lector, tratando de justificar los defectos de que pudiera caracterizarse la puesta en escena realizada por un autor aún joven, sin mucha experiencia teatral. Redactada a altas horas de la noche del día siguiente, nos dice Clarín que lucha con el sueño y se describe a sí mismo como sigue:

> Si, en resumen, el que suscribe es un vulgarísimo burgués que no sabe *redactar*, ni lo mal que sabe, a la hora en que empiezan a rebullir las gallinas; ni sabe anhelar ante todo nuevas fórmulas para la escena, aunque las cree necesarias, sino que prefiere que la poesía de la moral, de la idealidad esperanzada, pura y noble pueda mostrársele al público abstraído y pecaminoso en forma de que no sea indigna de su objeto, en soporífero sermón, sino haciendo que Boesnet hable en figura de Orozco, que es lo que ha hecho el gran maestro; ese solapado Pérez Galdós, que aún a los que creíamos sabérnoslo de memoria nos tiene guardadas sorpresas como

la del gran éxito de su drama, secretos como el de su gran instinto escénico *en lo esencial*, entendámonos (ibid.).

Y termina pidiendo que le sea «lícito un poco de *subjetivismo*», por oposición al objetivismo del resto de la crítica, se entiende, mediante el cual expresa su sentimiento de alegría por el éxito de Pérez Galdós y solicita de la audiencia que se cuide a los escritores como él: «cuidemos estas pocas flores de invernáculo... no las reguemos con envidia». Por lo que hemos podido apreciar, la actitud de Clarín resulta mucho más humilde y prudente que la que vemos en críticas de años posteriores.

Las colaboraciones siguientes encontradas en la misma revista corresponden a tres artículos de carácter crítico titulados «Como gustéis», publicados también en 1892[4]. En ellos vamos a encontrar una actitud más hiriente, característica de Clarín, en la que emplea la ironía desde un nivel superior, no sólo al de algunos de sus compañeros críticos, sino también a políticos y, en general, asumiendo una situación elevada sobre la sociedad.

El primer «Como gustéis» lleva el subtítulo «(De España)»; más abajo se apunta «Especial para Las Novedades». Los comentarios de Clarín sobre *El hijo de don Juan*, el estreno teatral de Echegaray, indican que, en efecto, estos artículos o cartas están destinados especialmente para esta publicación. Así, Clarín afirma que no cree necesario «analizar este nuevo esfuerzo intelectual del eminente dramaturgo español, en una publicación que ve la luz en Nueva York, donde no saben lo que ha sido el estreno más que por los periódicos, ni es probable que tengan ocasión de ver representado el drama». Al final confirma no tener espacio para comentar la última novela de Pérez Galdós *Tristana*, a la que se compromete a dedicar su atención en la entrega siguiente.

El resto del espacio lo dedica a criticar la actitud de los historiadores que no se han dedicado a descubrir el verdadero origen de Colón y se encuentran ahora, momento del cuarto centenario del descubrimiento, con la incertidumbre de su origen. De éste, salta a otros temas sin transición alguna. «La voladura del Congreso de los Diputados»

---

[4] «Como gustéis» *Las Novedades* n° 531, 12 de mayo, 1892, n° 545, 18 de agosto y n° 558, 17 de noviembre, 1892.

es uno de ellos, junto a la situación política y el partido anarquista. Como vemos, temas diversos que aúnan una serie de acontecimientos literarios con otros culturales y sociales. El propio Clarín lo justifica así cuando dice que «como estas cartas, principalmente literarias, no son a propósito para hablar de los dinamiteros, no diré nada de la voladura del Congreso de los Diputados, ni de Felipe Muñoz, un mito que por fin está en la cárcel». Sin embargo, lo menciona y lo comenta.

La segunda entrega de «Como gustéis» comienza, una vez más, con el tema del cuarto centenario del Descubrimiento, pero esta vez en relación a los libros que se están editando sobre Colón, a los que Clarín dedica una serie de juicios llenos de humor y de malicia a la vez:

> Colón es hoy el tema de esos críticos e historiadores mecánicos, y es un verdadero desaguisado lo que algunos están haciendo con él. Hasta personas instruidas seriamente, pero incapaces de penetrar con original criterio en las grandes ideas generales a que hace falta llegar en tales asuntos, están empequeñeciendo tan grande materia histórica, profanando el gran acontecimiento y la gran figura, por tal de ofrecernos algunos guiñapos de erudición dudosa, cuando no palmariamente necia, inútil (ibid.).

En contraposición, dedica Clarín elogios a la obra realizada por el papa León XIII, que «va a publicar una encíclica recomendando al clero católico de los países que celebran el Centenario, la importancia religiosa de este solemne acontecimiento».

También son alabanzas las dirigidas a la traducción de Julián Orbón de la obra de Thomas Carlyle *On heroes*: «verdadero hombre de letras, residente muchísimos años en Estados Unidos, lleva un prólogo de Castelar y ofrece el atractivo de la oportunidad; pues hoy que se trata de celebrar dignamente, con dignidad en el corazón y en el ánimo, las grandezas de un héroe, de uno de los insignes servidores de la humanidad, de uno de los que vieron algo, creyeron algo y supieron emprender y hacer lo que creyeron es de una oportunidad y utilidad innegables la propaganda de *Los héroes*, esta especie de catecismo del entusiasmo por el genio». Se inclina por este tipo de traducciones en lugar de otras «de pacotilla» que llegan de obras inglesas o alemanas, mal traducidas.

Por último, menciona la reciente impresión de «varios poemas, doloras y humoradas» de Campoamor, al que defiende en contra de los que le acusan de ser ya demasiado mayor para crear, los mismos que acusan a los jóvenes autores por la razón inversa.

Publicada en agosto esta última y segunda «carta», asumimos que la creación de la misma es próxima a la entrega: habla en ella de la llegada del verano y las circunstancias editoriales que la estación produce en el empeño de los editores por publicar todo lo posible antes de que lleguen las vacaciones estivales y se cierren las Cortes.

En la tercera y última entrega de esta serie, Renán, que ha muerto, y Castelar, que ha escrito un nuevo libro, son los protagonistas. Clarín se deshace en alabanzas para ambos:

> Sacerdotes de la historia, tribunos de la idealidad, maestros de la forma literaria, poetas que se inspiran en las bellezas de la gran tradición humana, en el drama santo de la vida racional en la tierra, no se parecen sólo en todo eso; sino que, no en vano estudiaron a los hombres de su siglo y de los pasados... (ibid.).

Menciona los últimos libros publicados por Castelar, entre los que se encuentra el titulado *La historia del descubrimiento de América*, al que, a pesar de los comentarios negativos que hemos visto en colaboraciones anteriores sobre el tema, no dedica especial atención.

De Renán admira las obras dedicadas a la historia del cristianismo y del pueblo judío. Lamenta Clarín su muerte, pero asegura la importante labor que ha realizado con su obra.

Parece que, al retratar la postura de ambos, Clarín encuentre su justa medida cuando señala que «ni Castelar, republicano, ve en la monarquía que agoniza la bestia del Apocalipsis, ni Renán, libre pensador, ve en el catolicismo un vestigio repugnante que hay que aplastar a toda costa, sino algo que vivió y vive y aún vivirá, legítimamente, y que hasta puede ser aire puro y sano para el espíritu de una mujer sencilla y casta en el hogar honrado, o para el alma de un buen cura de aldea, santo humilde, verdadero predilecto de Dios».

Vuelve a emplear el recurso, al final de esta entrega, de lamentar la falta de espacio para tratar la obra señalada de Castelar sobre el descubrimiento:

> Y en mi plan entraba ahora hablar con todo espacio y a mi gusto de la *Historia del Descubrimiento de América*; pero ya no me queda lugar que baste para tan interesante materia, y prefiero dejarla entera para otro día (ibid.).

Es de extrañar, por una parte, que Clarín se despida de esa forma y no se halle otra colaboración suya durante ese año de 1892. Por otra parte, resulta igualmente curioso que tardara dos años en volver a colaborar con la revista, fecha señalada en el trabajo de Sotelo Vázquez ya mencionado. Desde luego, no cumple sus promesas de tratar más ampliamente de *Tristana* de Pérez Galdós.

En los sucesivos artículos que remite Clarín a Nueva York, a partir de 1894, se tratan temas variados: desde la política, de forma taimada, hasta las representaciones teatrales del momento, las novedades editoriales y la cultura palpitante en España. Cuando estos no son suficientes, incluye temas sociales y políticos contemporáneos.

La literatura «americana» como él la denomina, la de Hispanoamérica, no recibe prácticamente un buen comentario a lo largo de esas colaboraciones. Ya en la primera sienta las bases de lo que va a ser en muchos casos una opinión ofensiva, cuya intolerancia sorprende al lector. Así inaugura Clarín este tema: «No es mi ánimo tratar hoy, en el poco espacio que me queda, de letras americanas, como pienso hacer a menudo; pero diré deprisa y corriendo que no auguro nada bueno de las corrientes que sigue cierta parte de la juventud literaria americana imitando lo menos digno de imitación, las locuras de algunos decadentistas franceses que quieren suplir el ingenio que Dios les ha negado con ridículas contorsiones y flato rítmico»[5]. El proyecto de reunir versos americanos de la Academia es duramente criticado por Clarín: «Continúa la Academia dando a luz su colección de versos americanos, empresa más diplomática que literaria por lo que toca a la gran mayoría de los versos publicados...»[6].

En cuanto a la literatura española, la opinión de Clarín no es menos negativa: «En general, la novela actual española se resiente, lo mismo que la francesa, la italiana y la inglesa, de cierta repetición vegetativa, que es signo de pobreza fisiológica, de atraso morfológico, según ilustres naturalistas»[7]. Cuando se refiere a autores en particular, Pérez Galdós o Pardo Bazán, por ejemplo, su opinión es en cambio respetuosa. Transmite al lector la actualidad editorial que conforman las obras de éstos y otros autores españoles. Reconoce el

---

[5] *Las Novedades*, 20 septiembre, ob. cit., 1894: 27.
[6] *Las Novedades*, 16 de enero, ibid., 1896: 106.
[7] *Las Novedades*, 20 septiembre, ibid., 1894: 28.

poder comunicativo de quienes, más cercanos a él, pueden responderle, mientras que los que se encuentran allende los mares carecen de la facilidad de los españoles para responder a las duras críticas de Clarín, a pesar de lo cual algunos lo hacen para volver a ser ridiculizados nuevamente. Al contrario que su labor crítica, la labor creativa de Valera es teñida de halagos por parte de Clarín. Con motivo de la aparición de *Juanita la larga,* Clarín ofrece una serie de alabanzas hacia la obra y su autor.

Los estrenos teatrales ocupan asimismo buena parte de las colaboraciones clarinianas. En ellas se mencionan tanto las obras como los actores. Como se puede apreciar en la cita siguiente, las palabras de Clarín en relación al fracaso de la obra de Pérez Galdós *Los condenados* contienen mucha mayor diplomacia, a pesar de tamaño fracaso, que las que dirige a la literatura hispanoamericana:

> Desde luego, cabe decir que no se trata de una composición baladí; tal vez lo que hay es que la sutilísima y poco plástica materia que quiso Pérez Galdós llevar a la escena española no encontró forma transparente que hiciera inteligible y amable para el público la idea, sin duda profunda y delicada, del dramaturgo[8].

Con ese fracaso galdosiano, Clarín saca a relucir la influencia de los «gacetilleros» o «chicos de la prensa», a los que acusa de falta de conocimiento literario:

> Digan lo que quieran los chicos de la prensa, siempre será verdad, y verdad que todo el mundo reconoce, los periodistas inclusive, aunque no suele andar en letras de molde, que nuestra prensa se resiente de tener abandonada la parte literaria a elementos poco preparados, de más ingenio que educación literaria y científica[9].

Los comentarios sobre la prensa son mucho más agrios cuando son sus propias obras las que se critican (*Teresa,* ibid., p. 64). Los prejuicios centralizadores de las publicaciones y los que en ellas escriben son también motivo de crítica por parte de Clarín, que sale en defensa de Pereda y de él mismo:

---

[8] *Las Novedades,* 28 de febrero, ibid., 1895: 48.
[9] *Las Novedades,* 28 de febrero, ibid., 1895: 49.

> Da risa ver cómo cualquier gacetillero de un papel madrileño mira por encima del hombro a todo literato que no es vecino de la corte. Pereda, el insigne Pereda, ha notado, tal vez con exageración nerviosa, que muchos de esos chicos de la prensa le alababan como protegiéndole. {...} A mí, aunque siempre he escrito en publicaciones de la corte, y tengo el honor de colaborar en los periódicos madrileños más populares desde hace veinte años, algunos chicos nuevos me desprecian y me llaman gallego, y el Sr. García y gacetillero ovetense...[10]

Al igual que los periodistas, las revistas también reciben su parte de culpa. Clarín las acusa de permitir que colaboren aquéllos que ni siquiera saben escribir: «No es de ahora, ni sólo de *El liberal*, este desatinado empeño de hacer un periodista de cualquier personaje que llama la atención, aunque sea, v. gr., en calidad de ilustre chocolatero, o por los muchos millones que tiene»[11].

Lógica consecuencia de esta permisividad periodística es la determinación del público receptor de tales artículos, que al ser más generalizado obliga a cierta falta de calidad de los mismos. Así lo delata Clarín:

> Si no se leen libros, en España empieza a ser considerable la lectura de periódicos; y las empresas de los grandes diarios son en rigor ahora los árbitros de las corrientes del gusto en el vulgo. Se piden artículos y versos de circunstancias a los literatos y a los que lo parecen; y como no hay otro mercado con verdaderas salidas, la mayor parte de nuestros escritores escriben versos y artículos de encargo[12].

Clarín se queja de una situación que produce la prensa y, en general, la comercialización de la obra de arte. La necesidad de anunciar las novedades editoriales provoca el olvido de las obras de diez años atrás. La obra de arte, como las noticias, se hacen efímeras con la profusión de las publicaciones y la necesidad de vender. Esto no ocurre, como hemos podido apreciar, en la prensa estadounidense, donde aún a finales del siglo XIX se incorporan obras de Fernán Caballero y de Alarcón, publicadas varias décadas atrás.

---

[10] *Las Novedades*, 1 de agosto, ibid., 1895: 75.
[11] *Las Novedades*, 31 de diciembre, ibid., 1896: 150.
[12] *Las Novedades*, 21 de enero, ibid., 1897: 155.

Sabiamente, Clarín introduce la opinión de otra persona para corroborar el conocimiento de su labor crítica en América. Con este objetivo, probablemente, ofrece la información que le trae D. Enrique Gómez Carrillo:

> Escritor español, americano de nacionalidad, residente ahora en París, joven, y entusiasta de la literatura moderna de todos los países, y particularmente de los que hablan en castellano, acaba de recorrer gran parte de América {...} El Sr. Gómez Carrillo me asegura que muchos escritores y aficionados a las letras, de la América española, y de las colonias españolas en otros países americanos, como en los Estados Unidos, por ejemplo, saben de mi humilde trabajo de revistero literario, lo aprecian en mucho más de lo que vale (esto último lo digo yo) y, en fin, me honran leyendo mis pobres tareas periodísticas[13].

Con esa introducción comienza una defensa de su posición en relación con las obras americanas que, lógicamente, parece contraria al lector. A cuya acusación Clarín responde que «es verdad que no he hablado con franca libertad y sin eufemismos, de ciertos escritores que no me parecen excelentes, aunque sean americanos; pero si eso pudiera servir de argumento, también se podría afirmar que soy mucho más enemigo de España, porque he hablado y hablo y hablaré mucho peor de multitud de poetas y prosistas españoles»[14]. Los escritores americanos tienen toda la razón pensando que Clarín está en contra suya, a juzgar por las críticas que realiza.

Clarín participa con su crítica en un buen número de publicaciones españolas en las que alude a la literatura española y europea de su tiempo, en especial la que él crea, la novela. Si se compara con la labor crítica de otro escritor contemporáneo, Valera –que se caracteriza por callar los defectos de las obras literarias–, éste al lado de Clarín parece una hermanita de la caridad. Tal vez por el cargo diplomático de Valera su situación no le permite ser tan franco.

Clarín ofrece una crítica realmente destructiva de la mayor parte de obras americanas que le llegan. Critica además la actitud que consiste únicamente en hacer alabanzas recíprocas de las obras de cada uno, en beneficio de ambos, escritor y crítico. Recordemos la opinión

---

[13] *Las Novedades*, 11 de julio, ibid., 1895: 69.
[14] *Las Novedades*, 11 de julio, 1895: 69.

de Clarín al conocer las *Cartas americanas* de Valera en 1889: «obra de propagada, de vulgarización». Reconoce en Valera la falta de conocimiento suficiente de la literatura norteamericana. Cualquier excusa es buena, al parecer, para recordar la falta de criterio crítico en la opinión que ofrece Valera con respecto a las obras americanas: «Verdad es que más cuervos crió el Sr. Valera, a quien, yo no sé si porque sospechan que hablaba en broma a veces en sus *Cartas Americanas*, no agradecen muchos vates de América la miel de aquellas cuasi escandalosas alabanzas que tuvo el gran crítico para muchos sinsontes pintados de gorriones parisienses»[15].

De igual manera, la labor del estadounidense Howells ofrece una actitud similar a la de Valera; una crítica contenida, mucho más en el caso de Howells, lo cual pudiera obedecer a otras razones: el compromiso con la revista cuya editorial publica también los libros que allí se anuncian, y la carencia de un conocimiento literario profundo, que haga posible una crítica objetiva y exhaustiva. A pesar de sus recelos contra las obras americanas, los autores de Hispanoamérica no cesan de enviar sus obras al crítico español para que sean comentadas, vapuleadas en la mayoría de los casos.

La participación de Clarín en *Las Novedades*, que hasta ahora parecía ocupar el espacio entre 1894 y 1897, debe trasladarse a 1892, gracias a las nuevas «cartas literarias» halladas. Las tres entregas tituladas «Como gustéis», reproducidas entre 1892 y 1893, resultan similares a las que enviará un año después. En ellas aparecen autores españoles y extranjeros y se trata tanto de la narrativa como de los estrenos teatrales, las novedades editoriales y otros temas de actualidad; a partir de 1894 se percibe un tono más hiriente en sus críticas. En 1900, concretamente el 9 de julio, como indica Sotelo Vázquez (1998), aparece en *El Pueblo* de Valencia un artículo de Clarín también titulado «Como gustéis», en el que el autor menciona a varios intelectuales de América, entre ellos a Rodó, al que conoce en 1895, y su amistad con Unamuno. No está relacionado, por tanto, con los publicados ocho antes, en 1892, en *Las Novedades* de Nueva York. Al no haberlos hallado en la bibliografía existente sobre el autor, los consideramos inéditos.

En cuanto a la interrupción de la colaboración en 1897, y dado que no se encuentra explicación alguna por parte del editor de la revista a

---

[15] *Las Novedades*, 16 de enero, ibid., 1896: 106.

tal hecho, debemos, cuanto menos, sospechar que 1897 no sea la última vez que Clarín participe con sus críticas en *Las Novedades*.

«Un libro de Clarín» por E. Prieto y Sánchez

Con el título «Un libro de Clarín» comienza una crítica realizada por E. Prieto y Sánchez, colaborador de *Las Novedades*, publicada en 1892[16]. La pretensión de la crítica parecería sensacionalista en un principio, pero recibimos una sorpresa agradable al percibir un cambio de rumbo en el tono del autor. Comienza reconociendo el éxito de venta de las obras de Clarín y la escasa crítica que éste recibe, dado el carácter y oficio de crítico del autor. Puesta a la venta su obra *Doña Berta, Cuervo y Superchería* (ese mismo año de 1892), los autores y críticos del momento temen que elogiando su libro puedan recibir después duras críticas por ello. Lo mismo ocurriría con los que emitieran un juicio negativo. Se hace un corto repaso por el argumento de las tres novelas en las que se encuentra un profundo estudio psicológico de los personajes, especialmente en el caso de *Doña Berta* y de *Superchería*:

> Para los que hayan leído *Su único hijo*, y recuerden la descripción que Clarín hace de Serafina, la tiple de ópera, y demás actores que la acompañan, no será ninguna novedad el encontrarse aquí la magistral pintura que hace de estos otros vagabundos de la gloria, de estos nuevos gorriones del arte, que se alimentan de las migajas que de él se desprenden al arrastrarlo por la órbita de su carrera artística (op. cit.).

Critica el autor a aquéllos que, a su vez, emiten juicios sobre las obras de Clarín y sus argumentos porque en ellos «no pasa nada», a lo que Prieto contesta que «son resabios románticos que nos quedan; necesitan algunos que pasen muchas cosas para interesarse, aunque lo disimulan con cuidado llamándose partidarios de la novela moderna que ni entienden ni comprenden; no saben apreciar todas las bellezas del detalle bien observado, del rasgo bien visto, del estudio bien hecho».

Todo son comentarios halagadores para la nueva obra de Clarín excepto el último, el hecho de que esta obra, como muchas de las

---

[16] *Las Novedades*, (1892), nº 522, 10 de marzo, p. 6.

«modernas», dejen al lector embargado por cierta sensación de tristeza; se pregunta el autor: «¿por qué la literatura moderna será tan
melancólica?, ¿por qué todos los libros nuevos y buenos además, nos
dejarán abatidos?». Y se responde él mismo que debe ser la sociedad
la que contagia con su tristeza al arte.

Crítica a «Pequeñeces» de Rufino Blanco y Sánchez

La crítica a la famosa obra «Pequeñeces», del padre Luis Coloma, se
incluye en la sección titulada «Correspondencia Literaria», y la firma
Rufino Blanco y Sánchez en «Madrid, mayo de 1891». Apareció en *Las
Novedades* un mes más tarde[17].

Como ya es costumbre en la crítica revisada, también comienza
con alabanzas, pero no para el autor de «Pequeñeces» sino para el
resto de autores contemporáneos más conocidos: Palacio Valdés,
Pardo Bazán, Pérez Galdós o Valera, entre otros. Sin embargo, se pregunta por qué ninguno ha conseguido tanto éxito como el padre
Coloma con dicha novela.

El resto del texto lo dedica, en parte, a resolver ese misterio, que se
atribuye a varios elementos: la condición de jesuita del autor, que critica a la clase aristocrática, «tan envidiada», y el precio de la obra, que
tras ser publicada por entregas en *El mensajero* y no obtener gran
éxito, se publica en dos tomos y, por lo que indica el autor, parece que
al precio de uno.

Rufino Blanco pretende ofrecer algo nuevo al lector, tras las numerosas críticas realizadas a dicha obra, por parte de, prácticamente,
todos los escritores y críticos de la época. Sin embargo, la suya ofrece
cierta vaguedad y atribuye al padre Coloma características naturalistas, que como la crítica actual ya ha concluido[18], son meras características formales, prácticamente limitadas a las descripciones de los personajes. Resultaría absolutamente contradictorio, por otra parte, que
en un jesuita, que muestra su profunda fe y su intención moral en
todas sus obras, anidaran cuestiones deterministas.

[17] *Las Novedades*, n° 482, 4 de junio, 1891: 14.
[18] Véase Benítez 1977.

Crítica a La piedra angular *de Emilia Pardo Bazán*

Las Novedades recoge de la *Revista Contemporánea* la crítica a *La piedra angular*, publicada ese mismo año de 1892[19]. En realidad el autor, Leopoldo Pedreira y Taibo, tiene más conocimientos de geografía política (escribe varias obras al respecto) que de literatura. Recurre aquí a la comparación entre los personajes de dicha novela y aquellos reales de los que podrían provenir, afirmando que incluso el «Dr. Moragas» «existe, y es un muy venerable y querido pariente del autor de estas líneas».

Se atreve incluso a afirmar que «el talento original y verdaderamente creador de la señora Pardo Bazán ha logrado fundir los elementos más heterogéneos, barajando personajes y manejando materiales arrancados en vivo a la realidad con otros de pura creación fantástica».

Para justificar tal afirmación se van comparando personajes, e incluso paisajes, como el de Marineda, o ambientes, como el de la tertulia de la «Amistad». Nos preguntamos si es por razones de promoción que compara Pedreira la verosimilitud de esta novela con la del padre Coloma de la manera siguiente:

> Sepa, pues, el curioso que los personajes de La Piedra Angular, como los de la famosa novela Pequeñeces... andan aún por el mundo, y son tan verdad como verdad es que existe Marineda, y que en ella hay un Páramo de los solares llamado plaza de María Pita; y hay una tertulia de la Amistad donde se discuten cuestiones bizantinas... (ibid.).

Por último, se admira el talento de la autora «por su elevación de miras y por el elevado modo de llevarlas a cabo».

Como se puede apreciar, no se trata de una crítica que analice en profundidad los elementos narrativos de la obra o las crueles características descriptivas de la muerte del protagonista, pertenecientes al «aberrante naturalismo». Más bien, parece, como en otros casos veremos, una crítica oportunista que asociando esta obra a la mencionada del padre Coloma, a través del parecido de los personajes con otros reales como en aquélla, pretende colaborar con el éxito de ventas de la misma.

---

[19] «La piedra angular» por Leopoldo Pedreira de la *Revista Contemporánea en Las Novedades* nº 519 de 18 de febrero, 1892.

Si bien es cierto que los espacios y paisajes representados en las obras pardobazanianas se asemejan a los originales, algunos en torno a la ciudad natal de la autora, resulta no menos exagerado pretender encontrarle parecido a los personajes de la novela; un recurso más sensacionalista que crítico.

Otra crítica del drama Realidad

La crítica del estreno teatral de *Realidad* es compartida con el anuncio y elogios dedicados a dos libros. Uno escrito por Emilio Castelar sobre el descubrimiento de América, que se va a publicar en Estados Unidos «por encargo de una casa editorial de Nueva York». En segundo lugar, se trata de un libro, prologado también por Castelar, titulado *El problema social de Nilo María Fabra*, en el que se presenta «el triunfo del socialismo y del anarquismo».

Volvamos a *Realidad*, estrenada en marzo de 1892. Tres meses después, absolutamente fuera de contexto, *Las Novedades* la incluye entre sus páginas. Realizada por M. Terio[20] (corresponsal al que Clarín reserva muestras de su ironía, como ya vimos con anterioridad) la crítica ofrece un buen contrapunto a la realizada anteriormente por Clarín, si no fuera porque el propio autor, después de contradecir la opinión de aquél y de todos los escritores del momento, decide emplear un comentario que resarce todo lo dicho con anterioridad, temiendo la impresión de una crítica valeriana que le contradiga:

> El insigne Valera, entusiasmado anoche con la representación de Realidad, dijo que haría su juicio crítico y que lo enviaría a Nueva York.
> Si así lo hiciera, para regocijo de cuantos sienten con los oídos del alma las armonías de la rica habla castellana habré de rogar encarecidamente a cuantos lean las precedentes líneas que las olviden: mi pobre prosa ante la prosa de Valera es la ficción mañosa ante los esplendores de la realidad.

En efecto, Terio afirma que los aplausos que recibe Pérez Galdós por dicho estreno no se dirigen al drama Realidad y su puesta en esce-

---

[20] Manuel Terio «Crónica Literaria. Realidad.- Colón.- El problema social.-» en *Las Novedades* nº 537 de 23 de junio, 1892.

na, sino, por el contrario, al autor de otras obras más conocidas como *Doña Perfecta* o *León Roch*. Acusa a la «gente *d'elite*... a los Menéndez Pelayo, los Valera, los Echegaray, los Clarín de aplaudir al filósofo, al creador de hombres y mujeres de carne y hueso que al literato». Y, sin embargo, reconoce el valor del «diálogo, de la brillantez del pensamiento, de la incomparable corrección de la forma que ha hecho verdaderos prodigios». Coincide, no obstante, con la crítica clariniana en lo «hermoso» del quinto acto, aunque observa la fusión de dos novelas en este drama: *Incógnita* y *Realidad,* ya que para él la segunda es el desenlace de la primera y en ella «se descorren los velos y resulta, al cabo, que Federico Viera, mezcla de caballero y de histrión, que arrastra su vida entre el juego y la trampa, ha engazado a Orozco, el marido modelo, el hombre justo, a un santo de la humanidad», coincidiendo con la opinión que años más tarde ofrece Gullón[21], quien piensa que «por medio del diálogo directo y del monólogo se produce la revelación de las almas: lo que en la primera parte es opaco, se hace transparente, y los personajes se desnudan en la palabra».

Un artículo de José M.ª de Pereda

El editor de *Las Novedades*[22] afirma copiar esta carta de Pereda dirigida al hijo de León Mera que se encuentra con un cargo diplomático en Barcelona, y que se publica con anterioridad en *La Época*. En el extracto de la carta Pereda confirma haber disfrutado de *Cumandá* y encuentra en el carácter paisajista de la misma un gran logro del autor, tal vez encuentre a su alma gemela para las Américas. Dice de Mera que es «todo de una solemnidad imponente, como si las colosales barreras de los andes y las tribus bárbaras que rebullen en sus profundos repliegues hubieran hallado al fin (y en mi concepto le hallaron) el pintor y el poeta que necesitaban. Para que nada falte a la obra, está impregnada de un espíritu cristiano que acrecienta y ennoblece más y más sus excepcionales bellezas».

Pereda contradice la opinión de Valera, que encuentra esta obra aún romántica. Reconoce Pereda que en esa carta no se trata de hacer

---

[21] Gullón 1973; citado en Pedraza Jiménez 1983.
[22] José M.ª de Pereda «Una carta de Pereda» en *Las Novedades* nº 564 del 29 de diciembre, 1892.

una «crítica minuciosa», sino sólo una «sucinta manifestación de las primeras impresiones» que la novela le produce y así lo hace.

Aunque se trate de una carta corta, tiene gran interés por cuanto pone en evidencia la comunicación entre los escritores de ambos lados del océano y la lectura de una obra como *Cumandá,* que, en su estilo, también es una representación de la naturaleza.

2. LA CRÍTICA ESTADOUNIDENSE SOBRE LA NARRATIVA ESPAÑOLA Y SUS AUTORES

Realizada por críticos estadounidenses entre los que hay que considerar, por su gran labor de difusión de la literatura española, a Wiliam Dean Howells, al que me referiré más adelante, se trata, por lo general, de una crítica muy superficial, que roza tan sólo el argumento y hace muy pocas referencias a otros elementos. Debido a la relación estrecha que se mantiene entre editores de publicaciones periódicas y editores de libros –en muchos casos se trata de la misma casa– es obvia la intención de la crítica, que pasa de ser tal a convertirse en mera promoción.

Este tipo de crítica está, en general, condicionada por la comercialización de las obras y las editoriales, que son las mismas que las de la revista. En el caso de revistas más importantes como *Harper's,* que anuncia obras publicadas por otras editoriales, la crítica debería ser más independiente y objetiva.

Tendremos en cuenta, en primer lugar, la realizada por otros autores para pasar después a concentrarnos en la labor crítica de William Dean Howells. Las fechas de conocimiento de los autores españoles y de sus críticas por parte de este autor establecerán el orden de ese material.

William H. Bishop entrevista a Armando Palacio Valdés,
Benito Pérez Galdós y Juan Valera

El artículo de Bishop titulado «A day in literary Madrid»[23] incluye la descripción de su visita a la ciudad y sus entrevistas con Pérez Gal-

---

[23] «A day in Literary Madrid», *Scribner's* Monthly, v. VII, 1890: 187-200.

dós, Palacio Valdés y Valera, junto a los comentarios o críticas pertinentes sobre la obra de los tres. Resulta revelador, por cuanto expresa
el conocimiento que de esos autores se tiene en su país. Aunque no se
trata de una artículo meramente crítico, ni los juicios que realiza el
autor sean totalmente comerciales, creo necesario abrir este epígrafe
con la opinión de Bishop por ofrecer éste la panorámica editorial de
las obras de estos autores en Estados Unidos, e introducir en ella la
figura de Howells y su trabajo.

   William H. Bishop es un asiduo colaborador de la revista *Atlantic
Monthly*, donde se publican por entregas algunas de sus novelas. En
su madurez viaja a Europa y se establece un tiempo en el sur de Francia, desde donde visita la Península Ibérica. En 1893 regresa a Estados
Unidos y ejerce como profesor de francés y de español en Yale University, donde cursa sus estudios de arquitectura.

   La visita al continente europeo realizada por Bishop comienza en
África, desde donde se dirige a Andalucía, en concreto a Granada,
para continuar su viaje a Madrid. Llega agradecido de encontrar la
vida literaria de que carece Granada, a pesar de la celebración de la
coronación de Zorrilla, que se lleva a cabo en ese momento. Rememo-
ra los comentarios de la obra de viaje de De Amicis, y se siente decepcionado por el aspecto del centro madrileño, cometiendo el error de
comparar la arquitectura madrileña con la neoyorquina, como si ésta
hubiera aparecido antes que aquélla[24].

   La primera visita que refleja en este artículo es la que realiza al
entonces senador don Juan Facundo Riaño, cuya mujer es hija de Pascual de Gayangos, quien años antes conociera y tratara a los ya mencionados Prescott y Ticknor, en sus estadías españolas. La señora
Riaño ha vivido en Inglaterra, por lo que su acento es impecable,
según Bishop, y también llegó a conocer y tratar a J. Russell Lowell y
a Henry James. Ella le da a conocer la obra de Emilia Pardo Bazán,
recomendándole su última novela *Los Pazos de Ulloa*, de la que, al
parecer, Bishop aún no ha oído hablar[25]. Confiesa Bishop que doña

---

[24] There is a good deal of Nueva Yorkey architecture, of the common sort, in Madrid;
that is to say, the tall brick tenement-houses with stone «trimmings», on the balconies of
which the family-wash is hung out to the breeze. (Hay buena parte de la arquitectura
neoyorquina, del tipo común, en Madrid; es decir, las torres de pisos hechas de ladrillo
con acabados de piedra en los balcones en los que se orea la colada familiar.) p. 189.

[25] El desconocimiento de Bishop de Pardo Bazán es evidente en la confusión con
respecto a su lugar de origen: She talked to me of Señora Emilia Pardo Bazán, of Bar-

Emilia escribe «extremadamente bien», comentario que añade tras haber leído poco después su obra *Insolación*. Una vez descrito el aspecto del «apartamento» de los señores de Riaño, Bishop continúa sus visitas.

Consigue entrevistarse después con Pérez Galdós gracias a la presentación que le otorga el Sr. Riaño. En la casa de este autor reconoce la buena economía de la que debe disfrutar tras la publicación de *Doña Perfecta* y *Gloria*, dada la categoría del edificio y la casa que habita. Bishop dice mantener con Pérez Galdós una conversación en la que ambos están de acuerdo sobre el realismo español, que describe de la forma siguiente:

> In Spain realism is conceived as enlightened social history, as displaying life chosen with regard to what is vital with meaning and worthy of attention; and it gives no countenance to that utterly unwarranted assumption, based upon certain performances of the French school, that it is only a display of the ugly and disgusting[26].

Esa total coincidencia de opiniones sobre el realismo, a la que alude Bishop, resulta un tanto sorprendente, por cuanto Pérez Galdós ha creado *La desheredada,* considerada novela naturalista tanto por la ideología determinista que marca la vida de Isidora, la protagonista, como por el empleo de recursos naturalistas como las sórdidas descripciones de la vida de esta mujer y los ambientes en los que se mueve. Al parecer, Pérez Galdós le regala su último libro, *Miau*, con cuyo argumento Bishop deleita al lector.

De las novelas galdosianas que Bishop conoce, no obstante, prefiere *Doña Perfecta*, que lee por vez primera en la biblioteca de Harper's Franklin Square, gracias a una copia que un amigo suyo había recibido de un «genio neoyorquino».

Termina esta visita a Pérez Galdós recordando al lector su carrera política; Bishop sugiere que es fuente del material de alguna de sus novelas.

---

celona, whose friend and admireer she is, especially recommending her latest book («Los Pazos de Ulloa», p. 191).

[26] «En España el realismo se concibe como historia social ilustrada, como muestra de la vida elegida según lo que es vital con sentido y digno de atención; y no le da importancia al supuesto totalmente injustificado, basado en ciertas representaciones de la escuela francesa, de que es tan sólo un despliegue de lo feo y desagradable.»

Bishop trae consigo una carta de Estados Unidos para Palacio Valdés, y aunque no señala el remitente, sospecho que podría tratarse de Howells. Pérez Galdós confirma que Palacio Valdés se encuentra en Madrid y no en Oviedo, y Bishop va a su encuentro. Averigua que se hospeda con uno de sus hermanos y Bishop llega a conocer al benjamín de la familia. Las noticias que trae de la publicación de sus libros en América y de los artículos que sobre él se publican en *Harper's Magazine* satisfacen a Palacio Valdés, que irónicamente, por otra parte, no tiene bastante conocimiento del inglés como para poder leerlos. Palacio Valdés, a su vez, ofrece al visitante su última obra, *La hermana San Sulpicio,* que Bishop considera una «novela de costumbres» donde se describen los usos sevillanos, además de un argumento en el que, según él lo entiende, tiene lugar una historia de amor imposible, y folletinesco, a mi entender, entre una monja y un juez.

Encuentra Bishop cierta conexión entre esta novela y *Maximina* y *Marta y María*, ambas ya traducidas para el público americano por Mr. Nathan Haskell Dole. Y, si bien es cierto que en las tres hay un sentimiento espiritual más o menos serio, en *Marta y María* se critica más duramente al catolicismo falso, mientras que en *Maximina* se trata de la espiritualidad del viudo, que debe cuidar de su hijo, y en *La hermana San Sulpicio* hay un tratamiento aún más suave del tema que acaba con el triunfo del amor humano sobre el divino, esta vez de una monja y no de un seminarista como en el caso parecido de *Pepita Jiménez.*

El tercer escritor que pretende visitar Bishop es Valera, quien en su opinión conforma, junto a los anteriores, el grupo con el que está más familiarizado el público estadounidense. La novela más conocida entre los estadounidenses es *Pepita Jiménez.* En la edición que él posee aparece junto a *El comendador Mendoza* y a un prólogo, que Bishop encuentra demasiado largo, escrito por Cánovas del Castillo. A la obra únicamente dedica una serie de adjetivos, entre ellos que es una obra natural, fuerte, emocional y escrita de manera cuidada. Valera acompaña al visitante al Senado, después de lo cual asiste a una corrida de toros, pero a solas, ya sin Valera, quien no disfruta de la fiesta nacional.

A pesar de conocer la obra de los tres autores, Bishop aún mantiene una actitud negativa hacia el español y sus costumbres en 1890. Su conocimiento del realismo español tampoco parece ser muy profundo, por otra parte.

Pepita Jiménez, *¿una novela religiosa?*

A pesar de las críticas que la crítica de Valera recibe por parte de Clarín, la de aquél se ha considerado, por quienes la han estudiado[27], como una nueva forma de comentar las obras de los autores contemporáneos. Ese nuevo estilo consiste no tanto en «premiar o castigar» cada una de las obras, emitiendo así una valoración final, característica de la crítica tradicional, sino en realizar un análisis exhaustivo sólo de las obras que tengan el mérito suficiente para ser criticadas.

Decepcionado Valera, como sabemos, al llegar a Madrid y encontrar que su conocimiento de los clásicos es superior al de la media, Valera dirige su ojo crítico a los autores mediocres y deja de lado a los que considera superiores, como Pardo Bazán o Palacio Valdés. En palabras de Bermejo Marcos, «A Valera le interesaban, tanto como la obra juzgada, las normas o principios que de su lectura brotaban en su clara inteligencia».

Al mismo tiempo, Valera practica una crítica «positiva», puesto que para él «la labor del crítico debe consistir, ante todo, en analizar las virtudes de cada obra literaria y enseñar al simple lector a descubrirlas» (ibid.), aún más si cabe, en el tipo de obras que adquieren pronto la fama en su tiempo.

Otro tipo de crítica sería la que Valera realiza en torno a obras ya consagradas o aquéllas que considera llegarán a formar parte del grupo de obras clásicas. Valera es consciente, por tanto, de que el lector al que va dirigida su crítica, incluida en publicaciones periódicas del momento, es el mismo que lee ese tipo de obras más o menos mediocres, y sus opiniones deben ajustarse a la obra y al lector. Ese es precisamente el punto débil contra el que acometen autores como Clarín, que no encuentran justificación para realizar ese tipo de juicio.

«Spanish novelette» se titula la crítica que aparece en *Littell's Living Age*[28] en 1892 acerca de *Pepita Jiménez*. Proveniente de la publicación *The Spectator* en Inglaterra, el autor señala que un tal Mr. Gosse está editando una serie de traducciones de obras extranjeras poco conocidas para los lectores ingleses y, por lo tanto, éste comentario está fuera de contexto al publicarse en una revista estadounidense, donde *Pepita*

---

[27] Véase Bermejo Marcos 1968.
[28] *Littell's Living Age*, v. CXCIV, 1892: 698-700.

Jiménez ya se había publicado en 1887. La mayor parte del artículo se reduce a la comparación de la literatura española que aúna religión y arte y la imposibilidad de que eso suceda en la inglesa, debido al protestantismo. Si éste hubiera estado presente en esta novela el final hubiera sido otro muy distinto de la unión de Pepita con el ex-seminarista:

> That disgusting abortion, the English «religious novel,» would have made the enthusiastic young deacon relapse into despair and profligacy, instead of letting him marry the pretty girl who had turned him from his supposed vocation, and caused him to live an exemplary, conscientious, and religious life as a country gentleman and farmer of his own land[29].

El autor compara el estilo de Valera con el de Calderón y en ambos encuentra una tratamiento serio del tema, pero al mismo tiempo incluyendo el sentido del humor de ambos, hecho que sólo se encuentra, según el autor, en la literatura shakesperiana:

> Alike in Calderon and in this work of Juan Valera we find that complete synthesis of gravity of matter and gaiety of manner which is the glittering crown of art, and which out of Spanish literature is to be found only in Shakespeare, and even in him in a far less obvious degree[30].

Algo que ocurre gracias a la pasión que los españoles ponen también en la fe católica. En esa pasión se encuentra cierta psicología empleada en novelas como las de Valera, mientras que en la religión protestante, según el autor, eso no ocurre.

Finalmente, considera la obra como una «novela religiosa»; algo alejado de la intención de Valera y que contradice la opinión de Mr. Goose, editor de la obra en Inglaterra, quien considera que lo princi-

---

[29] «Ese desagradable aborto, la 'novela religiosa' inglesa, hubiera hecho al joven y entusiasta diácono recaer en la desesperación y en el libertinaje, en lugar de permitirle casarse con la bella joven que le había hecho cambiar su supuesta vocación y dejar una vida religiosa, concienzuda y ejemplar como caballero rural y granjero de su propia tierra.»

[30] «Como en Calderón y en este trabajo de Juan Valera encontramos esa total gravedad de la materia y alegría de trato que es la corona reluciente del arte y que fuera de la literatura española sólo se puede encontrar en Shakespeare e incluso en este último en un grado mucho menos obvio.»

pal en ella es el fracaso del seminarista y de su amor divino por otro terrenal. De nuevo, recurre a la comparación entre catolicismo y protestantismo para sentar que el primero sería superior, porque, en su opinión, acepta diversos grados de humanidad dentro de la santificación.

Pereda, the Spanish novelist

Esta crítica y estudio de Pereda, de su estilo, sus personajes y algunas de sus novelas más importantes, es una de las más completas y exhaustivas de las hasta ahora halladas en la prensa estadounidense. Proviene de la revista londinense *The Contemporary Review* y está escrita por Hannah Lynch[31], quien introduce la opinión que le merece Pereda a Menéndez Pelayo para sustentar sus propios argumentos. Según ella, aquél le sitúa entre los mejores escritores españoles descendiente incluso del estilo cervantino. Lynch define el estilo perediano de la forma siguiente:

> Pereda is a realist in the highest meaning of the term, not of the document school, with its wearisome and inadequate system of classification, and its monstrous error of scientific analysis of the insignificant. (...) But he is no novelist in the dramatic signification, still less in the Tolstoian. He creates no brilliant social scenes...[32]

Como se puede apreciar, la referencia a la «escuela documentalista» y a su «monstruoso análisis científico» no es otro que un eufemismo para evitar la palabra naturalismo, con el que de ninguna manera asocia la autora el estilo de Pereda. No obstante, se menciona la tendencia del autor a referir «todos los vicios que pecan contra la *hidalguía*» en sus personajes, y en especial las mujeres, que pecan siempre de «vulgaridad, pretensión absurda, orgullo y extravagancia».

---

[31] Hannah Lynch «Pereda, the Spanish Novelist» de *The Contemporary Review* en *Littell's Living Age* v. CCVIII de 1896: 692-702.

[32] «Pereda es un realista en el más alto sentido de la palabra, no de la escuela documentalista, con su sistema de clasificación inadecuado y pesado y su análisis científico de lo insignificante monstruosamente erróneo. (...) Él no es un novelista en el sentido dramático, todavía menos en el tolstoiano. Él no crea escenas sociales brillantes...»

Con una buena descripción de los recursos empleados por Pereda y conocimiento de los lugares que aparecen en sus novelas, menciona Lynch los ambientes de las mismas, ya sean marinos o de montaña, que consiguen recrear en nuestra mente los aromas salados o los colores de la vegetación alpina. Reconoce, asimismo, el profundo conocimiento de los personaje oriundos de ambos ambientes, de los que Pereda parece haber aprehendido no sólo movimientos, costumbres y reacciones sino también los sentimientos que las provocan. Aunque reconoce que sus obras son largas, piensa que no achacar ese defecto a las descripciones de los personajes, donde se combina «brevedad con un análisis profundo» de los mismos.

Las dos mejores novelas de Pereda, según la opinión del público lector y del propio autor, son *Sotileza* y *La puchera*. Pero para Lynch, quien se excusa por su preferencia de extranjera, las mejores obras son sus costumbristas *Escenas montañesas* y *Sabor de la tierruca*, que también lo son, al parecer, para Menéndez Pelayo, cuya opinión ella incluye como sigue:

> It is all quite true, but every one to his special mania, and I return to the «Mountain Scenes» and the «Savor of natal soil», (He adds): For me it is the Pereda of my youth I must ever love- Pereda, without trancendentalism, philosophy, or politics; the unnapproachable painter of the woven mists of our coast, of storm bursting over the mountain side, of the exhilarating freshness of the meadows after rain[33].

Una opinión opuesta a la que hemos visto en otras críticas con respecto al sentido del humor español tiene también su espacio aquí. Al referirse al sentido del humor perediano, nos dice la autora que no se parece al humor americano sino que ese humor está impregnado de una tradición clásica, ya que Pereda es un hombre de letras, y posee el don de encontrar la palabra exacta sin apreciarse el esfuerzo. Menciona la gracia de su corta obra «Suum cuique» que Lynch describe como «una comedia de primera clase».

---

[33] «Está todo relativamente bien, pero cada uno con su manía especial y yo vuelvo a las "Mountain Scenes" y al "Savor of natal soil", (añade él): para mí es el Pereda de mi juventud al que debo amar siempre- Pereda, sin transcendentalismo, filosofía o política; el pintor inaccesible de las neblinas entretejidas de nuestra costa, de la tormenta estallando sobre la loma de la montaña, de la frescura de las praderas tras la lluvia.»

El comentario de Pelayo a la obra *La leva* es tomado en cuenta a la hora de analizar esta obra, que describe la trágica vida de los hijos de un marinero que no tiene otra opción que dejarlos con su mujer alcohólica. Encuentra Lynch en esta obra «realismo, triste realismo» pero «interpretado con ternura y melancolía». A pesar de exponer las dificultades que se presentan al intentar traducir dicha obra, Lynch se atreve con la traducción de un fragmento que describe en «El fin de una raza» el momento de la muerte.

Vuelve la autora a la novela *El sabor de la tierruca*, cuyo argumento y estilo describe prolijamente. Emplea un último comentario digno de resaltar:

> This is nature in the broadest and fairest sense of the word: not the nature of the French novel, still less that of our own cheaper neurotic literature, but the nature of the Sicilian Idyllists, the rude, sweet, clean naturalism of the fields[34].

En ese comentario se emplea la palabra naturalismo con un significado diferente del que le otorgan los escritores de la época, es decir, relacionado con la naturaleza, pero se enfatiza la distancia de la recreada por la novela francesa.

Al comentar *Sotileza* y *La puchera*, Lynch recurre a la comparación de estas obras con los estudios de la vida provinciana que realiza Balzac, incluso a los realizados por George Eliot. Es sabido que Pereda conoce la obra de Balzac, a la que probablemente se puede atribuir alguna influencia. Sin embargo, no me parece muy acertada la similitud encontrada entre los estudios de la vida provinciana de Pereda y los realizados por George Eliot. Los de esta última incluyen una picardía atribuida a la condición femenina mucho más próximos a los estudios de Emilia Pardo Bazán que a los de Pereda.

Para terminar, Lynch introduce nuevamente la opinión de Menéndez Pelayo, quien anima a Pereda a escribir una «epopeya marítima», a lo que responde éste con la publicación de *Sotileza*. La compara con la obra *Pecheur d'Islande* de Loti y aunque prefiere esta última a *Sotile-*

---

[34] «Esta es la naturaleza en el sentido más acertado y amplio de la palabra: no la naturaleza de la novela francesa, menos aún de nuestra propia literatura neurótica y barata, sino en el de los idílicos sicilianos, del grosero, dulce, limpio naturalismo de las campañas.»

za, reconoce que la obra de Pereda resulta de mayor humanidad y más objetiva que aquélla. De entre los personajes de *Sotileza* destaca el papel del padre Apolinar, que es uno más de los marineros; y el personaje de la protagonista, Sotileza, que resulta impredecible hasta el final. Deduce de ésta y el resto de obras escritas por Pereda que los españoles no son tan apasionados y descontrolados como se pueda pensar, sino que son una raza que posee un gran control de sí misma. Y, en efecto, esa es la impresión que ofrecen los personajes de las obras peredianas.

De *La puchera* afirma Lynch que aunque por debajo de *Sotileza*, Pereda crea a un personaje comparable a los creados por Balzac; se trata de Berrugo, que junto a Juan Pedro y su hijo son los personajes mejor conseguidos.

Por último, se analiza el éxito de *Peñas arriba*, que en tan sólo una quincena agota prácticamente la primera edición. A pesar de mencionar lo extenso de la obra, reconoce el poder de los personajes, que junto a los «toques de humor» y de «ingenio» del autor justifican tal éxito.

La autora de la crítica reconoce en la obra de Pereda la importancia de la creación de una serie de personajes y ambientes por encima de una trama elaborada o una serie de escenas amorosas para las que Pereda carece de habilidad. A los autores contemporáneos como Menéndez Pelayo, a quien Lynch cita, y a otros de ideología más liberal como Clarín, Pérez Galdós e incluso Pardo Bazán, quien no tenía muy buenas relaciones con Pereda, les une la misma concepción de la obra perediana. Le consideran uno de los autores realistas más puros del momento, que no se deja influir por las corrientes francesas. Algunos autores posteriores, como Azorín[35], expresan una opinión diferente. Hay que tener en cuenta, no obstante, que los autores de la generación del 98, de ideología totalmente opuesta a la de Pereda, no le tienen en tan buena estima.

Si bien es cierto que la ideología y las fuertes creencias religiosas de Pereda ponen en entredicho su afiliación a un estilo naturalista o a la filosofía positivista, también resulta patente la similitud, incluso crudeza, de las descripciones de los personajes y la observación del

---

[35] Antonio Peña y Goñi le considera «el Zola español». Véase Fernández-Cordero 1968 (citado en Pedraza Jiménez 1983).

natural de aquéllos que incorpora a sus obras. Aunque es posible también, como afirma Pérez Gutiérrez[36], que esos personajes y ambientes que Pereda recrea no sean los que ve sino los que añora, desechando por tanto esa teoría de observación de lo natural.

Esta crítica resulta especialmente válida por cuanto ofrece una imagen diferente del pueblo español, de la comúnmente mostrada en la prensa estadounidense y extranjera, en general. Por un lado, otorga al pueblo español un carácter menos apasionado del que se predica; por otro, ofrece el otro lado del país, el norte, considerado opuesto al sur, como muestra el comentario siguiente en referencia a los cuadros costumbristas de Pereda:

> What strikes us in these masterly tales of North Spanish folk is their contrast with the wordy, gallant, guitar-strumming south. Both guitar and toros, the atmosphere of castañet and carnation, are as foreign up among these wild sierras of the north as they would be in Scotland[37].

Armando Palacio Valdés: a great modern Spaniard

«A great modern spaniard» titula Sylvester Baxter su artículo sobre Palacio Valdés, su estética literaria y sus obras más conocidas[38]. Sitúa a este escritor al lado de Alarcón, Pardo Bazán, Pereda, Pérez Galdós y Valera, entre los eminentes escritores de ficción más conocidos. Y entre los menos conocidos menciona a José Ortega Munilla, José de Castro y Serrano, y Narciso Oller. Establece el contexto literario español en el que se desarrolla la obra de Palacio Valdés de manera mejor de lo que lo hace su conocido Howells.

Hace un repaso de la vida del autor y conoce la relación entre ese escritor y Howells (Howells le escribe cartas en ocasiones), y hace referencia a la presentación que éste realiza en «Editor's Study», de la revista *Harper's*, de *Marta y María*. Además, alude a la mención de

---

[36] Pérez Gutiérrez 1975; citado en Pedraza Jiménez 1983.

[37] «Lo que nos llama la atención de estos relatos del folclore del norte español es su contraste con el sur del rasgueo de guitarra, galante y prolijo. La guitarra y los toros, la atmósfera del clavel y la castañuela, son tan extraños entre esas sierras agrestes del norte como lo serían en Escocia.»

[38] Sylvester Baxter «A great modern spaniard» *Atlantic Monthly*, v. LXXXV, 1900: 546-559.

Howells, por parte de Palacio Valdés, incluida en el prólogo de su obra *La hermana San Sulpicio*. Allí, el autor contesta a Howells por su crítica a la novela *El cuarto poder*.

Como tendré ocasión de señalar en relación con la crítica que realiza Howells, la obra de Palacio Valdés atrae particularmente al público estadounidense, que encuentra en el carácter conservador del escritor y su representación de los personajes de la sociedad española cierta similitud con los suyos propios. Así lo expresa Baxter con respecto a Palacio Valdés:

> Palacio Valdés stands high in the esteem of many English and American readers, to whom he has been made familiar by the translation of several of his novels; and he has enjoyed the rare distinction of the appearance of one of his novels in English, in serial form, here in the United States, prior to its publication in Spanish[39].

Sin embargo, Baxter, al indicar que Palacio Valdés es «essentially a man of the people; radically democratic, and in religious matters transcending the limits of creed», muestra cierto desconocimiento de la personalidad del autor, que, aunque raramente presenta sus ideas políticas y únicamente se afilia al partido republicano por su amigo Castelar, estaría mejor clasificado entre los conservadores. Y, en cuanto a sus creencias religiosas, es indudable que recibe una educación tradicional, a pesar de lo cual, y como lo muestran algunas de las obras en una primera etapa (antes de 1899), se crean ciertas lagunas que hacen tambalear ese sentimiento religioso.

Ciertas comparaciones por parte de Baxter resultan, no obstante, ridículas, por la falta de conocimiento que muestran de la Península Ibérica y sus gentes, como cuando reconoce en el humor español, que aparece en las obras de Palacio Valdés, el más parecido al americano:

> His work is saturated with it, and it is of a rich, delicious, sympathetic sort, that somehow seems strikingly akin to the humor which we know as

---

[39] «Palacio Valdés ocupa un puesto alto en la estima de muchos lectores americanos e ingleses, a los que se les ha hecho familiar gracias a la traducción de varias de sus novelas; y ha disfrutado de la rara distinción de ver una de sus novelas traducida al inglés, por entregas, aquí en los Estados Unidos, antes de su publicación en español». Ibid.

distinctively American –perhaps more akin than the humor of any other nationality, not even excepting that of our brothers the English[40].

Tras introducir una breve biografía de Palacio Valdés, Baxter hace hincapié en lo que ya introduce Howells en sus críticas, esto es, el «efectismo» que Palacio Valdés evita y que consiste en lo siguiente:

> The principal cause of decadence in contemporary literature he finds in the vice which, very graphically, has been termed «effectism», the itching to awake in the reader, at any cost, vivid and violent emotions that accredit the inventiveness and the originality of the writer[41].

Dicho de otra forma, ese «efectismo» conforma, precisamente, el conjunto de características formales recogidas del naturalismo, que algunos autores españoles adoptan en sus obras y a las que se debe la denominación de autores u obras naturalistas. Baxter continúa exponiendo la opinión de Palacio Valdés, quien apunta que «French naturalism errs in suposing that realism is incarnated exclusively in that school», se refiere a la escuela que emplea el efectismo. La definición de la novela que recoge Baxter de Palacio Valdés nos recuerda a la opinión de Valera:

> The novel is a work, not of science, but of art; it is the poem of our times, and its sole end is to express the life and the beauty of the human beings and their relations[42].

Expresa el mismo sentimiento de rechazo que Valera hacia esas tendencias que incluyen descripciones exageradamente repulsivas. Aunque al final de su primera etapa creativa, considerada entre 1881

---

[40] «Su trabajo está saturado con ello, y es de una clase simpática, deliciosa y rica, que resulta, de alguna forma, extremadamente similar al humor que conocemos por americano –quizás más similar que el humor de cualquier otra nacionalidad, incluso sin excluir áquel de nuestros hermanos los ingleses.»

[41] «La causa principal de la decadencia de la literatura contemporánea encuentra él en el vicio que, muy gráficamente, se ha denominado "efectismo", la necesidad imperiosa de despertar en el lector, a cualquier precio, emociones violentas e intensas que acreditan la inventiva y originalidad del autor.»

[42] «La novela es un trabajo, no de ciencia, sino de arte; es el poema de nuestros tiempos, su propósito final es el de mostrar la vida y la belleza de los seres humanos y sus relaciones.»

y 1899, Palacio Valdés hace empleo de esas descripciones en obras como *La espuma, La fe* y *El maestrante*.

La definición siguiente que aporta Baxter confirma su falta de claridad con respecto a los movimientos literarios del momento, realismo y naturalismo, y a la ideología de Palacio Valdés:

> What may be called the democratic tendency of art finds expression in some admirable words: «Realism, as a spiritual manifestation, maintains a close relation with all the other manifestations of our epoch, and is a direct consequence of the general movement of life»[43].

Resulta ciertamente una contradicción etiquetar un movimiento literario con una ideología política, en este caso la democrática, cuando, por otra parte, no es la que, de manera general, corresponde a la ideología de Palacio Valdés.

En los comentarios que Baxter dedica a las tres novelas ya mencionadas, consideradas formalmente naturalistas, no se menciona en absoluto adscripción alguna del autor al naturalismo, aunque se señala la crudeza de las descripciones de la aristocracia madrileña en *La espuma*, y las trágicas que aparecen en *El maestrante* que, junto con *La fe*, considera Baxter una de las obras maestras del autor, contrariamente a lo que considera la crítica actual.

Otras obras de Palacio Valdés, como *La hermana San Sulpicio* y la última del autor en ese año de 1900, *La alegría del capitán Ribot*, reciben también elogios por parte de Baxter, quien idealiza a Palacio Valdés por ejercer de manera elevada el oficio de novelista, que para él consiste en algo más que entretener al lector; consiste en ejercer el papel de «intérprete de la vida».

Este recorrido por la vida y obra del autor realizado por Baxter resulta bastante completo. En 1900, cuando se publica, ya han aparecido las críticas de su amigo Howells sobre Palacio Valdés y se han traducido la mayor parte de sus obras en Estados Unidos. Probablemente Baxter debió tener en cuenta esas críticas a la hora de escribir su artículo. No obstante, parece conocer el contexto literario español mejor que

---

[43] «Lo que puede denominarse la tendencia democrática del arte encuentra su expresión en las admirables palabras: "El realismo, como manifestación espiritual, mantiene una estrecha relación con todas las otras manifestaciones de nuestra época, y es una consecuencia directa del movimiento general de la vida".»

Howells, y menciona a una serie de autores no tan conocidos por el público estadounidense, como José Ortega Munilla o Narcís Oller.

William D. Howells: su vida, su realismo, su crítica

El interés de este crítico estadounidense por la lengua, la literatura y la cultura españolas aparece ya en su infancia. Nacido en Ohio en 1837, el periódico que imprime su padre es su fuente de aprendizaje, con él se educa. A los once años aprende español por su cuenta. De la misma forma, conoce y aprende lenguas y literaturas extranjeras. Siente una gran pasión por Cervantes, y gracias a la obra de Washington Irving su pasión por España se incrementa. A pesar de ello, Howells no llega nunca a hablar español, sólo lo lee. Viaja a España en 1911, casi en la vejez, para encontrarse con su amigo Palacio Valdés, con el que se comunicará en italiano, porque el nivel de inglés de este último tampoco es muy bueno. Ese viaje inspira el libro *Familiar Spanish Travels*.

El primer texto suyo relacionado con la literatura española es de 1855, cuando escribe «Chapter from Lazarillo de Tormes, Diego Hurtado de Mendoza» en *The Sentinel*[44], seguido de la traducción de una serie de proverbios españoles para el periódico *Ohio State Journal*[45]. Desde esos años de 1850 y hasta los ochenta (ochenta y seis en concreto) el interés que muestra Howells por el hispanismo se debilita, porque emprende otros rumbos, como la carrera diplomática que comienza en 1861 en Venecia. Sin embargo, no olvida su interés por la literatura española y a su vuelta de Italia adapta *Un drama nuevo* de Tamayo y Baus. Cinco años más tarde empieza la que será una larga y fructífera carrera literaria y periodística.

En 1866 Howells se convierte en ayudante del editor para *Atlantic Monthly*. Allí se publican sus «reviews» durante diez años. En Boston, donde se edita la revista, Howells encuentra acogida en el grupo intelectual compuesto por escritores como Holmes, Lowell y Longfellow. Acogida que no es bien vista por algunos sectores críticos, debido a la vuelta al tradicionalismo e idealismo que ella representa.

[44] *The Sentinel*, 15 de noviembre, 1855.
[45] *Ohio State Journal*, 31 de enero, 1859.

Veinte años más tarde y esta vez desde Nueva York, aparece su labor crítica en el espacio titulado «Editor's Study» de la revista *Harper's New Monthly*, desde 1886 a 1892. Después de esa fecha interrumpe su relación con la revista por ciertas incompatibilidades económicas, entre otras, con el nuevo editor, para volver en 1900 a colaborar como editor hasta prácticamente el final de sus días en 1920. También en 1892 la revista *Cosmopolitan* contrata a Howells para darle un mayor prestigio literario, hecho que señala el reconocimiento de este crítico.

La casa Harper le ofrece un buen contrato mediante el cual aquélla conserva todos los derechos de sus escritos, incluyendo los de una novela que se publica por entregas, a cambio de hacerse cargo del espacio titulado «Editor's Study», recibiendo un salario anual e ingresos adicionales por los derechos de otras de sus obras. Además, esta revista tiene una tirada importante en Gran Bretaña y sus editores son conscientes del atractivo comercial de las polémicas. Por tanto, no les molesta que críticos como Howells las provoquen. Allí veremos las críticas de obras de Palacio Valdés y Valera a mediados de los años ochenta. A finales de esa década y comienzos de la siguiente también se acerca a la obra galdosiana y pardobazaniana.

Hay diversas opiniones sobre su labor crítica. Al trabajar para distintas revistas cuyas casas editoriales coinciden, en algunos casos, con las que editan las obras literarias, se puede identificar cierta opinión comprometida con la de la propia revista y con los suscriptores de la misma. Precisamente Clarín en *Las Novedades* acusa a los críticos de establecer una serie de relaciones de conveniencia a la hora de valorar las obras. Valera en cierta forma alimenta este tipo de relaciones cuando, como veremos, solicita la ayuda de Howells para promocionar su obra en Estados Unidos.

Algunos sugieren que la crítica de Howells resulta menos objetiva cuando conoce a los autores de las obras[46]. Lo cierto es que aunque su labor crítica es prolífica no deja por ello de carecer de la profundidad analítica que se esperaría de un entendido del Realismo español. Conocido de la mayor parte de los escritores de su época y buen

---

[46] La primera crítica de una obra de P. Palacio Valdés fue la de *Marta y María* que Capellán dice fue la más objetiva porque aún no se había establecido una amistad entre los dos autores. Véase Capellán Gonzalo 1976: 451-471.

amigo de unos pocos, examina su labor humana y creativa de manera general, mencionando algunos elementos que se adscriben a una ideología determinada –como la realista en el caso de Henry James o Mark Twain–, pero sin llegar a justificar los elementos que la caracterizan.

Howells es partidario del realismo y condena el romanticismo, recibiendo por ello duras críticas provenientes de Inglaterra, al desafiar el gusto del público, en general, y los intereses comerciales de las editoriales. Reconoce que la literatura estadounidense es fruto de la europea cuando dice que «our fiction so far as it really exists is of the European and not the English make and the newer English fiction, so far as it really exists, is not of the English, but of the European make, the American make»[47].

Howells compara las novelas decimonónicas españolas con las francesas y se inclina por las primeras, las españolas, con la sola excepción de las de Zola. Reconoce una mayor intensidad y profundidad en las nuestras. En general se inclina por la literatura europea, que encuentra más abierta y diversa que la estadounidense. Lo único destacable para Howells del período *ante bellum* es *Uncle Tom's Cabin*; después de la guerra dice que hubo un impulso en las artes y la literatura. Destaca de esa época los romances de Hawthorne. Esta opinión le crea cierta enemistad con algunos autores y críticos norteamericanos contemporáneos, quienes dan preferencia a los autores de su país antes que a otros europeos ya desaparecidos.

En 1882, Howells publica «Henry James, Jr.» en *Century*, abogando por una nueva escuela de escritores protagonizados por James en oposición a otra escuela ya desfasada cuyos principales representantes son escritores como Dickens y Thackeray, opinión que levanta grandes polémicas entre los ingleses, como es de esperar. Mantiene una gran amistad con Henry James y Samuel Clemens o Mark Twain, dos de los escritores que cultivan el realismo.

Su labor de promoción del realismo le crea enemigos, en primer lugar, por parte del sector más conservador de la sociedad, que siente un ataque hacia sus principios morales y, en segundo lugar, como ya hemos mencionado, por parte de las editoriales, que continúan publi-

---

[47] «Nuestra ficción si realmente existe es del tipo europeo y no del inglés y la nueva ficción inglesa, si existe realmente, no es del tipo inglés, sino del europeo, del americano.»

cando obras románticas. Sin embargo, hay un sector editorial que disfruta con esas polémicas de un doble beneficio de la publicación en sí, *Harper's* en este caso, y de la venta de las obras de dicho crítico y autor.

Después de hacer una revisión de sus colaboraciones críticas a lo largo de su carrera, no he podido encontrar mención alguna al naturalismo. Howells hace tan sólo referencia al realismo, incluso cuando describe la obra de Zola. La mención del realismo ya levanta polémicas suficientes entre la sociedad inglesa y la estadounidense. En un artículo redactado tras la muerte de Zola, titulado «Émile Zola«, publicado en *North American Review* en noviembre de 1902 y en su defensa, Howells hace la siguiente reflexión:

> The question of immorality has been set aside, and the indecency has been admitted, but it remains for us to realize that anxiety for sincerity and truth, springing from the sense of pity and justice, makes indecency a condition of portraying human nature so that it may look upon its image and be ashamed (p. 393)[48].

De esa forma justifica la actitud de Zola y aunque reconoce, en principio, que el contenido de algunas de sus obras pueda resultar indecente para algunas personas, asume que el objetivo del escritor, al mostrar esa indecencia e injusticia de la sociedad, descubre una intención noble y de gran compasión hacia esos personajes que, no obstante, presenta con métodos experimentales y científicos, que no son del todo del gusto de Howells. De nuevo justifica su actitud como sigue:

> He was no more a journalist than he was a scientist by nature; and, in spite of his intentions and in spite of his methods, he was essentially imaginative and involuntarily creative[49].

---

[48] «La cuestión de la inmoralidad se ha dejado a un lado, y se ha admitido la indecencia, pero nos queda darnos cuenta que la ansiedad para la sinceridad y la verdad, surgiendo del sentimiento de piedad y justicia, convierte la indecencia en una forma de representar la naturaleza humana de forma que se refleje en su imagen y se avergüence.»

[49] «Él no era un periodista más de lo que era un científico por naturaleza; y, a pesar de sus intenciones y sus métodos, era imaginativo en lo esencial e involuntariamente creativo.»

Finalmente, Howells compadece la vida y la obra de Zola porque le considera descendiente de los románticos, y, en cierta forma, un romántico en sus intenciones. Opina que los realistas que siguieron su método cometieron un error al pensar que los lectores prefieren la realidad a la falsedad en la ficción:

> If Zola had not been at heart a romanticist, he never would have cherished his long delusion, he never could have deceived with his vain hopes those whom he persuaded to be realistic, as he himself did not succeed in being (394)[50].

Gracias a su labor periodística, Howells presenta al lector estadounidense la obra de autores españoles hasta ese momento desconocidos. Aunque se ha investigado la relación entre ambos Howells y Palacio Valdés[51], no se precisa cómo comienza su conocimiento mutuo. De la misma forma, muestra su interés por el realismo en la obra de Pérez Galdós y Pardo Bazán en su artículo «My favorite novelist and his best book»[52]. Allí repasa sus preferencias de juventud y madurez y trata la literatura de varios países. Entre sus preferidas están las novelas, y entre ellas la novela realista española.

Prefiere a Palacio Valdés entre los autores españoles, aunque no coincide por completo con la forma en que aquél desarrolla el carácter de los personajes. Reconoce, sin embargo, el trabajo de Pérez Galdós, que, como Palacio Valdés, muestra el contraste de la sociedad española que aún respeta lo tradicional y lo relacionado con la iglesia, por un lado, junto a la sociedad más liberal y reformadora. Menciona, por último, a Emilia Pardo Bazán, cuya obra también admira. Se sorprende, no obstante, de esta cantera de nuevos escritores españoles que muestran un «nuevo espíritu» intelectual en un país «moribundo» como España.

En cuanto a su actitud política, Howells expresa su opinión en contra de la actuación de Estados Unidos en el conflicto cubano: escribe

---

[50] «Si Zola no hubiera sido un romántico de corazón, nunca hubiera apreciado su alucinación durante tanto tiempo, nunca hubiera podido engañar con sus esperanzas vanas a aquéllos a quienes convenció de ser realista, así como tampoco él mismo tuvo éxito siéndolo.»

[51] Véase Capellán Gonzalo 1976.

[52] *Munsey'*, abril, 1897: 273.

una carta a su hermana Aurelia en 1898 al respecto[53]. Tras su visita a
la isla Seavey donde hay mil setecientos prisioneros españoles escribe
«Spanish prisoners of war»[54]. Después de la derrota española,
Howells incluso defiende nuestro país con la frase siguiente: «We
Americans are apt to think, because we have banged the spanish war-
ships to pieces, that we are superior to the Spaniards; but, they, in
their field where there is always peace, they shine our masters»[55].

Howells obtiene mayor éxito y reconocimiento con su labor periodística, en general, que con sus novelas, duramente juzgadas. A pesar
de que mantiene una actitud abierta y cultiva su interés por otras literaturas en sus viajes, vuelve siempre, debido a su colaboración en
Boston, a los círculos tradicionales que ejercen una influencia regresi-
va sobre su obra. Aunque es el líder del realismo en Estados Unidos
durante más de una decena de años, su realismo resulta, como el de
Palacio Valdés, un realismo moderado, que se reduce, como ocurre en
ocasiones con el naturalismo español, a la técnica del movimiento, a
las numerosas y detalladas descripciones que reflejen la verdad en
todo momento pero sin comprometerse con la realidad social contemporánea, a la que llegan autores como Pérez Galdós o Pardo Bazán.

La obra de Juan Valera según William D. Howells

Como ya mencionamos al hablar de la estancia de James Russell Lowell
en España (desde 1877 a 1880), el autor se refiere a la obra de Valera,
que ya debe conocer cuando le escribe a su amigo Longfellow. Russell
Lowell comenta también su interés en adquirir obras españolas a su
vuelta a Estados Unidos. Su amistad con Howells, que avalan las cartas
que le escribe también desde España, hacen pensar en cierta transmisión de conocimientos de la ideología española del momento, así como
de los escritores cuya obra conoce durante su estancia en nuestro país.

Howells, por su parte, hace referencia en sus cartas a la obra de Valera por primera vez en febrero de 1887. Pregunta a su amigo John W.

---

[53] Howells, Mildred (ed.)(1928), *Life in letters of William Dean Howells*, Nueva York:
Doubleday, Doran & Company, p. 90.
[54] Howells, William D., (1902), *Literature and Life*, Nueva York: Harper & Brothers,
pp. 141-153.
[55] Brooks 1959: 240.

Forest si conoce las novelas de este escritor español. Howells y Valera se encuentran a finales de 1884 o principios de 1885, no se conoce la fecha exacta, cuando aún Valera se encuentra en Estados Unidos[56]. En la carta que Valera escribe a su mujer el 25 de diciembre de 1884 desde Washington le describe el país y la ideología de la gente, además de una novela que está leyendo en ese momento. La novela en cuestión es *A foregone conclusion* de Howells de la que comenta lo siguiente:

> De ella resulta además que, en Europa, salvo en Inglaterra, apenas hay persona que no tenga negras las uñas y sucias las manos. Lo singular es que A foregone conclusion han dicho al tal Howells que tiene argumento y caracteres parecidos a una de mis novelas. Yo he leído A foregone conclusion y se parece a lo que yo he escrito como un huevo a una castaña; pero el Sr. Howells ha entrado en curiosidad de leer mis novelas. Ignoro si sabe el castellano y si las leerá pero no espero ni deseo su aplauso. Es espíritu el suyo que sigue muy distintas vías que mi espíritu, y no nos entenderemos jamás (op. cit.).

Una actitud muy diferente a la que adopta Valera posteriormente, concretamente en su carta del 8 de enero de 1885 dirigida a Howells:

> Estoy muy agradecido al Sr Torraja por haberme proporcionado la satisfacción honrosa de su trato epistolar, que espero sea personal o de voz viva, si duro en este puesto y en este hermoso país algún tiempo más, como lo deseo (op. cit.).

Si bien para Valera (en 1858) «la crítica de una producción literaria no se ha de escribir con la intención de favorecer o perjudicar al autor, sino con el más elevado propósito de dilucidar los puntos oscuros de la filosofía del arte»[57], veremos que él mismo se ve obligado a solicitar la atención por parte de otros críticos como Howells para que su obra tenga mejor aceptación y venta en Estados Unidos.

En la tercera carta enviada a Howells el 7 de abril de 1886 Valera le pide que mencione la traducción de *Pepita Jiménez*. Primero alude a su

---

[56] Para más información sobre las relaciones entre Juan Valera y William Dean Howells véase Duchet 1968: 76-102.

[57] Cita de «Observaciones sobre el Drama Baltasar» en *Obras Completas de don Juan Valera*, III pp. 111-112 citado en Manuel Bermejo Marcos: *Don Juan Valera, crítico literario*, p. 29, nota 18.

interés económico y personal, por «amor propio», en que su novela tenga éxito. Después, alaba a Howells esperando que contribuya como «crítico ilustre y lleno de indulgencia»:

> Acudo, por lo tanto, a Vd rogándole que, ya sea anunciando la traducción en los artículos que escribe, ya, cuando la traducción aparezca, aunque yo preferiría lo primero, llamase Vd la atención de su público sobre mi obra, realzando un poco su valer y disimulando sus faltas, hasta donde su conciencia de juez se lo permita, sin graves remordimientos (carta III, p. 97).

Realizado el encargo, ya desde Bruselas, Valera le agradece a Howells «el amabilísimo artículo de Vd sobre *Pepita Jiménez y Doña Luz.*» (Carta IV del 9 de junio de 1886), que ha leído pero no en *Harper's* sino en *Las Novedades*, ya traducido. Es entonces cuando Howells y el resto de sus compatriotas norteamericanos reciben toda clase de alabanzas y halagos por parte de Valera, quien reconoce que *Pepita Jiménez* también ha recibido duras críticas y las atribuye a un fallo de la traductora, que en el prólogo confunde la palabra castiza con clásica cuando se refiere a la protagonista. Así lo afirma Valera:

> Yo no digo que Pepita es clásica, sino castiza, esto es, tan peculiar de mi tierra y casta, que por ello temo no guste a los extraños. Ni yo he querido decir tampoco que enseño esto o aquello. Partidario yo del arte por el arte no he tratado de enseñar nada (Carta V desde Bruselas, 8 de nov. 1886).

Valera nos informa de que dicha traductora habla tan bien inglés como español y otras lenguas, además de las clásicas, y que lo único conocido que ha escrito ha sido un tomito de versos llamado *Desting and other poems*. Continúa su presentación como sigue:

> Citaré, por último, a otra notable poetisa y escritora colombiana, aunque no lo es por nacimiento, sino por adopción. Hablo de la dama irlandesa María Juana de Christie, que casó con don Juan E. Serrano, a la cual he tenido el gusto y la honra de tratar en Nueva York, y a la cual Núñez de Arce y yo debemos estar y estaremos muy agradecidos. La señora de Serrano ha traducido al inglés, con singular maestría, venciendo a otros traductores y satisfaciendo el gusto difícil de los críticos de la casa de Appleton, mi novela Pepita Jiménez; ha traducido y publicado también mi diálogo Gopa y ha puesto en hermosos versos ingleses, con general

aplauso, no pocos de los que contienen los Gritos de combate (N. York 1883 Duchet nota 1, p. 93).

Al final de la quinta carta continúa la gratitud hacia Howells cuando le confirma que «casi agradezco a Vd más el elogio que hace de *Doña Luz* que el que hace de *Pepita*; ya que *Doña Luz*, así en el mundo ideal, y para con el público, como en la realidad de su vida con el P. Enrique y con su marido, no fue nunca venturosa como lo fue la alegre viuda de Don Gumersindo.» (ibid.). A pesar de que Valera solicita su ayuda para promocionar *Pepita Jiménez*, no duda en ofrecer su opinión al crítico cuando afirma que «Vds de casta anglo-sajona, que, sin poderlo remediar, se creen siempre muy superiores a todo el resto del linaje humano...» (Carta I, 8 de enero de 1885) disculpándose en la carta siguiente como sigue:

> Casi estoy arrepentido de las acusaciones que le hice. Sin duda son infundadas. Acaso nazcan de la manía que sin poderlo remediar, tenemos los hombres de naciones que fueron grandes y que están hoy en decadencia, de creer que nos ofenden o menosprecian como colectividad: lo cual nos vuelve recelosos y picajosos. Perdóneme Vd. pues, esta falta. Es harto involuntaria: es fatal (Carta II de 22 de Enero de 1885).

En cartas a Salomé Núñez Topete, Valera menciona que los periódicos hablan de todas sus obras y dos o tres en concreto publican su biografía con un retrato[58], y que sus novelas se venden muy bien en las librerías norteamericanas. Curiosamente, esta última carta se debe a la llegada de Valera a Washington (enero de 1884) y, si creemos a Valera, sus libros en español ya se venden bien antes de que él llegue. Unos meses después, en octubre de 1885, le dice a su hija lo siguiente:

> En esta tierra aún no han publicado nada mío traducido al inglés, pero compran y leen muchos de mis libros, traducidos al castellano. Esto me prueba que los editores, Álvarez sobre todo, me saquean de un modo lastimoso (Galera Sánchez 153).

De la misma forma, reitera en varias ocasiones a su mujer el éxito de sus libros cuando le dice que sus «libros se leen y se venden. No

---

[58] Carta a Salomé Núñez Topete de 27 enero 1884 (p. 83) y carta a su hijo Carlitos de 3 abril 1884 (p. 89) en Cyrus C. de Coster *Correspondencia de don Juan Valera (1859-1905).*

puedes figurarte cuan conocidas y leídas son mis obras en toda la América donde se habla lengua española. Si yo fuese más hábil y no me dejase robar tanto de los editores, algo ganaría.» (op. cit. 159). Con respecto al tema de la futura publicación de sus obras, Valera le comenta que espera «que W.D. Howells, célebre novelista y crítico de aquí y otros también, encomien mucho mi novela, y predispongan al público para que haya una buena venta. [...] Convendría quizás que los periódicos dijesen ahí el obsequio de West, y también que dijesen "parece que la famosa casa editorial de los Appleton de Nueva York va a publicar en inglés *Pepita Jiménez*". Estos bombos son útiles, y yo me descuido en no hacerlos poner» (ibid. 180, carta de 7 abril 1886). La realidad es que Appleton publica una edición de *Pepita Jiménez* en español en 1886, y también traducciones de la misma; posteriormente *Doña Luz* (1891), *Pasarse de listo* (1892) (*Don Braulio* en la versión inglesa) y *El comendador Mendoza* (1893). En todos los casos aparecen en Estados Unidos con más de diez años de diferencia desde su primera publicación en España. Concretamente, se publican en la década de los noventa cuando Valera escribe novelas que corresponderían ya una segunda etapa narrativa que iría desde *Juanita la Larga* (1895) a *Morsamor* (1899). Y no es que este hecho tenga que ver con la adscripción valeriana a movimiento literario alguno. A diferencia de otros escritores decimonónicos como Alarcón e incluso el propio Pérez Galdós, Valera no se ve influenciado por elementos románticos ni tampoco naturalistas. Y aunque encontremos rasgos realistas en su narrativa, él tampoco se integra dentro de ese movimiento por cuanto considera que al lector hay que ofrecerle una obra artística y no fiel a la verdad, muchas veces desagradable.

Esa larga introducción era necesaria para reconocer que, a pesar de que Howells conoce la obra valeriana antes de que éste llegue a Estados Unidos, no es, sin embargo, hasta que ambos se conocen y Valera se lo pide que Howells escribe esa crítica tan agradecida por aquél.

En su espacio de «Editor's Study»[59], y junto a los comentarios de otras novelas del momento, Howells presenta la obra de Valera; no solamente *Pepita Jiménez* o *Doña Luz*, sino «the treatise on the poetry

---

[59] *Pepita Ximenez* (J. Valera) «Editor's Study» en *Harper's, New Monthly Magazine* v. LXXIII, junio-noviembre, 1886.

and art of the arabs in Spain and Sicily, a volume of critical studies, a volume of literary judgments and dissertations, another of poems, another of dramas». A pesar de que coincide con Valera en el hecho de que una novela no tiene por qué enseñar o moralizar, también reconoce, no obstante, que *Pepita Jiménez* va a producir en el lector una reflexión sobre temas serios. Por tanto, el hecho de que D. Luis de Vargas prefiera a Pepita antes que a la iglesia representa para Howells una tesis. Lo que va a agradar al lector no es que D. Luis prefiera a Pepita sino que su amor esté por encima de su vocación y, por tanto, en la Iglesia prefieran que elija su amor a una vocación que no es verdadera.

En el prólogo a la traducción de *Pepita Jiménez*, Howells compara el sentido del humor que Valera profesa con el del propio Cervantes (escritor, por otra parte, admirado por Howells), algo que harán también autores y críticos españoles, Azorín entre ellos, como señala Enrique Rubio Cremades en su introducción a la obra[60]. Aunque elogia el fino humor y el uso de la ironía que hace Valera, y la descripción de los personajes con la gracia andaluza, concluye no obstante que, muy a pesar de Valera, la obra finalmente es para aquéllos que aún creen en el bien y en el mal o «good and evil», una conclusión muy simple.

Termina el artículo no ofreciendo alternativa al lector, puesto que cualquiera de ellos no puede dejar de reconocer el talento de Valera. No encuentra en *Pepita Jiménez* la mejor obra de Valera, aunque obtuviera una buena acogida por parte de la crítica decimonónica española. Howells también indica que *Pepita Jiménez* tampoco es la preferida del autor, según expone éste en el prólogo a la traducción, y, por tanto, no se le puede juzgar por una sola obra. A continuación presenta, de esa manera, la que espera sea la siguiente traducción de la casa Appleton, es decir, *Doña Luz*. Considera Howells a la protagonista de esta novela en total oposición a esa «impassioned little personality», es decir, a Pepita Jiménez. Es obvia su falta de entusiasmo por el personaje. Para Doña Luz, en cambio, sólo tiene halagos:

> We know hardly any figure in fiction more lovely and affecting than Doña Luz, a beautiful girl growing old in a small country place, and mar-

---

[60] Martínez Ruiz 1959: 19-51 (en Rubio Cremades (ed. 1991: 54).

rying in her second youth a wretch infamously unworthy of her love, and suffering patiently and helplessly on[61].

Reconoce que la forma en que se narra la obra impide al lector no sentir más que compasión por ella. Al comparar la profunda nobleza de doña Luz, Howells encuentra en Pepita un personaje casi insignificante. El resto de los personajes de *Doña Luz* y su entorno está mejor conseguido, en su opinión, que los de *Pepita Jiménez,* por lo que concluye que *Doña Luz* es un trabajo maestro sin comparación entre las novelas del momento. Conclusión que coincide con la crítica actual, que observa cierta injusticia en el recibimiento de *Doña Luz* ensombrecida por el éxito de *Pepita Jiménez.* Esta última resulta una novela más agradable para el lector común, si la comparamos con los sucesos trágicos que persiguen a la primera.

Howells deja para los españoles la catalogación de Valera cuando dice lo siguiente:

> We cannot attempt to ascertain his standing as an author in Spain; that is a thing for the Spaniards to do; but no reader of his books, even at second hand and in translation, can fail to perceive in them a very great talent. Whatever his theories of literary art may be, about the creation of the beautiful and all that, he works primarily, as all the great talents work now, in the interest of what is true, and with a poetic fidelity to facts and conditions (op. cit.)[62].

Al clasificar la obra de Valera entre las novelas del momento que se rigen por los hechos y por lo que es real, se olvida Howells de la opinión valeriana que él mismo ha incluido en esta crítica. Se olvida, por tanto, de que Valera escribe, según él, con un sólo objetivo: crear

[61] «Casi no conocemos a personaje de ficción alguno más cariñoso y agradable que Doña Luz, una joven bella haciéndose mayor en un pequeño pueblo, y casándose en su segunda juventud con un miserable infame indigno de su amor, y continuando con su sufrimiento pacientemente y sin esperanza.»

[62] «No podemos tratar de confirmar su importancia como escritor en España; eso queda para que lo hagan los españoles; pero ningún lector de sus libros, incluso de segunda mano y traducidos, pueden dejar de percibir un gran talento en ellos. Cualquiera que sean sus teorías de la literatura, sobre la creación de lo bello y todo eso, él trabaja primordialmente, como lo hacen todos los grandes genios en la actualidad, siguiendo la verdad, y con una fidelidad poética a los hechos y condiciones.»

arte por el arte. Y a pesar de que se hayan identificado fuentes verídicas o autobiográficas para algunas de sus novelas[63], éstas no dejan de
ser un objeto de arte para el autor. No obstante, Valera también contradice sus propias teorías. Así ocurre en ese mismo prólogo a la edición de Appleton en el que expresa que «como era yo hombre de mi
tiempo, profano, no muy ejemplar por mi vida penitente y con fama
de descreído, no me atrevía a hablar en mi nombre, e inventé a un
estudiante de clérigo para que hablase».

Aunque la crítica realizada por Howells en torno a *Pepita Jiménez*
resulte objetiva y conservadora, dándonos la impresión de que la
decisión del ex-seminarista no le resulta agradable a este crítico, parece, no obstante que conozca las obras valerianas de las que trata, no
así al autor de las mismas.

William D. Howells y su amigo Armando Palacio Valdés

No podemos dudar que los escritores estadounidenses conozcan
la obra de algunos de los escritores españoles más importantes del
momento, especialmente los que mantienen una cierta relación de
proximidad con lo hispánico, ya sea por propio interés o por otros
lazos establecidos mediante la profesión diplomática o periodística.
Esos lazos llegan a ser tan estrechos en algunos casos que levantan
sospechas si no de total plagio sí de demasiada proximidad temática.
Así sucede entre la obra de Howells *Silas Lapham* publicada en 1885 y
Maximina de Palacio Valdés, publicada año y medio después. En las
dos novelas hay personajes de una escala social baja que emigran del
pueblo a la ciudad, primero triunfan y ascienden para después descender socialmente pero triunfar, en cambio, moralmente[64].

Palacio Valdés agradece a Howells el interés que muestra por su
obra, tras lo cual comienza una relación amistosa entre ambos. Es
posible, incluso, que Palacio Valdés provea a Howells de conceptos y
palabras empleados después en sus críticas. El «effectism», ya mencionado, es uno de esos conceptos.

[63] Para más información sobre las fuentes verídicas de la obra de Juan Valera ver
las conclusiones realizadas por Manuel Azaña en Rubio Cremades (ed.) 1991.

[64] Capellán Gonzalo 1976: 459.

La crítica de *Marta y María* realizada por Howells[65] es la primera en relación con los novelistas españoles publicada en *Harper's Magazine*. En nuestra narrativa busca la mejor ficción del momento, algo que no encuentra entre los autores de su país. Publicada por primera vez en 1883, esta obra aparece aquí comentada dos años más tarde, cuando aún no se ha traducido al inglés. Introduce el tema tras un lamento de la falta de autores y literatura de este tipo en su país y los busca en otros países como España. Aunque critica duramente el formato físico del libro, para el contenido sólo tiene elogios.

Howells considera *Marta y María* una novela realista, tal como lo expresa Palacio Valdés en el prólogo a la misma, aunque reconoce que en la obra no se reflejan hechos de actualidad. Las características que encuentra Howells en el estilo de Palacio Valdés resultan un tanto superficiales y aplicables a muchos otros escritores de la época:

> The literature is delightful: full of charming humor, tender pathos, the liveliest sympathy with nature, the keenest knowledge of human nature, and a sytle whose charm makes itself felt through the shadows of a strange speech (p. 811)[66].

Pasa después a relatar el argumento de la obra ofreciendo una clara inclinación por el carácter amable y jovial de Marta en contraste con el de María, que encuentra «cold-hearted, selfish in her religious abnegation».

Señala que el objetivo del realismo es mostrar a las personas y sus costumbres como son y, de esa forma, esta obra muestra a los españoles de una forma diferente a la que se les conoce hasta el momento, o tal vez como Howells los conoce. No obstante, se sorprende al conocer la libertad de que disfrutan los jóvenes en España y la compara con la de las ciudades de su propio país.

Aunque reconoce que el autor produce una «atmósfera real» con sus descripciones y personajes, termina la crítica lamentando que se haya empleado el naturalismo en algunas de aquellas descripciones, aunque no llega a emplear ese calificativo:

---

[65] *Marta y María* (A. Palacio Valdés) «Editor's Study» en *Harper's, New Monthly Magazine* v. LXXII, diciembre-mayo, 1885-1886: 811.

[66] «La literatura es encantadora: llena de simpático humor, tierna tragedia, la más viva simpatía de la naturaleza, el más fino conocimiento de la naturaleza humana y un estilo cuya elegancia se deja sentir en las sombras de un discurso extraño.»

It is a book with a sole blemish -a few pages in which the author thinks it necessary to paint the growth of little Marta's passion in too vivid colors. There is no great harm; but it is a lapse of taste and of art that labels a lovely character, and seems a sacrifice to the ugly French fetich which has possessed itself of the good name of Realism to befoul it (ibid.)[67].

Como puede apreciarse, en el párrafo anterior Howells culpa al naturalismo francés de haber adoptado el término realismo. Igualmente, reprocha a Palacio Valdés el uso de «too vivid colors», de demasiados detalles descriptivos. Se aprecia así la tendencia moderada con respecto al realismo que aqueja aún a Howells.

Aunque Howells parece conocer la obra de Palacio Valdés, carece no obstante del conocimiento del contexto político y social español. Así, se le escapa la crítica que se realiza en *Marta y María* contra una actitud religiosa poco sincera, dirigida a la sociedad de la época, dividida en dos tendencias políticas, bajo las que subyacen también dos inclinaciones religiosas.

En el número siguiente de la revista se menciona la traducción de *Marta y María* junto a otras dos obras aún sin traducir, *Riverita* y *José*[68]; la primera publicada ese año de 1886, la segunda el año anterior. Howells comenta su apreciación de la primera y cuánto le gustaría elogiar ésas otras dos que le han llegado desde entonces. Sin embargo, aunque recomienda la lectura si uno posee el nivel de español adecuado para ello, considera que *Riverita* está infectada de lo que él denomina «a leprous taint of illicit intrigue», que afecta a la ficción latina, a pesar de reconocer que se presenta la vida madrileña y sus personajes en gran manera, entre los que se encuentran los periodistas.

En *José* también encomia Howells la descripción de los personajes, aunque en algunos de ellos se use, de nuevo, «an occasional unsparing truth of line and color», características que ya menciona en *Marta y María*. Es decir, reprocha la esencia naturalista representada en la lucha del protagonista con la naturaleza, más concretamente con el

---

[67] «Es un libro con un solo defecto –unas pocas páginas en las que el autor estima necesario pintar el crecimiento de la pequeña pasión de María en colores demasiado intensos. No resulta mayor problema; pero es un lapso en el gusto y el arte que etiqueta a un personaje encantador, y supone un sacrificio a favor del fetiche de la escuela francesa que se ha apoderado del buen nombre de realismo para estropearlo.»

[68] *Marta y María, Riverita y José* (A. Palacio Valdés) «Editor's Study» en *Harper's, New Monthly Magazine* v. LXXIII, junio-noviembre, 1886: 962-964.

mar. El segundo reproche a la obra consiste en el empleo de cierto tono romántico, evidente no sólo en ésta sino en otras obras de Palacio Valdés, en las que encontramos un amor imposible, por hallarse comprometido el protagonista con otra persona, como aquí, o por impedimentos religiosos como en *La hermana San Sulpicio*. A pesar de todo, Howells recomienda la obra, si bien al compararla con la italiana *I Malacoglia*, cuyo argumento también se desarrolla en un pueblo pesquero, se inclina por esta última.

La crítica de la última obra de Palacio Valdés, *El cuarto poder*, aparece el mismo año de su publicación en España[69] (1888). Para Howells esta obra carece de la unidad de otras ya traducidas al inglés como *Marquis of Peñalta* y *Maximina*, aunque es mejor que las anteriores porque muestra un conjunto más amplio de la sociedad con un gran sentido del humor e ironía. De nuevo, se elogia la descripción de la vida contemporánea española, pero también se desdeña la franqueza que caracteriza a las obras latinas, según Howells. Considerar a don Rosendo Belinchón personaje digno de una novela cervantina debido a sus extravagancias, como la de fabricar palillos a todas horas, dice mucho a favor de Palacio Valdés, teniendo en cuenta la admiración que siente Howells por sendos autores.

Con el prólogo que acompaña a *La hermana San Sulpicio*, publicada en España en 1889, año en que aparece la crítica de Howells[70], Palacio Valdés establece su posición frente al naturalismo zoliano, situándose al lado de aquéllos que lo practican formalmente como Pardo Bazán. Es ese prólogo el protagonista de la colaboración de Howells. Éste considera imprescindible la lectura del mismo para todo aquél que quiera escribir una novela y espera que pronto se traduzca, recomendándola, mientras tanto, en español.

En esta colaboración Howells establece una serie de comparaciones entre la literatura inglesa del momento, sin gusto alguno desde la obra de Jane Austen, que considera la última válida de la isla británica. El resto de los autores –entre ellos Dickens, las hermanas Brönte y George Eliot– carecen de importancia para Howells, debido a lo que él considera la «manía del romanticismo». A pesar de ello, no está completa-

---

[69] *El Cuarto Poder* (A. Palacio Valdés) «Editor's Study» en *Harper's, New Monthly Magazine* v. LXXVII, junio- noviembre, 1888: 802-803.

[70] *The Sister of San Sulpizio* (A. Palacio Valdés) «Editor's Study» en *Harper's, New Monthly Magazine* v. LXXIX, junio-noviembre, 1889: 962-966.

mente de acuerdo con lo que considera una condenación hacia el naturalismo por parte de Palacio Valdés. Admite, como el escritor español, que las obras naturalistas carecen de alegría, pero no considera este movimiento inmoral. Así lo explica en el párrafo que sigue:

> Naturalistic art, then, is not immoral in itself, for then it would not merit the name of art; for though it is not the business of art to preach morality, still I think that, resting on a divine and spiritual principle, like the idea of the beautiful, it is perforce moral (op. cit. 963)[71].

La tendencia moralizante que se espera de una obra de arte, como una novela, queda claramente explicada en ese comentario. Partiendo de él se insertan una serie de comentarios de Palacio Valdés correspondientes al prólogo mencionado. Entre ellos, uno que Howells va a considerar en varios momentos: se trata del «effectism», o defecto que el escritor español atribuye a las obras naturalistas, y que consiste en atraer la atención del lector con recursos que resultan desagradables.

Curiosamente, compara la opinión de Palacio Valdés con respecto a la simplicidad de las obras que deben reflejar lo común y a los protagonistas de esa vida diaria con la de uno de los primeros trascendentalistas, Emerson. Éste último considera que «los hombres sabios se maravillan ante lo normal», y su opinión sobre lo que resulta artístico es la siguiente:

> Things that appear ugliest in reality to the spectator who is not an artist, are transformed into beauty and poetry when the spirit of the artist possessed itself of them (ibid.)[72].

La crítica de *La espuma* por parte de Howells aparece en el ejemplar de entre 1890 y 1891[73], prácticamente un año después de la dedi-

---

[71] «El arte naturalista, entonces, no es inmoral en sí mismo, porque en ese caso no se merecería la denominación de arte; porque aunque al arte no le concierne predicar la moralidad, aún así creo que, apoyándose en un principio espiritual y divino, como la idea de la belleza, es a la fuerza moral.»

[72] «Las cosas que en la realidad le parecen más horrendas al espectador que no es un artista, se transforman en belleza y poesía cuando el espíritu del artista se apropia de ellas.»

[73] *La Espuma* (A. Palacio Valdés) en *Harper's, New Monthly Magazine* v. LXXXII, diciembre-mayo, 1890 -1891: 482-483.

cada a *La hermana San Sulpicio* y al prólogo que la acompaña. A pesar de que esta obra supone un importante cambio en la ideología de Palacio Valdés con respecto a la preocupación por la justicia de las clases sociales, en particular de los mineros de Riosa, Asturias, Howells no reconoce en ella los recursos naturalistas que emplea el autor. Sí destaca que la protagonista en *La Espuma* es, principalmente, la sociedad madrileña, y que esa «buena» clase, cuya preocupación principal es el dinero, se encuentra en todo el mundo. Universalidad que le procura al autor la fama allende las fronteras de su país natal. Menciona de entre esa clase al duque de Reqúena y sus negocios y a su hija Clementina. Hace hincapié en las escenas dedicadas a las minas que aparecen en el capítulo XIII y en la ironía que expresa el médico dedicado a los mineros cuando explica a las señoras las enfermedades que padecen los obreros. Especial mención merece ese médico que Howells afirma es socialista, y de quien le asombra que alguien perteneciente a esa ideología política, aunque sea en la ficción, resulte amigo y no enemigo de la raza humana.

Howells recoge en su crítica de *La espuma* la seriedad y profundidad del tema social que allí aparece, aunque sea en un espacio reducido. No obstante, no deja de extrañarnos que haya mencionado algún exceso de «color» en otras obras y que en ésta, en cambio, donde no se escatiman los detalles en las descripciones del sufrimiento de los obreros, Howells no lo mencione.

Tras la revisión de la obra de Palacio Valdés, a la que antecede en este mismo número de Harper's Magazine la de *La piedra angular*, se comenta la obra *The fruits of culture*, última obra de Tolstoi, que se compara con la de Palacio Valdés; concretamente, también resultan protagonistas de la obra aquellos pertenecientes a la clase acomodada que con su vida vanidosa son ampliamente criticados por sus propios sirvientes.

La referencia que dedica Howells[74] a «La fe», el mismo año que aparece en España, se presenta en comparación con obras americanas –una de ellas anónima– que se ocupan del tema de la duda en la fe y de su total negación por parte de los agnósticos. Mientras que para la obra americana sin firmar Howells sólo tiene reproches –a un diálogo

---

[74] «Valde's faith» «Editor's Study» en *Harper's, New Monthly Magazine*, v. LXXXV, junio-noviembre, 1892: 801.

poco creíble, a unos personajes poco desarrollados y poco fieles a la realidad– para la obra de Palacio Valdés todo son elogios. Encuentra muy bien representadas en ella las características del clero español, sobre todo en los dos sacerdotes protagonistas de la obra y en quienes les acompañan en la villa pesquera de Peñascosa. Prácticamente no dedica ningún comentario a lo polémico del tema, que fue, en cambio, motivo de escándalo en España.

Además de las reseñas mencionadas, Howells mantiene su admiración por Palacio Valdés en las colaboraciones que realiza a su marcha de *Harper's Magazine*. En una de ellas (sobre *La alegría del capitán Ribot*; aparece en la revista *Literature* con el título «A charming spanish novel») repite lo hasta entonces mencionado sobre P. Palacio Valdés: «humor, irony, upper-class life style, character design, and the tragicomedy of life»[75]. Esta crítica tiene además la particularidad añadida de que aparece en 1899, un año después del conflicto cubano, y en ella Howells expresa su amor por España y su posición en contra del conflicto. Ese amor le lleva a comparar la obra de Palacio Valdés con la de autores estadounidenses como Melville, James y Hawthorne, en favor del primero. Algo que resulta exagerado, si se considera el carácter secundario de la obra de Palacio Valdés con respecto a otros autores contemporáneos. Desde esa crítica de 1899 y hasta la correspondencia que tiene lugar entre ambos, no he hallado evidencia alguna de comunicación entre ellos.

En octubre de 1911 Howells visita España, donde conoce personalmente por fin a Palacio Valdés. A su vuelta a Estados Unidos retorna a su labor crítica y en noviembre de ese mismo año aparece nuevamente una reseña suya sobre *Los papeles del Dr. Angélico*; al año siguiente, en febrero de 1912, aparece la segunda parte de ésta. La opinión crítica de Howells con respecto a Palacio Valdés ha sido considerada, por Capellán, de poca perspectiva histórica, al no reconocer a otros escritores españoles mejores que Palacio Valdés. No obstante, Howells conoce y critica también la obra de autores españoles como Pérez Galdós, Pardo Bazán o Valera. Es cierto que aunque menciona en algunos de sus textos a Clarín no parece conocer la obra de éste, algo que podría explicarse por la tardanza con que llegaron sus obras a Estados Unidos. También es cierto que podría haberlo leído en espa-

[75] Capellán Gonzalo 1976: 461.

ñol, como hace con otros autores. Tal vez no se atreva a criticar las obras de un crítico hiriente e irónico, tal como le ocurre a otros autores españoles.

A pesar de que la obra de Palacio Valdés está empezando a ser reconocida por la crítica actual por algo más que su relevancia histórica, podría resultar exagerada la admiración de Howells hacia un autor considerado de segunda fila si se lo compara con otros como Clarín, Pérez Galdós, Pardo Bazán, Pereda o Valera.

Después de reflexionar sobre la atracción que la obra de Palacio Valdés ejerce en Howells, tal vez podamos acudir finalmente a una doble explicación. La primera, aunque simple, no por ello menos lamentable, consiste en el importante negocio que supone la venta de las obras de este autor que se convierten en «best-sellers» y se traducen ya en su tiempo, no sólo al inglés sino también a otros idiomas. La segunda, más importante por lo que implica, es la similitud entre la ideología de Palacio Valdés y la que adopta Howells, a pesar de algunas diferencias con respecto a las descripciones detalladas o demasiado coloreadas, algo que no debe extrañarnos debido al bagaje cultural del autor.

No obstante, Howells conoce mejor la obra de Palacio Valdés que de ningún otro autor español. Y no sólo por su contacto personal con él, sino por el mayor número de obras suyas que ha leído y comentado.

La familia de León Roch y Doña Perfecta *según William D. Howells*

No sabemos exactamente cuando entra en contacto Howells con la obra galdosiana, pero en mayo de 1888[76], y como contexto a la crítica de *La familia de León Roch,* menciona Howells el segundo volumen de una obra que se ha editado, nada más y nada menos que una historia de la Inquisición. Relaciona ese hecho y ese fenómeno de persecución, debido al cual se rechaza a la iglesia católica, con la obra recién traducida de Pérez Galdós, en 1888. Recuerda que también la protagonista de *Marta y María* de Palacio Valdés lleva el mismo nombre de María, aunque en

---

[76] En mayo de 1888 Howells dedica todo su espacio de crítica en *Harper's New Monthly Magazine* (v. LXXVI, diciembre-mayo, 1887-1888: p. 965-966) a *La familia de León Roch* de Pérez Galdós cuando regularmente analiza varias obras.

ninguno de los dos casos comenta el simbolismo mariano de ese nombre. Contrasta ese personaje romántico de Palacio Valdés con el de María Egipciaca, que resulta ser todo lo contrario. Debido a su fanatismo religioso, esta última se convierte en un «monstruo cruel», opina Howells. A su vez, ese personaje se opone al de la primera amada de León, Pepa Fúcar, a la que acude, entre otras razones, tras la incomprensión de su propia mujer. Para Howells, Pepa Fúcar representa a la «mujer moderna, intuitiva y brillante», tan bien caracterizada por el autor que parece que lleguemos a conocerla personalmente. Esa familiaridad no sólo se produce en el caso de Pepa Fúcar, sino también con el resto de los personajes que aparecen en las obras galdosianas.

Pese a que Howells reconoce, como harán luego otros críticos, que los principales defectos de la obra son el principio y el final elegidos, recomienda esta novela con la polémica frase que sigue:

> In fact, it is as much better than the conduct of most American and English stories as Spanish art is better than English art, than American art; though, after saying this, it seems too strong, and we should like to modify it by advising our novelists, if they would learn how to imitate nature, to go learn from the contemporary Spaniards – after they have learned all they can of the Russians (op. cit.)[77].

Howells coincide en la crítica del final de la obra con la del propio autor, la de Pérez Galdós. Como señala Montesinos, Pérez Galdós expresa en sus cartas a Pereda de 1879 su descontento con el desenlace, al que podría deberse el poco éxito de la obra[78] que acaba de publicar.

Algunos años más tarde, en 1895 y con motivo de su traducción, se ocupa de *Doña Perfecta* en la revista *Harper's Bazar* (XXVIII p. 886). Este último artículo, titulado «A great novel», se incorporará en 1896 como introducción de la novela traducida ese mismo año por Mary J. Serrano. Recordemos que *Doña Perfecta* comienza a publicarse, antes de estar terminada, en la *Revista de España*, en cinco números consecu-

---

[77] «De hecho, es tanto mejor que la conducta de la mayoría de historias inglesas y americanas tanto como el arte español es mejor que el inglés y que el americano; aunque, después de afirmar esto, parece muy fuerte, y nos gustaría modificarlo aconsejando a nuestros novelistas, si aprendieran a imitar la naturaleza, que aprendieran de los españoles contemporáneos –después de que hubieran aprendido todo lo posible de los rusos.»

[78] Montesinos 1968: 286.

tivos (194-198) durante 1876. El hecho de que Pérez Galdós permita que Howells escriba el prólogo para la traducción de su obra dice mucho a favor de este crítico estadounidense.

En ese prólogo hace referencia a la opinión de dos escritores y conocidos de Pérez Galdós. En primer lugar, tiene en cuenta la opinión de Clarín, que le considera el novelista más importante del momento sin ninguna intención anticatólica, algo que le resulta difícil de creer a Howells. Y en segundo lugar menciona a Emilia Pardo Bazán, quien también considera, a Pérez Galdós el mejor realista del momento. Howells coincide con doña Emilia en considerar *Doña Perfecta* no del todo realista, sino una novela de transición. Y efectivamente, no podemos decir que esa novela fuera la mejor del autor, que omite algunos detalles de la protagonista, a la que no llegamos a conocer muy bien, algo que no hará en novelas posteriores.

Como se ha podido apreciar, el conocimiento de la obra galdosiana por parte de Howells se reduce a unas cuantas obras, un número menor del que se traduce en Estados Unidos. Al emitir su opinión sobre las mismas se basa en las de otros autores españoles contemporáneos o en la comparación con autores cuya obra conoce mejor, como la de Palacio Valdés.

Morriña, A christian woman (Una cristiana-La prueba) *y* The swan of Vilamorta (El cisne de Vilamorta), *en opinión de William D. Howells*

Howells menciona en julio de 1890, en una carta a su amigo Sylvester Baxter (colaborador de *Atlantic Monthly* que escribe un artículo sobre Palacio Valdés en 1900) que le gustaría leer *Morriña*, pero que no sabe si la obra le será enviada a su dirección de Nueva York o a su casa de vacaciones en los Andirondacks (lagos de la zona norte del estado de Nueva York). Howells vuelve a escribir a Baxter en octubre del mismo año (carta del 22 de octubre) haciéndole saber su opinión sobre la obra, que acaba entonces de leer:

> *Morriña...* is one of the most lovely, and natural, and pathetic stories I've ever read (ibid.)[79].

[79] Morriña (...) es una de las historias más patéticas, naturales y encantadoras que he leído.

Los comentarios de Howells a esta novela aparecen un año después de la impresión de la misma[80]. Lo que sugiere que no está al corriente de la labor literaria pardobazaniana, siendo ésta la primera obra de Emilia Pardo Bazán que se digna considerar para su espacio crítico, cuando ya la autora ha recorrido una buena etapa de su labor narrativa y han aparecido novelas con mayor éxito, al menos en España, que la que aquí se comenta.

La crítica a *Morriña*, por parte de Howells, resulta bastante ecuánime teniendo en cuenta una serie de características «colorísticas» (palabra empleada por él mismo en otras ocasiones para describir los elementos naturalistas), como el que los padres de la protagonista sean un cura y una prostituta o el final que adopta ella misma, el suicidio. A pesar de todo, los comentarios son comedidos. Se compara la obra de Emilia Pardo Bazán con la de la inglesa George Eliot, justificando que en *Morriña* no hay un número mayor de personajes que en las obras de ésta; Howells considera que el número de personajes es mayor del que permite la ficción a la que él está acostumbrado.

Termina la crítica en espera de que se traduzca *Morriña* y menciona que Emilia Pardo Bazán es la autora del «panfleto realista» *La cuestión palpitante*, al que caracteriza de «robusto, vigoroso y atlético», que no naturalista, justificando el hecho de que doña Emilia defienda el realismo y especialmente el inglés, que representa muy bien George Eliot. Nótese el uso del adjetivo realista para describir la obra en defensa del naturalismo, que tanta polémica levanta en su día.

Como se puede apreciar, se trata de una crítica muy pobre, en la que además de describir el argumento de la obra muy sucintamente, Howells ofrece una opinión muy intencionada sobre la novela, sin considerar la importancia del estudio psicológico de la protagonista, que señala una etapa de transición en el recorrido literario de Emilia Pardo Bazán.

A finales de 1891, exactamente un año después y con motivo de las traducciones de *Una cristiana- La prueba* (A christian woman) y de *El cisne de Vilamorta* (The swan of Vilamorta) aparece una nueva crítica

---

[80] William D. Howells Morriña «Editor's Study» *Harper's, New Monthly Magazine* v. LXXXII, diciembre-mayo, 1890-1891.

de Howells[81], esta vez más extensa, dedicada a ambas. Su colaboración comienza alabando los cuadros españoles que se han llevado a la Exposición Internacional de Munich celebrada ese mismo año. A continuación, Howells elogia las novelas españolas que se publican en el momento, a las que califica como «novels of manners», que podríamos traducir por novelas de costumbres, en las que también se «pintan» escenas de la vida española, con igual acierto. Entre ellas se encuentran las dos novelas mencionadas.

Al comienzo, Howells dedica unas palabras de admiración a doña Emilia que son dignas de ser reproducidas aquí:

> It may be said generally of novelists that men know more than they tell, and that women tell more than they know. But one would not say that of Doña Emilia (op. cit.)[82].

Un halago que, sin duda, le hubiera gustado oír a la autora, quien quería distinguirse del resto de las escritoras. Los comentarios que dedica a *A christian woman* son más duros que los señalados anteriormente. Los detalles íntimos que relata la autora con respecto a algunas costumbres y el análisis de la protagonista resultan exagerados para Howells, aunque reconoce que logra expresar la naturaleza interior de los personajes. Sin embargo, y a pesar del estudio que se realiza de la protagonista, Carmiña Aldoa, piensa que el lector se queda sin saber lo que ésta piensa con respecto a su amante, Salustio Méndez. Critica la actitud que adopta Carmiña al casarse con un marido que le desagrada, traicionando así al sexo débil. Howells considera esa actitud de sacrificio como una «reliquia medieval». Piensa que la mujer de ese momento adoptaría otros recursos antes de someterse a un marido que le repugna, al menos al principio. Y probablemente la consideración de Howells al respecto sea correcta, aunque los debates femeninos entre el deber moral y religioso y los deseos pasionales son una constante en las obras no sólo de doña Emilia, sino de sus colegas

---

[81] William D. Howells «The exaggeration of realism» (*The swan of Vilamorta* y *The christian woman*) «Editor's Study» *Harper's, New Monthly Magazine* v. LXXXIV, diciembre-mayo, 1891-1892.

[82] Quizás se diga en general de los novelistas que los hombres saben más de lo que cuentan, y que las mujeres cuentan más de lo que saben. Pero uno no diría eso de doña Emilia.

Clarín y Pérez Galdós. No obstante, los detalles o las descripciones que inserta doña Emilia en esta obra no son ni mucho menos exagerados. Teniendo en cuenta la lepra que sufre el tío Felipe, tío del protagonista, Salustio, podría haber sido mucho más explícita en la descripción física de sus consecuencias. Si bien se describe alguno de los síntomas, no se hace de forma exagerada.

En la traducción de *El cisne de Vilamorta* destaca Howells el estudio que se realiza de la vida campestre y de los personajes, junto al romance entre Segundo y Leocadia, que califica de idilio romántico. Tras relatar el argumento de la obra, Howells elogia en la Pardo Bazán la intención de obrar según lo artístico y no lo moral, característica que comparte con otros escritores españoles. Critica, en cambio, la intención de aquellos otros (franceses suponemos) que identifican «lo indecente» con lo «artístico».

En esta pequeña mención de *El cisne de Vilamorta*, Howells no hace referencia a la crítica del personaje romántico que representa «el cisne», pasando por alto esa intención de la Pardo Bazán. Queda así claro el escaso conocimiento de que dispone Howells en lo que a la obra pardobazaniana se refiere. Como en el caso de Pérez Galdós, Howells carece de un conocimiento más amplio de la obra pardobazaniana. Se limita a examinar tan sólo tres de sus obras.

Valoración de la crítica periodística

Después de la revisión de los artículos que encontramos en la prensa estadounidense se puede concluir que la crítica, como tal, al menos la aparecida en las publicaciones periódicas, no sigue unas pautas comunes. No se puede decir que durante el siglo XIX existiese, por tanto, un género crítico en Estados Unidos, como tampoco existía en España. Se trata de colaboraciones en la prensa en las que el autor en cuestión emite sus opiniones sobre hechos culturales recientes o novedades literarias. Tanto a un lado del Atlántico como al otro, por tanto, la mayor parte de los críticos son los mismos autores de la narrativa decimonónica, a los que se unen, en ocasiones, periodistas e intelectuales.

Una de las diferencias más notables, no obstante, entre las críticas de la prensa en español, concretamente de la revista neoyorquina *Las Novedades*, y de la prensa en inglés, es que en las primeras se tiene un mayor conocimiento del contexto social y literario en el que se desenvuelven los autores y sus obras, como sería de esperar. La prensa en inglés, en cambio, muestra, incluso en el caso de Howells, un conocimiento que se reduce a unas cuantas obras de cada autor, aquéllas que la revista promociona y que se ve obligada a comentar, reseñar o criticar, en este caso *Harper's New Monthly*.

A pesar de todo, la contribución de Howells radica principalmente en una importante labor de promoción de las obras de Palacio Valdés, en primer lugar, seguidas de las de Valera, Pérez Galdós y Pardo Bazán, además de la promoción de *Don Quijote* en numerosas ocasiones. Aunque su opinión crítica no coincida con la de los españoles del momento y eso se traduzca en un trato prioritario de Palacio Valdés y sus obras, por encima de autores contemporáneos de mayor importancia como Pérez Galdós o Clarín, es evidente no obstante que sus buenas intenciones y su apoyo a España en el conflicto bélico cubano resultan en un mayor y mejor conocimiento de la literatura y la cultura españolas frente a otras como la francesa o la rusa. Defiende ésta y critica duramente la primera, aliándose con opiniones españolas al respecto como la expuesta en *La cuestión palpitante* por Emilia Pardo Bazán, o la que recibe de Armando Palacio Valdés y que se reconoce como «effectism», o el intento, por parte de la literatura francesa, naturalista para más detalle, de conseguir impresionar al lector con una serie de efectos desagradables. Aunque no está de acuerdo con la opinión valeriana de «el arte por el arte», como hemos comprobado, reconoce el sentido del humor que irradian sus obras. Por último, y aunque alcanza a considerar las obras galdosianas con una considerable tardanza, ello no es óbice para replantearse cierta comparación entre éste y Palacio Valdés.

CAPÍTULO VI

RECEPCIÓN Y DIFUSIÓN DE LA NARRATIVA ESPAÑOLA CONTEMPORÁNEA EN ESTADOS UNIDOS A FINALES DEL SIGLO XIX

La representación de la narrativa española en la prensa estadounidense recogida en este estudio representa tan sólo una muestra. Si tenemos en cuenta el número de obras españolas que se traducen en el último cuarto del siglo XIX y el de publicaciones periódicas estadounidenses que salen a la calle, podremos percibir el largo camino que queda por recorrer en la investigación y recuperación de la literatura española en la prensa de ese país. No obstante, gracias al material reunido en este trabajo se puede recomponer, al menos parcialmente, la escena literaria española allí representada durante el período.

Como se ha podido observar, la mayor parte de la narrativa española que se publica en Estados Unidos, en versión original o traducida, coincide con la que atrae a la crítica en la prensa del momento. Me refiero a las obras de Armando Palacio Valdés, Emilia Pardo Bazán, Benito Pérez Galdós y Juan Valera, cuyas obras comenta William Dean Howells, como vimos en el capítulo anterior.

A los autores mencionados hay que sumar otros dos, que pertenecen a una generación anterior y a un movimiento literario diferente. La primera es Fernán Caballero, cuyas obras aparecen publicadas y traducidas en la década de 1860; probablemente también recibe críticas en la prensa estadounidense durante una etapa anterior a la establecida para este estudio. En segundo lugar, aparece dos décadas más tarde la obra de un autor eminentemente romántico, Pedro Antonio de Alarcón. Concretamente en 1886 se inicia la publicación de las obras de Alarcón a la vez que las de Armando Palacio Valdés, Juan Valera y Benito Pérez Galdós. Una década más tendrá que esperar Emilia Pardo Bazán para ver sus obras publicadas en Estados Unidos. No obstante, la prensa estadounidense deja de considerar la obra de autores reconocidos en su época como José M.ª de Pereda o Leopoldo Alas Clarín, un hecho que exploraremos al final de este capítulo.

Para analizar la recepción que la promoción, publicación y crítica de la narrativa española tiene entre los lectores, escritores y editores del momento y la pervivencia de las obras promocionadas podemos basarnos en la definición de Jauss de que «la historia de un género literario consiste en la variación y modificación del horizonte de expectativas del lector»[1]. De esa forma, sería importante tener en cuenta la actitud del lector estadounidense en oposición al español y su función en la influencia de la literatura española en el ámbito estadounidense. Estudio comparativo que, a pesar de su interés, excede el campo de estudio de este trabajo. En consecuencia, examinaré otros elementos más accesibles: por un lado, la labor de los editores, tanto en las casas editoriales como en publicaciones periódicas determinadas, que promocionan y divulgan un conjunto de obras, con la consiguiente demanda que ello produce. Por otro lado, sopesaré la importancia de la crítica en la consumación del conocimiento de un sector literario español concreto y la pervivencia del mismo.

1. La buena acogida de Fernán Caballero y Pedro Antonio de Alarcón

Nuevamente debo recurrir aquí a la distinción del marco en el que aparece representada la literatura española. La mayor parte de la narrativa publicada en la prensa revisada aparece en las revistas en español, concretamente en una de ellas, la *Revista Católica* de Nuevo México. Probablemente, la mayoría de los lectores que acoge los folletines, cuentos y demás relatos moralizantes de la revista poseen un conocimiento de la literatura universal limitado al que proporcionan las publicaciones locales. El carácter de la revista reduce el con-

---

[1] Véase Villanueva (ed.) 1994.

tenido de la misma a relatos escritos por autores de una generación anterior a la que cultiva la novela realista. Nos referimos a Fernán Caballero y su seguidor, el padre Coloma, perteneciente ya a una generación posterior, que sigue la línea de aquélla en algunas de sus obras. Junto a ellos, en cambio, hallamos entre otros a Carmen de Burgos o Emilia Pardo Bazán, cuyas obras no están, precisamente, determinadas por un agudo sentimiento religioso ni tampoco folletinesco. No obstante, las obras de ambas que aparecen en esta revista sí tienen alguna relación con el tema religioso. En ese caso concreto es evidente el condicionante del editor o editores, todos jesuitas. Aún en la actualidad, ese sentimiento católico es notable entre la población de Nuevo México con mayor profusión y profundidad que en otros estados con importante herencia hispana, donde se combinan los ritos católicos con los indígenas, al igual que en el resto de Latinoamérica.

Pasemos a ver el caso concreto de cada uno de esos autores, teniendo en cuenta los elementos editoriales y críticos ya mencionados.

Fernán Caballero

La primera traducción de una obra de Fernán Caballero en Estados Unidos se produce en 1864: J. Leander-Starr traduce *La gaviota*, a cargo de J. Bradburn en Nueva York, que nuevamente se traduce en 1877 por T. B. Peterson de Filadelfia, esta vez con el título *La gaviota, The sea-gull, or The lost beauty*.

También en la década de los años sesenta, en 1865, se realiza la traducción en Boston de *La familia de Alvareda*, otra de sus obras más conocidas, por De Bries, Ibarra y Cía., que volverá a traducirse en la década subsiguiente, concretamente en 1876, en Nueva York, por H. Holt and Cía. Al final de siglo, en 1899, Percy W. Burnett la edita para esa misma casa editorial.

Como se puede apreciar, resulta un número, nada desdeñable, de traducciones para una autora plenamente romántica durante un período de transición en España, a caballo entre Romanticismo y Realismo. En Estados Unidos, en cambio, se considera la década de 1880 como etapa realista por excelencia. A esa cantidad habría que añadir el número de obras en versión original que se debieron leer con anterioridad a las traducciones.

En el momento de su aparición, *La gaviota* se considera una novela de costumbres con rasgos aún románticos, que va a abrir un nuevo camino hacia la novela realista. La primera traducción de los años sesenta se produce una década más tarde de su primera aparición en la prensa española, concretamente en *El Heraldo* en 1849. Si comparamos el número de ediciones de *La gaviota* realizadas en España con las que se producen en Estados Unidos se podrá observar que en nuestro país salen a la luz dos en los años sesenta: una formando parte de sus obras completas en 1875 y otra ya en 1895.

En España se producen tres ediciones de *La familia de Alvareda*, también en los años cincuenta, sesenta y noventa[2], coincidiendo con el número de traducciones que aparecen en Estados Unidos, aunque allí la primera es de los sesenta y la segunda de los setenta. Sería necesario establecer la tirada de todas las traducciones señaladas y de las ediciones españolas para establecer una comparación numérica de la recepción de ambas obras en los dos países. No obstante, con la información obtenida se puede llegar a la conclusión de que Fernán Caballero tiene un peso considerable en el panorama literario español de Estados Unidos, no sólo en la prensa católica, como veremos más adelante, sino también en el negocio editorial del momento, con cierto retraso con respecto a los autores de la generación posterior que cultivan ya la novela realista.

En efecto, en España ya se ha ido avanzando en el terreno narrativo en espera de los acontecimientos que llevarán a la que está considerada como la primera novela realista: *La fontana de oro*, de Pérez Galdós. Aunque se ha de tener en cuenta la continuidad de la novela por entregas también en tierras españolas más allá de la primera mitad del siglo XIX, ya durante la década de 1870, como indica Ferreras (1972), empiezan a escasear, tal vez porque con la revolución del 68 y *La Gloriosa* comienzan a sucederse las movilizaciones sociales que recoge la narrativa galdosiana.

Por su parte, recordemos que la *Revista Católica* incluye en 1886 entre sus páginas *Con mal o con bien a los tuyos te ten* y *Una en otra* y, justo diez años más tarde, *Un servilón y un liberalito o tres almas de Dios*. La prensa neoyorquina en español, en cambio, no presta atención a

---

[2] Las ediciones a las que hacemos referencia son las siguientes: Madrid. M. Mellado 1856 y 1861, y Madrid: Suc. Rivadeneyra 1893.

esta autora y sí a otros, cuyas obras se publican durante el último cuarto del siglo XIX.

También se traducen en Estados Unidos recopilaciones de sus cuentos, como *Spanish fairy tales*, por J. H. Ingram para J. B. Lippincott en Filadelfia, que aparece en 1880 y nuevamente en 1889. Otra colección de cuentos se publica en 1881 a cargo de W. S. Sonnenschein & Allen en Nueva York, bajo el título *The bird of truth and other fairy tales*. En la década siguiente, 1896, aparece en Nueva York *Elia, or Spain fifty years ago* por Christian Press Spanish short stories. Además de esas traducciones, se editan recopilaciones de algunos de sus relatos junto a otros de Alarcón. Un estudio de su vida se incluye también entre los de otras mujeres del momento reconocidas en varios campos como parte de la *Gerritsen collection of women's history (no. 777)*, denominada *Six life studies of famous women*, y que se publica en 1880[3] en Nueva York por Dutton. En 1900, por último, se publica una obra conjunta de Fernán Caballero y Alarcón que contiene *Moors and christians* y *The tall woman*, de éste, y *Bread cast upon the waters*, de aquélla.

El hecho de que en Estados Unidos se traduzcan las obras de Fernán Caballero durante los años sesenta, setenta y noventa y de que sus obras se publiquen en español para el público novomexicano en los años ochenta denota la aceptación y permanencia de rasgos románticos y moralizantes durante la segunda parte del siglo XIX, y no sólo en el caso específico de la *Revista Católica*, como ya hemos señalado. La nueva edición de *La familia de Alvareda* en 1899, en cambio, puede ser tan sólo una edición oportunista como algunas otras realizadas en ese momento. El hecho de que sus obras no se promocionen en la prensa revisada ni tampoco reciban crítica alguna refuerza el argumento de que éstas no son necesarias para que una obra se traduzca y se venda en Estados Unidos. De alguna forma, las obras de esta autora se publican en ese país durante un período en el que surge un tipo de narrativa denominada Realismo doméstico, que podríamos describir como novelas de costumbres o de conducta. Se trata también de un Realismo moderado que comienza a realizarse por mujeres antes de la Guerra Civil estadounidense, y, por tanto, con

---

[3] Las autoras incluidas en este estudio son las siguientes: Fernán Caballero (Spanish novelist); Alexandrine Tinné (African explorer); Caroline Herschel (astronomer and mathematician); Marie Papecarpantier (educational reformer); Elizabeth Carter (scholar); Matilda Betham (littérateur and artist).

una fuerte influencia romántica, y que continúa décadas después del conflicto.

Pedro Antonio de Alarcón

Las obras de Pedro Antonio de Alarcón también se publican en varias ocasiones por editoriales estadounidenses. Una de ellas se ocupa de traducir *The three cornered hat and other spanish stories* en 1886 y en 1891 lo hace Cassell en Nueva York. En los años noventa aparecen *The child of the ball* (1892) y *Brunhilda or the last act of Norma* (1893) traducida por Frances J. A. Darr. Sus obras también se incluyen en antologías como la titulada *Modern ghosts* (1890), que incluye relatos de Bécquer, Maupassant y otros escritores europeos. La colección de cuentos *Moors and christians and other tales,* ya mencionada, sale a la calle en 1891 gracias a la casa Cassell en Nueva York y en 1898 aparece otra antología en la que se incluyen nuevamente relatos tanto de Alarcón como de Bécquer, Fernán Caballero y otros menos conocidos por el público estadounidense, como José Selgas. Por último, en 1899 J. D. M. Ford publica en español *El capitán veneno* con notas, ejercicios y vocabulario para estudiantes. Excepto la traducción de *El sombrero de tres picos*, publicada en los años ochenta, el resto de las traducciones y recopilaciones ven la luz durante la década de los años noventa, y varias incluso coinciden con los acontecimientos bélicos del 98.

También en el caso de este autor media un espacio temporal de aproximadamente una década desde la publicación original en español y la de su traducción. El mercado estadounidense acoge obras de contenido romántico con cierta enseñanza moralizante, y en el caso de *El niño de la bola* también melodramático, en las que el romance es el protagonista. El final de *Norma*, la primera obra narrativa del autor que se publica en los años cincuenta, puede incluso considerarse un folletín. Pero si se observan las ediciones de estas obras alarconianas en España, se verá que también se vuelven a publicar en los años noventa[4]. Por lo que este hecho no es característico de Estados Unidos.

---

[4] *El sombrero de tres picos* (1891) Madrid: Imprenta de Manuel Tello y *El sombrero de tres picos* (1894), Madrid: Sucesores de Rivadeneyra, que también editan *El final de Norma* en 1893.

Los rasgos románticos de Alarcón sobreviven a la importancia que se otorga al realismo, también en la prensa estadounidense. Revistas en español como *Las Novedades* (1892) anuncian las traducciones de sus obras y venden las versiones originales de las mismas, como ya observamos en capítulos anteriores. Publicaciones en inglés promocionan recopilaciones como *Modern ghosts* en *Harper's* en 1890 y en *Atlantic Monthly* en 1891. En esta última también se anuncia *Brunhilda or the last act of Norma* en 1892.

La prensa en español acoge uno de sus cuentos. Concretamente, *La Revista Ilustrada* incluye entre sus páginas «La última calaverada» en 1888. Pero es *Littell's Living's Age* la que se ocupa de traducir la mayor parte de los cuentos con carácter exclusivo. Al tratarse de prensa en inglés esto le otorga un mayor prestigio y audiencia. *Littell's Living Age* publica en 1897 «Las dos glorias» (The two glories), «La corneta de llaves» («The cornet player») y «El libro talonario, historia rural» («The account book» o «The record book: a rural story»). Dos años más tarde, en 1899, aparece «El carbonero alcalde» («The alcalde who was a charcoal-burner») y «La buenaventura» («What the gypsy foretold»). Por tratarse de un relato corto, el cuento resulta perfecto para ser publicado en la prensa, y a pesar de ser escritos de juventud, reciben la atención del lector estadounidense.

Como he tenido ocasión de observar, la narrativa de Fernán Caballero y de Pedro A. de Alarcón no atrae a los críticos de la época, cuyo máximo representante es Howells –quien se concentra en la etapa y los autores realistas y no en la generación romántica o de transición, a la que pertenecen Fernán Caballero y Pedro A. de Alarcón, a pesar de que la narrativa realista estadounidense también conserve rasgos románticos.

2. La recepción de las nuevas tendencias narrativas: realismo y naturalismo en las obras españolas de fines del siglo xix

A diferencia de la prensa de Nuevo México, el lector de las publicaciones neoyorquinas es de una clase y nivel de educación probablemente superiores, con un mayor acceso a la literatura española e internacional y podríamos decir, un «horizonte de expectativas» más extenso. Se trata de un lector que conoce la literatura del momento, aunque aún acepta folletines franceses, algunos editados en *Las Nove-*

dades. La prensa neoyorquina en español recoge además un buen número de ensayos, cuentos, reportajes, poesía, críticas y un contenido informativo más amplio en esta zona del país. Asimismo, la prensa en inglés que se concentra en la zona noreste de los Estados Unidos comparte ese contenido temático con las revistas en español de la zona. Tal vez podría decirse lo contrario, que las publicaciones neoyorquinas en español surgen como contrapartida a las revistas en inglés más importantes del momento. Así ocurre con *Harper's*, cuyo ejemplo pretenden seguir las publicaciones en español; la opinión de los propios editores lo confirma como ya se ha visto.

El marco geográfico que representa la costa este, en torno a las ciudades de Nueva York y Boston, conlleva una apertura a la narrativa que llega de Francia, Alemania y Rusia, principalmente. Encontrar una buena representación de la literatura española sorprende favorablemente al lector actual y probablemente también al de la época, como sugiere Capellán Gonzalo para el caso concreto de Palacio Valdés. No cabe duda de la importante labor de promoción que representa la obra crítica de Howells, ya examinada. Junto a él, otra serie de editores y críticos, que a veces ni siquiera firman sus textos, expresan su opinión sobre las obras de algunos de los autores españoles más importantes del momento.

Como ya se ha observado, las traducciones de las obras de Alarcón aparecen, entre otros escritores de generaciones posteriores, en la revista *Littell's Living Age*. Otras, en cambio, como *Harper's Magazine*, donde se publica la crítica de Howells, optan tan sólo por autores de una generación posterior, cuyas obras se están editando y traduciendo en el último cuarto del siglo XIX. Los mismos autores cuyas obras comienzan a publicarse también durante los años ochenta son Juan Valera, Armando Palacio Valdés y Benito Pérez Galdós. Examinaremos la recepción de sus obras y la influencia de la crítica en la pervivencia de las mismas siguiendo ese orden. En primer lugar, tendré en cuenta la situación de Valera por ser el primer escritor que entra en contacto con la sociedad política e intelectual estadounidense, seguido de Palacio Valdés, quien posiblemente se ve honrado con mejor acogida en ese país que en el nuestro. En tercer lugar, aparecerá el curioso caso de Pérez Galdós: a pesar del éxito de sus obras en España, en Estados Unidos queda ensombrecido por la notoriedad de Palacio Valdés. A continuación, veremos cómo se recibe a Emilia Pardo Bazán y sus obras una década más tarde. Para finalizar, repasaremos la casi completa ignorancia de la prensa en inglés y de las editoriales en lo que a Leopoldo Alas Clarín y José M.ª de Pereda se refiere.

Juan Valera y el negocio editorial

Para conseguir estos objetivos, el número de ediciones y traducciones de las obras de cada autor se tendrán en cuenta con el fin de establecer cierta relación con las críticas que reciben sus obras. Sería muy difícil, no obstante, obtener el alcance del conocimiento de cada obra y de cada autor por parte del público estadounidense teniendo en cuenta que sus obras se leen en español antes de ser traducidas y, por tanto, son las ediciones originales las que primero acoge el lector de ese país. Sírvanos la opinión de Valera al respecto, ya mencionada, cuando informa a su hija en su carta de octubre de 1885 de que sus libros ya se venden en castellano. Sabemos, también, que Valera, a pesar de las expectativas iniciales, no se muestra muy entusiasmado con la publicación de sus obras en la casa editorial Appleton de Nueva York, porque piensa que no se va a cumplir el acuerdo económico pactado. No obstante, esa misma casa publica la mayor parte de las traducciones de sus obras. En carta dirigida a su hija Carmen del siete de marzo de 1886 le informa de lo siguiente:

> También es posible que en Nueva York publique la casa de Appleton alguna obra mía, en inglés y en castellano. Ya veremos si esto me vale algún dinero, de que tengo no pequeña necesidad.
> Appleton me propone publicar Pepita Jiménez; pero no me ha dicho cuánto me dará. Poco tengo derecho a esperar, si el editor no es generoso, pues como no hay Tratado que garantice la propiedad literaria, puede Appleton hacer lo que quiera aun sin mi permiso. En todo caso me consuela que hará una edición muy bonita, con mi retrato[5].

Recordemos que la ley del copyright internacional no se aprobó en Estados Unidos hasta 1891.

En efecto, se realizaron dos ediciones de *Pepita Jiménez*, una primera en español y la traducción titulada *Pepita Ximénez, the spanish of*

[5] En Galera Sánchez 1991.

Juan Valera with and introduction by the author written specially for this edition (Nueva York: Appleton & Company), ambas en 1886.

En la carta que envía a su mujer el 25 de marzo de 1886 Valera afirma sobre su trato con Appleton lo siguiente:

> He hablado con los Appleton, que se muestran generosos y deseosos de publicar obras mías, en castellano, y traducidas al inglés. Aunque legalmente no necesitan pedirme permiso ni pagarme, quieren ellos pagarme y me piden permiso. Empezarán por Pepita Jiménez. Si Pepita Jiménez gusta y se vende bien, seguirán publicando otros libros míos. Aunque no he firmado aún con los Appleton contrato alguno, el compromiso para Pepita Jiménez está ya contraído, pues me han hecho ir a una casa editorial inglesa, que tiene sucursal aquí, la de Cassell, y me han hecho que me niegue a darles permiso para publicar Pepita Jiménez en una traducción inglesa que tienen y que iban a publicar, pidiéndome permiso[6].

Se establece así la rivalidad entre Appleton y Cassell; en la última carta que envía Valera a su mujer antes de salir desde Nueva York (7 de abril de 1886) a Europa le pone al corriente de las deudas y los negocios. El de la casa Appleton merece nuestra atención:

> La traducción que han presentado a los Appleton de Pepita Jiménez no le ha gustado, y van a encomendar la traducción a otra persona. Esto retardará la publicación del libro, al menos en lengua inglesa; pero no se desiste, y calculo que en los días que he de estar en Nueva York firmaré el contrato.
> Yo espero que W. D. Howells, célebre novelista y crítico de aquí, y otros también, encomien mucho mi novela, y predispongan al público para que haya una buena venta.
> [...] Convendría quizás que los periódicos dijesen ahí el obsequio de West, y también que dijesen «parece que la famosa casa editorial de los Appleton de Nueva York va a publicar en inglés Pepita Jiménez». Estos bombos son útiles, y yo me descuido en no hacerlos poner (op. cit. p. 179-181).

Valera toma de esa forma todas las precauciones necesarias para que su novela sea conocida y se promocione. La novela, en efecto, tiene éxito, confirmándolo las sucesivas ediciones de la misma. Ade-

---

[6] De Coster & Galera Sánchez (eds.) 1989: 177-179.

más de las primeras que aparecen en 1886, la casa Appleton ofrece una nueva edición, *Pepita Ximénez*, que aparece en 1898. En 1902 sale a la calle la tercera edición americana ilustrada de la obra, esta vez en español, en la que se incluye el siguiente comentario de los editores:

> Esta edición además de ser la más correcta de cuantas se han hecho hasta ahora, contiene la ortografía moderna de la Academia Española, y es la única ilustrada y la mejor de todas en su parte material (J.G.P. en Nueva York, febrero, 1887).

La edición incluye el prólogo escrito «expresamente para la edición americana publicada en inglés» y firmado en Nueva York el 18 de Abril de 1886. Valera aprovecha la ocasión para alabar la «amplitud de miras y cosmopolitismo» del pueblo americano, que es mayor que en el inglés de las islas. Por esa razón concluye lo siguiente:

> Por estas cualidades me atrevo a esperar buen éxito para mi pobre libro; y en estas cualidades fundo mi esperanza de que los frutos del ingenio español, en general, han de ser mejor conocidos y estimados aquí que en la Gran Bretaña.

Una edición posterior de la anterior aparece en 1921 como la quinta americana (D. Appleton y Compañía/Chicago Nueva York London/1921). Otra casa editorial, Heath & Company, publica también la obra en 1908, y según el prólogo de Valera, que es el mismo que ya ha aparecido en ocasiones anteriores en Appleton, ésta es la novena edición de *Pepita Jiménez*. En 1891 Appleton saca a la venta *Don Braulio* y *Doña Luz*, ambas traducidas. Dos años más tarde aparece *El pájaro verde*, obra revisada con notas para el uso de estudiantes por Julio Rojas. Se puede concluir que la labor empresarial comenzada por Valera con Appleton resulta fructífera, a juzgar por todas esas ediciones.

Sería lógico pensar que Valera iniciara con la casa Appleton una relación beneficiosa no sólo para él sino también para otros autores españoles, como él esperaba. No obstante, por razones que desconocemos, buena parte de las obras de esos otros autores no son publicadas por esta editorial sino por su rival Cassell. Tal vez la mala publicidad que le otorga Valera a los negocios con Appleton, cuyas expectativas económicas no llegan a cumplirse, tenga algo que ver en el asunto.

A pesar de ese número de ediciones y traducciones, la prensa en inglés no las promociona. Tan sólo *Las Novedades*, publicación neoyorquina en español, anuncia las traducciones de *Pepita Jiménez* y de *Doña Luz*. Si bien esas y otras novelas suyas reciben buena acogida por el lector estadounidense, las publicaciones periódicas examinadas no incluyen entre sus páginas fragmento alguno de sus novelas; sí incluyen, en cambio, los ensayos de Valera, algunos años después de que éste abandonara Washington. Concretamente en 1890 *Las Novedades* publica la serie de «Nuevas cartas americanas», y en la misma década (1891 y 1892) Valera colabora con siete entregas *de sus* «Cartas de España», que se editan en *La Revista Ilustrada de Nueva York*.

Sin duda la crítica que recibe Valera por parte de Howells señala un nuevo camino en la recepción de su obra por el público estadounidense. Como vimos anteriormente, el propio Valera solicita una opinión favorable de Howells para que *Pepita Jiménez*, su primera obra traducida, tenga éxito. Y su objetivo se cumple a juzgar por las ediciones que realiza Appleton (1886 y 1898) de la misma. En la crítica de Howells también se menciona la traducción de *Doña Luz* que Valera agradece, como también vimos. Pese a ello, y a la traducción de otras como *Don Braulio* (también por Appleton en 1891) y *El pájaro verde* en 1893, Valera no es uno de los escritores que recibe más atención por parte de la prensa estadounidense, a excepción de la traída y llevada *Pepita Jiménez*. Teniendo en cuenta los contactos establecidos durante su estancia en Washington y los frutos editoriales de los mismos, su obra debería haber recibido mayor atención por parte de la crítica estadounidense, tanto en español como en inglés. En cambio, parece que el conocimiento de Valera en la mayoría de los casos se limita prácticamente a esa única obra.

El éxito de Armando Palacio Valdés

El interés que suscita la obra de Armando Palacio Valdés, especialmente en su amigo Howells, es proporcionalmente mayor al que se observa en el caso de Valera. En efecto, como apunta Capellán Gonzalo, probablemente fuera sorprendente para los lectores de *Harper's* que Howells hiciera una crítica sobre literatura española, concretamente sobre *Marta y María*. Según él, la reseña de Howells tuvo un gran impacto entre el público estadounidense, lo que justifica la importante tirada de su segunda obra traducida, *Maximina*, de la que se llegan a vender doscientas mil copias[7].

Armando Palacio Valdés es el escritor español del siglo XIX de quien se publica un mayor número de obras en Estados Unidos. En la década de 1880 se traducen *The Marquis of Peñalta, a realistic social novel* (*El marqués de Peñalta, una novela realista social*), la traducción de *Marta y María*, y *Maximina* y *Don Armando Palacio Valdés*. En la década siguiente aparecen *Scum* (*La espuma*), *Faith* (*La fe*) y *The origin of thought* (*El origen del pensamiento*). Ya en 1900 se publica *The joy of captain Ribot* (*La alegría del capitán Ribot*) y *José*, de la que se vuelve a realizar otra edición al año siguiente. Aunque las dos primeras corren a cargo de la casa neoyorquina Thomas Y. Cromwell, el resto es publicado por otras editoriales de esa ciudad y de Boston. Curiosamente, ninguna de ellas es Appleton.

El éxito de la obra de Palacio Valdés puede deberse a varios factores. En España se le considera un escritor moderado en su naturalismo y realismo, con cierta presencia de crítica social y religiosa en algunas de sus novelas, como *La espuma*, *Marta y María* y *La fe*, observando siempre un notable equilibrio. Es probable que buena parte del lector estadounidense se encuentre entre el sector femenino, sector que también aprecia sus obras en España y que en aquel país está acostumbrado al «domestic realism» ya mencionado. Pero es importante tener en cuenta el empeño con el que su conocido, y luego amigo Howells le favorece con sus críticas. La primera de ellas aparece en 1885 en torno a *Marta y María*. Al año siguiente, 1886, se trata de *Riverita* y *José*. Esas tres obras aún no se habían traducido cuando Howells emite sus comentarios.

Las críticas a *La espuma* y *La fe* aparecen el mismo año de su traducción, y la de *La alegría del capitán* Ribot en 1899, un año antes de que se traduzca. Nuevamente, la opinión de Howells en relación con *El cuarto poder* en 1888 y con *The sister of San Sulpizio* en 1889 aparecen sin que las obras se lleguen a traducir, al menos durante ese último cuarto del siglo XIX. La traducción de *El marqués de Peñalta* (*The Marquis of Peñalta*) se anuncia como una «novela realista social» en *Atlantic Monthly* y *Scribner's Monthly* durante 1887, el mismo año de su traducción, y recibe una breve mención de Howells, aprovechando la

[7] Dato recogido por Ángel Capellán Gonzalo en E. S. Morby «*William Dean Howells and Spain*» *Hispanic Review* 14, 1946: 187-212.

crítica de otras obras del mismo autor. Lo mismo ocurre con *Maximina*, cuyo anuncio se incluye en *North American Review* en 1888. Howells tan sólo la menciona junto a la anterior como ejemplo del trabajo de Palacio Valdés. Pero si tenemos en cuenta que este crítico acusa a *Riverita* de padecer de una intriga ilícita, probablemente hubiera expresado una opinión similar sobre su continuación.

El hecho de que Howells no dedique el mismo grado de atención o la misma energía y tiempo en promocionar todas las obras traducidas de Palacio Valdés confirma su éxito entre los lectores estadounidenses. Sus obras se editan y se leen con o a pesar de la falta de una crítica adecuada.

La prensa en español, concretamente *Las Novedades*, anuncia y pone a la venta novelas ya mencionadas como *Maximina* y *José* junto a otras como *Aguas fuertes* y *El cuarto* poder, que la prensa en inglés prácticamente ignora.

Benito Pérez Galdós: La familia de León Roch *y* Doña Perfecta

La traducción de las obras de Benito Pérez Galdós comienza en 1882 con *Gloria*, que publica en Nueva York la casa editorial William S. Gottsberger, la cual continúa la serie con *Marianela* al año siguiente, seguida de Trafalgar en 1884, *The court of Charles IV. A romance of the Escorial* en 1885 y *León Roch* en 1886.

Por su parte, *Doña Perfecta* se traduce por vez primera en 1883, esta vez por la editorial neoyorquina George Munro. Mary J. Serrano realiza en 1896 la traducción de la novela para Harper & Brothers en Nueva York, para la cual Howells escribe el prólogo. *Doña Perfecta* atrae la atención de los editores, teniendo en cuenta que se vuelve a publicar al año siguiente por Ginn en Boston, esta vez en español, con introducción y notas de A. R. Marsh. La obra aparece nuevamente en 1903 también con introducción, notas y vocabulario de Edwin Seelye Lewis para la American book company en Nueva York.

La primera crítica que realiza Howells es sobre su primera traducción en Estados Unidos, *La familia de León Roch*, si bien dos años más tarde de su aparición, que es cuando probablemente llega a las manos de Howells. Algunos años más tarde, y con motivo de la próxima traducción de *Doña Perfecta*, realiza la correspondiente crítica en la revista *Harper's Bazar*, un año antes de su aparición en el mercado. Este último artículo, titulado «A great novel», se incorporará en 1896 como introducción a la novela.

En 1892 Helen W. Lester traduce *Marianela* dentro de la serie «Tales from Foreign Lands» de la editorial A.C. McClurg & Company de Chicago. *Marianela* volverá a aparecer en 1903, publicada por dos editoriales diferentes: J. Geddes y M. Joselyn Freeman, de Boston, y W. R. Jenkins, de Nueva York.

También en la década de 1890 aparecen otros dos *Episodios Nacionales*. El primero, *La batalla de los Arapiles*, en 1895; lo edita R. Ogden y publica J. B. Lippincott, de Fildelfia. El segundo, *Saragossa*, en 1899, editado por Minna C. Smith para la casa neoyorquina Little, Brown & Company.

Los anuncios de las obras de Pérez Galdós en la prensa estadounidense aparecen de forma paralela a la traducción o publicación de sus obras; a veces, incluso, se adelantan a la aparición de las mismas. La primera obra de Pérez Galdós que se comenta en las publicaciones revisadas es *León Roch: a romance* –en 1888 en *North American Review*, dos años más tarde de su llegada al mercado estadounidense–. *Atlantic Monthly* anuncia en 1892 la traducción de *Marianela: a story of spanish love*, que acaba de realizar Helen W. Lester. Por su parte, *North American Review* anuncia la traducción de *Doña Perfecta* en 1895, casi veinte años después de su primera aparición en España, como en el caso de las anteriores. Ese mismo año, y antes incluso de que esté preparada la traducción de *Doña Perfecta*, la revista *Harper's* durante el tercer trimestre de 1895 afirma que está casi lista. La traductora es, de nuevo, M. Serrano, y en esta edición se incluye un prólogo de Howells. En el número siguiente, de finales de 1895, ya se reseña la obra en la sección «Literary notes», y en el segundo número de 1896 se vuelve a anunciar.

Como se puede apreciar las diferentes traducciones de esta novela tienen una justificación. No en vano es una de las novelas que cuenta con mayor promoción: no sólo por parte de *Harper's Magazine*, cuya editorial la publica, sino también por parte de otras revistas. En 1899 *Littell's Living Age* anuncia oportunamente la traducción de uno de los *Episodios nacionales*. *Saragossa*, dedicado al sitio de esa ciudad y perteneciente a la primera serie, publicada en España entre 1873 y 1875, lo traduce Minna Caroline Smith para Little, Brown & Co.

Otras obras de Pérez Galdós a la venta se anuncian en *Las Novedades* en varias ocasiones: *Marianela, Tormento, La de Bringas, El Amigo*

Manso, La Desheredada, El Audaz, Torquemada, La Familia de León Roch, Episodios Nacionales, La Fontana de Oro, Doña Perfecta, y *¡Misericordia!*
Como ha ocurrido con los autores anteriores, las novelas de Pérez Galdós no se publican en las revistas examinadas. Sí, aparece, en cambio, alguno de sus cuentos, tanto en la prensa en español –donde se incluye «La conjuración de las palabras» (*La Ofrenda de Oro*), quince años después de editarse por primera vez–, como en la prensa en inglés, donde se traduce el cuento dedicado a junio, «In praise of june», expresamente para *Littell's Living Age* en 1900.

Pérez Galdós es, junto a Palacio Valdés y Pardo Bazán, uno de los autores cuyas obras se anuncian adelantándose a su traducción. No en vano son los tres escritores decimonónicos que disfrutan de mayor atención por parte de Howells. Es probable que se promuevan varias ediciones de novelas como *Doña Perfecta* en años consecutivos (1896 y 1897), gracias al hecho de que sus obras se conozcan ya en español antes de que llegue la traducción al mercado, pero no he hallado documentación al respecto.

Emilia Pardo Bazán y sus numerosas ediciones

Emilia Pardo Bazán es, sin lugar a dudas, la autora de mayor éxito entre los lectores estadounidenses si consideramos la cantidad de ediciones de sus obras realizadas durante el último cuarto del siglo XIX. Aunque sus traducciones llegan al público de ese país con algunos años de retraso, si bien menos que en el caso de otros escritores, lo cierto es que a partir de 1890 éstas no cesan. Entonces aparece en Chicago *Russia, its people and its literature,* traducida por F.H. Gardiner para A. C. McClurg & Company. Al año siguiente, Cassell Publishing Company de Nueva York publica *A christian woman,* en traducción de Mary Springer, *Morriña* (Homesickness), *The swan of Vilamorta* y *A wedding trip* por Mary J. Serrano. Ésta última vuelve a editarse también en 1891 en Chicago por E. A. Weeks. En 1892 Cassell saca a la calle *The angular stone,* también publicada por Mershon Company, otra casa neoyorquina. Ambas recogen la traducción de Mary J. Serrano.

Debemos recordar que doña Emilia establece contacto con la editorial inglesa Cassell adelantándose, como veremos, a otros autores españoles en la búsqueda de un mercado en inglés para sus novelas. Clarín la acusará de no promocionar sus obras o las de otros autores españoles como Pereda ante dicha casa editorial (véase el próximo epígrafe).

Después de ese buen número de traducciones pasan cuatro años sin que salgan al mercado nuevas ediciones. En 1896 su obra se incluye en compilaciones como *Library of the world's best literature: ancient and modern*, v. XIX, de la editorial R.S. Peale, en Nueva York, donde también Truslove, en 1899, la incluye en una antología de obras españolas realizada por Mary Wright Plumber y titulada *Contemporary Spain as shown by her novelists 1856-1916*, con trabajos de Alarcón, Pérez Galdós, Palacio Valdés y Valera.

Por fin en 1900 The Mershon Company en Nueva York publica las traducciones de *Secret of the yew tree or A christian woman*, por M. Springer, y *A galician's girl romance (Morriña)*. El mismo año aparece en la misma ciudad la versión para estudiantes de *Pascual López*, con notas en inglés y vocabulario por el profesor W. I. Knapp para Ginn and Company.

Teniendo en cuenta la cantidad de obras que se traducen resulta decepcionante el escaso número de críticas que reciben por parte de Howells, quién tan sólo comenta su impresión de *Morriña*[8] y de las traducciones de *Una cristiana- La prueba* (*A christian woman*) y de *El cisne de Vilamorta* (*The swan of Vilamorta*)[9]. Recordemos que Howells lee la versión original de *Morriña* y la comenta a la espera de que se traduzca. Y al año siguiente critica *El cisne de Vilamorta*, novela cuya traducción aparece con seis años de diferencia desde su primera impresión en España, y en la que el naturalismo resulta medido, como también ocurre en *Una cristiana-La prueba*, escrita en una etapa posterior de transición desde el naturalismo hacia otros movimientos literarios. *Un viaje de novios*, traducida a la vez que las anteriores, no recibe, en cambio, comentario alguno por parte de Howells, como tampoco lo hace la traducción de *La piedra angular* de 1892. Tal vez las descripciones de algunas enfermedades junto al prólogo que expresa las intenciones de la autora en la primera, y el tema polémico de la segunda, sean evitados a propósito por el conocido crítico.

---

[8] William Dean Howells *Morriña* «Editor's Study» *Harper's, New Monthly Magazine* v. LXXXII de diciembre de 1890 a mayo de 1891.

[9] Wiliam D. Howells «The exaggeration of realism» (*The swan of Vilamorta* y *The christian woman*) «Editor's Study» *Harper's, New Monthly Magazine* v. LXXXIV, diciembre-mayo, 1891-1892.

La prensa en español coincide, en parte, con la postura de Howells, dado que la única obra de Pardo Bazán que se anuncia con algún comentario es *Morriña*, durante 1891[10]. Otros anuncios aparecen en *Las Novedades*, esta vez tan sólo en una lista de obras a la venta: *Al pie de la torre Eiffel*, *Un viaje de novios* y la misma *Morriña*.

Si bien no se tienen en cuenta obras tan reconocidas como *Los Pazos de Ulloa* o *La Tribuna*, de marcado tinte naturalista –siempre a la española, un naturalismo formal–, la prensa estadounidense y el mercado editorial sí reflejan una amplia gama de obras de Pardo Bazán de todas las etapas de su carrera, empezando por *Un viaje de novios* y terminando por *La piedra angular*, única novela suya publicada por entregas en *La Revista Ilustrada de Nueva York* en junio de 1892 (el mismo año que se traduce y tan sólo un año después de su primera aparición en España), y que se completa en abril de 1893[11].

Otro tipo de relatos, no obstante, resulta en probada demanda por los editores de prensa tanto en español como en inglés. Cuentos suyos pueblan en varias ocasiones *Las Novedades*, la *Revista Católica*, *La Revista Ilustrada* y *Littell's Living Age* entre 1892 y 1897. Esas mismas revistas, excepto las de carácter católico, publican sus ensayos entre 1889 y 1898, en su mayor parte dedicados al tema de la mujer española. Y es que doña Emilia sabe que los cuentos se venden bien, como confirma la información al respecto de Ana M.ª Freire López (2001).

El marcado naturalismo del que la acusan algunos autores españoles debido a la publicación de *La cuestión palpitante* no parece importar al lector estadounidense que lee sus obras, a pesar de las escasas críticas que recibe. No obstante, recordemos, una vez más, que Howells nunca tacha de naturalistas las obras de Emilia Pardo Bazán ni de ningún otro autor español durante el siglo XIX. Para él, todas ellas son realistas y todos los autores se circunscriben al realismo.

Leopoldo Alas «Clarín»: autor ignorado

Ninguna obra de Clarín se publica en Estados Unidos durante el período examinado, algo que resulta realmente sorprendente dado el

---

[10] «Notas Bibliográficas» *Las Novedades* n° 501, 15 de octubre, 1891.

[11] En el espacio dedicado a los ensayos, narración predominante en la revista mencionada a manos de la autora, explicaremos con mayor detalle su colaboración en *La Revista Ilustrada de Nueva York*.

éxito de sus novelas en España. El hecho no pasa desapercibido para el propio autor que, según se puede apreciar en sus cartas, pretende establecer relaciones comerciales con la casa editorial Cassell, la misma que publica la mayor parte de las obras de Emilia Pardo Bazán. Y es precisamente a ella a quien Clarín dirige sus críticas más hirientes por predicar su propia suerte. Así, en su carta de 4 de diciembre de 1891 dirigida a Manuel Fernández Lasante, su editor, le comunica lo siguiente:

> Muy estimado amigo: supongo que habrá Vd. recibido las pruebas corregidas de todo *Superchería*, de modo que está concluido el tomo y puede Vd. enviar las pruebas o capillas de todo él a la Cassel Cº, según las señas que le he enviado. Calcule un mes y diez o doce días para el viaje, y en cumpliéndose este plazo de la fecha del envío puede poner a la venta el libro. Deseo que en la portada se lea *Doña Berta* con letras mayores y después con otras bastante más pequeñas *Cuervo-Supechería*; el público dirá lo que son (Blanquat).

En nota explica Blanquat que «es verosímil pensar que Clarín envíe al editor neoyorquino Cassell Publishing Cº (31 E 17th. St.) su libro de cuentos *Doña Berta* para su traducción al inglés». Sin embargo, no se halla dicha traducción en *The American Catalogue* entre 1890-1895. Como hemos podido comprobar, tampoco se traducen obras suyas entre 1895 y 1900. No obstante, el hecho de que Clarín iniciara la relación con Cassell es más que verosímil y los reproches a Doña Emilia apuntan en esa dirección. Uno de los primeros surge como consecuencia de que ésta no hubiese señalado sus Libros Recibidos y, en cambio, sí citase los de ella traducidos al inglés. Se pregunta Clarín: «¿tan urgente le pareció darse tono haciendo saber al mundo que la librería de Cassel y Cía. traducía sus obras?» (*Madrid Cómico*, nº 448, 9-IX-1891; citado en Gómez Santos).

Dos meses más tarde vuelve a quejarse de que la Pardo Bazán esté «aconsejando de modo más o menos discreto que no traduzcan mis novelas y traduzcan las de ¡tanta lengua! Porque igual procedimiento aplica Doña Emilia a Pereda y a Armando Palacio (*Madrid Cómico*, nº 546 de 14-XI-1891 citado en Gómez Santos). A continuación ofrece más detalles sobre el asunto:

> A un corresponsal extranjero de una casa editorial americana (entendemos que se trata de Cassell) que pedía a doña Emilia noticia de los

novelistas españoles dignos de ser traducidos, la señora Pardo Bazán le citaba varios autores, y llegaba hasta la beatería novelesca... pero ¡qué memoria la suya! no se acordaba de que Pereda estaba en el mundo (ibid.)

Si las acusaciones de Clarín contra Pardo Bazán tienen razón de ser o no es algo difícil de verificar, pero lo cierto es que los editores de Cassell nunca publicaron a Clarín y Pereda[12]; no fue así en el caso de Palacio Valdés, cuyas obras se comienzan a publicar en los años ochenta. De entre el grupo de escritores decimonónicos con mayor reconocimiento en España ellos dos son los más ignorados. Y es que la obra de Leopoldo Alas Clarín prácticamente no aparece en la prensa en inglés. En cambio, colabora en *Las Novedades* con ensayos críticos, y algunas de sus obras se anuncian allí. *Mis plagios, Rafael Calvo* y el *Teatro español* aparecen en *Las Novedades* en 1890 (n° 3.370, 8 de enero 8), mientras que dos años más tarde se anuncian sus recopilaciones *Mezclilla* y *Sermón perdido* junto a *La Regenta* en otra revista neoyorquina: *La Revista Ilustrada de Nueva York* (n° 9 del 15 de septiembre). Obras todas que se editan en España durante la década de los años ochenta y que se anuncian en Estados Unidos solamente en español.

Por otra parte, la única crítica encontrada en la prensa revisada es la realizada por E. Prieto y Sánchez, «Un libro de Clarín», aparecida en *Las Novedades* (n° 522) en 1892. En ella se hace alusión al éxito de venta de las obras de Clarín y la escasa crítica que éste recibe dado el carácter y oficio del mismo. Puesta a la venta su obra *Doña Berta, Cuervo y Superchería* (se publica ese mismo año de 1892), los autores y críticos del momento temen que elogiando su libro puedan recibir después duras críticas.

José M.ª de Pereda: autor desconocido

En lo que a Pereda respecta, además de algunos anuncios de sus obras en *Las Novedades* en 1890, la única crítica que recibe es la escrita por Hannah Lynch para *Littell's Living Age* en 1896, proveniente de *The*

---

[12] Ch. D. Warner (ed.) (1896), *Library of the world's best literature: ancient and modern*, v. XIX, New York: R.S. Peale, es la única obra en la que se considera la obra de José M.ª de Pereda, junto a Emilia Pardo Bazán y la de otros muchos escritores, la mayor parte de habla inglesa.

Contemporary Review, en la cual se analiza, como ya vimos, una buena parte de la obra perediana. *Sotileza* y *La puchera* se consideran las mejores, a juzgar por la respuesta del público y de la crítica, seguidas de *Escenas Montañesas* y *Sabor de la tierruca*. Incluso se aprecia el valor de *La leva* a pesar de la tragedia que se describe.

Howells omite mención alguna a la obra de Pereda, que probablemente desconoce. La prensa en inglés, excepto la crítica mencionada, tampoco hace justicia a este autor. Al igual que en el caso de Clarín, las editoriales estadounidenses no consideran o desconocen las obras de Pereda. Y, sin embargo, podríamos establecer una serie de conexiones entre su obra y la de los autores estadounidenses contemporáneos, por una parte, y entre la herencia de la novela tradicional que se respira en sus obras y la pasión de Howells por Cervantes, por otra,.

En efecto, como nos recuerda José M.ª González Herrán (1983), autores contemporáneos como Pérez Galdós consideran la obra de Pereda y los personajes que allí aparecen de carácter localista. Por su parte, el propio Pereda los considerará regionalistas. Como ya hemos apuntado, buena parte de la novela estadounidense decimonónica recibe este mismo atributo. En algunos casos, como en el de *Adventures of Huckleberry Finn*, la obra por excelencia de Mark Twain, el problema de la esclavitud sobrepasa los límites espaciales. Otros autores estadounidenses, que también tratan ése y otros problemas del momento, no son tan afortunados como Twain y permanecen en el práctico anonimato.

Me pregunto por qué, entonces, Pereda pasa desapercibido para Howells y sólo encuentro respuesta en el desconocimiento del mismo. Tal vez, incluso, el olvido del que Clarín acusa a Pardo Bazán supusiera, en efecto, el desconocimiento por parte de las editoriales norteamericanas. Recordemos que la generación noventayochista prácticamente ignorará la obra perediana. Aunque otros autores españoles como Valera y Palacio Valdés también acudan a escenarios regionales en algunas de sus obras más conocidas, éstos son tan sólo elementos espaciales y no tienen el protagonismo del que disfrutan en la obra perediana.

3. Valoración

Durante el período examinado, la prensa estadounidense dirige su mirada a los principales autores decimonónicos españoles, aunque la preferencia de la crítica tanto para unos como para otras sea diferente en Estados Unidos que en España. Por un lado, aún se tienen en cuenta autores como Fernán Caballero y Alarcón, cuyas obras pertenecen aún al movimiento romántico. Por otro, las obras plenamente realistas llegan a la audiencia estadounidense con algunos años de retraso, en unos casos más que en otros. Las obras que se publican correspondientes al Realismo son tan sólo algunas de las que más atención suscitan entre el lector y la crítica de nuestro país, como es el caso de *Pepita Jiménez*. Sin embargo, en la prensa examinada se ignoran un buen número de novelas decimonónicas, entre ellas todas las de Pereda o de Clarín. Si bien encontramos anuncios y críticas de algunas obras galdosianas o pardobazanianas, se dejan de lado un buen número, entre las que están respectivamente *La desheredada* o *La Tribuna*, por ejemplo. Ambas contienen ya una serie de elementos naturalistas, un movimiento que la crítica estadounidense parece ignorar por completo o incluso teme nombrar. Debemos tener en cuenta, no obstante, y corroborando la opinión de Darío Villanueva respecto del retraso del naturalismo en la obra de Henry James, que tanto en el caso del Naturalismo como del Realismo existe cierto retraso en su desarrollo en Estados Unidos; las principales obras realistas se publican a mediados de la década de 1880 y las naturalistas rozando ya el final de siglo. La prensa examinada del último cuarto del siglo XIX ignora el Naturalismo y tan sólo se menciona un Realismo de mayor colorido, eufemismo que parece referirse precisamente al tipo de descripción demasiado detallada que corresponde a las obras naturalistas. Estos hechos explican la preferencia de la crítica y del lector por obras que contienen un Realismo moderado, como las de Palacio Valdés o de Valera que se acercan, en cierta forma, al Realismo doméstico al que está acostumbrado el lector americano.

En cierta forma, algunas de las novelas españolas elegidas por los editores estadounidenses conllevan una importante carga de anticlericalismo. Así ocurre en *Pepita Jiménez* y *Doña Luz* de Valera, por un lado, y en *La familia de León Roch* y *Doña Perfecta*, por otro. Son distintas visiones de un mismo problema: en las obras de Valera el obstáculo religioso se consigue evadir mientras que en las obras de Pérez Galdós el fanatismo religioso de doña Perfecta y del cura don Inocencio llevan a la muerte a Pepe, enamorado de la protagonista Rosario. De la misma forma, en *La familia de León Roch* la beatería de María Egipciaca y la intervención de su hermano, el jesuita Luis Gonzaga, acaban con su matrimonio y con su muerte. León, su marido, a diferencia de Pepe en la obra anterior, sobrevive y se arrepiente. Algunas obras de Palacio Valdés reflejan los problemas que plantea la religión, aunque de manera más moderada. En *Marta y María* se pone en evidencia el misticismo de esta última, mientras que el protagonista de *La fe*, el sacerdote Gil, representa la duda.

El tema de la religión en todas sus vertientes, desde el fanatismo a la duda que crea el racionalismo en la fe de los menos fervorosos, surge en novelas de prácticamente todos los autores españoles que cultivan el Realismo. Obras como *Los Pazos de Ulloa* de Emilia Pardo Bazán, en cambio, donde el amor de un cura compite con el de un esposo, no llegan al público estadounidense durante el último cuarto del siglo XIX, al menos no en inglés. Las obras traducidas de esta última versan, en su mayor parte, sobre el tema del deber moral desde el punto de vista femenino. Deber de Lucía ante un marido al que no ama, protagonista de *Un viaje de novios*, y deber de Carmiña en *Una cristiana-La prueba*. La tragedia romántica ocupa sus otras dos obras traducidas, *Morriña* y *El cisne de Vilamorta*, que el lector estadounidense parece acoger sin problemas, a pesar del formalismo naturalista que contienen.

Teniendo en cuenta que las principales obras realistas estadounidenses aparecen mediada ya la década de 1880, se observa en ellas la presencia de una serie de protagonistas capaces de decidir sobre su futuro con bastante libertad de acción; así ocurre con Silas Lapham en la obra del mismo nombre de Howells, o Huckleberry Finn en la ya conocida de Twain. Algo que no ocurrirá tan fácilmente en las novelas finiseculares en las que una clase proletaria, formada principalmente por inmigrantes, se ve asfixiada por el medio urbano. En las novelas españolas realistas, publicadas con anterioridad, pesa todavía mucho la conciencia religiosa sobre esa libertad de elección y aún más lo hará en las novelas naturalistas, cuando el medio constituya otro factor importante en la vida de los personajes.

Como ya he mencionado, *La desheredada* de Pérez Galdós, su novela naturalista por excelencia, pasa desapercibida para los lectores y la crítica estadounidense, como lo hace *La Tribuna* de Pardo Bazán. Novelas de ambientación política como *La fontana de oro* de Pérez Galdós tampoco ven la luz en Estados Unidos durante el período señalado. Carezco de la información necesaria para establecer el grado de conocimiento de ellas por parte de los editores de ese país o de los críticos como Howells. Pero resultan menos atrayentes para quien no conoce las circunstancias políticas del momento. En *La familia de Alvareda* y *El niño de la bola* se presenta respectivamente la invasión de las tropas francesas y la guerra de la Independencia, pero esos acontecimientos constituyen son tan sólo un elemento escenográfico.

La labor crítica de Howells continúa a partir de 1900, cuando no sólo apoya a su amigo Palacio Valdés, al que llega a conocer en 1911 en su primera visita a España, sino que además se familiariza con la obra de Blasco Ibáñez. Recomienda sus obras *Sangre y arena* y *La catedral* y considera *Los cuatro jinetes del Apocalipsis* una obra maestra. Reconoce en Blasco Ibáñez al sucesor de los autores realistas y vemos por primera vez, en 1908, el empleo del adjetivo naturalista, con el que califica a algunos autores españoles y rusos en comparación con la obra inglesa de Jane Austen:

> She was not an idol of our first or even our second youth, but became the cult of a time when if our tastes had stiffened we could have cared only for the most modern of the naturalists, and those preferably of the Russian and Spanish schools (Harper's Magazine CXVII, 1908: 311)[13].

Ya hemos observado que la crítica de Howells resulta de importancia en la promoción de las obras de algunos autores como Valera y Palacio Valdés. En cambio, en el caso concreto de otros como Emilia Pardo Bazán la escasa crítica que reciben sus obras no es óbice para que las mismas y algunas más se traduzcan y publiquen en varias ocasiones. Se podría argumentar que la labor de Howells es imprescindible en la presentación de los autores al público y mundo editorial estadounidense, a juzgar por el escaso recibimiento de Clarín y Pereda, a quienes ignoran sus críticas. En el caso de otros autores de la generación anterior, como Fernán Caballero o Alarcón, esa crítica no parece ser necesaria para que sus obras se editen en varias ocasiones y décadas del último cuarto del siglo XIX.

No obstante, se nota la ausencia de la narrativa española de los autores más representativos de finales del siglo XIX en las revistas exa-

---

[13] «Ella no fue un ídolo de nuestra primera o incluso nuestra segunda juventud, pero se convirtió en el ídolo de una época cuando si nuestros gustos hubieran sido rígidos sólo nos hubieran importado los naturalistas más modernos, y aquéllos preferentemente de entre las escuelas españolas y rusas.»

minadas, exceptuando el caso de Emilia Pardo Bazán en la *Revista Católica*. El resto de las publicaciones de la costa este, tanto en inglés como en español, parece preferir folletines extranjeros y españoles junto a otro tipo de relatos breves.

CONCLUSIONES

Comenzaba este trabajo preguntándome por el interés que había despertado la literatura española en Estados Unidos siglos atrás. Protagonistas de dicha atracción y curiosidad por España y lo español son intelectuales, políticos y viajeros, mucho antes de llegar al siglo XIX. Es durante ese siglo, no obstante, y gracias al desarrollo de la prensa periódica, cuando sus colaboradores expresan, en formas diversas, esa atracción por lo exótico y lo bárbaro, si se me permite utilizar dicho término romántico, que representa lo español para algunos de ellos. Gracias al conocimiento de diversos intelectuales estadounidenses que cruzan el océano, generalmente por razones no propiamente literarias, se consigue transformar esa imagen de lo español, al menos entre una minoría. El legado de hombres como Washington Irving, George Ticknor, Henry W. Longfellow, James Russell Lowell y William Dean Howells es de notable importancia para cualquier investigador del tema, como se ha podido apreciar tras el estudio de su labor literaria y cultural.

Debo insistir, concretamente, en el legado de dos de ellos: George Ticknor y William D. Howells. Recordemos que Ticknor es el primer estadounidense que realiza un viaje a España con la intención de conocer y estudiar la literatura de nuestro país, después de haber sido elegido profesor de lengua y literatura españolas en la Universidad de Harvard en 1819, una posición que ocupa hasta 1836, cuando cede el puesto a Longfellow. No sólo establece una educación liberal y electiva, fiel a los métodos europeos y en especial a los que conoce en la Universidad de Göttingen de Alemania, sino que además crea la Biblioteca Pública de Boston, también a imitación de las europeas, donde en la actualidad se aloja su impresionante colección de obras españolas, probablemente la más grande fuera de España junto a la existente en la Hispanic Society de Nueva York.

Ya durante el siglo XIX se reconoce la atracción por lo español desde un comentario en la prensa:

> It is curious what an attraction Spain and Spanish history have always had for the best Americans. It is, as Hawthorne once said, as if America wished to pay the debt she owed for her discovery. Prescott and Motley, Washington Irving and Longfellow, have each in turn caught inspiration from the history or legends of Spain[1].

Como se puede apreciar, los que participan de esa inclinación por lo español son un número mayor de intelectuales del que haya podido considerar en este trabajo, donde he tenido en cuenta primordialmente aquéllos cuya influencia para la literatura española en Estados Unidos resulta digna de especial mención y detenimiento.

Después de considerar varios testimonios, tanto de ciudadanos de a pie como de escritores e intelectuales de finales del siglo XIX, llego a la conclusión de que la inclinación que se muestra por la lengua española en los círculos cultos de la época continúa en aumento a lo largo del siglo. En efecto, opiniones como la ofrecida por Carlos Bransby a *Las Novedades* de Nueva York, que vimos en el capítulo segundo, justifican el número de anuncios de enseñanza del español y la incorporación de nuestra lengua a las universidades estadounidenses. Pero no son sólo las razones culturales las que promueven una mayor demanda del español. La ya mencionada apertura comercial al resto del continente americano, ya durante el siglo XIX, juega lógicamente un importante papel. De igual manera, y de forma lamentable en algunos casos, el conflicto cubano contribuirá al interés de algunas publicaciones por lo español.

Colaboraciones como la entablada por Valera con la editorial Appleton de Nueva York, durante su estancia en Washington, son hechos notorios a tener en cuenta en el avance y desarrollo de ese

---

[1] «Es curiosa la atracción que sienten los mejores americanos por España y la historia española. Es, como Hawthorne dijo una vez, como si América quisiera pagar la deuda que le debía por su descubrimiento. Prescott y Motley, Washington Irving y Longfellow, cada uno a su vez se ha inspirado en la historia o las leyendas de España» («Life, letters, and journal», *Living Age* I: 508).

interés por nuestra cultura. Las aspiraciones valerianas con la casa Appleton, no obstante, quedan, por así decir, en agua de borrajas. El inicio de un negocio con la editorial neoyorquina habría aportado muchos y diferentes beneficios a la literatura española del momento pero no llega a cuajar, al menos no con esa editorial, a excepción de las obras de Valera. Sin embargo, a Palacio Valdés, que goza de gran popularidad entre el lector estadounidense, según puede apreciarse por las ediciones de sus obras con otras editoriales neoyorquinas, no parece haberle afectado ese hecho. Como tampoco resulta perjudicada la relación comercial establecida entre la Pardo Bazán y la editorial Cassell, ya que ésta traduce y publica buen número de sus obras. Otros autores como Clarín o Pereda resultan, en cambio, menos afortunados al respecto, puesto que son prácticamente ignorados por las casas editoras estadounidenses.

Es destacable que se produzca una clara coincidencia temporal entre la aparición de los comentarios y críticas de Howells de 1886 a 1892 en la *Harper's New Monthly* y la publicación y traducción de las novelas de Emilia Pardo Bazán y de Benito Pérez Galdós. La primera vez que Howells menciona a la autora en su espacio crítico es en 1890, con motivo de la publicación de *Morriña* en España el año anterior. En 1891, un año después de esa crítica, se traduce *Morriña* y la editorial Cassell la publica. Durante ese mismo año de 1891 aparecen las traducciones de *El cisne de Vilamorta* y de *Una cristiana,* a las que Howells dedica también su espacio en la *Harper's New Monthly*. De modo que examina esas obras antes de su traducción en el caso de *Morriña* y después de la misma en el de las otras dos. Si la traducción de *Morriña* está relacionada o no con ese comentario de Howells es difícil de establecer; desconocemos la fecha exacta en la que doña Emilia entra en contacto con la editorial Cassell. El único comentario encontrado al respecto (incluido en el punto 4.1.5.) lo realiza la autora en «Ángel Guerra» y se publica en *Nuevo Teatro Crítico* en el mes de agosto de ese mismo año de 1891. De dicho comentario podemos deducir que la visita del «extranjero distinguido», enviado por la editorial mencionada, se habría producido en un pasado no muy lejano con respecto al comentario de doña Emilia, con probabilidad durante 1890. En ese caso, el interés de Cassell por las obras pardobazanianas sí podría estar relacionado con los comentarios de Howells realizados antes de su traducción.

En lo que se refiere a Pérez Galdós también encontramos las dos situaciones: *La familia de León Roch* se publica en 1888 y la crítica de

Howells aparece *a posteriori* ese mismo año, mientras que la crítica a la traducción de *Doña Perfecta* se produce antes de que salga al mercado su traducción, lo que no sorprende si se tiene en cuenta que el artículo de Howells titulado «A great novel», aparecido en *Harper's Bazar*, se incorporará a la misma y la editorial que la publica es Harper & Brothers. Naturalmente, en este caso no es posible establecer relación alguna entre la crítica de Howells y la traducción de las obras galdosianas.

Ha sido de gran interés examinar y comparar las distintas formas y expresiones que adopta la narrativa española en las publicaciones periódicas elegidas. El negocio editorial que se deriva de la publicación de las revistas en inglés más importantes del momento, como la *Atlantic Monthly*, la *Harper's New Monthly Magazine*, la *North American Review* y la *Scribner's Monthly* permite una nueva valoración del comportamiento de las obras literarias españolas en el mercado estadounidense. Sus anuncios y reseñas constituyen el primer eslabón de la cadena en la presencia de la literatura española en la prensa estadounidense. La promoción de las obras está estrechamente ligada al negocio de las editoriales, dueñas también de las revistas mencionadas. Aunque, como se ha podido apreciar, no son sólo las obras reconocidas por la prensa estadounidense las que llegan a salir al mercado. Si exceptuamos el caso de Armando Palacio Valdés, cuya amistad con William Dean Howells le proporciona un buen escaparate para sus obras, es más importante la relación del autor con la propia editorial, como ocurre con doña Emilia, que la publicidad que reciban sus obras a través de anuncios, reseñas y críticas. Así, las novelas pardobazanianas que comenta Howells son pocas comparadas con las que se traducen y publican en Estados Unidos. No obstante, la crítica emitida por Howells guarda una relación importante con la etapa en la que se publican y traducen esas obras, y probablemente tenga que ver con el inicio del proceso.

El sorprendente número de publicaciones periódicas en español que se editan en Estados Unidos durante el último cuarto del siglo XIX, más de doscientas, ejerce un importante papel en el mantenimiento y desarrollo de la atención prestada a la literatura española en ese país. Aunque las publicaciones en español también participan de ese negocio editorial, en su caso éste representa un recurso inevitable para subsistir. Algunas, no obstante, poseen los medios necesarios para no tener que acudir a los anuncios; es el caso de la *Revista Católica* de Nuevo México, en la que se publican un buen número de novelas por entregas y relatos breves de autores y autoras españolas. Por su parte, la otra revista nuevomexicana revisada, el *Boletín Popular*, ofrece anuncios comerciales, pero no literarios. *Las Novedades* y *La Revista Ilustrada de Nueva York*, en cambio, se ven obligadas a ofrecer anuncios y libros a la venta, así como los servicios de imprenta necesarios para el cliente, en el caso de la primera. Además, *Las Novedades* es la única publicación que incluye de manera fija una sección dedicada a las «Notas bibliográficas» y a los «Libros Nuevos», donde se comentan las novedades editoriales. Es allí, por tanto, donde se muestran unas cuantas reseñas de obras de Alarcón y Valera y se ponen a la venta la mayor parte de las obras contemporáneas.

La labor de divulgación que se ejerce a través de la promoción de las obras españolas es fundamental. Gracias a la revisión del número de anuncios y reseñas hallados hemos podido observar el trato prioritario que reciben algunos escritores. Las reseñas halladas son meros anuncios descriptivos o resúmenes de carácter comercial y sensacionalista de las obras en cuestión, especialmente en las publicaciones en inglés. No obstante, en las de mayor envergadura como la *Atlantic Monthly*, la *Harper's New Monthly Magazine* y la *Scribner's Monthly* se promocionan las obras de Pedro Antonio de Alarcón, Gustavo Adolfo Bécquer, Benito Pérez Galdós y Armando Palacio Valdés. En cambio, se ignoran las obras de Leopoldo Alas, José M.ª de Pereda, Emilia Pardo Bazán y Juan Valera.

En las revistas examinadas, los anuncios y reseñas no siguen un orden congruente con la aparición de las obras en España. Además, las obras elegidas no son tampoco las que más éxito consiguen en nuestro país; muchas llegan a la prensa estadounidense, en los mejores casos, con una década de retraso, en los peores con dos. Hecho que resulta comprensible si consideramos el retraso de al menos una década desde la aparición y publicación de las principales obras realistas y naturalistas estadounidenses con respecto a las españolas. Lo que no quiere decir que no hubiese obras realistas con anterioridad en ese país, si bien las más importantes –*Silas Lapham* de Howells, *The bostonians* de James o *The adventures of Huckleberry Finn*, de Twain– aparecen mediada ya la década de 1880. Si además tenemos en cuenta el ya mencionado e influyente papel de la crítica de Howells, cuya labor más importante aparece en la *Harper's New Monthly Magazine* entre 1886 y 1892, no resulta sorprendente que la mayor parte de la narrativa española decimonónica reciba su crítica entonces.

El segundo eslabón en la cadena editorial está representado por la publicación de narrativa en las revistas de aquel país. Obras de autores que pertenecen a una generación anterior a la que cultiva el Realismo, como Fernán Caballero, acaparan muchos números de la *Revista Católica* de Nuevo México. Autoras menos conocidas, como Carmen de Burgos o Raquel y Luisa Torralba de Martí o Aurora Lista, también ven sus novelas y relatos breves, algunos inéditos, publicados en la revista junto a autores ya reconocidos como el padre Luis Coloma, Manuel Polo y Peyrolón y Emilia Pardo Bazán. De esta última también se publica su novela *La piedra angular* en *Las Novedades* de Nueva York entre 1892 y 1893, y su cuento «Sédano» en *La Revista Ilustrada de Nueva York*, ambos en fechas muy cercanas a su aparición en España. En la *Revista Católica*, en cambio, las novelas y relatos breves aparecen entre 1886 y 1900, cuando han pasado unas cuantas décadas desde que se publicaran las primeras obras de Fernán Caballero en la Península Ibérica. Sin embargo, las obras contemporáneas se incluyen en esa revista con bastante más rapidez, que oscila entre uno y diez años. Por tanto, existe una pervivencia clara del interés por la literatura romántica y por aquélla de tono religioso en una revista como la mencionada.

También en la prensa en español hallo colaboraciones de los autores más representativos de la narrativa española decimonónica. Emilio Castelar y Leopoldo Alas «Clarín» participan en *Las Novedades* de Nueva York de manera asidua. Por su parte, Emilia Pardo Bazán y Juan Valera contribuyen con sus escritos a *La Revista Ilustrada de Nueva York*. Se trata de colaboraciones de carácter cultural en las que se registran los últimos acontecimientos editoriales, literarios y sociales del momento, estableciendo un lazo de unión importante entre España, los países latinoamericanos y Estados Unidos. En el caso de las colaboraciones realizadas por Clarín, las hemos incluido en el apartado crítico porque él ejerce ese papel para la prensa española y porque las suyas contienen una serie de juicios acerca de algunas obras y sus correspondientes autores.

En la prensa en inglés, concretamente en *Littell´s Living Age* localizamos un número abundante de relatos breves de Pedro Antonio de Alarcón traducidos exclusivamente para esa revista entre 1897 y 1899, también unas cuantas décadas después de su aparición en España. La misma revista publica varios relatos de Emilia Pardo Bazán, algunos dedicados a la mujer –como «The women of Spain», que luego verá la luz en nuestro país, concretamente un año después, en *La Época*–; un hecho notorio y sin precedentes, al menos entre las publicaciones revisadas. Parece que en un intento de evitar los comentarios críticos al respecto, doña Emilia se adelanta justificando esa preferencia ofrecida al lector británico, y así lo explica en la versión española.

La narrativa española decimonónica que se publica en la prensa estadounidense es, como hemos observado, de carácter breve: cuadros de costumbres, novela corta, novelitas, relatos breves, cuentos, artículos, críticas. Todos ellos encuentran cabida en el formato de la revista ya sea en uno solo de sus números o por entregas. La prensa constituye el formato idóneo para este tipo de narrativa, hallada principalmente en las publicaciones estadounidenses en español. Por contra, las publicaciones en inglés prefieren a los autores estadounidenses que cultivan también la narrativa breve, incluyendo folletines románticos junto a obras de un realismo moderado o de costumbres. Este último es cultivado por las escritoras estadounidenses y se correspondería con el que practica ya Fernán Caballero en torno a la mitad del siglo.

Curiosamente, autores reconocidos del momento, como Leopoldo Alas «Clarín» o José M.ª de Pereda, resultan de segunda fila en los Estados Unidos, a juzgar por el mínimo espacio que se les dedica en la prensa, y sobre todo si se tiene en cuenta el auge que experimentan otros como Armando Palacio Valdés, cuyas obras obtienen un reconocimiento y promoción mayor del que podría esperarse. No obstante, en el caso de Pereda, este hecho se puede atribuir a su desconocimiento por parte de Howells, principal crítico del momento. Lo propio sucede con Clarín, cuyas obras no llegan a los Estados Unidos, aunque Howells lo menciona en el capítulo dedicado a Benito Pérez Galdós en su obra *Literary friends and acquaintances,* en referencia al origen de la novela realista. Por consiguiente, sabemos que Howells conoce a Clarín y no podemos descartar que hubiera leído sus obras en español.

La revisión de la narrativa decimonónica aparecida en la prensa estadounidense del momento muestra cuáles fueron las preferencias de lectores, editores y críticos de finales del siglo XIX. Información que prueba la importancia de la prensa en general como fuente para la investigación literaria, como muestran otros estudios recientes de las publicaciones nacionales y extranjeras del siglo XIX.

Ya se han examinado las posibles causas para esas preferencias de algunos autores frente a otros, concluyendo que, en efecto, las relaciones amistosas que contrae Palacio Valdés con Howells, uno de los críticos más importantes del momento, tienen mucho que ver en el tema. A pesar de esas importantes diferencias con el panorama español, la mayor parte de los autores tienen su representación, de una forma u otra, en la prensa estadounidense. Obras de Emilia Pardo Bazán, Benito Pérez Galdós y Juan Valera, junto a las de autores menos conocidos como Manuel Polo y Peyrolón o Luis Taboada, y de autoras prácticamente desconocidas en la actualidad, como Carmen de Burgos, Eva Canel, Concepción Gimeno de Flaquer, Josefa Pujol de Collado o Luisa Torralba de Martí, encuentran también su sitio en las publicaciones revisadas. No obstante, las obras narrativas de los autores mencionados que se editan en la prensa estadounidense distan, en algunos casos, de ser las que gozan de mayor reconocimiento en España. Así, se publican y traducen novelas del calibre de *Doña Perfecta* de Pérez Galdós o *Pepita Jiménez* de Valera, junto a la mayor parte de las obras de Palacio Valdés. En cambio, se ignoran otras obras de esos mismos autores, especialmente las que contienen ya elementos naturalistas –como *La desheredada* de Pérez Galdós o *La Tribuna* de Emilia Pardo Bazán.

El último eslabón de la cadena, después de los anuncios y reseñas y la publicación de las obras, se completa con la crítica realizada por los colaboradores de las revistas en español y en inglés. La crítica incluida en revistas en español como *Las Novedades* de Nueva York resulta de mayor profundidad literaria. Como tuve ocasión de señalar, Leopoldo Alas «Clarín» publica en sus páginas ya en 1892, dos años antes de la fecha considerada hasta el momento por estudios anteriores.

Por su parte, la crítica de las publicaciones en inglés se ciñe, casi exclusivamente, a la realizada por William Dean Howells en la *Harper's New Monthly Magazine*. Su labor es imprescindible para entender el reconocimiento de autores como el ya mencionado Palacio Valdés, o Pardo Bazán, Pérez Galdós y Valera. Gracias al examen del conjunto de obras publicadas en la prensa estadounidense y de las críticas que éstas reciben se logra responder a las dudas acerca de la elección y reconocimiento, por parte de la prensa estadounidense, de autores y obras españolas determinadas y los criterios seguidos para ello.

La principal diferencia entre la narrativa estadounidense y la española es el retraso con el que aparecen el Realismo y el Naturalismo en la primera y, sobre todo, la falta relativa de impacto y polémica que el Naturalismo suscita en los Estados Unidos cuando se compara con lo sucedido en España. En relación directa con el reconocimiento por parte de Howells de la narrativa española está, como ya he señalado con anterioridad, la desvinculación de los autores y críticos estadounidenses que colaboran en las publicaciones examinadas con respecto al movimiento naturalista. Ello puede deberse, por una parte, a la influencia puritana, aún fuertemente arraigada en los círculos literarios tradicionales en zonas del noreste estadounidense, que lleva a algunos críticos a acusar a las obras naturalistas de demasiado «colorismo». No obstante, se aceptan las dudas religiosas que reflejan algunas de las novelas españolas publicadas en la prensa, como *Pepita Jiménez* o *La hermana San Sulpicio*. Y por otra parte, al hecho de que los autores estadounidenses que cultivan el naturalismo, como Stephen Crane, Jack London o Frank Norris, lo hagan con retraso; sus obras salen a la luz durante la década de 1890. Además, las reminiscencias románticas que aparecen en esas novelas españolas y la sensualidad que algunas de las descripciones ofrecen atraen a un público acostumbrado a la novela por entregas.

Teniendo en cuenta el período elegido para este trabajo, resultaba necesario examinar la repercusión del conflicto cubano en la representación de nuestra literatura en la prensa de un país en guerra con España. Sin embargo, el conflicto colonial, que va empeorando a medida que transcurren las últimas décadas del siglo, no parece afectar al interés por la cultura española. La representación y publicación de la literatura española no decae en esos últimos años del siglo. Al contrario, aparece un mayor número de artículos y ensayos relacionados con España, algunos de viajes, otros culturales. No se puede decir que el conflicto influya directamente en los artículos críticos o en la publicación de narrativa española en la prensa estadounidense, que se continúa promoviendo más allá de la frontera del siglo XIX, con mayor profusión, no obstante, en las décadas de 1880 y 1890.

Dado el desconocimiento actual de la presencia de la narrativa española en la prensa estadounidense, y en particular en las publicaciones en español, este trabajo abre nuevos caminos de investigación sobre el tema. Quedan publicaciones por explorar, relaciones amistosas entre intelectuales estadounidenses y españoles por identificar, y consecuencias que sopesar de esos intercambios, tanto en lo relativo al interés y la divulgación de la literatura española en Estados Unidos como a la repercusión de ese proceso en la Península Ibérica y sus escritores.

En este estudio se aporta información sobre otros ámbitos, además del propiamente literario, que puede servir de referencia a futuras investigaciones. Con él salen a la luz algunas participaciones, hasta el momento desconocidas, de autoras españolas en la prensa estadounidense, como las de Carmen de Burgos, Eva Canel o Emilia Pardo Bazán. Asimismo se reconsideran las fechas de otras participaciones, como la de Leopoldo Alas «Clarín» en *Las Novedades* de Nueva York –en 1892, anterior a la ya determinada de 1894–, que contribuye a completar su ya extensa labor crítica. Este trabajo, por último, reconoce y considera la importancia de las relaciones personales (como las Howells y Valera o Howells y Palacio Valdés) entre intelectuales de ambos países, examinando la repercusión de esas amistades a través de la crítica y reconocimiento de Howells, cuya labor es fundamental en la promoción de la literatura española en Estados Unidos.

En suma, en la prensa estadounidense examinada se han hallado ejemplos de la narrativa española decimonónica adscrita sobre todo al Romanticismo y al Realismo y, en menor medida, al Naturalismo, entablándose una serie de debates y polémicas entre las publicaciones en español y en inglés, entre los autores españoles e hispanoamericanos y los estadounidenses de las que dejamos constancia en este trabajo. Si bien la mayor parte de los autores decimonónicos españoles figura en las publicaciones examinadas, la preferencia por unos frente a otros no coincide totalmente con la que tiene lugar ante la crítica española coetánea.

Comienza así el siglo XX con la continuación de un interés justificado hacia España y su literatura, a pesar o gracias al conflicto bélico a caballo entre los dos siglos. El importante número de artículos sobre el conflicto cubano parece incrementar el interés por lo español. La mayor parte de ellos –a cargo del periodismo amarillo o sensacionalista, a manos de Hearst o Pulitzer en sus periódicos el *Boston Globe* y el *New York World*, respectivamente– se muestra a favor de la guerra, aunque también se emiten opiniones en contra por parte del sector liberal e intelectual estadounidense, en el que se encuentra Howells. Un interés que, en principio, contribuye a la imagen romántica de la sociedad española con sus bandoleros y mantillas, que era la abrigada por el sector de la sociedad que consumía los libros de viaje y artículos que la alimentaban.

Durante el primer tercio del siglo XX la labor de promoción y difusión de la narrativa española continúa, por parte de Howells y por una escuela que se ha creado ya en las universidades y centros de enseñanza del español. Curiosamente, durante el siglo XIX solamente se tuvo en cuenta el español de la Península Ibérica y su literatura. Ningún profesor de español en la plantilla de la Universidad de Harvard viajó a Sudamérica para interesarse por su literatura, nos informa Dewey.

A pesar de que a partir de 1960 la prensa en español va languideciendo en las zonas donde aún se habla nuestra lengua, con todo, y gracias al movimiento intelectual y político latino o chicano, vuelve a resurgir el interés y se incrementa la demanda de la enseñanza del español, tanto por parte de la población anglo como de aquella denominada de herencia latina, los así llamados «heritage speakers», es decir, estudiantes procedentes de familias latinas de segunda y tercera generación. Estos estudiantes, al contrario de lo que suele pensarse, resultan problemáticos en ciertos aspectos porque llegan con un conocimiento de español a las aulas que no se corresponde con el «español estándar», con una lengua muy arraigada cultural y familiarmente y mediatizada en mayor o menor medida por el inglés. Sin embargo, en la mayoría de los casos su gran motivación suple generalmente esa dificultad. Además, la emigración de un contingente de intelectuales españoles a las universidades estadounidenses durante los dos últimos tercios del siglo XX rejuvenece de alguna forma las relaciones establecidas ya un siglo y medio atrás entre representantes de las letras, las artes y las ciencias de ambos países, aunque ahora ésta se establezca, predominantemente, en sentido contrario.

En la actualidad, la atención prestada a lo español –no ya únicamente a la literatura– ha traspasado las barreras geográficas y se ha convertido en un fenómeno explicable, en muchas ocasiones, por la conveniencia política que el voto latino supone en Estados Unidos y por razones de índole comercial. La imagen «latina» a manos de actores y cantantes españoles e hispanoamericanos florece desde las mecas del cine en California y de la música en Miami, lo que contribuye al incremento del interés por lo latino hispánico en los Estados Unidos. Esa explosión latina favorece una labor de acercamiento también cultural, en particular a la narrativa española; no sólo ya del siglo XIX, sino también la del XX, y no sólo española, sino hispánica en general, si consideramos el *boom* de la literatura hispanoamericana ya desde hace décadas, y comporta la consiguiente amplitud del campo de investigación y estudio.

Con este trabajo me propuse contribuir al corpus de la narrativa española en la prensa decimonónica estadounidense, concretamente a la del último cuarto del siglo XIX, en todas las facetas de la cadena editorial, desde el anuncio a la crítica. El material hallado me sorprendió favorablemente por su extensión y por las colaboraciones inéditas de autores y autoras tanto conocidos como desconocidos. Mucho de este material permanece aún disperso en publicaciones periódicas coetáneas, españolas y extranjeras. Al final de este trabajo aparecen apéndices que contienen una relación exhaustiva de los vaciados realizados para la investigación, una tarea laboriosa de la que espero puedan beneficiarse otros investigadores.

APÉNDICES

APÉNDICE I

ANUNCIOS, OBRAS Y CRÍTICA ORGANIZADOS POR ORDEN ALFABÉTICO DE AUTORES

Autor	Obra	Revista	Fecha	Categoría
	«Máximas de D. Quijote»	*Revista Católica*	1893: n° 21 mayo 21	
	«Máximas de D. Quijote»	*Revista Católica*	1889: n° 37 septiembre 14	
Anónimo	«Pequeñeces»	*Las Novedades*	1891: n° 482, junio 4	crítica
Anónimo	«Todavía el novelista Zola»: «el novelista francés tan enemigo y despreciador de lo sobrenatural...»	*Revista Católica*	1892: n° 40, octubre 2	colaboración
	A Story of Spanish Love	*Harper's, New Monthly Magazine*	892 v. 85 jun-nov	anuncio de traducción
	Calderón de la Barca	*El Progreso*	1884: n° 5 mayo	anuncio
	Castelar (varios)	*El Progreso*	1884: n° 5 mayo	anuncio
	Gil Blas de Santillana	*El Progreso*	1884: n° 5 mayo	anuncio
	Joyas de la poesía castellana	*Las Novedades*	1890 n° 3.373 enero 11	anuncio
	Velada a Cervantes	*El Progreso*	1884: n° 5 mayo pp. 77-78	colaboración
Alarcón, P. A. de	«The cornet player»	*Littell's Living Age*	1897: v. CCXII, enero-marzo, pp. 651-655	cuento
Alarcón, P. A. de	«The record book: a rural story»	*Littell's Living Age*	1897: v. CCXII, enero-marzo, pp. 269-273	cuento

Autor	Obra	Revista	Fecha	Categoría
Alarcón, P. A. de	«The two glories»	*Littell's Living Age*	1897: v. CCXII, enero-marzo, pp. 407-409	cuento
Alarcón, P. A. de	*Amores y amoríos*	*Las Novedades*	1890: n° 3.370 enero 8	anuncio
Alarcón, P. A. de	*El capitán Veneno*	*Las Novedades*	1890: n° 3.365 enero 2	anuncio
Alarcón, P. A. de	*El escándalo*	*Las Novedades*	1890: n° 3.365 enero 2	anuncio
Alarcón, P. A. de	*El niño de la bola*	*Las Novedades*	1890: n° 3.365 enero 2	anuncio
Alarcón, P. A. de	*El sombrero de tres picos*	*Las Novedades*	1890: n° 3.365 enero 2	anuncio
Alarcón, P. A. de	*Brunhilda or the last act of Norma*	*Atlantic Monthly*	1892: v. LXIX	anuncio de traducción
Alarcón, P. A. de	*El niño de la bola*	*Las Novedades*	1892: v. 548 septiembre 8	reseña
Alarcón, P. A. de	«The alcalde who was a charcoal-burner»	*Littell's Living Age*	1899: v.CCXXIII, octubre-diciembre, pp. 514-520	cuento
Alarcón, P. A. de	*Últimos escritos*	*Las Novedades*	1891: n° 509 diciembre 10	anuncio
Alarcón, P. A. de y Bécquer, G. A.	*Modern ghosts*	*Harper's, New Monthly Magazine*	1890: v. LXXXI jun-nov	anuncio
Alas «Clarín», L.	«Como gustéis»	*Las Novedades*	1892: n° 531 mayo 12	crítica
Alas «Clarín», L.	«Como gustéis»	*Las Novedades*	1892: n° 531, mayo 12; n° 545, agosto 18 y n° 558, noviembre 17	crítica
Alas «Clarín», L.	«Como gustéis»	*Las Novedades*	1892: n° 545 agosto 18	crítica
Alas «Clarín», L.	«Como gustéis»	*Las Novedades*	1892: n° 558 noviembre 17	crítica
Alas «Clarín», L.	«Realidad»	*Las Novedades*	1892: n° 525, marzo 31	crítica
Alas «Clarín», L.	*La Regenta*	*Las Novedades*	1891: n° 509 diciembre 10	anuncio
Alas «Clarín», L.	*Mezclilla*	*Las Novedades*	1890: n° 3.370 enero 8	anuncio
Alas «Clarín», L.	*Mis plagios*	*Las Novedades*	1890: n° 3.365 enero 2	anuncio
Alas «Clarín», L.	Rafael Calvo y el teatro español	*Las Novedades*	1890: n° 3.370 enero 8	anuncio
Alas «Clarín», L.	*Sermón perdido*	*La Revista Ilustrada de Nueva York*	1892: n° 9 septiembre 15	anuncio
Anónimo	Santa Teresa	*North American Review*	1894: v.158 p. 2	colaboración

Autor	Obra	Revista	Fecha	Categoría
Arolas	*El zapatero de Sevilla y otras interesantes leyendas*	*La Revista Ilustrada de Nueva York*	1892: n° 9 septiembre 15	anuncio
Arzobispo de Dublin	*An essay of the life and genius of Calderón*	*North American Review*	1880: v. 131 pp. 461-463	colaboración
Blanco y Sánchez, R.	«Correspondencia literaria»	*Las Novedades*	1891, n° 482, 4 de junio, p. 14	crítica
Baxter, S.	«A great modern spaniard»	Atlantic Monthly	1900: v. LXXXV, pp. 546-559	crítica
Bécquer, G. A.	Obras	*La Revista Ilustrada de Nueva York*	1892: n° 9 septiembre 15	anuncio
Bécquer, G. A.	«La ajorca de oro»	*La Ofrenda de Oro*	1883: v. IX n° 8 diciembre, pp. 18-19	cuento
Bishop, William H.	«A day in literary Madrid»	Scribner's Monthly	1890: v. VII, pp. 187-200	artículo
Caballero, F.	«Con mal o con bien a los tuyos te ten»	*Revista Católica*	1886: n° 44, octubre 31 al n° 51 diciembre 19	novela
Caballero, F.	«La limosna»	*Revista Católica*	1894: n° 7 febrero 18	cuento
Caballero, F.	«Un servilón y un liberalito»	*Revista Católica*	1896: n° 37 septiembre 13 al n° 46 noviembre 14	novela
Caballero, F.	«Una en otra»	*Revista Católica*	1886: n° 24 junio 13 al n° 43 octubre 24	novela
Caballero, F.	*La familia de Alvareda*	*Las Novedades*	1890: n° 3.365 enero 2	anuncio
Caballero, F.	*La gaviota*	*Las Novedades*	1890: n° 3.365 enero 2	anuncio
Calderón	*Spanish song*	*Harper's, New Monthly Magazine*	dic. 1874 mayo 1875: v. L, p. 531	traducción por Helen S. Conant
Campoamor, R. de	*El licenciado Torralba*	*Las Novedades*	1890: n° 3.370 enero 8	anuncio
Campoamor, R. de	*El amor o la muerte*	*La Revista Ilustrada de Nueva York*	1892: n° 9 septiembre 15	anuncio
Canel, E.	«La virgen herida»	*La Revista Ilustrada*	1891: n°11, pp. 712-714	cuento
Canel, E.	«The spanish woman»	*North American Review*	1893: v. CLVII, pp. 566-570	colaboración
Canel, E.	*Cosas del otro mundo*	*Las Novedades*	1890: n° 3.365 enero 2	anuncio
Castelar, E.	«The republican movement in Europe» «The germanic peoples»	*Harper's, New Monthly Magazine*	1874 mayo 1875: v. L, diciembre	colaboración

Autor	Obra	Revista	Fecha	Categoría
Castelar, E.	«Álbum de un lector»	La Ofrenda de Oro	1883: v. IX, n° 6 octubre p. 12	colaboración
Castelar, E.	«Álbum de un lector»	La Ofrenda de Oro	1883: v. IX, n° 6, octubre, p. 12	colaboración
Castelar, E.	«Castelar y el centenario de Colón»	Las Novedades	1890: n° 475 abril 16	colaboración
Castelar, E.	«Crónica internacional»	Las Novedades	1892: n° 557 noviembre 10	crónica
Castelar, E.	«El espíritu y la naturaleza»	El Boletín Popular	1898: n° 36 junio 23	colaboración
Castelar, E.	«El espíritu y la naturaleza»	Littell´s Living Age	1898: n° 36, junio 23	colaboración
Castelar, E.	«Historia de un amor» «Una boda»	Las Novedades	1892: n° 552 octubre 6	colaboración
Castelar, E.	«La infancia»	El Boletín Popular	1892: n° 10, enero 7	colaboración
Castelar, E.	«La libertad y el trabajo»	El Boletín Popular	1895 n° 15 enero 24	colaboración
Castelar, E.	«La última epopeya, Colón» visto por Castelar»	Las Novedades	1892: n° 555 octubre 27	colaboración
Castelar, E.	«Revista americana»	Las Novedades	1890: n° 3.375 enero 14	colaboración
Castelar, E.	«Revista americana»	Las Novedades	1890: n° 3.375 enero 14	colaboración
Castelar, E.	«The career and character of Cánovas»	Littell's Living Age	1897: v. CCXV octubre-diciembre, pp. 368-371	colaboración
Cervantes Saavedra, M. de	The ingenious gentleman Don Quixote, of La Mancha	Scribner's Monthly	v. II 1887	anuncio de traducción
Coloma, L. S.J.	«¡Era un santo!»	Revista Católica	1889: n° 29 julio 21 al n° 36 septiembre 8	relato corto
Coloma, L. S.J.	«¡Porrita componte!»	Revista Católica	1890: n° 20 mayo 17 al n° 21 mayo 25	cuento
Coloma, L. S.J.	«¿Qué sería...?»	Revista Católica	1891: n° 16, abril 19 al n° 18 mayo 3	novela
Coloma, L. S.J.	«El viernes de Dolores»	Revista Católica	1885: n° 10 y 11, marzo 8 y 15	cuento
Coloma, L. S.J.	«Juan Miseria»	Revista Católica	1890: n° 22 junio 2 al n° 41 octubre 12	cuadro
Coloma, L. S.J.	«La almohadita del Niño Jesús»	Revista Católica	1891: n° 1 enero 4 al n° 3 enero 18	cuento

Autor	Obra	Revista	Fecha	Categoría
Coloma, L. S.J.	«La gorriona»	Revista Católica	1887: nº 28 junio 10 al nº 35 septiembre 25	relato corto
Coloma, L. S.J.	«Miguel»	Revista Católica	1885: nº 9 marzo 1	cuento
Coloma, L. S.J.	«Platillo»	Revista Católica	1887: nº 36 octubre 2 al nº 41 noviembre 7	cuento
Coloma, L. S.J.	«Por un piojo...»	Revista Católica	1889: nº 41 octubre 13	relato corto
Coloma,L. S.J.	Currita, countess of Albornoz	Littell's Living Age	1900: v. CCXXV abril-junio	anuncio
Curtis G. W.	Modern ghosts	Atlantic Monthly	1891 v LXVI	reseña
Duque de Rivas	Romances históricos	La Revista Ilustrada de Nueva York	1892: nº 9 septiembre 15	anuncio
Duque de Rivas	Un caballero leal	La Revista Ilustrada de Nueva York	1892: nº 9 septiembre 15	anuncio
E.C.	«Benito Pérez Galdós, un recuerdo»	Las Novedades	1892: nº 537, junio 23	crítica
Echegaray, J.	Irene de Otranto	Las Novedades	1891: nº 509 diciembre 10	anuncio
Espronceda	Obras poéticas	El Progreso	1884: nº 5 mayo	anuncio
Espronceda	El estudiante de Salamanca	La Revista Ilustrada de Nueva York	1892: nº 9 septiembre 15	anuncio
Fernández de Moratín, L.	Comedias completas	El Progreso	1884: nº 5 mayo	anuncio
Fígaro (Larra)	Obras completas	El Progreso	1884: nº 5 mayo	anuncio
Fitzmaurice-Kelly, J.	Spanish Literature	Scribner's Monthly	1898: v. XXIV	anuncio
Gimeno de Flaquer, C.	«El Quetzal»	La Revista Ilustrada	1890: nº5, pp. 11-12	colaboración
Gómez Baquero, E.	«In what does the strength of nations consist?»	Littell's Living Age	1899: v. CCXX enero-marzo	colaboración
Gómez Baquero, E.	«Pérez Galdós and Pereda in the Spanish Academy»	Littell's Living Age	1897: v. CCXIV, julio-septiembre, pp. 330-335	colaboración
Anónimo	«The downward of realism»	Harper's, New Monthly Magazine	1892: v. LXXXV junio-noviembre, pp. 476-480	colaboración sobre el Realismo
Howells, W. D.	León Roch, «Editor's Study»	Harper's, New Monthly Magazine	1887-1888: v. LXXVI, diciembre-mayo: pp. 965-966	crítica

Autor	Obra	Revista	Fecha	Categoría
Howells, W. D.	*Morriña* «Editor's Study»	*Harper's, New Monthly Magazine*	1891-1892: v. LXXXII, diciembre-mayo: p. 805	crítica
Howells, W. D.	«Valde's faith» «Editor's Study»	*Harper's, New Monthly Magazine*	1892: v. LXXXV, junio-noviembre: p. 801	crítica
Howells, W. D.	«The exaggeration of realism» (*The swan of Vilamorta*) «Editor's Study»	*Harper's, New Monthly Magazine*	1891-1892: v. LXXXIV, diciembre-mayo: pp. 967-969	crítica
Howells, W. D.	*El cuarto poder* «Editor's Study»	*Harper's, New Monthly Magazine*	1888: v. LXXVII, junio-noviembre: pp. 802-803	crítica
Howells, W. D.	*La espuma* «Editor's Study»	*Harper's, New Monthly Magazine*	1891-1892: v. LXXXII, diciembre-mayo: pp. 805-806	crítica
Howells, W. D.	*Marta y María* «Editor's Study»	*Harper's, New Monthly Magazine*	1885-1886: v. LXXII, diciembre-mayo: p. 811	crítica
Howells, W. D.	*Marta y María* «Editor's Study»	*Harper's, New Monthly Magazine*	1886: v. LXXIII, junio-noviembre: pp. 811-812	crítica
Howells, W. D.	*Pepita Ximenez y Doña Luz* «Editor's Study»	*Harper's, New Monthly Magazine*	1886: v. LXXIII, junio-noviembre: pp. 963-964	crítica
Howells, W. D.	*The sister of San Sulpizio* «Editor's Study»	*Harper's, New Monthly Magazine*	1889: v. LXXIX, junio-noviembre: pp. 962-966	crítica
Iriarte	*Fábulas*	*Las Novedades*	1890: n° 3.365 enero 2	anuncio
Jaccaci, Autust F.	«On the trail of Don Quixote»	*Littell's Living Age*	1897: v. CCXII	anuncio
Jovellanos, G. M.	«Necesidad, del estudio de la lengua castellana para comprender el espíritu de la legislación»	*El Boletín Popular*	1894: n° 31 mayo 17	colaboración
León, Fray L. de	*La perfecta casada*	*Las Novedades*	1890: n° 3.365 enero 2	anuncio
«Lista, A.» (Luisa Torralba de Martí)	«Cadena de oro»	*Revista Católica*	1893: n° 28 julio 9 al n° 49 diciembre 3	novela
«Lista, A.» (Luisa Torralba de Martí)	«Cruz y corona, páginas íntimas de una pobre huérfana»	*Revista Católica*	1889: n° 10 marzo 10 al n° 28 julio 14	novela
«Lista, A.» (Luisa Torralba de Martí)	«Fe, esperanza y caridad»	*Revista Católica*	1890: n° 1 enero 5 al n° 18 mayo 4	novela
«Lista, A.» (Luisa Torralba de Martí)	«Honra por honra»	*Revista Católica*	1891: n° 50 diciembre 13	relato corto

Autor	Obra	Revista	Fecha	Categoría
«Lista, A.» (Luisa Torralba de Martí)	«La caridad de Cristo»	*Revista Católica*	1900: n° 47, noviembre 25 al n° 51 diciembre 23	novela
«Lista, A.» (Luisa Torralba de Martí)	«La firma del banquero»	*Revista Católica*	1898: n° 37, septiembre 9 al n° 43 octubre 23	novela
«Lista, A.» (Luisa Torralba de Martí)	«Las alas del ángel»	*Revista Católica*	1899: n° 41, octubre 8 al n° 52 octubre 15	cuento
«Lista, A.» (Luisa Torralba de Martí)	«Los zapatitos blancos»	*Revista Católica*	1894: n° 41 octubre 14 al n° 42 octubre 21	cuento
«Lista, A.» (Luisa Torralba de Martí)	«No codiciarás los bienes ajenos»	*Revista Católica*	1895: n° 24 junio 16 al n° 26 junio 30	relato corto
«Lista, A.» (Luisa Torralba de Martí)	«No habéis de ser menos»	*Revista Católica*	1898: n° 45 noviembre 6	cuento
«Lista, A.» (Luisa Torralba de Martí)	«No hurtarás»	*Revista Católica*	1895: n° 21 mayo 25 al n° 23 junio 9	relato corto
«Lista, A.» (Luisa Torralba de Martí)	«Perdonar las injurias»	*Revista Católica*	1891: n° 24 junio 14 al n° 26 junio 28	cuadro
«Lista, A.» (Luisa Torralba de Martí)	«Un favor de S. Antonio»	*Revista Católica*	1900: n° 28 julio 15 al n° 29 julio 22	cuento
Macmillan, Watt, H. E.	*Don Quixote*	*Atlantic Monthly*	1895 v. LXXV	reseña
Martínez de la Rosa	*Obras completas*	*El Progreso*	1884: n° 5 mayo	anuncio
Nixon, H. F.	*With a pessimist in Spain*	*Littell's Living Age*	1897: v. CCXV oct-dic; 1900: v. CCXXIV enero-marzo	anuncio
Núñez de Arce, G.	*La pesca*	*Las Novedades*	1890: n° 3.370 enero 8	anuncio
Núñez de Arce, G.	*El vértigo*	*Las Novedades*	1890: n° 3.370 enero 8	anuncio
Ormsby, J.	*Don Quixote*	*Scribner's Monthly*	1897: v. XXI	anuncio de traducción
Palacio Valdés, A.	«In the National Library at Madrid»	*Littell's Living Age*	1899: v. CCXXII, julio-septiembre, pp. 720-723	colaboración
Palacio Valdés, A.	*Aguas fuertes*	*Las Novedades*	1890: n° 3.365 enero 2	anuncio
Palacio Valdés, A.	*El cuarto poder*	*Las Novedades*	1890: n° 3.370 enero 8	anuncio
Palacio Valdés, A.	*José*	*Las Novedades*	1890: n° 3.365 enero 2	anuncio
Palacio Valdés, A.	*Maximina*	*Las Novedades*	1890: n° 3.365 enero 2	anuncio
Palacio Valdés, A.	*Maximina*	*North American Review*	1888 v. 147 p. 115	reseña
Palacio Valdés, A.	*The marquis of Peñalta*	*Atlantic Monthly*	1887: v. LIX febrero	anuncio de traducción

Autor	Obra	Revista	Fecha	Categoría
Palacio Valdés, A.	*The marquis of Peñalta* (*Marta y María*)	*Scribner's Monthly*	1887: v. I p. 23	anuncio de traducción
Pardo Bazán, E.	«La novela española en 1891»	*La Revista Ilustrada*	1891: n° 12, pp. 718-723	colaboración
Pardo Bazán, E.	«La piedra angular»	*La Revista Ilustrada*	1892: n° 6, pp. 353-358; n° 12 pp. 706-709;1893: n° 1, pp. 47-51 y n° 4 pp. 204-208	novela
Pardo Bazán, E.	«Sédano»	*La Revista Ilustrada*	1893: n° 10, pp. 482-483	cuento
Pardo Bazán, E.	«12 de octubre de 1492»	*Las Novedades*	1891: n° 501 octubre 15	colaboración
Pardo Bazán, E.	«A los gallegos residentes en Sud-América»	*Las Novedades*	1891: n° 501 octubre 15, p. 2	
Pardo Bazán, E.	«El descubrimiento de América ante la ciencia peninsular y americana»	*La Revista Ilustrada* n° 4, pp. 185-190	1892: n° 1, pp. 6-10;	colaboración
Pardo Bazán, E.	«La hierba milagrosa»	*Las Novedades*	1892: n° 558 noviembre 17	cuento
Pardo Bazán, E.	«La mujer española»	*Las Novedades*	1890: n° 443 septiembre 4, p. 14	colaboración
Pardo Bazán, E.	«Los huevos pasados»	*Revista Católica*	1896: n° 43 octubre 24	cuento
Pardo Bazán, E.	«Para la mujer»	*Las Novedades*	1892: n° 532 mayo 19, p. 1	colaboración
Pardo Bazán, E.	«Remordimiento»	*Las Novedades*	1892: n° 56 noviembre 3	cuento
Pardo Bazán, E.	«The grand prize»	*Littell's Living Age*	1897: v. CCXV octubre-diciembre, pp. 459-462	colaboración
Pardo Bazán, E.	«The spanish dynasty and the queen Regent»	*Littell's Living Age*	1898: v. CCXVIII julio-septiembre pp. 717-720	colaboración
Pardo Bazán, E.	«The statesmen of Spain»	*Littell's Living Age*	1897: v. CCXIII, abril-junio, pp. 617-624	colaboración
Pardo Bazán, E.	«The women of Spain»	*Littell's Living Age* pp. 153-168	1889 v. CLXXXII:	colaboración
Pardo Bazán, E.	*Al pie de la Torre Eiffel*	*Las Novedades*	1890: n° 3.365 enero 2	anuncio
Pardo Bazán, E.	*Morriña*	*Las Novedades*	1890: n° 3.365 enero 2	anuncio
Pardo Bazán, E.	*Morriña*	*Las Novedades*	1891: n° 501 octubre 15	anuncio de traducción

Autor	Obra	Revista	Fecha	Categoría
Pardo Bazán, E.	*Un viaje de novios*	*Las Novedades*	1890: n° 3.365 enero 2	anuncio
Pedreira, L.	«La piedra angular»	*Las Novedades*	1892: n° 519, febrero 18	crítica
Pereda, J. M.ª de	«Una carta de Pereda»	*Las Novedades*	1892: n° 564 29 diciembre	crítica
Pereda, J. M.ª de	*Los hombres de pro*	*Las Novedades*	1890: n° 3.370 enero 8	anuncio
Pereda, J. M.ª de	*Tipos y paisajes*	*Las Novedades*	1890: n° 3.370 enero 8	anuncio
Pereda, J. M.ª de	*De tal palo tal astilla*	*Las Novedades*	1890: n° 3.365 enero 2	anuncio
Pereda, J. M.ª de	*Don Gonzalo González de la Gonzalera*	*Las Novedades*	1890: n° 3.370 enero 8	anuncio
Pereda, J. M.ª de	*El buey suelto*	*Las Novedades*	1890: n° 3.365 enero 2	anuncio
Pereda, J. M.ª de	*El sabor de la tierruca*	*Las Novedades*	1890: n° 3.365 enero 2	anuncio
Pereda, J. M.ª de	*Esbozos y rasguños*	*Las Novedades*	1890: n° 3.365 enero 2	anuncio
Pereda, J. M.ª de	*La Montálvez*	*Las Novedades*	1890: n° 3.365 enero 2	anuncio
Pereda, J. M.ª de	*La Puchera*	*Las Novedades*	1890: n° 3.370 enero 8	anuncio
Pereda, J. M.ª de	*Sotileza*	*Las Novedades*	1890: n° 3.370 enero 8	anuncio
Pereda, J. M.ª de	*Tipos y paisajes*	*Las Novedades*	1890: n° 3.365 enero 2	anuncio
Pérez Galdós, B.	*¡Misericordia!*	*Las Novedades*	1891: n° 509 diciembre 10	anuncio
Pérez Galdós, B.	«In praise of June»	*Littell's Living Age*	1900: v. CCXXV, abril-junio, pp. 741-749	cuento
Pérez Galdós, B.	«La conjuración de las palabras»	*La Ofrenda de Oro*	1883: v. IX, n° 6 octubre, pp. 2-4	cuento
Pérez Galdós, B.	*Doña Perfecta*	*Harper's, New Monthly Magazine*	1895: v. 91 jun-nov	anuncio de traducción
Pérez Galdós, B.	*Doña Perfecta*	*Harper's, New Monthly Magazine*	1896 v. 92 dic. 95-mayo	reseña
Pérez Galdós, B.	*Doña Perfecta*	*Harper's, New Monthly Magazine*	1896: v. 93 jun-nov	anuncio
Pérez Galdós, B.	*Doña Perfecta*	*Las Novedades*	1890: n° 3.370 enero 8	anuncio
Pérez Galdós, B.	*Doña Perfecta*	*North American Review*	1895: v. 161 p. 8	anuncio de traducción
Pérez Galdós, B.	*El amigo manso*	*Las Novedades*	1890: n° 3.365 enero 2	anuncio
Pérez Galdós, B.	*El audaz*	*Las Novedades*	1890: n° 3.365 enero 2	anuncio
Pérez Galdós, B.	*Episodios Nacionales*	*Las Novedades*	1890: n° 3.365 enero 2	anuncio
Pérez Galdós, B.	*La de Bringas*	*Las Novedades*	1890: n° 3.365 enero 2	anuncio
Pérez Galdós, B.	*La desheredada*	*Las Novedades*	1890: n° 3.365 enero 2	anuncio

Autor	Obra	Revista	Fecha	Categoría
Pérez Galdós, B.	*La desheredada*	*Las Novedades*	1890: n° 3.370 enero	anuncio
Pérez Galdós, B.	*La familia de León Roch*	*Las Novedades*	1890: n° 3.365 enero 2	anuncio
Pérez Galdós, B.	*La fontana de oro*	*Las Novedades*	1890: n° 3.370 enero 8	anuncio
Pérez Galdós, B.	*Leon Roch: a romance*	*North American Review*	1888: v. 147 p. 239	anuncio de traducción
Pérez Galdós, B.	*Marianela*	*Atlantic Monthly*	1892: v. LXX	anuncio de traducción
Pérez Galdós, B.	*Marianela*	*Las Novedades*	1890: n° 3.365 enero 2	anuncio
Pérez Galdós, B.	*Saragossa*	*Littell's Living Age*	1899: v. CCXXIII oct-dic p. 603	traducción
Pérez Galdós, B.	*Tormento*	*Las Novedades*	1890: n° 3.365 enero 2	anuncio
Pérez Galdós, B.	*Torquemada*	*Las Novedades*	1890: n° 3.365 enero 2	anuncio
Polo y Peyrolón, M.	«Restituciones de ultratumba»	*Revista Católica*	1897: n° 8 febrero 21	cuento
Polo y Peyrolón, M.	«El árbol y el fruto»	*Revista Católica*	1900: n° 28 julio 15	cuento
Polo y Peyrolón, M.	«El hombre cero»	*Revista Católica*	1900: n° 32 agosto 12	colaboración
Polo y Peyrolón, M.	«El sí de una serrana»	*Revista Católica*	1897: n° 21 mayo 23 al n° 25 junio 20	novela
Polo y Peyrolón, M.	«Elocuencia de un cadáver»	*Revista Católica*	1897: n° 10 marzo 7 al n° 13 marzo 28	novela
Polo y Peyrolón, M.	«Las tres gracias»	*Revista Católica*	1900: n° 6 febrero 11	cuento
Polo y Peyrolón, M.	«Moscas protestantes»	*Revista Católica*	1897: n° 46 noviembre 14	fábula
Polo y Peyrolón, M.	«Sermón al aire libre»	*Revista Católica*	1897: n° 30 julio 24	cuadro
Polo y Peyrolón, M.	«Tres en uno»	*Revista Católica*	1892: n° 1 enero 3 al n° 3 enero 17	novela
Prieto y Sánchez, E.	«Un libro de *Clarín*»	*Las Novedades*	1892: n° 522, marzo 10, p. 6	crítica
Pujol de Collado, J.	«Filia Luminis»	*Revista Católica*	1899: n° 1, enero 1 al n° 2 enero 8	cuento
Quevedo y Villegas, F. de	*Obras completas en prosa y en verso*	*El Progreso*	1884: n° 5 mayo	anuncio
Quintana	*Vida de españoles célebres*	*El Progreso*	1884: n° 5 mayo	anuncio
Raquel (Carmen de Burgos)	«El silencio (de 'Las florecitas dedicadas a mi hija')»	*Revista Católica*	1897: n° 32 agosto 8	relato corto
Raquel (Carmen de Burgos)	«En primera línea»	*Revista Católica*	1899: n° 5 enero 29	colaboración

Autor	Obra	Revista	Fecha	Categoría
Raquel (Carmen de Burgos)	«La abnegación (de 'Las florecitas' dedicadas a mi hija)»	*Revista Católica*	1898: n° 3 enero 16	relato corto
Raquel (Carmen de Burgos)	«La vanidad (de 'Las florecitas' dedicadas a mi hija)»	*Revista Católica*	1897: n° 17 abril 25	relato corto
Raquel (Carmen de Burgos)	«Las bodas»	*Revista Católica*	1899: n° 31 julio 31	colaboración
Raquel (Carmen de Burgos)	«Los ángeles se van, historia para niños y mamás»	*Revista Católica*	1895: n° 17 abril 28 al n° 19 mayo 12	relato corto
Raquel (Carmen de Burgos)	«Obras vacías...»	*Revista Católica*	1898: n° 17, abril 23	relato corto
Raquel (Carmen de Burgos)	«Sin Dios»	*Revista Católica*	1900: n° 1 enero 7 al n° 15 abril 15	novela
Rueda, S.	*El gusano de luz*	*Las Novedades*	1890: n° 3.370 enero 8	anuncio
Rueda, S.	*Himno a la carne*	*Las Novedades*	1891: n° 509 diciembre 10	anuncio
Samaniego	*Fábulas*	*Las Novedades*	1890: n° 3.370 enero 8	anuncio
San Víctor, P. de	«Don Quijote»	*El Boletín Popular*	1895: n° 9 diciembre 12	crítica
Sedgwick, H.	«Don Quixote»	*Atlantic Monthly*	1896: v. LXXVII	crítica
Sinués M. Pª	*Como aman las mujeres*	*Las Novedades*	1890: n° 3.365 enero 2	anuncio
Sinués, M.ª P.	*Plácida y un drama de familia*	*Las Novedades*	1890: n° 3.370 enero 8	anuncio
Taboada, L.	«Historia triste»	*El Boletín Popular*	1889: n° 45, agosto 22	narrativa
Taboada, L.	«La hora de comer»	*El Boletín Popular*	1893: n° 15 enero 26	cuadro
Trueba, A.	«El tío interés (cuento popular)»	*Revista Católica*	1897: n° 32 agosto 8	cuento
Trueba, A.	«Pedernal y oro, leyenda»	*Revista Católica*	1896: n° 11 marzo 15	leyenda
Valera, J.	«Cartas de España»	*La Revista Ilustrada*	1891: n° 9, pp. 531-535; n° 12 pp. 726-732; 1892: n° 2 pp. 64-70 y pp. 70-75; n° 3, pp. 120-126	colaboración
Valera, J.	«Cartas americanas»	*Las Novedades*	1890: n° 445, septiembre 18	colaboración
Valera, J.	«Nuevas cartas americanas I»	*Las Novedades*	1890: n° 445 septiembre 18, p. 1	colaboración

Autor	Obra	Revista	Fecha	Categoría
Valera, J.	«Nuevas cartas americanas II»	Las Novedades	1890: n° 446 septiembre 25, p. 8	colaboración
Valera, J.	«Un artículo de D. Juan Valera»	Las Novedades	1892: n° 530 mayo 5, pp. 11-12	colaboración
Valera, J.	Cartas americanas	Las Novedades	1890: n° 3.365 enero 2	anuncio
Valera, J.	Cartas americanas	Las Novedades	1890: n° 3.370 enero 8	anuncio
Valera, J.	Doña Luz	Las Novedades	1891 v. 47 abril 30	reseña a la traducción
Valera, J.	Doña Luz	Las Novedades	1891: n° 472 marzo 26	anuncio de traducción
Vega, L. de	Piezas escogidas	El Progreso	1884: n° 5 mayo	anuncio
Vierge, D.	On the Trail of D. Quixote	Atlantic Monthly	1896: v. LXXVIII	anuncio
Wormeley Latimer, E.	Spain in the nineteenth century	Littell's Living Age	1897: v. CCXV oct-dic	anuncio
Zorilla, J.	Obras completas	El Progreso	1884: n° 5 mayo	anuncio
Zorrilla, J.	Las píldoras de Salomón	La Revista Ilustrada de Nueva York	1892: n° 9 septiembre 15	anuncio

APÉNDICE II

ANUNCIOS, OBRAS Y CRÍTICA ORGANIZADOS POR ORDEN ALFABÉTICO DE REVISTAS

Revista	Autor	Obra	Fecha	Categoría
Atlantic Monthly	Sedgwick, H.	«*Don Quixote*»	1896: v. LXXVII	crítica
Atlantic Monthly	Alarcón, P. A. de	*Brunhilda or the last act of Norma*	1892: v. LXIX	anuncio de traducción
Atlantic Monthly	Baxter, S.	«A great modern spaniard»	1900: v. LXXXV, pp. 546-559	crítica
Atlantic Monthly	Curtis G. W.	*Modern ghosts*	1891: v. LXVI	reseña
Atlantic Monthly	Macmillan, Watt, H. E.	*Don Quixote*	1895 v. LXXV	reseña
Atlantic Monthly	Palacio Valdés, A.	*The marquis of Peñalta*	1887: v. LIX febrero	anuncio de traducción
Atlantic Monthly	Pérez Galdós, B.	*Marianela*	1892: v. LXX	anuncio de traducción
Atlantic Monthly	Vierge, D.	*On the trail of D. Quixote*	1896: v. LXXVIII	anuncio
El Boletín Popular	Castelar, E.	«El espíritu y la naturaleza»	1898: nº 36 junio 23	colaboración
El Boletín Popular	Castelar, E.	«La Infancia»	1892: nº 10, enero 7	colaboración
El Boletín Popular	Castelar, E.	«La libertad y el trabajo»	1895 nº 15 enero 24	colaboración
El Boletín Popular	Castelar, E.	«El Miserere en San Pedro, Roma»	1895: nº 26 abril 11 y 1898: nº 20 marzo 3	ensayo
El Boletín Popular	Jovellanos, G. M.	«Necesidad, del estudio de la lengua catellana para comprender el espíritu de la legislación»	1894: nº 31 mayo 17	colaboración

Revista	Autor	Obra	Fecha	Categoría
El Boletín Popular	San Víctor, P. de	«Don Quijote»	1895: nº 9 diciembre 12	crítica
El Boletín Popular	Taboada, L.	«Historia triste»	1889: nº 45, agosto 22	relato breve
El Boletín Popular	Taboada, L.	«La hora de comer»	1893: nº 15 enero 26	cuadro
El Progreso	Calderón de la Barca		1884: nº 5 mayo	anuncio
El Progreso	Castelar (varios)		1884: nº 5 mayo	anuncio
El Progreso	Gil Blas de Santillana		1884: nº 5 mayo	anuncio
El Progreso	Velada a Cervantes		1884: nº 5 mayo pp. 77-78	colaboración
El Progreso	Espronceda	*Obras poéticas*	1884: nº 5 mayo	anuncio
El Progreso	Fernández de Moratín, L.	*Comedias completas*	1884: nº 5 mayo	anuncio
El Progreso	Fígaro (Larra)	*Obras completas*	1884: nº 5 mayo	anuncio
El Progreso	Martínez de la Rosa	*Obras completas*	1884: nº 5 mayo	anuncio
El Progreso	Quevedo y Villegas, F. de	*Obras completas en prosa y en verso*	1884: nº 5 mayo	anuncio
El Progreso	Quintana	*Vida de españoles célebres*	1884: nº 5 mayo	anuncio
El Progreso	Vega, L. de	*Piezas escogidas*	1884: nº 5 mayo	anuncio
El Progreso	Zorilla, J.	*Obras completas*	1884: nº 5 mayo	anuncio
Harper's, New Monthly Magazine	Anónimo	«The downward of realism»	1892: v. LXXXV junio-noviembre, pp. 476-480	colaboración sobre el Realismo
Harper's, New Monthly Magazine	Anónimo	*A story of spanish love*	1892 v. 85 jun.-nov.	anuncio de traducción
Harper's, New Monthly Magazine	Alarcón, P. A. de y Bécquer, G. A.	*Modern ghosts*	1890: v.LXXXI jun.-nov.	anuncio
Harper's, New Monthly Magazine	Calderón	*Spanish song*	dic. 1874 mayo 1875: v. L, p. 531	traducción
Harper's, New Monthly Magazine	Castelar, E.	«The republican movement in Europe» «The germanic peoples»	1874 mayo 1875: v. L, diciembre	colaboración
Harper's, New Monthly Magazine	Howells, W. D.	*Morriña* «Editor's Study»	1891-1892: v. LXXXII, diciembre-mayo	crítica
Harper's, New Monthly Magazine	Howells, W. D.	«Valde's faith» «Editor's Study»	1892: v. LXXXV, junio-noviembre	crítica

Revista	Autor	Obra	Fecha	Categoría
Harper's, New Monthly Magazine	Howells, W. D.	«The exaggeration of realism» (*The swan of Vilamorta*) «Editor's Study»	1891-1892: v. LXXXIV, diciembre-mayo	crítica
Harper's, New Monthly Magazine	Howells, W. D.	*El cuarto poder* «Editor's Study»	1888: v. LXXVII, junio-noviembre	crítica
Harper's, New Monthly Magazine	Howells, W. D.	*La espuma* «Editor's Study»	1891-1892: v. LXXXII, diciembre-mayo	crítica
Harper's, New Monthly Magazine	Howells, W. D.	*Marta y María* «Editor's Study»	1885-1886: v. LXXII, diciembre-mayo	crítica
Harper's, New Monthly Magazine	Howells, W. D.	*Marta y María* «Editor's Study»	1886: v. LXXIII, junio-noviembre	crítica
Harper's, New Monthly Magazine	Howells, W. D.	*Pepita Ximenez y Doña Luz* «Editor's Study»	1886: v. LXXIII, junio-noviembre	crítica
Harper's, New Monthly Magazine	Howells, W. D.	*The sister of San Sulpizio* «Editor's Study»	1889: v. LXXIX, junio-noviembre	crítica
Harper's, New Monthly Magazine	Pérez Galdós, B.	*Doña Perfecta*	1895: v. 91 jun.-nov.	anuncio de traducción
Harper's, New Monthly Magazine	Howells, W. D.	*Doña Perfecta*	1896 v. 92 dic. 95-mayo	reseña
Harper's, New Monthly Magazine	Pérez Galdós, B.	*Doña Perfecta*	1896: v. 93 jun.-nov.	anuncio
Harper's New Monthly Magazine	Symons, A.	«The decadent movement in literature»	1893: v. 87, junio-noviembre, pp. 858-867	colaboración sobre el Realismo
La Ofrenda de Oro	Bécquer, G. A.	«La ajorca de oro»	1883: v. IX n° 8 diciembre, pp. 18-19	cuento
La Ofrenda de Oro	Castelar, E.	«Álbum de un lector»	1883: v. IX, n° 6 octubre p. 12	colaboración
La Ofrenda de Oro	Castelar, E.	«Álbum de un lector»	1883: v. IX, n° 6, octubre, p. 12	colaboración
La Ofrenda de Oro	Pérez Galdós, B.	«La conjuración de las palabras»	1883: v. IX, n° 6, octubre, pp. 2-4	cuento
La Revista Ilustrada de Nueva York		*La piedra angular*	1892: n° 6, junio 15, p. 311	reseña
La Revista Ilustrada de Nueva York	Canel, E.	«La virgen herida»	1891: n° 11, noviembre, pp. 712-714	cuento
La Revista Ilustrada de Nueva York	Gimeno de Flaquer, C.	«El Quetzal»	1890: n°5, mayo, pp. 11-12	colaboración

Revista	Autor	Obra	Fecha	Categoría
La Revista Ilustrada de Nueva York	Pardo Bazán, E.	«La novela española en 1891»	1891: n° 12, diciembre, pp. 718-723	colaboración
La Revista Ilustrada de Nueva York	Pardo Bazán, E.	«La piedra angular»	1892: n° 6, junio, pp. 353-358; n° 12, diciembre, pp. 706-709; 1893: n° 1, enero, pp. 47-51 y n° 4, abril, pp. 204-208	novela
La Revista Ilustrada de Nueva York	Pardo Bazán, E.	«Sédano»	1893: 10, octubre, pp. 482-483	cuento
La Revista Ilustrada de Nueva York	Pardo Bazán, E.	«El descubrimiento de América ante la ciencia peninsular y americana»	1892: n° 1, enero, pp. 6-10; n° 4, abril, pp. 185-190	colaboración
La Revista Ilustrada de Nueva York	Valera, J.	«Cartas de España»	1891: n° 9, septiembre, pp. 531-535; n° 12, diciembre, pp. 726-732; 1892: n° 2, febrero, pp. 64-70 y 70-75; n° 3, marzo, pp. 120-126	colaboración
La Revista Ilustrada de Nueva York	Alas «Clarín», L.	Sermón perdido	1892: n° 9, septiembre 15	anuncio
La Revista Ilustrada de Nueva York	Arolas	El zapatero de Sevilla y otras interesantes leyendas	1892: n° 9, septiembre 15	anuncio
La Revista Ilustrada de Nueva York	Bécquer, G. A.	Obras	1892: n° 9, septiembre 15	anuncio
La Revista Ilustrada de Nueva York	Campoamor, R. de	El amor o la muerte	1892: n° 9 septiembre 15	anuncio
La Revista Ilustrada de Nueva York	Duque de Rivas	Romances históricos	1892: n° 9 septiembre 15	anuncio
La Revista Ilustrada de Nueva York	Duque de Rivas	Un caballero leal	1892: n° 9 septiembre 15	anuncio
La Revista Ilustrada de Nueva York	Espronceda	El estudiante de Salamanca	1892: n° 9 septiembre 15	anuncio
La Revista Ilustrada de Nueva York	Zorrilla, J.	Las píldoras de Salomón	1892: n° 9 septiembre 15	anuncio
Las Novedades	Anónimo	«Pequeñeces»	1891: n° 482, junio 4	crítica
Las Novedades		Joyas de la poesía castellana	1890 n° 3.373 enero 11	anuncio
Las Novedades	Alarcón, P. A. de	Amores y amoríos	1890: n° 3.370 enero 8	anuncio
Las Novedades	Alarcón, P. A. de	El capitán Veneno	1890: n° 3.365 enero 2	anuncio

Revista	Autor	Obra	Fecha	Categoría
Las Novedades	Alarcón, P. A. de	El escándalo	1890: n° 3.365, enero 2	anuncio
Las Novedades	Alarcón, P. A. de	El niño de la bola	1890: n° 3.365, enero 2	anuncio
Las Novedades	Alarcón, P. A. de	El sombrero de tres picos	1890: n° 3.365, enero 2	anuncio
Las Novedades	Alarcón, P. A. de	El niño de la bola	1892: v. 548, septiembre 8	reseña
Las Novedades	Alarcón, P. A. de	Últimos escritos	1891: n° 509, diciembre 10	anuncio
Las Novedades	Alas «Clarín», L.	«Como gustéis»	1892: n° 531, mayo 12	crític
Las Novedades	Alas «Clarín», L.	«Como gustéis»	1892: n° 531, mayo 12; n° 545, agosto 18 y n° 558, noviembre 17	crítica
Las Novedades	Alas «Clarín», L.	«Como gustéis»	1892: n° 545, agosto 18	crítica
Las Novedades	Alas «Clarín», L.	«Como gustéis»	1892: n° 558, noviembre 17	crítica
Las Novedades	Alas «Clarín», L.	«Realidad»	1892: n° 525, marzo 31	crítica
Las Novedades	Alas «Clarín», L.	La Regenta	1891: n° 509, diciembre 10	anuncio
Las Novedades	Alas «Clarín», L.	Mezclilla	1890: n° 3.370, enero 8	anuncio
Las Novedades	Alas «Clarín», L.	Mis plagios	1890: n° 3.365, enero 2	anuncio
Las Novedades	Alas «Clarín», L.	Rafael Calvo y el teatro español	1890: n° 3.370, enero 8	anuncio
Las Novedades	Blanco y Sánchez, R.	«Correspondencia literaria»	1891, n° 482, 4 de junio, p. 14.	crítica
Las Novedades	Caballero, F.	La familia de Alvareda	1890: n° 3.365, enero 2	anuncio
Las Novedades	Caballero, F.	La gaviota	1890: n° 3.365, enero 2	anuncio
Las Novedades	Campoamor, R. de	El licenciado Torralba	1890: n° 3.370, enero 8	anuncio
Las Novedades	Canel, E.	Cosas del otro mundo	1890: n° 3.365, enero 2	anuncio
Las Novedades	Castelar, E.	«Castelar y el centenario de Colón»	1890: n° 475, abril 16	colaboración
Las Novedades	Castelar, E.	«Crónica Internacional»	1892: n° 557, noviembre 10	crónica
Las Novedades	Castelar, E.	«Historia de un amor» «Una boda»	1892: n° 552, octubre 6	colaboración
Las Novedades	Castelar, E.	«La última epopeya, Colón» visto por Castelar»	1892: n° 555, octubre 27	colaboración
Las Novedades	Castelar, E.	«Revista americana»	1890: n° 3.375, enero 14	colaboración

Revista	Autor	Obra	Fecha	Categoría
Las Novedades	Castelar, E.	«Revista americana»	1890: n° 3.375, enero 14	colaboración
Las Novedades	E.C.	«Benito Pérez Galdós, un recuerdo»	1892: n° 537, junio 23	crítica
Las Novedades	Echegaray, J.	Irene de Otranto	1891: n° 509, diciembre 10	anuncio
Las Novedades	Iriarte	Fábulas	1890: n° 3.365, enero 2	anuncio
Las Novedades	León, Fray L. de	La perfecta casada	1890: n° 3.365, enero 2	anuncio
Las Novedades	Núñez de Arce, G.	La pesca	1890: n° 3.370, enero 8	anuncio
Las Novedades	Núñez de Arce, G.	El vértigo	1890: n° 3.370, enero 8	anuncio
Las Novedades	Palacio Valdés, A.	Aguas fuertes	1890: n° 3.365, enero 2	anuncio
Las Novedades	Palacio Valdés, A.	El cuarto poder	1890: n° 3.370, enero 8	anuncio
Las Novedades	Palacio Valdés, A.	José	1890: n° 3.365, enero 2	anuncio
Las Novedades	Palacio Valdés, A.	Maximina	1890: n° 3.365, enero 2	anuncio
Las Novedades	Pardo Bazán, E.	«12 de octubre de 1492»	1891: n° 501, octubre 15	colaboración
Las Novedades	Pardo Bazán, E.	«A los gallegos residentes en Sud-América»	1891: n° 501, octubre 15, p. 2.	
Las Novedades	Pardo Bazán, E.	«La hierba milagrosa»	1892: n° 558, noviembre 17	cuento
Las Novedades	Pardo Bazán, E.	«La mujer española»	1890: n° 443, septiembre 4, p. 14	colaboración
Las Novedades	Pardo Bazán, E.	«Para la mujer»	1892: n° 532, mayo 19, p. 1	colaboración
Las Novedades	Pardo Bazán, E.	«Remordimiento»	1892: n° 56, noviembre 3	cuento
Las Novedades	Pardo Bazán, E.	Al pie de la torre Eiffel	1890: n° 3.365, enero 2	anuncio
Las Novedades	Pardo Bazán, E.	Morriña	1890: n° 3.365, enero 2	anuncio
Las Novedades	Pardo Bazán, E.	Morriña	1891: n° 501, octubre 15	anuncio de traducción
Las Novedades	Pardo Bazán, E.	Un viaje de novios	1890: n° 3.365, enero 2	anuncio
Las Novedades	Pedreira, L.	«La piedra angular»	1892: n° 519, febrero 18	crítica
Las Novedades	Pereda, J. M.ª de	«Una carta de Pereda»	1892: n° 564, 29 diciembre	crítica
Las Novedades	Pereda, J. M.ª de	Los hombres de pro	1890: n° 3.370, enero 8	anuncio
Las Novedades	Pereda, J. M.ª de	Tipos y paisajes	1890: n° 3.370, enero 8	anuncio
Las Novedades	Pereda, J. M.ª de	De tal palo tal astilla	1890: n° 3.365, enero 2	anuncio
Las Novedades	Pereda, J. M.ª de	Don Gonzalo González de la Gonzalera	1890: n° 3.370, enero 8	anuncio

Revista	Autor	Obra	Fecha	Categoría
Las Novedades	Pereda, J. M.ª de	*El buey suelto*	1890: nº 3.365, enero 2	anuncio
Las Novedades	Pereda, J. M.ª de	*El sabor de la tierruca*	1890: nº 3.365, enero 2	anuncio
Las Novedades	Pereda, J. M.ª de	*Esbozos y rasguños*	1890: nº 3.365, enero 2	anuncio
Las Novedades	Pereda, J. M.ª de	*La Montálvez*	1890: nº 3.365, enero 2	anuncio
Las Novedades	Pereda, J. M.ª de	*La Puchera*	1890: nº 3.370, enero 8	anuncio
Las Novedades	Pereda, J. M.ª de	*Sotileza*	1890: nº 3.370, enero 8	anuncio
Las Novedades	Pereda, J. M.ª de	*Tipos y paisajes*	1890: nº 3.365, enero 2	anuncio
Las Novedades	Pérez Galdós, B.	*¡Misericordia!*	1891: nº 509, diciembre 10	anuncio
Las Novedades	Pérez Galdós, B.	*Doña Perfecta*	1890: nº 3.370, enero 8	anuncio
Las Novedades	Pérez Galdós, B.	*El amigo manso*	1890: nº 3.365, enero 2	anuncio
Las Novedades	Pérez Galdós, B.	*El audaz*	1890: nº 3.365, enero 2	anuncio
Las Novedades	Pérez Galdós, B.	*Episodios Nacionales*	1890: nº 3.365, enero 2	anuncio
Las Novedades	Pérez Galdós, B.	*La de Bringas*	1890: nº 3.365, enero 2	anuncio
Las Novedades	Pérez Galdós, B.	*La desheredada*	1890: nº 3.365, enero 2	anuncio
Las Novedades	Pérez Galdós, B.	*La desheredada*	1890: nº 3.370, enero	anuncio
Las Novedades	Pérez Galdós, B.	*La familia de León Roch*	1890: nº 3.365, enero 2	anuncio
Las Novedades	Pérez Galdós, B.	*La fontana de oro*	1890: nº 3.370, enero 8	anuncio
Las Novedades	Pérez Galdós, B.	*Marianela*	1890: nº 3.365, enero 2	anuncio
Las Novedades	Pérez Galdós, B.	*Tormento*	1890: nº 3.365, enero 2	anuncio
Las Novedades	Pérez Galdós, B.	*Torquemada*	1890: nº 3.365, enero 2	anuncio
Las Novedades	Prieto y Sánchez, E.	«Un libro de *Clarín*»	1892: nº 522, marzo 10, p. 6	crítica
Las Novedades	Rueda, S.	*El gusano de luz*	1890: nº 3.370, enero 8	anuncio
Las Novedades	Rueda, S.	*Himno a la carne*	1891: nº 509, diciembre 10	anuncio
Las Novedades	Samaniego	*Fábulas*	1890: nº 3.370, enero 8	anuncio
Las Novedades	Sinués M. Pª	*Como aman las mujeres*	1890: nº 3.365, enero 2	anuncio
Las Novedades	Sinués, M.ª P.	*Plácida y un drama de familia*	1890: nº 3.370, enero 8	anuncio
Las Novedades	Valera, J.	«Cartas americanas»	1890: nº 445, septiembre 18	colaboración
Las Novedades	Valera, J.	«Nuevas cartas americanas I»	1890: nº 445, septiembre 18	colaboración
Las Novedades	Valera, J.	«Nuevas cartas americanas II»	1890: nº 446, septiembre 25	colaboración

Revista	Autor	Obra	Fecha	Categoría
Las Novedades	Valera, J.	«Un artículo de D. Juan Valera»	1892: n° 530, mayo 5	colaboración
Las Novedades	Valera, J.	Cartas americanas	1890: n° 3.365, enero 2	anuncio
Las Novedades	Valera, J.	Cartas americanas	1890: n° 3.370, enero 8	anuncio
Las Novedades	Valera, J.	Doña Luz	1891 v. 47, abril 30	reseña a la traducción
Las Novedades	Valera, J.	Doña Luz	1891: n° 472, marzo 26	anuncio de traducción
Littell's Living Age	Castelar, E.	«El espíritu y la naturaleza»	1898: n° 36, junio 23	colaboración
Littell's Living Age	Alarcón, P. A. de	«The cornet player»	1897: v. CCXII, enero-marzo, pp. 651-655	cuento
Littell's Living Age	Alarcón, P. A. de	«The record book: a rural story»	1897: v. CCXII, enero-marzo, pp. 269-273	cuento
Littell's Living Age	Alarcón, P. A. de	«The two glories»	1897: v. CCXII, enero-marzo, pp. 407-409	cuento
Littell's Living Age	Alarcón, P. A. de	«The alcalde who was a charcoal-burner»	1899: v.CCXXIII, octubre-diciembre, pp. 514-520	cuento
Littell's Living Age	Alarcón, P. A. de	«What the gypsy foretold»	1899: v. CCXXI, abril-junio, pp. 821-826	cuento
Littell's Living Age	Castelar, E.	«The career and character of Cánovas»	1897: v. CCXV, octubre-diciembre, pp. 368-371	colaboración
Littell's Living Age	Coloma, L., S.J.	Currita, countess of Albornoz	1900: v. CCXXV, abril-junio	anuncio
Littell's Living Age	Gómez Baquero, E.	«In what does the strength of nations consist?»	1899: v. CCXX, enero-marzo	colaboración
Littell's Living Age	Gómez Baquero, E.	«Pérez Galdós and Pereda in the spanish Academy»	1897: v. CCXIV, julio-septiembre, pp. 330-335	colaboración
Littell's Living Age	Jaccaci, Autust F.	«On the trail of Don Quixote»	1897: v. CCXII	anuncio
Littell's Living Age	Nixon, H. F.	With a pessimist in Spain	1897: v. CCXV oct.-dic.; 1900: v. CCXXIV enero-marzo	anuncio
Littell's Living Age	Palacio Valdés, A.	«In the National Library at Madrid»	1899: v. CCXXII, julio-septiembre, pp. 720-723	colaboración
Littell's Living Age	Pardo Bazán, E.	«The grand prize»	1897: v. CCXV, octubre-diciembre, pp. 459-462	colaboración

Revista	Autor	Obra	Fecha	Categoría
Littell's Living Age	Pardo Bazán, E.	«The spanish dynasty and the queen Regent»	1898: v. CCXVIII, julio-septiembre pp. 717-720	colaboración
Littell's Living Age	Pardo Bazán, E.	«The statesmen of Spain»	1897: v. CCXIII, abril-junio, pp. 617-624	colaboración
Littell's Living Age	Pardo Bazán, E.	«The women of Spain»	1889 v. CLXXXII: pp. 153-168	colaboración
Littell's Living Age	Pérez Galdós, B.	«In praise of June»	1900: v. CCXXV, abril-junio, pp. 741-749	cuento
Littell's Living Age	Pérez Galdós, B.	Saragossa	1899: v. CCXXIII oct.-dic. p. 603	traducción
Littell's Living Age	Wormeley Latimer, E.	Spain in the nineteenth century	1897: v. CCXV oct.-dic.	anuncio
North American Review	Anónimo	Santa Teresa	1894: v. 158 p. 2	colaboración
North American Review	Arzobispo de Dublin	An essay of the life and genius of Calderón	1880: v. 131, pp. 461-463	colaboración
North American Review	Canel, E.	«The spanish woman»	1893: v. CLVII	colaboración
North American Review	Palacio Valdés, A.	Maximina	1888: v. 147 p. 115	reseña
North American Review	Pérez Galdós, B.	Doña Perfecta	1895: v. 161 p. 8	anuncio de traducción
North American Review	Pérez Galdós, B.	Leon Roch: a romance	1888: v. 147 p. 239	anuncio de traducción
Revista Católica		«Máximas de D. Quijote»	1893: nº 21 mayo 21	
Revista Católica		«Máximas de Don Quijote»	1889: nº 37 septiembre 14	
Revista Católica	Anónimo	«Todavía el novelista Zola»: «el novelista francés tan enemigo y despreciador de lo sobrenatural...»	1892: nº 40, octubre 2	colaboración
Revista Católica	Caballero, F.	«Con mal o con bien a los tuyos te ten»	1886: nº 44, octubre 31 al nº 51 diciembre 19	novela
Revista Católica	Caballero, F.	«La limosna»	1894: nº 7 febrero 18	cuento
Revista Católica	Caballero, F.	«Un servilón y un liberalito»	1896: nº 37 septiembre 13 al nº 46 noviembre 14	novela
Revista Católica	Caballero, F.	«Una en otra»	1886: nº 24 junio 13 al nº 43 octubre 24	novela

Revista	Autor	Obra	Fecha	Categoría
Revista Católica	Coloma, L., S.J.	«¡Era un santo!»	1889: n° 29, julio 21 al n° 36 septiembre 8	relato corto
Revista Católica	Coloma, L., S.J.	«¡Porrita componte!»	1890: n° 20, mayo 17 al n° 21 mayo 25	cuento
Revista Católica	Coloma, L., S.J.	«¿Qué sería...?»	1891: n° 16, abril 19 al n° 18 mayo 3	novela
Revista Católica	Coloma, L., S.J.	«El viernes de Dolores»	1885: n° 10 y 11, marzo 8 y 15	cuento
Revista Católica	Coloma, L., S.J.	«Juan Miseria»	1890: n° 22, junio 2 al n° 41 octubre 12	cuadro
Revista Católica	Coloma, L., S.J.	«La almohadita del Niño Jesús»	1891: n° 1, enero 4 al n° 3 enero 18	cuento
Revista Católica	Coloma, L., S.J.	«La gorriona»	1887: n° 28, junio 10 al n° 35 septiembre 25	relato corto
Revista Católica	Coloma, L., S.J.	«Miguel»	1885: n° 9, marzo 1	cuento
Revista Católica	Coloma, L., S.J.	«Platillo»	1887: n° 36, octubre 2 al n° 41 noviembre 7	cuento
Revista Católica	Coloma, L., S.J.	«Por un piojo...»	1889: n° 41, octubre 13	relato corto
Revista Católica	«Lista, A.» (Luisa Torralba de Martí)	«Cadena de oro»	1893: n° 28, julio 9 al n° 49 diciembre 3	novela
Revista Católica	«Lista, A.» (Luisa Torralba de Martí)	«Cruz y corona, páginas íntimas de una pobre huérfana»	1889: n° 10, marzo 10 al n° 28 julio 14	novela
Revista Católica	Lista, A. (Luisa Torralba de Martí)	«Fe, esperanza y caridad»	1890: n° 1, enero 5 al n° 18 mayo 4	novela
Revista Católica	«Lista, A.» (Luisa Torralba de Martí)	«Honra por honra»	1891: n° 50, diciembre 13	relato corto
Revista Católica	«Lista, A.» (Luisa Torralba de Martí)	«La caridad de Cristo»	1900: n° 47, noviembre 25 al n° 51, diciembre 23	novela
Revista Católica	«Lista, A.» (Luisa Torralba de Martí)	«La firma del banquero»	1898: n° 37, septiembre 9 al n° 43, octubre 23	novela
Revista Católica	«Lista, A» (Luisa Torralba de Martí)	«Las alas del ángel»	1899: n° 41, octubre 8 al n° 52, octubre 15	cuento
Revista Católica	«Lista, A.» (Luisa Torralba de Martí)	«Los zapatitos blancos»	1894: n° 41, octubre 14 al n° 42, octubre 21	cuento
Revista Católica	«Lista, A.» (Luisa Torralba de Martí)	«No codiciarás los bienes ajenos»	1895: n° 24, junio 16 al n° 26, junio 30	relato corto
Revista Católica	«Lista, A.» (Luisa Torralba de Martí)	«No habéis de ser menos»	1898: n° 45, noviembre 6	cuento

Revista	Autor	Obra	Fecha	Categoría
Revista Católica	«Lista, A.» (Luisa Torralba de Martí)	«No hurtarás»	1895: n° 21, mayo 25 al n° 23, junio 9	relato corto
Revista Católica	«Lista, A.» (Luisa Torralba de Martí)	«Perdonar las injurias»	1891: n° 24, junio 14 al n° 26, junio 28	cuadro
Revista Católica	«Lista, A.» (Luisa Torralba de Martí)	«Un favor de S. Antonio»	1900: n° 28, julio 15 al n° 29, julio 22	cuento
Revista Católica	Pardo Bazán, E.	«Los huevos pasados»	1896: n° 43, octubre 24	cuento
Revista Católica	Polo y Peyrolón, M.	«Restituciones de ultratumba»	1897: n° 8, febrero 21	cuento
Revista Católica	Polo y Peyrolón, M.	«El árbol y el fruto»	1900: n° 28, julio 15	cuento
Revista Católica	Polo y Peyrolón, M.	«El hombre cero»	1900: n° 32, agosto 12	colaboración
Revista Católica	Polo y Peyrolón, M.	«El sí de una serrana»	1897: n° 21, mayo 23 al n° 25, junio 20	novela
Revista Católica	Polo y Peyrolón, M.	«Elocuencia de un cadáver»	1897: n° 10, marzo 7 al n° 13, marzo 28	novela
Revista Católica	Polo y Peyrolón, M.	«Las tres gracias»	1900: n° 6, febrero 11	cuento
Revista Católica	Polo y Peyrolón, M.	«Moscas protestantes»	1897: n° 46, noviembre 14	fábula
Revista Católica	Polo y Peyrolón, M.	«Sermón al aire libre»	1897: n° 30, julio 24	cuadro
Revista Católica	Polo y Peyrolón, M.	«Tres en uno»	1892: n° 1, enero 3 al n° 3, enero 17	novela
Revista Católica	Pujol de Collado, J.	«Filia Luminis»	1899: n° 1, enero 1 al n° 2 enero 8	cuento
Revista Católica	*Raquel* (Carmen de Burgos)	«El silencio (de 'Las florecitas dedicadas a mi hija')»	1897: n° 32, agosto 8	relato corto
Revista Católica	*Raquel* (Carmen de Burgos)	«En primera línea»	1899: n° 5, enero 29	colaboración
Revista Católica	*Raquel* (Carmen de Burgos)	«La abnegación (de 'Las florecitas' dedicadas a mi hija)»	1898: n° 3, enero 16	relato corto
Revista Católica	*Raquel* (Carmen de Burgos)	«La vanidad (De 'Las florecitas' dedicadas a mi hija)»	1897: n° 17, abril 25	relato corto
Revista Católica	*Raquel* (Carmen de Burgos)	«Las bodas»	1899: n° 31, julio 31	colaboración
Revista Católica	*Raquel* (Carmen de Burgos)	«Los ángeles se van, historia para niños y mamás»	1895: n° 17, abril 28 al n° 19, mayo 12	relato corto

Revista	Autor	Obra	Fecha	Categoría
Revista Católica	Raquel (Carmen de Burgos)	«Obras vacías...»	1898: n° 17, abril 23	relato corto
Revista Católica	Raquel (Carmen de Burgos)	«Sin Dios»	1900: n° 1, enero 7 al n° 15, abril 15	novela
Revista Católica	Trueba, A.	«El tío Ínterés (cuento popular)»	1897: n° 32, agosto 8	cuento
Revista Católica	Trueba, A.	«Pedernal y oro, leyenda»	1896: n° 11, marzo 15	leyenda
Scribner's Monthly	Cervantes Saavedra, M. de	The Ingenious Gentleman Don Quixote, of La Mancha	v. II 1887	anuncio de traducción
Scribner's Monthly	Fitzmaurice-Kelly, J.	Spanish Literature	1898: v. XXIV	anuncio
Scribner's Monthly	Ormsby, J.	Don Quixote	1897: v. XXI	anuncio de traducción
Scribner's Monthly	Palacio Valdés, A.	The Marquis of Peñalta (Marta y María)	1887: v. I, p. 23	anuncio de traducción
Scribner's Monthly	Bishop, William H.	«A day in literary Madrid»	1890: v. VII, pp. 187-200	artículo

BIBLIOGRAFÍA

EDICIONES EN INGLÉS DE LOS AUTORES ESPAÑOLES EN ESTADOS UNIDOS
(1875-1908)

Pedro Antonio de Alarcón

ALARCÓN, Pedro Antonio (1881): *An epitome of modern European literature* traducción Frances C. Henderson (1820-1897) Philadelphia: Lippincott, 2ª ed. 1883.
— (1886): *The three-cornered hat and other Spanish stories*, London: Vizetelly, colección: Vizetelly's sixpenny series of entertaining books.
— (1890): *Modern ghosts*, traducción de Craig, Mary A. Nueva York: Harper & Brothers, colección: Continental classics.
— (1891): *Moors and christians, and other tales*, traducción de Mary J. Serrano, Nueva York: Cassell.
— (1891): *The three-cornered hat*, traducción de Mary Springer, Nueva York: Cassell.
— (1892): *The child of the ball*, traducción de Mary J. Serrano, Nueva York: Cassell publishing company, colección: Cassell's sunshine series.
— (1893): *Brunhilda or the last act of Norma*, traducción de Frances J.A. Darr.
— (1894): *El final de Norma*; arreglada y anotada en inglés por Rafael Díez de la Cortina; William B. Jenkins.
— (1898): *The tall woman*, Nueva York: Scribner's, colección: Stories by foreign authors.
— (1899): *El capitán Veneno*, con notas, ejercicios y vocabulario de J.D.M. Ford; Heath.

Fernán Caballero

CABALLERO, Fernán (1877): *La gaviota, The sea-gull, or, The lost beauty*, Philadelphia: T.B. Peterson.

— (1880): *Spanish fairy tales*, traducción de Ingram, J. H., Philadelphia: J.B. Lippincott.

— (1880): *Six life studies of famous women*, Edwards, Matilda Barbara Betham, 1836-1919, Nueva York: Dutton, colección: Gerritsen collection of women's history.

— (1881): *The bird of truth and other fairy tales*, traducción de J.H. Ingram, Nueva York: W.S. Sonnenschein & Allen.

— (1896): *Elia, or Spain fifty years ago*, Nueva York: Christian Press.

— (1900): *Spanish short stories*, Seattle.

Armando Palacio Valdés

PALACIO VALDÉS, Armando (1886): *The Marquis of Peñalta, a realistic social novel*, Dole, Nathan Haskell (trad.); 1852-1935, Nueva York, T.Y. Cromwell & Co.

— (1888): *Maximina y Don Armando Palacio Valdés*, Dole, Nathan Haskell 1852- (trad.) Nueva York: Thomas Y. Cromwell.

— (1890): *Scum*, Nueva York: United States Book Co., colección: Lovell's foreign series.

— (1892): *Faith*, Hapgood, Isabel Florence (trad.) 1850-1928, Nueva York: Cassell publishing company

— (1894): *The origin of thought*, Isabel Florence (trad.) 1850-1928, Nueva York: I.F. Hapgood, se incluye un extracto de la crítica de Cosmopolitan Magazine de 1894.

— (1895): *The grandee*, Nueva York: Geo. Gottsberger Peck.

— (1900): *The joy of captain Ribot*, trad. Minna Caroline Smith, Nueva York.

— (1900): *José*, ed. F.J.A. Davidson, Boston: D.C. Heath & Company, colección: Heath's modern language series, editada con vocabulario de Alice P. Hubbard.

— (1901): *José*, trad. Minna Caroline Smith, Nueva York

— (1906): *La alegría del capitán Ribot* ed. Morrison y Churchman, Boston.

Emilia Pardo Bazán

PARDO BAZÁN, Emilia (1890): *Russia, its people and its literature*, trad. F.H. Gardiner, Chicago: A.C. McClurg & Company.

— (1891): *A christian woman*, Springer, Mary (trad.) Nueva York: Cassell publishing company.

— (1891): *Morriña* (Homesickness) Serrano, Mary Jane Christie (trad.) Nueva York: Cassell Publishing Company.

— (1891): *The swan of Vilamorta*, trad. Mary J. Serrano, Nueva York: Cassell Publihing Company.

— (1891): *A wedding trip*, Serrano, Mary Jane Christie (trad.) Chicago: E. A. Weeks.

— (1891): *A wedding trip*, Serrano, Mary Jane Christie (trad.) Nueva York: Cassell Publishing Company.

— (1891): *The angular stone*, Mary J. Serrano (trad.) Nueva York: Cassell publishing company.

— (1892): *The angular stone*, Serrano, Mary Jane Christie (trad.) Nueva York: Mershon Company.

— (1900): *Secret of the yew tree or A christian woman*, M. Springer (trad.) Nueva York: The Mershon company.

— (1900): *A Galician's girl romance (Morriña)* Mary Serrano (trad.) Nueva York: The Mershon Company

— (1900): *Pascual López*, con notas en inglés y vocabulario por el profesor W.I. Knapp, Phd. LL D., Nueva York: Ginn and Company.

PLUMBER, Mary Wright (ed.) (1899, 1900): *Contemporary Spain as shown by her novelists 1856-1916, a* compilation by Mary Wright Plumber, with an introduction by Edward E. Hale, comp.; Alarcón, Pedro Antonio de; 1833-1891; Pardo Bazán, Emilia; condesa de; 1852-1921; Pérez Galdós, Benito; 1843-1920; Palacio Valdés, Armando; 1853-; Valera y Alcalá Gallano, Juan; 1824-1905. Nueva York: Truslove; London: Hanson & Comba.

WARNER, Ch. D. (ed.) (1896): *Library of the world's best literature: ancient and modern*. v.XIX, Nueva York: R.S. Peale.

Benito Pérez Galdós

PÉREZ GALDÓS, Benito (1882): *Gloria*, New York: William S. Gottsberger.

— (1883): *Doña Perfecta*, Clara Bell (trad.) New York: George Munro.

— (1883): *Marianela*, New York: William S. Gottsberger.

— (1884): *Trafalgar*, Clara Bell (trad.) New York: William S. Gottsberger.

— (1886): *The court of Charles IV. A romance of the Escorial*, Clara Bell (trad.) New York: William S. Gottsberger.

— (1888): *León Roch* (2 vols.) Clara Bell (trad.) New York: William S. Gottsberger.

— (1892): *Marianela: a story of spanish love*, traducida por Helen W. Lester, Chicago: A.C. McClurg & Company.

— (1895): R. Ogden (ed.) *La batalla de los Arapiles*, Philadelphia: J.B. Lippincott.

— (1896): *Doña Perfecta*, Mary J. Serrano (trad.) con introducción de W.D. Howells, New York: Harper & Brothers.

— (1897): *Doña Perfecta*, con introducción y notas de A. R. Marsh, Boston: Ginn.
— (1899): *Saragossa*, Minna C. Smith, New York: Little, Brown & Company.
— (1903): *Doña Perfecta*, con introducción, notas y vocabulario de Edwin Seelye Lewis Ph.D., Nueva York: American book company.
— (1903): *Marianela*, J. Geddes y M. Joselyn Freeman (eds.) Boston.
— (1903): *Marianela*, New York: W.R. Jenkins.

Luis Taboada

POTTER, Murray Anthony (ed.) (1907): *Cuentos alegres*, Boston: Heath & Co.

Juan Valera

VALERA, Juan (1886): *Pepita Ximénez the spanish of Juan Valera with and introduction by the author written specially for this edition*, Nueva York: Appleton & Company.
— (1891): *Don Braulio*, traducción de Clara Bell, Nueva York: Appleton.
— (1891): *Doña Luz*, traducción de Mary J. Serrano, Nueva York: Appleton, con introducción recogida en Harper´s Magazine: «Valera and Doña Luz» por W.D. Howells, Colección: Appletons' town and country library.
— (1898): *Pepita Ximenez*, nueva edición con introducción del autor, Nueva York: D. Appleton.
— (1908): *Pepita Jiménez*, Death's Modern Language Series editada con notas y vocabulario por G.L., Lincoln/Harvard University. Boston: Heath & Company.

EDICIONES DE AUTORES ESPAÑOLES REVISADAS

Pedro Antonio de Alarcón (1833-1891)

ALARCÓN, Pedro Antonio de (1891): *El sombrero de tres picos*, Madrid: Imprenta de Manuel Tello.
— (1894): *El sombrero de tres picos*, Madrid: Sucesores de Rivadeneyra.
— (1893): *El final de Norma*, Madrid: Sucesores de Rivadeneyra.
— (1974): *Novelas completas*, Madrid: Aguilar.
DE COSTER, Cyrus C. (1979): *Pedro Antonio de Alarcón*, Boston: Twayne.
ESTRUCH TOBELLA, Joan (1991): «Revisión de Alarcón», Cuadernos Hispanoamericanos, 498: 123-127.

FUENTE BALLESTEROS, Ricardo de la (1994): «Pedro Antonio de Alarcón, el impresionable», en Francisco Rico (ed.) *Historia y crítica de la literatura española*, v. 5, Barcelona: Crítica, p. 276-278.

GULLÓN, Germán (1991): «La novela de Alarcón y el envés de la narrativa decimonónica», *Ínsula*, 535: 31-32

GUTIÉRREZ FLÓREZ, Fabián (1991): «El inmarcesible romanticismo de Alarcón: *El final de Norma*», *Ínsula*, 535: 15-16.

HOOC, David (1984): *Alarcón. El sombrero de tres picos*, London: Grant & Cutler Tamesis.

MONTESINOS, José F. (1977): *Estudios sobre la novela española del siglo XIX, Pedro Antonio de Alarcón*, Madrid: Editorial Castalia.

PARDO BAZÁN, Emilia (1908): «Pedro Antonio de Alarcón», *Retratos y apuntes literarios, Obras Completas*, Madrid: Aguilar.

— Alarcón, estudio biográfico. Madrid: Imprenta de la Compañía de Impresores y Libreros a cargo de D. A. Avrial.

RODALE, Jerome I. (sel.) (1948): *Pedro Antonio de Alarcón, tales from the spanish*. Pensilvania: The story classics.

ROMANO, Julio (1933): *Pedro Antonio de Alarcón, el novelista romántico*, Madrid: Espasa-Calpe.

ROYO LATORRE, M.ª Dolores (ed.) (1994): *Pedro Antonio de Alarcón, relatos*. Universidad de Extremadura. Salamanca: Artes Gráficas.

WHISTON, James (1990): «The pluralism of Alarcon´s *El niño de la bola*», *Bulletin of Hispanic Studies*, LXVII, 4: 357-368.

Leopoldo Alas «Clarín» (1852-1901)

BESER, Sergio (ed.) (1972): *Leopoldo Alas: teoría y crítica de la novela española*, Barcelona: Laia.

— (1968): *Leopoldo Alas, crítico literario*, Madrid: Gredos.

BOTREL, Jean F. (1985): «De periodista a periodista: diez cartas de Clarín a Luis París», *Letras de Deusto*, XV: 171-184.

BLANQUAT, Josette, y BOTREL, Jean F. (1981): *Clarín y sus editores, 65 cartas de Clarín 1884-1893*, Rennes: Université de Haute Bretagne.

CABEZAS, José A. (ed.) (1947): *Leopoldo Alas «Clarín» obras selectas*, Biblioteca nueva, Madrid: Bolaños y Aguilar.

GÓMEZ-SANTOS, Marino (1952): *Leopoldo A. «Clarín», ensayo bio-bibliográfico*, Oviedo. I.D.E.A.

LISSORGUES, Yvan (1980): *La producción periodística de Leopoldo Alas («Clarín»)* Toulouse: Université de Toulouse-Le Mirail.

— (1985): «Unamuno y Clarín: ¿una amistad frustrada?», *Letras de Deusto*, v. XV: 99-101.

— (1989): *Leopoldo Alas, «Clarín», narraciones breves*. Barcelona: Anthropos.

MARTÍNEZ CACHERO, José M.ª (ed.) (1973): *Leopoldo Alas «Clarín», Palique*, Barcelona: Labor, colección Textos hispánicos.

RODÓ, José E. (1988): «La crítica de Clarín» en Adolfo Sotelo Vázquez (dtor.) (1988) *Leopoldo Alas y el fin de siglo*, Barcelona: PPU, colección Literatura y Pensamiento en España (siglos XVIII-XIX-XX).

SOTELO VÁZQUEZ, Adolfo (ed.) (1994): *Los artículos de Leopoldo Alas «Clarín» publicados en «Las Novedades», Nueva York, 1894-1897, Cuadernos Hispanoamericanos*, Los Complementarios 13/14, junio 1994.

— (1998): *Leopoldo Alas y el fin de siglo*, Barcelona: PPU, colección Literatura y Pensamiento en España (siglos XVIII-XIX-XX).

TORRES, David (1987): *Studies on Clarín: an annotated bibliography*, London: The Scarecrow Press.

VALIS, Noël (1986): *Leopoldo Alas (Clarín) an annotated bibliography*, London: Grant & Cutler.

VILANOVA, Antonio (ed.) (1991): *Ensayos y revistas de «Clarín»*, Barcelona: Lumen.

Gustavo Adolfo Bécquer (1836-1870)

BÉCQUER, Gustavo Adolfo (1973): *Obras completas*, Madrid: Aguilar.

BENÍTEZ, Rubén (ed.) (1974): *Bécquer: leyendas y otros relatos*, Barcelona: Labor.

— (1990): *Gustavo Adolfo Bécquer, Rimas. Leyendas escogidas*, Taurus: Madrid.

ESTRUCH TOBELLA, Joan (1994): *Gustavo Adolfo Bécquer, Leyendas*, Barcelona: Crítica.

MONTALVO, Yolanda (1983): *Las voces narrativas de Gustavo Adolfo Bécquer*, New York: University Press.

PALENQUE, Marta (1990): *El poeta y el burgués (poesía y público, 1850-1900)* Sevilla: Alfar.

RODRÍGUEZ CORREA, Ramón (ed.) (1871): *Obras completas de Gustavo Adolfo Bécquer*, Madrid: Fortanet.

SEBOLD, Russell P. (ed.) (1985): *Gustavo Adolfo Bécquer*, Madrid: Taurus.

— (1989): *Bécquer en sus narraciones fantásticas*, Madrid: Taurus.

Carmen de Burgos (1867-1932)

BALLARÍN DOMINGO, Pilar (1996): «Carmen de Burgos y la educación de las mujeres». En Naveros & Navarrete-Galiano (eds.) 1996.

DE BURGOS, Carmen (1908): *Cuentos de Colombine*, Valencia: F. Sampere.

— (1913): *Al balcón*, Valencia: imprenta de F. Sampere y Compañía.

— (1911): *Misión social de la mujer,* Conferencia dada el 18 de febrero de 1911 en la Sociedad «El Sitio», Bilbao: Imprenta José Rojas Núñez.

— (1916): *Confidencias de artistas,* Madrid: Sociedad Española de Librería.

— (1925): *Mis mejores cuentos,* Madrid: Prensa Popular.

CATRINA IMBODEN, Rita (2001): *Carmen de Burgos «Colombine» y la novela corta,* Bern: Peter Lang, colección Perspectivas Hispánicas.

MARTÍNEZ GARRIDO, Elisa (1996): «Amor y feminidad en las escritoras de principio de siglo». En Naveros & Navarrete-Galiano (eds.).

MARTÍNEZ LÓPEZ, Candida (1996): «Mujeres, cultura y poder, metáforas de ausencias y silencios». En Naveros & Navarrete-Galiano (eds.).

MORENO BARÓ, Concepción (1996): «La Almería de la época de Colombine». En Naveros & Navarrete-Galiano (eds.).

NAVARRETE-GALIANO, Ramón (1996): «Las bodas de sangre de Carmen de Burgos. Puñal de claveles o la esperanza de la rebeldía», en Naveros, Miguel y Ramón Navarrete-Galiano (eds.) *Carmen de Burgos: aproximación a la obra de una escritora comprometida,* Diputación de Almería: Instituto de Estudios Almerienses.

NAVEROS, Miguel, y NAVARRETE-GALIANO, Ramón (eds.) (1996): *Carmen de Burgos: aproximación a la obra de una escritora comprometida,* Diputación de Almería: Instituto de Estudios Almerienses.

NÚÑEZ REY, Concepción (ed.) (1989): *Carmen de Burgos, Colombine, La flor de la playa y otras novelas cortas,* Madrid: Castalia, Instituto de la Mujer, Biblioteca de Escritoras.

— (1991): «Carmen de Burgos "Colombine" (1867-1932). Biografía y obra literaria». Tesis de doctorado, Madrid: Universidad Complutense.

— (1996): «Carmen de Burgos y su obra literaria», en Naveros, Miguel y Ramón Navarrete-Galiano (eds.) *Carmen de Burgos: aproximación a la obra de una escritora comprometida,* Diputación de Almería: Instituto de Estudios Almerienses.

STARCEVIC, Elizabeth (1996): «Carmen de Burgos, precursora del feminismo», en Naveros, Miguel y Ramón Navarrete-Galiano (eds.) *Carmen de Burgos: aproximación a la obra de una escritora comprometida,* Diputación de Almería: Instituto de Estudios Almerienses.

Fernán Caballero (1796-1877)

BAQUERO GOYANES, Mariano (1944): *Cecilia Böhl de Faber («Fernán Caballero») y Juan Eugenio Hartzenbusch. Una correspondencia inédita* Madrid: Espasa-Calpe.

CABALLERO, Fernán (1886): *Air built castles,* traducción de Fernán Pauli, London: The London literary society.

— (1862): *Colección de artículos religiosos y morales*, Cádiz: Eduardo Gautier.

— (1961): *Obras completas*, Madrid: Atlas, Biblioteca de Autores Españoles.

CANTOS CASENAVE, María E. (1996): «Los relatos de Fernán Caballero entre costumbrismo y realismo», *Siglo XIX*, 2: 187-200.

CÁSEDA TERESA, Jesús (1987): «Costumbrismo y estética literaria de Fernán Caballero», *Cuadernos de Investigación Literaria*, 12-13: 69-82.

CASTILLO, Rafael (1978): «Los prólogos a las novelas de Fernán Caballero y los problemas del realismo», *Letras de Deusto*, VIII, 15: 185-193.

COLOMA, S.J., Luis (1911): *Recuerdos de Fernán Caballero*, Bilbao: Imprenta del Corazón de Jesús.

FLITTER, Derek W. (1995): «El tradicionalismo romántico en la obra de Fernán Caballero», *Teoría y crítica del romanticismo español*, Madrid: Cambridge University.

GULLÓN, Germán (1976): «El costumbrismo moralizante de Fernán Caballero», *El narrador en la novela del siglo XIX*, Madrid: Taurus, colección Persiles.

HERRERO, Javier (1963): *«Fernán Caballero»: un nuevo planteamiento*, Madrid: Editorial Gredos, colección Biblioteca Románica Hispánica.

HESPELT, Ernest, H., y WILLIAMS, Stanley T. (1934): «Two unpublished anecdotes by Fernán Caballero preserved by Washington Irving», *Modern Language Notes*, XLIX: 25-31.

— (1934): «Washington Irving's notes to Fernán Caballero's stories», *Publication of the Modern Language Association*, XXIX: 1129-1139.

LÓPEZ ARGÜELLO, Alberto (ed.) (1922): *Epistolario de «Fernán Caballero», una colección de cartas inéditas de la novelista*, Barcelona: Sucesores de Juan Gili.

MONTOTO, Santiago (1969): *«Fernán Caballero», algo más que una biografía*, Sevilla: Gráficas del Sur.

DE VALENCINA, Diego (ed.) (1907): *Cartas familiares de «Fernán Caballero»*, Madrid. Imprenta de la Revisión de Archivos y Museos.

— (ed.) (1919): *Cartas de «Fernán Caballero»*, Madrid: Sucursal de Hernando.

WILLIAMS, Stanley T. (1930): «Washington Irving and Fernán Caballero», *Journal of English and Germanic Philology*, XXIX: 352-366.

Emilio Castelar (1832-1899)

FARIAS GARCÍA, Pedro (1999): *Castelar y la prensa*, Madrid: Asociación de editores de diarios españoles, Universidad Complutense de Madrid, Facultad de Ciencias de la Información.

HERNÁNDEZ GUERRERO, José A. (2001): *Emilio Castelar y su época*, Actas del I Seminario Emilio Cstelar y su época, ideología, retórica y poética, Cádiz: Universidad de Cádiz, Fundación Municipal de Cultura del Excelentísimo Ayuntamiento.

RIPOLL, Carlos (1999): *A los cien años de Castelar*, Nueva York: Dos Ríos.

Luis Coloma S.J. (1851-1914)

BENÍTEZ, Rubén (ed.) (1977): *Pequeñeces*, Madrid: Cátedra, 2a.ed.
COLOMA, S.J., Luis (1947): *Obras completas*, Madrid: Sucesores de Rivadeneyra.
— (1952): *Obras completas del P. Luis Coloma, S.J.* Real Academia Española. Madrid: Editorial Razón y Fe, 3a. edición.
ELIZALDE, Ignacio (1992): *Concepción literaria y sociopolítica de la obra de Coloma*, Kassel: Reichenberger.
PARDO BAZÁN, Emilia (s.f.): *Españoles Ilustres, El P. Luis Coloma, Biografía y estudio crítico*, Madrid: Imprenta de Antonio Pérez Dubrull.

Eva Infanzón Canel (1857-1932)

CANEL, Eva (1899): Madrid: Est. Tipología de F. Nozal, 2 vols. *De América: viajes, tradiciones y novelitas cortas*
— (1899): *Cosas del otro mundo. Viajes, historias y cuentos americanos*, Madrid: Manuel Minuesa.
— (1916): *Lo que ví en Cuba, a través de la isla*, Habana: La Universal, 2 vols.
KENMOGNE, Jean (1990): *La obra narrativa de Eva Canel (1857-1932)* Madrid: Universidad Complutense.

Concepción Jimeno de Flaquer (1850-1919)

JIMENO DE FLAQUER, Concepción (1877): *La mujer española. Estudios acerca de su educación y sus facultades intelectuales*, Madrid: imprenta y Liberros de Miguel Guijarro.
— (1884): *Madres de hombres célebres*, Méjico: Tip. Escuela Industrial de Huérfanos.
— (1890): *Civilización de los antiguos pueblos mejicanos*, Madrid: Imprenta de M.P. Montoya.

Armando Palacio Valdés (1853-1938)

ALAS «CLARÍN», Leopoldo (1885): «Marta y María» y «El idilio de un enfermo», *Sermón Perdido*, Madrid: Fernando Fe.
— (1887): «Riverita», *Nueva Campaña*: 139-246.

— (1889): «Maximina», *Mezclilla*, Madrid.

BARBIERI, Marie E. (1992): «La visión de Armando Palacio Valdés: unas notas sobre sus escritos teóricos», *Romance Quaterly*, 39: 81-89.

CADY, Edwin H. (1948): «Armando Palacio Valdés writes to William Dean Howells», *Symposium II*: 19-37.

CAPELLÁN GONZALO, Ángel (1976): «William Dean Howells and Armando Palacio Valdés: A Literary Friendship», *Revista de estudios hispánicos* 10(3): 451-471.

CRUZ RUEDA, Ángel (1949): *Armando Palacio Valdés. Su vida y su obra*. Madrid: Saeta.

DENDLE, Briand J. (1995): *Spain's forgotten novelist: Armando Palacio Valdés (1853-1938)*, London: Associated University Press.

LUIS CAMPAL, José L. (ed.) (1995): *Las tres novelas andaluzas: La hermana San Sulpicio, Los majos de Cádiz, Los Cármenes de Granada*, Grupo Editorial Asturiano.

MEDINA, Jeremy T. (1979): «Armando Palacio Valdés», *Spanish Realism: the theory and practice of a concept in the nineteenth century*, Madrid: Porrúa Turanzas.

MARTÍNEZ CACHERO, José M.ª (1953): «Clarín, crítico de su amigo Palacio Valdés», *Boletín del Instituto de Estudios Asturianos*, 7: 411.

PALACIO VALDÉS, Armando (1922): *Obras Completas*, Madrid: Librería de Victorino Suárez.

— (1959): *Obras, novelas y otros escritos* v. I, Madrid: Aguilar.

PAOLINI, Gilbert (1989): «Palacio Valdés y el naturalismo ideal en *La alegría del capitán Ribot*», Letras Peninsulares, II: 19-30.

ROCA FRANQUESA, José M.ª (1951): *Palacio Valdés, técnica novelística y credo estético*, Oviedo: Instituto de estudios asturianos.

— (1953): «La novela de Palacio Valdés, clasificación y análisis», *Boletín del Instituto de Estudios Asturianos*, VII: 426-458.

TORRES, David (1981): «Del archivo epistolar de Palacio Valdés», *Revista de Literatura*, XLIII, 86: 263-278.

Emilia Pardo Bazán (1851-1921)

BARROSO, Fernando J. (1973): *El naturalismo en la Pardo Bazán*, Madrid: Playor.

BRAVO VILLASANTE, Carmen (1962): *Vida y obra de Emilia Pardo Bazán*, Madrid: Revista de Occidente.

CLÈMESSY, Nelly (1981): *Emilia Pardo Bazán como novelista (de la teoría a la práctica)* trad. I. Gambra, Madrid: Imprenta Universitaria.

— (1988): «De *La cuestión palpitante* a *La Tribuna*: teoría y praxis de la novela en Emilia Pardo Bazán», *Realismo y Naturalismo en España en la Segunda mitad del siglo XIX*, Barcelona: Anthropos.

FREIRE LÓPEZ, Ana M.ª (1999): *La Revista de Galicia de Emilia Pardo Bazán (1880)* La Coruña: Fundación Pedro Barrié de la Maza.

— (2001): «La obra periodística de Emilia Pardo Bazán», *Estudios sobre la obra de Emilia Pardo Bazán* (Actas de las Jornadas conmemorativas del 150 aniversario de su nacimiento) La Coruña, Fundación Pedro Barrié de la Maza.

GONZÁLEZ HERRÁN, José M. (1994): «*La Tribuna*, de Emilia Pardo Bazán, entre romanticismo y realismo», en Francisco Rico (ed.) *Historia y crítica de la literatura española*, v. 5, Barcelona: Crítica, p. 282-286.

— (1997): *Estudios sobre Emilia Pardo Bazán. In memoriam M. Hemingway*, La Coruña: Universidad de Santiago de Compostela.

— (2001): «Emilia Pardo Bazán: historiadora y crítica de la literatura», Estudios sobre la obra de Emilia Pardo Bazán (Actas de las Jornadas conmemorativas del 150 aniversario de su nacimiento) La Coruña, Fundación Pedro Barrié de la Maza.

MAYORAL, Marina (2001): «Emilia Pardo Bazán ante la condición femenina», Estudios sobre la obra de Emilia Pardo Bazán (Actas de las Jornadas conmemorativas del 150 aniversario de su nacimiento), La Coruña, Fundación Pedro Barrié de la Maza.

PARDO BAZÁN, Emilia (s.f.): *Españoles Ilustres, El P. Luis Coloma, biografía y estudio crítico*, Madrid: Imprenta de Antonio Pérez Dubrull.

— (1999): *Obras completas*, Fundación José A. de Castro, Madrid: Real Academia Galega.

— (1898): Artículo en *El Liberal*, 11 de junio de 1898.

PAREDES NÚÑEZ, Juan (ed.) (1979): *Los cuentos de Emilia Pardo Bazán*. Granada: Universidad de Granada.

— (ed.) (1990): *Emilia Pardo Bazán, cuentos completos*, La Coruña: Fundación Pedro Barrié de la Maza, Conde de Fenosa.

PATTISON, Walter T. (1971): *Emilia Pardo Bazán*, New York: Twayne Publishers.

RUBIO CREMADES, Enrique (2001): «Emilia Pardo Bazán ante la crítica de su tiempo», Estudios sobre la obra de Emilia Pardo Bazán (Actas de las Jornadas conmemorativas del 150 aniversario de su nacimiento), La Coruña, Fundación Pedro Barrié de la Maza.

SAINZ DE ROBLES, Federico (ed.) (1957): *Pardo Bazán, E. obras completas (novelas y cuentos)*, Madrid: Aguilar.

SÁNCHEZ, Alicia (1991): «Emilia Pardo Bazán y el naturalismo español», Revista Veracruzana, julio-septiembre: 139-159.

SCHIAVO, Leda (ed.) (1976): *La mujer española y otros artículos feministas*, Madrid: Editora Nacional.

SINOVAS MATÉ, Juliana (2000): «Nuevos artículos periodísticos de Emilia Pardo Bazán: precisiones bibliográficas», *Voz y Letra, Revista de Literatura*, t.XI, v. 1: 115-119.

VILLANUEVA, Darío (1984): «Los Pazos de Ulloa, el Naturalismo y Henry James», *Hispanic Review*, v. 52, primavera, n°2: 121-139.

— (2001): «El cosmopolitismo literario de Emilia Pardo Bazán», Estudios sobre la obra de Emilia Pardo Bazán (Actas de las Jornadas conmemorativas del 150 aniversario de su nacimiento), La Coruña, Fundación Pedro Barrié de la Maza.

José María de Pereda (1833-1906)

BONET, Laureano (1994): «José María de Pereda: sistema perceptivo y estilo», en Francisco Rico (ed.) *Historia y crítica de la literatura española*, v. 5, Barcelona: Crítica.

FERNÁNDEZ-CORDERO, Concepción (1968): Concepción Fernández-Cordero y Azorín: «Cartas de Pereda a José M.ª y Sinforoso Quintanilla» en Boletín de la Biblioteca Menéndez-Pelayo, núms. 1-4 citado en Pedraza Jiménez, Felipe B. (1983) *Manual de literatura española VII. Época del Realismo*, Pamplona: Cénlit Ediciones.

GALE, Judith E. (1990): *El regionalismo en la obra de José María de Pereda*, Madrid: Pliegos.

GARCÍA CASTAÑEDA, Salvador (1992): «Del periodismo al costumbrismo: la obra juvenil de Pereda», *Romance Quaterly*, 39: 33-39.

— (1992): «Pereda y la prensa: unos textos juveniles olvidados», *Ínsula*, 547-548: 22-23.

— (1996): «Estado de la cuestión. Los estudios sobre José María de Pereda (1986-1996)», *Siglo Diecinueve*, 2: 7-31.

GONZÁLEZ HERRÁN, José M. (1983): *La obra de Pereda ante la crítica de su tiempo*, Santander: Delegación de Cultura del Ayuntamiento de Santander.

MONTESINOS, José F. (²1969): *Pereda o la novela idilio*, Madrid: Castalia.

Benito Pérez Galdós (1843-1920)

ANDREU, Alicia (1982): *Galdós y la literatura popular*, Madrid: Sociedad General Española de Librería.

ELIZALDE, Ignacio (1981): *Pérez Galdós y su novelística*, Deusto: Universidad.

FREIRE LÓPEZ, Ana M.ª (1991): *Cartas inéditas de Emilia Pardo Bazán*, La Coruña: Fundación Pedro Barrié de la Maza.

GILMAN, Stephen (1981): *Galdós and the art of the european novel: 1867-1887*, Princeton: Princeton University Press.

GULLÓN, Ricardo (³1973): *Galdós, novelista moderno*, Biblioteca Románica Hispánica, Madrid: Gredos.

— (ed.) (1976): *La incógnita*, Madrid: Taurus.

— (ed.) (1977): *Realidad*, Madrid: Taurus.

— (1980): *Técnicas de Galdós*, Madrid: Taurus.

— (1986): *Galdós, novelista moderno*, Madrid: Taurus.

IZQUIERDO DORTA, Oswaldo (1994): *Los cuentos, obra completa, de Galdós*. 2 vols. Centro de la Cultura Popular Canaria. Santa Cruz de Tenerife: Litografía Romero.

MIRALLES, Enrique (1989): «Galdós y el Naturalismo», Ínsula, 514, octubre: 15-16.

MONTESINOS, José F. (1968): *Galdós*, Madrid: Castalia, 2ªed., 3 vols.

PÉREZ GALDÓS, Benito (1928): *Episodios nacionales, primera serie, Zaragoza*, Madrid: Librería y casa editorial Hernando.

— (1979): *La familia de León Roch*, Madrid: Alianza, 3ªed.

SAINZ DE ROBLES, Federico (ed.) (1951): *Benito Pérez Galdós, obras completas*, Madrid: Aguilar.

— (ed.) (1975): *Cuentos y teatro*, Madrid: Aguilar.

SHOEMAKER, William H. (1973): *Las cartas desconocidas de Galdós en la prensa de Buenos Aires*, Madrid: Ediciones de Cultura Hispánica.

WOODBRIDGE, Hensley C. (1975): *Benito Pérez Galdós: a selective annotated bibliography*, New Jersey: The Scarecrow Press.

Manuel Polo y Peyrolón (1846-1918)

LANZUELA, Marisa (1988): *Vida y obra de Manuel Polo y Peyrolón*, Madrid: Escolar, A.G.

LANZUELA Corella, M.ª Luisa (ed.) (1990): *José M.ª de Pereda, cuarenta cartas inéditas a Manuel Polo y Peyrolón*, Santander: Fundación Marcelino Botín.

MENÉNDEZ Y PELAYO, Marcelino (ed.) (1916): *Novelas selectas de D. Manuel Polo y Peyrolón*, Barcelona: Tipología Católica Pontificia.

POLO Y PEYROLÓN, Manuel (1876): *Cuentos originales*, Barcelona: Tip. Católica.

— (1876): *Costumbres populares de la sierra de Albarracín*, Barcelona: Tipología Católica de Casals.

— (1883): *Borrones ejemplares, miscelánea de artículos, cuentos, parábolas y sátiras*, Valencia: Imprenta del Alufre.

— (1886): *Bocetos de brocha gorda*, Valencia: Imprenta del Alufre.

— (1891): *Seis novelas cortas*, Valencia: Imprenta del Alufre.

— (1891): *Pepinillos en vinagre*, Valencia: Imprenta de M. Alufre.

— (1898): *Páginas edificantes, lecturas morales*, Valencia: Imprenta de M. Alufre.

Luis Taboada (1848-1906)

TABOADA, Luis (1901-1902): *Crónicas alegres*, Madrid: Publicaciones de la Casa Nuevo Mundo.

— *Perfiles Cómicos*, Barcelona: A. López, colección Diamante.

Luisa Torralba de Martí (1850-1922)

TORRALBA DE MARTÍ, Luisa (1887): *Fe, esperanza y caridad*, Barcelona: Tipología Católica.
— (1895): *La firma del banquero*, Barcelona: Tipología Católica.
— (1950): *Fe, esperanza y caridad*. Colección «Biblioteca Amena Juventud», VOLUMEN XXI, tercera edición, Barcelona: Librería Salesiana de Sarriá.
— (1888): *Cruz y corona, páginas íntimas de una pobre huérfana* Barcelona: Librería y Tipografía Católica.

Antonio de Trueba y de la Quintana (1819-1889)

DE TRUEBA Y DE LA QUINTANA, Antonio ([5]1862): *Obras*, Madrid: Imprenta de los Palacios, 4 vols.
— ([2]1862): *Cuentos campesinos*, Madrid: Imprenta de D. Luis Palacios.
— ([2]1864): *Cuentos de color de rosa*, Madrid: Librería de d. Leocadio López.

Juan Valera (1824-1905)

ARTIGAS FERRANDO, Miguel, y SÁINZ RODRÍGUEZ, Pedro (eds.) (1946): *Epistolario de Valera y Menéndez Pelayo, 1877-1905*, Madrid: Publicaciones de la Sociedad Menéndez Pelayo.
BERMEJO MARCOS, Manuel (1968): *Don Juan Valera, crítico literario*, Madrid: Gredos, Biblioteca Románica Hispánica.
CUENCA TORIBIO, José M. (1995): «D. Juan Valera: una reflexión iberoamericana», *Cuadernos Hispanoamericanos*, 543: 121-132.
DE COSTER, Cyrus C. (1970): *Bibliografía crítica de Juan Valera*, Madrid: CSIC.
— Galera Sánchez, Matilde (eds.) (1989): *Juan Valera, cartas a su mujer*, Córdoba: Publicaciones de la Excelentísima Diputación.
DUCHET, Michèle (1968): «Cinq Lettres Inédites de Juan Valera a William Dean Howells», *Revue deLittérature Comparée* 42: 76-102.
GALERA SÁNCHEZ, Matilde (1991): *Juan Valera, cartas a sus hijos*, Córdoba: Publicaciones de la Excelentísima Diputación.
IBARRA, Fernando (1972): «Don Juan Valera por dentro en Washington», *Cuadernos Hispanoamericanos* 263-264: 571-589.
MORENO ALONSO, Manuel (1989): «Las ilusiones americanas de D. Juan Valera», *Anuario de Estudios Americanos*, XLVI: 519-568.

NAVARRO, Ana (1993): «La correspondencia diplomática de Valera desde Frankfurt, Lisboa, Washington y Bruselas (I) Confederación Germánica», *Cuadernos para la Investigación de la Literatura Hispánica*, 17: 154-178.

RUBIO CREMADES, Enrique (ed.) (1990): *Juan Valera*, Madrid: Taurus.

— (ed.) (1991): *Pepita Jiménez*, Madrid: Clásicos Taurus.

SOTELO VÁZQUEZ, Adolfo (ed.) (1996): *Juan Valera: El arte de la novela*, Barcelona: Editorial Lumen.

THURSTON-GRISWOLD, Henry Ch. (1990): *El idelismo sintético de don Juan Valera: teoría y práctica*, Maryland: Scripta Humanística.

VALERA, Juan (1889): *Cartas americanas*. Biblioteca de autores célebres. Madrid: Fuentes y Capdeville.

— (1890): *Nuevas cartas americanas*, Madrid: Librería de Fernando Fe.

— (1893): *El pájaro verde*; revisada con notas para el uso de estudiantes por Julio Rojas.

— (1958): *Juan Valera, obras completas*, v.III, Madrid: Aguilar.

OBRAS CITADAS

ABELLÁN, José L. (1984): *Historia crítica del pensamiento español*, Madrid: Espasa Calpe.

ACOSTA GÓMEZ, Luis A. (1989): *El lector y la obra, teoría de la recepción literaria*, Madrid: Gredos.

AGUIAR E SILVA, Víctor M. (1996): *Teoría de la literatura*, Madrid: Gredos, 9ª ed.

AGUILERA, Octavio (1992): *La literatura en el periodismo*, Madrid: Paraninfo.

AGUINAGA ALFONSO, Magdalena (1998): «El cuento costumbrista como género de transición entre el artículo de costumbres y el cuento literario», Díaz Larios, Luis F. y Enrique Miralles (eds.) en *Del Romanticismo al Realismo*, Actas del I Coloquio de la Sociedad Española del siglo XIX, Barcelona: Universitat de Barcelona, p. 331-343.

AHNEBRINK, Lars (1961): The *beginnings of naturalism in american fiction: a study of the works of Hamlin Garland, Stephen Crane, and Frank Noriis with special reference to some european influences, 1891-1903*, New York: Russell & Russell.

ALDARACA, Bridget (1979): «El ángel del hogar»: the cult of domesticity in nineteenth century Spain», en *Theory and practice of feminist literary criticism*, Gabriela Mora y Karen S. Van Hooft (eds.) Ypsilanti: Bilingual Press.

AMNER, Dewey F. (1928): «Some influences of George Ticknor upon the study of spanish in the United States», *Hispania*, v. XI, nº5, noviembre: 377-395.

AMORÓS, Andrés (1981): *Introducción a la novela contemporánea*, Madrid: Cátedra.

AMSTRONG, Nancy (1987): *Desire and domestic fiction: a political history of the novel*, New York: Oxford University Press.

ANDERSON IMBERT, Enrique (1989): *Teoría y técnica del cuento*, Barcelona: Editorial Ariel.

ANÓNIMO (1895): *Illustrated history of New Mexico*, Chicago: The Lewis Publishing Company.

ARELLANO, Anselmo F. (1976): *Pobladores nuevo mexicanos y su poesía, 1889-1950*, Albuquerque, Nuevo México: Pajarito Publications.

ASÚN, Raquel (1988): «Las revistas culturales y la novela: elementos para un estudio del realismo en España», en Lissorgues, Yvan (ed.) *Realismo y naturalismo en España en la segunda mitad del siglo XIX* (Actas del Congreso de Toulouse, 3-5 de noviembre de 1987): Barcelona: Anthropos.

ATLANTIC ONLINE, The (*www.theatlantic.com*)

AULLÓN DE HARO, Pedro (1992): *Teoría del ensayo como categoría polémica programática en el marco de un sistema global de géneros*, Madrid: Editorial Verbum.

AYALA, Francisco (1988): « El concepto de Realismo y de Naturalismo en España», *Realismo y Naturalismo en España en la Segunda mitad del siglo XIX*, Barcelona: Anthropos.

BAL, Mieke (1985): *Teoría de la narrativa*, Madrid: Cátedra.

BAQUERO ESCUDERO, Ana L. (ed.) (1992): *El cuento español: del romanticismo al realismo*. Madrid: Consejo Superior de Investigaciones Científicas.

BAQUERO GOYANES, Mariano (1989): *Estructuras de la novela actual*, Madrid: Castalia.

— (1992): *El cuento español: del Romanticismo al Realismo*, Madrid: Consejo Superior de Investigaciones Científicas, ed. revisada por Ana L. Baquero Escudero.

— (1993): *¿Qué es la novela? ¿Qué es el cuento?*, Murcia: Universidad de Murcia.

BARINAGA FERNÁNDEZ, Augusto (1964): *Movimientos literarios españoles en los siglos XIX y XX*, Madrid: Alhambra.

BASSNETT, Susan (1993): *Comparative literature, a critical introduction*, Oxford: Blackwell.

BASTONS I VIVANCO, Carles (1998): «Cataluña en los escritores del Realismo y Naturalismo español», Díaz Larios, Luis F. y Enrique Miralles (eds.) *Del Romanticismo al Realismo*, Actas del I Coloquio de la Sociedad de Literatura Española del siglo XIX, Barcelona: Universitat de Barcelona, p. 345-355.

BATJIN, Mijail (1991): *Teoría y estética de la novela*, Madrid: Taurus, Humanidades.

BAUER, Dale M., y GOULD, Philip (eds.) (2001): *The Cambridge companion to 19th century american women´s writing*, Cambridge: Cambridge University Press.

BAUMGARTNER, Apollinaris W. (1967): *Catholic Journalism, a study of its development in the United States, 1789-1930*. Nueva York: Ams Press, Inc.

BENDER, Thomas (1987): *New York intellect: a history of intellectual life in New York city, from 1750 to the beginnings of our own time*, New York: Knopf.

BENÍTEZ, Rubén; ZAVALA, Iris M., y ROMERO TOBAR, Leonardo (1982): «La realidad del folletín», en *Romanticismo y Realismo*, Iris M. Zavala (ed.) 380-390. Barcelona: Editorial Crítica (*Historia y crítica de la literatura española*, Francisco Rico [ed.], v. 5).

BERTHOFF, Warner (1965): *The ferment of Realism: american literature, 1884-1919*, Cambridge: Cambridge University Press.

BLOOMFIELD, Maxwell H. (1967): *Alarms and diversions: the american mind through american magazines, 1900-1914*, The Hague: Mouton.

BONET, Laureano (ed.) (1989): *Émile Zola, el naturalismo*, Barcelona: Península.

BOTREL, Jean F. (1988): «España 1880-1890: el Naturalismo en situación», *Realismo y Naturalismo en España*, Barcelona: Anthropos.

— (1993): *Libros, prensa y lectura en la España del siglo XIX*, traducción de D. Torre Ferrer, Fundación Germán Sánchez Ruipérez.

— (1994): «Escribir es vivir», en Francisco Rico (ed.) *Historia y crítica de la literatura española*, v. 5, Barcelona: Crítica.

— y SALAÜN, Serge (eds.) (1974): *Creación y público en la literatura española*, Madrid: Castalia.

BOWERS, Fredson (ed.) (1969): *The works of Stephen Crane*, Charlottesville: The University Press of Virginia.

BRANDER, Mathews (1886): «The future literary capital of the United States», *Lippincott Magazine*, v. 37, enero-junio: 106.

BROOKS, Van Wyck (1959): *Howells, his life and world*, Nueva York: Dutton.

CADY, Edwin H. (1958): *The realist at war: the mature years 1885-1920*, Syracuse: Syracuse University Press.

— y HIATT, David F. (eds.) (1968): Howells, W.D. (1968): *Literary Friends and Acquaintance, a personal retrospect of American authorship*, Bloomington (Indiana): Indiana University Press.

— (ed.) (1973): *W.D. Howell as critic*, London and Boston: Routledge & Kegan Paul.

CAÑAS, Dionisio (1994): «Revistas literarias hispánicas de Nueva York», *Cuadernos Hispanoamericanos* 526: 128-130.

CANSINOS-ASSENS, Rafael (1917-1927): *La nueva literatura, colección de estudios críticos*, Madrid: Sanz de Calleja, 4 vols.

CAPELLÁN GONZALO, Ángel (1976): «William Dean Howells and Armando Palacio Valdés: A literary friendship», *Revista de estudios hispánicos* 10 (3): pp. 451-471.

CARBONELL, Antoni (1986): *Literatura catalana del segle XIX (del romanticisme al naturalisme)* Barcelona: Editorial Jonc.

CARR, Raymond (²1982): *Spain 1808-1975*, Oxford: Clarendon Press.

CARTER, Everett (1954): *Howells and the age of realism*, NewYork: Lippincott.

CASASÚS, Josep M., y NÚÑEZ LADEVEZE, Luis (1991): *Estilo y géneros periodísticos*, Barcelona: Ariel.

CELMA VALERO, M.ª Pilar (1991): *Literatura y periodismo en las revistas del fin de siglo, estudio e índices (1888-1907)*: Barcelona: Júcar.

CÉSPEDES DEL CASTILLO, Guillermo (1983): *América Hispánica (1492-1898)*, Barcelona: Labor, v. VI, Tuñón de Lara, M. (dtor.) *Historia de España.*

CHAMBERLIN, Vernon A., e SCHULMAN, Ivan A. (1976): *La Revista Ilustrada de Nueva York, History, Anthology and Index of Literary Selections*, Missouri: University of Missouri Press.

CHARNON DEUTSCH, Lou (1990): *Gender and representation. Women in spanish realist fiction*, Amsterdam: John Benjamins.

CHATMAN, Seymour B. (1993): *Story and discourse, narrative structure in fiction and film*, Ithaca: Cornell University Press, 6ªed.

CHECA GODOY, Antonio (1993): *Historia de la prensa en Iberoamérica* Sevilla: ed. Alfar.

CLÈMESSY, Nelly (1983): «Sur la question du naturalisme en Espagne: critique littéraire et roman», *Cashiers d'Etudes Romanes*, n° 8: 41-57.

COLE, Phyllis (1987): *The american writer and the condition of England, 1815-1860*, New York: Garland Publishers.

CONN, Peter (1983): The divided mind: ideology and imagination in America, 1898-1917, Cambridge: Cambridge University Press.

— (1983): *The divided mind: ideology and imagination in America, 1898-1917*, Cambridge: Cambridge University Press.

CORAL, Council of Research of Academic Libraries of San Antonio

COULTRAP-McQUIN, Susan (1990): *Doing literary business, american women writers in the nineteenth century.* Chapell Hill: University of North Carolina Press.

CRIADO Y DOMÍNGUEZ, Juan P. (1889): Literatas españolas del siglo XIX, apuntes bibliográficos, Madrid: Imprenta A. Pérez Dubrull.

CRL, The Center for Research Libraries (http://crlcatalog.uchicago.edu)

DAVIS, Gifford (1954): «The critical reception of naturalism in Spain before *La cuestión palpitante*», *Hispanic Review*, v. XXII, abril, n I ° 2: 97-108.

DAVIS, Lennard J. (1983): *Factual fictions, the origins of the English novel*, New York: Columbia University Press.

DENNY, Margaret, y GILMAN, William (eds.) (1950): The american writer and the european tradition, Minneapolis: University of Minnesota Press.

DI FEBO, Giuliana (1976): «Orígenes del debate feminista en España», *Sistema, Revista de Ciencias Sociales*, Enero, n° 12: 49-80.

DÍEZ-BORQUE, José M. (1972): *Literatura y cultura de masas, estudio de la novela subliteraria*, Madrid: Alborak.

DÍEZ-ECHARRI, Emiliano y José M.ª Roca Franquesa (1968): «La erudición y la crítica en el siglo XIX», *Historia de la Literatura Española e Hispanoamericana*, Madrid: Aguilar.

DONALDSON, Scott (1978): *American literature, nineteenth and early twentieth centuries*, New York: Newton Abbot.

DUBERMAN, Martin (ed.) (1966): *James Russell Lowell*, Boston: Houghton Mifflin.

EARNEST, Ernest (1968): *Expatriates and patriots: american artists, scholars, and writers in Europe*. Durham: Duke University Press.

EBLE, Kenneth E. (ed.) (1962): *A century of criticism*, Dallas: Southern Methodist University Press.

EDEL, Leon (1985): *Henry James, a life*, New York: Harper & Row, 5ª ed.

ELLIOT, Emory (ed.) (1988): *Columbia literary history of the United States*, Nueva York: Columbia University Press.

ELLIS, John M. (1974): *The theory of literary criticism, a logical analysis*, Berkeley: University of California Press.

ELORZA, Antonio, y HERNÁNDEZ, Elena (1998): *La guerra de Cuba*, Madrid: Alianza Editorial.

ENA BORDONADA, Ángela (ed.) (1990): *Novelas breves de escritoras españolas (1900-1936):* Madrid: Castalia.

ESCOBAR, José, y ROMERO TOBAR, Leonardo (1994): «La mímesis costumbrista», en Francisco Rico (ed.) *Historia y crítica de la literatura española*, v. 5, Barcelona: Crítica.

— (1996): «Costumbrismo entre Romanticismo y Realismo», Díaz Larios, Luis F. y Enrique Miralles (eds.) en *Del Romanticismo al Realismo*, Actas del I Coloquio de la Sociedad Española del siglo XIX, Barcelona: Universitat de Barcelona, pp. 17-30.

ETREROS, Mercedes (1977): *Estudios sobre la novela española del siglo XIX*, Madrid: CSIC.

EZAMA GIL, Ángeles (1992): *El cuento de la prensa y otros cuentos, aproximación al estudio del relato breve entre 1890 y 1900*, Zaragoza: Universidad, Prensas Universitarias.

— (1993): «Algunos datos para la historia del término "novela corta" en la literatura española de fin de siglo», *Revista de Literatura*, tomo LV, n° 109, enero-junio: pp. 141-148.

— (1995): «Datos para una poética del cuento literario en la España de la Restauración: los prólogos de las colecciones», *Teoría e interpretación del cuento*, Fröhlicher, Peter y Georges Güntert (eds.): Berna: Peter Lang.

— (1998): «La narrativa breve en el fin de siglo», *Ínsula* n° 614, febrero: 18-20.

FALCÓN, Lidia, y SIURANA, Elvira (eds.) (1992): *Catálogo de escritoras españolas en lengua castellana (1860-1922):* Madrid: Comunidad de Madrid / Dirección General de la Mujer.

FERNÁNDEZ CIFUENTES, Luis (1982): *Teoría y mercado de la novela en España: del 98 a la República*, Madrid: Gredos.

FERNÁNDEZ SHAW, Carlos M. (1987): *Presencia española en Estados Unidos*, Madrid: ICI.

FERRER SOLÀ, Jesús (1998): «George Borrow y el Realismo costumbrista español», Díaz Larios, Luis F. y Enrique Miralles (eds.) *Del Romanticismo al*

Realismo, Actas del I Coloquio de la Sociedad de Literatura Española del siglo XIX, Barcelona: Universitat de Barcelona, pp. 292-300.

FERRERAS, Juan I. (1970): «Novela y costumbrismo», *Cuadernos Hispanoamericanos,* v. 242: 345-67.

— (1972): *La novela por entregas 1840-1900 (concentración obrera y economía editorial):* Madrid: Taurus.

— (1973): *Los orígenes de la novela decimonónica (1800-1830)* Madrid: Taurus.

— (1976): *El triunfo del liberalismo y de la novela histórica, 1830-1870,* Madrid: Taurus.

— (1979): *Catálogos de novelas y novelistas españoles del siglo XIX,* Madrid: Cátedra.

FINE, David M. (1977): *The city, the inmigrant and american fiction, 1880-1920,* New Jersey: Scarecrow Press.

FONER, Philip S. (1975): *La guerra hispano/cubano/norteamericana y el nacimiento del imperialismo norteamericano,* Madrid: Akal.

FONTANELLA, Lee (1982): «The fashion and styles of spanish costumbrismo», *Revista Canadiense de Estudios Hispánicos,* v. 6, n°2: 175-189.

FROLDI, Rinaldo (1998): «¿Hubo literatura costumbrista en los primeros lustros del siglo XIX?», Díaz Larios, Luis F. y Enrique Miralles (eds.) *Del Romanticismo al Realismo,* Actas del I Coloquio de la Sociedad de Literatura Española del siglo XIX, Barcelona: Universitat de Barcelona, p. 287-292.

GALERSTEIN, Carolyn L. (ed.) (1986): *Women writers of Spain, an annotated bio-bibliographical guide,* New York: Greenwood Press.

GARCÍA BERRIO, Antonio, y HUERTA CALVO, Javier (eds.) (1995): *Los géneros literarios: sistema e historia,* Madrid: Cátedra.

GARCÍA MERCADAL, J. (ed.) (1964): *Castelar, discursos y ensayos.* Madrid: Aguilar.

GARRIDO GALLARDO, Miguel A. (1987): *La crisis de la literariedad,* Madrid: Taurus.

— (1996): *Crítica literaria: la doctrina de Lucien Goldmann,* Madrid: Rialp.

GILLESPIE, Gérard (1967): «Novella, nouvelle, novela, short story?, a review of terms», *Neophilologus,* 51: 177-225.

GILMORE, Michael T. (1985): *American romanticism and the marketplace,* Chicago: Chicago University Press.

GÓMEZ APARICIO, Pedro (1981): *Historia del periodismo español,* Madrid: Editora Nacional.

GÓMEZ TABANERA, José M. (1998): «Leopoldo Alas *Clarín.* Del Romanticismo al Realismo», Díaz Larios, Luis F. y Enrique Miralles (eds.) en *Del Romanticismo al Realismo,* Actas del I Coloquio de la Sociedad de Literatura Española del siglo XIX, Barcelona: Universitat de Barcelona, p. 465-470.

GOULD LEVINE, Linda; ENGELSON MARSON, Ellen, y FEIMAN WALDMAN, Gloria (eds.) (1993): *Spanish women writers, a bio-bibliographical source book,* Connecticut: Greenwood Press.

GRANJEL, Luis S. (1968): «La novela corta en España (1907-1936)», *Cuadernos Hispanoamericanos,* v. LXXIV: 14-50.

GRANT CUSHING, Helen, y MORRIS, Adah V. (1944): *Nineteenth century readers' guide to periodical literature, 1890-1899*, Nueva York: The H.W. Wilson company.

GUILLÉN, Claudio (1985): *Entre lo uno y lo diverso. Introducción a la literatura comparada*, Barcelona: Crítica.

— (1998): *Múltiples moradas, ensayo de literatura comparada*, Barcelona: Tusquets

GULLÓN, German (1976): *El narrador en la novela del siglo XIX*, Madrid: Taurus.

GURA, Philip F. (1996): *The crossroads of american history and literature*, Pennsylvania: Penn State University Press.

GUTIÉRREZ, Félix (1977): «Spanish-Language media in America: Background, Resources, History», *Journalism History* 4:2 34-67.

HALE, Edward E. (1899): *James Russell Lowell and his friends*, Boston: Houghton Mifflin.

HENVEL, John V. (1991): *Untapped sources, America's newspaper archives and histories*, New York: Columbia University, Gannett Foundation Media Center.

— (1984): «Spanish Language Journalism in the United States», *Caminos* 5: 10-12.

HERNÁNDEZ SÁNCHEZ-BARBA, Mario (1981): *Historia de América*, Madrid: Alhambra, 3 vols.

HERRERO MEDIAVILLA, Víctor (ed.) (1995): *Archivo biográfico de España, Portugal e Iberoamérica II* (ABEPI): Munich: K.G. Saur.

HOFSTADTER, Richard (1955): *Social darwinism in american thought*, Boston: Beacon.

HOORUSTRA, Jean, y HEATH, Trudy (1979): *American periodicals 1741-1900*, Michigan: University Microfilsm International.

HORWITZ, Howard (1991): *By the law of nature: form and value in nineteenth century America*, New York: Oxford University Press.

HOWARD, June (1985): *Form and history in american literary Naturalism*, Chapel Hill: University of North Carolina Press.

HOWELLS, Mildred (ed.) (1928): *Life in letters of William Dean Howells*, Nueva York: Doubleday, Doran & Company.

HOWELLS, William D. (1895): *My literary passions*, Nueva York: Harper & Brothers Publishers.

— (1902): *Literature and Life*, Nueva York: Harper & Brothers Publishers.

— (1968): *Literary friends and acquaintance*, Indiana: Indiana University Press.

HUTTON, Frankie, y STRAUS REED, Barbara (eds.) (1995): *Outsiders in 19th-century press history: multicultural perspectives*, Ohio: Bowling Green State University Popular Press.

IBEPI (Indice Biográfico de España, Portugal e Hispanoamérica) (³2001): Victor Herrero Mediavilla (ed.), Munich: Saur.

IRVING, Pierre M. (1865): The life and letters of Washington Irving, New York: G.P. Putnam, 4 vols.

ISER, Wolfgang (1987): *El acto de leer, teoría del efecto estético*, Madrid: Taurus.

JACKSON, Lears T. J. (1981): No place of grace: antimodernism and the transformation of american culture, 1880-1920, New York: Pantheon.

JAMES, Henry (1884): «Ivan Turgénieff», *Atlantic Monthly*, v. LIII: 42-55.

JIMÉNEZ MORELL, Inmaculada (1992): *La prensa femenina en España*, Madrid: Ediciones de la Torre.

JIMÉNEZ NÚÑEZ, Alfredo (1974): *Los hispanos de Nuevo México, contribución a una antropología de la cultura hispana en USA*, Publicaciones del seminario de antropología americana, Sevilla: Publicaciones de la universidad de Sevilla.

JOHNSON, Paul (1999): *A history of the american people*, New York: Harper Collins.

JOURCIN, André (1970): *Diccionario de las mujeres célebres*, Esplugas de Llobregat: Plaza y Janés.

JOVER ZAMORA, José M.ª (1976): *Política, diplomacia y humanismo popular en la España del siglo XIX*, Madrid: Turner.

— (1981): «La época de la Restauración panorama político-social, 1875-1902», Tuñón de Lara, M. (dtor.) (1983) Revolución burguesa oligarquía y constitucionalismo (1834-1923) *Historia de España*, v. VIII, Barcelona: Labor.

— (dtor.) (1982): *Historia de España*, Madrid: Espasa-Calpe.

KANELLOS, Nicolás, y MARTELL, Helvetia (2000): *Hispanic Periodicals in the United States, Origins to 1960, A Brief History and Comprehensive Bibliography*, Houston: Arte Público Press, Recovering the U.S. Hispanic Literary Heritage.

KASSON, Joy S. (1982): *Artistic voyagers: Europe and the american imagination in the works of Irving, Allston, Cole, Copper and Hawthorne*, Connecticut: Greenwood Press.

KAYSER, Wolfgang ([4]1992): *Interpretación y análisis de la obra literaria*, Madrid: Gredos.

KENISTON, Hayward (1927): *Periodicals in american libraries for the study of the hispanic languages and literatures*, New York: The Hispanic Society of America.

KING ARJONA, Doris, y ROMERO ARJONA, Jaime (1939): *A bibliography of textbooks published in the United States (1795-1939)*: Michigan: Edward Brothers.

KIRKPATRICK, Susan (1978): «The ideology of costumbrismo», *Ideologies and Literature*, v. 2-7: 28-34.

— (1989): «The female tradition in nineteenth century spanish literature», *Cultural and historical grounding for hispanic and luso-brazilian feminist literary criticism*, Minneapolis: Institute for the study of ideologies and literature.

— (1991): *Las románticas, escritoras y subjetividad en España, 1835-1850*, Madrid: Cátedra.

— (1994): «Problemas de subjetividad femenina», Rico, F. (ed.) *Historia y crítica de la literatura española, Romanticismo y Realismo*, primer suplemento, Barcelona: Crítica, v. 5/1, p. 58-64.

KOELB, Clayton, y NOAKES, Susan (eds.) (1988): *The comparative perspective on theory and practice*, Ithaca: Cornell University Press.

LAUTER, Paul (ed.) (^{4}2002): *The heath anthology of american literature*, New York: Houghton Mifflin.

LEARS, Jackson T. J. (1981): *No place of grace: antimodernism and the transformation of american culture, 1880-1920*, New York: Panthenon.

LEASE, Benjamin (1981): *Anglo-american encounters: England and the rise of american literature*, New York: Cambridge University Press.

LEITZ, Robert C.; BALLINGER, Richard H., y LOHMANN, Christoph K. (eds.) (1980): W. D. *Howells, selected letters, v. 3: 1882-1891* y *v. 4: 1892-1901* Boston: Twayne Publishers.

LISSORGUES, Yvan (1994): «Naturalismo frente a espiritualismo», en Francisco Rico (ed.) *Historia y crítica de la literatura española*, v. 5, Barcelona: Crítica.

— (1988): *Realismo y naturalismo en España*, Barcelona: Anthropos.

LÓPEZ-MORILLAS, Juan (1968): «La novela española y la revolución de 1868», *Revista de Occidente*, 67: 94-115.

— (1973): *Hacia el 98: literatura, sociedad, ideología*, Barcelona: Ariel.

LODGE, David (ed.): (1988): *Modern criticism and theory*, London: Longman.

LÓPEZ JIMÉNEZ, Luis (1977): *El naturalismo y España*, Madrid: Alhambra.

LOZANO MARCO, Miguel A. (1993): «El lugar de la novela corta en la liteartura española del siglo XX», *La Nouvelle Romane*, José L. Alonso Hernández (ed.) Amsterdam: Atlanta.

LUJÁN, Nestor (1976): «Función periodística del artículo literario», *Boletín Informativo de la Fundación Juan March*, enero: 3-13.

LLORÉNS, Vicente (1989): *El Romanticismo español*, Madrid: Castalia.

MACCURDY, Raymond R. (1951): *A history and bibliography of spanish. Language newspapers and magazines in Louisiana, 1808-1849*, Albuquerque: The University of New Mexico.

MARTÍNEZ CACHERO, José M.ª (ed.) (1994): *Antología del cuento español, 1900-1939*, Madrid: Castalia.

MARÚN, Gioconda (1983): *Orígenes del costumbrismo ético-social*, Miami: Ediciones Universal.

MAYORAL, Marina (ed.) (1990): *Escritoras románticas españolas*, Madrid: Fundación Banco Exterior.

MELÉNDEZ, Gabriel A. (1997): *So all is not lost, The poetics of print in Nuevomexicano communities, 1834-1958*, Albuquerque: University of New Mexico Press.

MEYER, Doris (1996): *Speaking for themselves, neomexicano cultural identity and the spanish language*, Albuquerque: University of New Mexico Press.

MICHAELS, Walter B., y PEASE, Donald E. (eds.) (1985): *The american Reinassance reconsidered*, Baltimore: John Hopkins University Press.

MILL, John S. (1892): *La esclavitud femenina*, con prólogo de Emilia Pardo Bazán, Madrid: Agustín Avrial.

MILLER, Perry (ed.) (1957): *The american transcendentalists, their prose and poetry*, Nueva York: Doubleday Anchor Books.

MILLER, Sally M. (ed.) (1987): *The ethnic press in the United States, A historical analysis and handbook*, Nueva York: Greenwood Press.

MITERRAND, Henri (1986): *Zola et le naturalisme, que sais-je?*, París: Presses Universitaires de France.

MOGIN-MARTÍN, Roselyne (2000): *La novela corta*, Madrid: CSIC.

MONTESINOS, José F. (1960): *Costumbrismo y Novela*, Valencia: Castalia.

— (1982): *Introducción a una historia de la novela en España en el siglo XIX*, Madrid: Castalia.

MORACE, Robert A. (1980): «The writer and his middle class audience: Fran Norris, a case in point», Graham, Don (ed.) *Critical essays on Frank Norris*, Boston: G.K. Hall.

MORBY, Edwin S. (1946): «William Dean Howells and Spain», *Hispanic Review* 14: 187-212.

MOTT, Frank.L. (1941): *American journalism, a history of newspapers in the United States through 250 years 1690 to 1940*, 2 vols. Nueva York: The Macmillan Company, 3a.ed.

— (1957): *A history of american magazines 1840-1905*, Cambridge: Harvard University Press, 4 vols.

— ([3]1962): *American journalism, a history of newspapers in the United States through 250 years 1690 to 1940*, 2 vols. Nueva York: The Macmillan Company.

NORTON, Charles E. (ed.) (1893): *Letters of James Russell Lowell*, v. II, Nueva York: Harper & Brothers publishers.

OLEZA, Juan (1984): *La novela del siglo XIX, del parto a la crisis de una ideología*, Barcelona: Laia.

OLIVER, Lawrence J. (1992): *Brander Mathews, Theodore Roosevelt, and the politics of american literature, 1880-1920*, Knoxville: Tennessee University Press.

ORDOÑEZ, Elizabeth (1991): *Voices of their own: contemporary spanish narrative by women*, Lewisburg: Bucknell University Press.

ORTEGA, Antonio (1995): «La crítica literaria en la prensa escrita: notas para un análisis», Ínsula 587-588, noviembre-diciembre: 31-33.

OSSORIO Y BERNARD, Manuel (1904): *Ensayo de catálogo de periodistas españoles del siglo XIX*, Madrid: Imprenta de J. Palacios.

PALACIO ATARD, Vicente (1978): *La España del siglo XIX (1808-1898):* Madrid: Espasa-Calpe.

PALENQUE, Marta (1996): «Entre periodismo y literatura: indefinición genérica y modelos de escritura entre 1875 y 1900» en Actas del I Coloquio de la Sociedad Española del siglo XIX, pp. 195-204.

PALOMO, M.ª Pilar (ed.) (1997): *Movimientos literarios y periodismo en España,* Madrid: Síntesis.

PAOLINI, Gilberto (1998): «Inquietudes éticas de los escritores de fin del siglo diecinueve», Díaz Larios, Luis F. y Enrique Miralles (eds.) en *Del Romanticismo al Realismo,* Actas del I Coloquio de la Sociedad de Literatura Española del siglo XIX, Barcelona: Universitat de Barcelona, pp. 109-118.

PAREDES NÚÑEZ, Juan (1986): *Algunos aspectos del cuento literario: contribución al estudio de su estructura,* Granada: Universidad de Granada, Servicio de Publicaciones.

— (1989): *Aficiones peligrosas,* Madrid: Palas Atenea, D.L.

PARRINGTON, Vernon L. (1931): *The beginings of critical realism in America,* 1860-1920 completed to 1900 only, Nueva York: Harcourt, Brace & Company.

PATIÑO EIRÍN, Cristina (1998): «La aventura catalana de Pardo Bazán», Díaz Larios, Luis F. y Enrique Miralles (eds.) en *Del Romanticismo al Realismo,* Actas del I Coloquio de la Sociedad de Literatura Española del siglo XIX, Barcelona: Universitat de Barcelona, p. 443-452.

PATTERSON, Mark R. (1988): *Authority, autonomy, and representation in american literature, 1776-1865,* Princeton: Princeton University Press.

PAYNE, George H. (1970): *History of journalism in the United States,* Connecticut: Greenwood Press.

PEAK, Hunter J. (1994): «Social drama in nineteenth-century Spain», Chapel Hill, University of North Carolina, v. 51-52.

PÉREZ GUTIÉRREZ, Francisco (1975): *El problema religioso en la generación de 1868,* «La leyenda de Dios», Madrid: Taurus.

PIZER, Donald (1976): *The novels of Theodore Dreiser: a critical study,* Minneapolis: University of Minnesota Press.

POOLE, William F. (1963): *Poole's index to periodical literature,* Gloucester, Massachussets: Peter Smith.

POWERS, Lyall H. (1971): *Henry James and the naturalist movement,* Michigan: Michigan State University Press.

POZUELO YVANCOS, José M.ª (1988): *Teoría del lenguaje literario,* Madrid: Cátedra.

— (1988): *Del formalismo a la neorretórica,* Madrid: Taurus.

POZUELO YVANCOS, José M.ª, y ARADRA SÁNCHEZ, Rosa M.ª (2000): *Teoría del canon y literatura española,* Madrid: Cátedra.

PRICE, Kenneth M., y BELASCO SMITH, Susan (eds.) (1995): *Periodical literature in nineteenth-century America.* Charlottsville: University Press of Virginia.

PROCTER, Ben (1998): *William Randolph Hearst, the early years, 1863-1910,* New York: Oxford University Press.

PUBLISHER'S ARCHIVES (Abinski List 19th & 20th c. U.S.) (<www.hmco.com>).

RAHV, Philip (ed.) ([2]1960): Discovery of Europe, the story of american experience in the Old World, New York: Anchor Books.

RATHBUN, John W. y Henry H. Clark (1979): American literary criticism, 1860-1905, Boston: Twayne Publishers.

RATHBUN, John W., y GREM, Monica M. (eds.) (1988): Dictionary of literary biography, Detroit: Gale.

REBOLLEDO, Tey D. (1995): *Women singing in the snow, a cultural analysis of chicana literature,* Tucson: The University of Arizona Press.

RESEARCH SOCIETY FOR AMERICAN PERIODICALS, RSAP (<http://home.earthlink-net>).

REYNOLDS, David S. (1988): *Beneath the american reinassance: the subversive imagination in the age of Emerson and Melville,* Cambridge: Harvard University Press.

RIBANS, Geoffrey (1988): *Dos novelas de Pérez Galdós: Doña Perfecta y Fortunata y Jacinta,* Madrid: Castalia.

RICO, F. (ed.) (1994): *Historia y crítica de la literatura española, Romanticismo y Realismo,* primer suplemento, Barcelona: Crítica, v. 5/1, pp. 264-272.

ROGERS, P. P., y LAPUENTE, Felipe A. (eds.) (1977): *Diccionario de seudónimos literarios españoles, con algunas iniciales,* Madrid: Gredos.

ROMERA-NAVARRO, Miguel (1917): *El hispanismo en Norte-América, exposición y crítica de su aspecto literario,* Madrid: Renacimiento.

ROMERO LÓPEZ, Dolores (ed.) (1998): *Orientaciones en literatura comparada,* Madrid: Arco Libros.

ROMERO TOBAR, Leonardo (1976): La novela popular española del siglo XIX, Madrid: Fundación Juan March.

— (1994): «*Pepita Jiménez,* novela abierta», Rico, F. (ed.) *Historia y crítica de la literatura española, Romanticismo y Realismo,* primer suplemento, Barcelona: Crítica, v. 5/1, pp. 272-276.

— (1996): «La historia de la literatura española en el siglo XIX», *El Gnomo,* 5: 151-183.

— (1996): «Algunas consideraciones del canon literario durante el siglo XIX», *Ínsula,* 600: 14-16.

RUBIO CREMADES, Enrique (1998): «Tipos ausentes en *Los españoles pintados por sí mismos: doce españoles de brocha gorda*», Díaz Larios, Luis F. y Enrique Miralles (eds.): en *Del Romanticismo al Realismo,* Actas del I Coloquio de la Sociedad de Literatura Española del siglo XIX, Barcelona: Universitat de Barcelona, pp. 301-306.

— (2001): *Panorama crítico de la novela realista-naturalista española,* Madrid: Castalia.

RUTLAND, Robert A. (1973): *The newsmongers, journalism in the life of the nation 1690-1972*, New York: The Dial Press.

SAINZ RODRÍGUEZ, Pedro (1989): *Historia de la crítica literaria en España*, Madrid: Taurus.

SALAÜN, Carmen *et. al.* (eds.) (1986): *Ideología y texto en el cuento semanal (1907-1912):* Madrid: Ediciones de la Torre.

— (ed.) (1995): *Hacia una literatura del pueblo: del folletín a la novela*, Barcelona: Anthropos.

SANTOS, Félix (1998): *La prensa y la guerra de Cuba*, Bilbao: Asociación Julián Zugazogoitia.

SANZ DEL RÍO, Julián (trad.) (1860): Ideal de la humanidad para la vida, de Krause, K. Ch. F., Madrid: Imprenta de Manuel Galiano, parte I.

SCHWARZLOSE, Richard A. (1987): *Newspapers, a reference guide*, Nueva York: Greenwood Press.

SEOANE, M.ª Cruz (1983): *Historia del periodismo en España*, v. II *El siglo XIX*, Madrid: Alianza.

SHEARER, James F. (1954): "Periódicos españoles en los Estados Unidos», Revista Hispánica Moderna, núms. 1-2, Enero-Abril: 45-57.

SIMÓN PALMER, M.ª Carmen (1989): «Las románticas y la sociedad de su tiempo», *Ínsula*, 516: 19-20.

— (1991): *Escritoras españolas del siglo XIX, manual bio-bibliográfico*, Madrid: Castalia.

— (1993): Revistas femeninas madrileñas, Madrid: Artes Gráficas Municipales.

SIMON, Rita J. (1985): *Public opinion and the inmigrant, print media coverage, 1880-1980*, Massachusetts: Lexington Books.

SOTELO VÁZQUEZ, Adolfo (1998): «Los discursos del Naturalismo en España (1881-1889)», Díaz Larios, Luis F. y Enrique Miralles (eds.) en *Del Romanticismo al Realismo*, Actas del I Coloquio de la Sociedad de Literatura Española del siglo XIX, Barcelona: Universitat de Barcelona, pp. 453-464.

SOTELO VÁZQUEZ, Marisa (1990): *Ángel Guerra de Benito Pérez Galdós y sus críticos (1891):* Barcelona: PPV, Literatura y Pensamiento en España (siglos XVIII-XIX-XX).

— (1998): «Emilia Pardo Bazán: entre el Romanticismo y el Realismo», Díaz Larios, Luis F. y Enrique Miralles (eds.) en *Del Romanticismo al Realismo*, Actas del I Coloquio de la Sociedad de Literatura Española del siglo XIX, Barcelona: Universitat de Barcelona, pp. 429-441.

STIMSON, Frederick S. (1961): *Orígenes del hispanismo norteamericano*, México: Ediciones de Andrea.

STROUT, Cushing (1963): The american image of the Old World, New York: Harper & Row.

THE NATIONAL ENCYCLOPEDIA OF AMERICAN BIOGRAPHY (1898): New York: James T. White & Co.

TICKNOR, George (1851-1856): Historia de la literatura española, Madrid: M. Rivadeneyra, 4 vols.

— (1928): «Some influences of George Ticknor upon the study of spanish in the United States», Hispania, v. XI, nº 5: 377-395.

TIMOTEO ÁLVAREZ, Jesús (1981): Restauración y prensa de masas, los engranajes de un sistema (1875-1883) Pamplona: Ediciones Universidad de Navarra.

— (1992): Historia de la prensa hispanoamericana, Madrid: Editorial Mapfre.

TRENT, William (ed.) (1921): The journals of Washington Irving (from july 1815 to july 1842) New York: The Grolier Club.

URIOSTE-AZCORRA, Carmen de (1994): «Marginalidad y novela corta (España 1907-1938)», Romance Languages Annual, nº 6: 593-598.

VALLEJO MEJÍA, M.ª Luz (1993): La crítica literaria como género periodístico, Pamplona: Ediciones Universidad de Navarra.

VEGA, Eulalia de (⁶1996): La mujer en la historia, Madrid: Anaya.

VESENYI, Paul E. (1974): An Introduction to Periodical Bibliography, Michigan: Pierian Press.

VILLANUEVA, Darío; SOBEJANO, Gonzalo, y LISSORGUES, Ivan (1994): «Realismo literario y naturalismo español», en Francisco Rico (ed.) Historia y crítica de la literatura española, v. 5, Barcelona: Crítica.

— (1990): El polen de ideas: teoría, crítica, historia y literatura comparada, Barcelona: PPU, D.L.

— (1992): Teorías del realismo literario, Madrid: Espasa Calpe, Instituto de España, D.L.

— (1994): Avances en teoría de la literatura (estética de la recepción, pragmática, teoría empírica y teoría de los polisistemas) Santiago de Compostela: Imprenta Universitaria.

VOLLMAR, Edward R. S.J. (1976): «La Revista Católica» en Mid-America, an historical review, Loyola University, v. 58, April-July: 85-96.

WAGNER, Henry R. (1937): «New Mexico Spanish Press», New Mexico Historical Review, v. XII, no. 1, Jan.

WIEBE, Robert H. (1967): The search for order, 1877-1920, New York: Hill & Wang.

WILLGING, Eugene P., y HATZFELD, Herta (1968): Catholic serials of the nineteenth century in the United States, a descriptive bibliography and union list, v. I Washington, D.C.: The Catholic University of American Press. 2 vols.

WILLIAMS, Stanley T. (1957): La huella española en la literatura norteamericana, 2 vols., Madrid: Gredos.

ZAVALA, Iris M. (1994): «Clarín, Romanticismo y realismo», en Francisco Rico (ed.) Historia y crítica de la literatura española, v. 5, Barcelona: Crítica.

— (coord.) (1998): Breve historia feminista de la literatura española (en lengua castellana) 3 vols. Cultura y Diferencia, Pensamiento Crítico, Pensamiento Utópico. Barcelona: Anthropos. (v. I: Teoría feminista: discursos y diferencias;

v. V: *La literatura escrita por mujeres* (del siglo XIX a la actualidad); v. VI: *Breve historia feminista de la literatura española (en lengua catalana, gallega y vasca)*.

ZIFF, Larzer (1966): *The american 1890's: life and times of a lost generation*, New York: Viking.

BIBLIOTECAS CONSULTADAS

Europa

Archivo Histórico (Barcelona).
Biblioteca Nacional (Madrid).
Biblioteca del Instituto de Cooperación Iberoamericana (Madrid).
Biblioteca de la Universidad de Cataluña (Barcelona).
British Library (Londres).
Hemeroteca Municipal (Madrid).

Estados Unidos

Benson Latin American Collection (Universidad de Texas en Austin).
Chávez History Library (Santa Fe, Nuevo México).
Center for American History (Universidad de Texas en Austin).
Center for Southwest Research Center General Library (Santa Fe, Nuevo México).
Colorado University (Boulder, Colorado).
Columbia University (Nueva York).
Fray Angélico Chávez History Library (Santa Fe, Nuevo México).
Hispanic Society (Nueva York).
Library of Congress (Washington).
New Mexico University (Albuquerque, Nuevo México).
New Mexico State Records Center and Archives (Santa Fe, Nuevo México).
New York Historical Society (Nueva York, Nueva York).
Public Library (Boston, Masachusets).
Public Library (Denver, Colorado).
Public Library (Nueva York, Nueva York).
Public Library (San Antonio, Texas).
Río Grande Historical Collections (Las Cruces, Nuevo México).
Santa Fe County, New Mexico Records (Santa Fe, Nuevo México).
University of Houston (Houston, Texas).
UTSA (Universidad de Texas en San Antonio)

ÍNDICE ONOMÁSTICO

TÍTULOS PUBLICADOS
LA CUESTIÓN PALPITANTE
LOS SIGLOS xviii Y xix EN ESPAÑA

Borja Rodríguez Gutiérrez
Historia del cuento español (1754-1820).
La cuestión palpitante. Los siglos xviii y xix en España, 1
2004, 424 p. ISBN 8484891240, 29,80 € tapa dura.

Toni Dorca
Volverás a la región: el cronotopo idílico en la novela española del siglo xix.
La cuestión palpitante. Los siglos xviii y xix en España, 2
2004, 168 p. ISBN 8484891518, 24 € tapa dura.

José Cebrián
La musa del saber. La poesía didáctica de la Ilustración española.
La cuestión palpitante. Los siglos xviii y xix en España, 3
2004, 200 p. ISBN 8484891534, 24 € tapa dura.

Francisco Uzcanga
Sátira en la Ilustración española. Análisis de la publicación periódica «El Censor» (1781-1787).
La cuestión palpitante. Los siglos xviii y xix en España, 4
2005, 224 p. ISBN 848489147X, 36 € tapa dura.

Yvonne Fuentes
Mártires y anticristos: Análisis bibliográfico sobre la Revolución francesa en España.
La cuestión palpitante. Los siglos xviii y xix en España, 5
2006, 206 p. ISBN 8484892654, 36 € tapa dura.

Mercedes Caballer Dondarza
La narrativa española en la prensa estadounidense. Hallazgos, promoción, publicación y crítica 1875-1900.
La cuestión palpitante. Los siglos XVIII y XIX en España, 6
2007, 384 p. 9788484891871, 44 € tapa dura

Andreas Gelz
Tertulia. Literatur und Soziabilität im Spanien des 18. und 19. Jahrhunderts.
La cuestión palpitante. Los siglos XVIII y XIX en España, 7
2006, 408 p. ISBN 3865273009, 44 € tapa dura